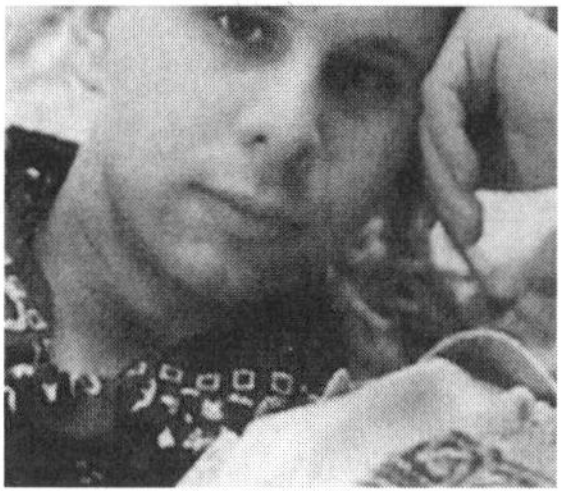

Tahir Shah, 1966 in England geboren, entstammt einem der berühmtesten Familienclans Afghanistans. Er hat in Oxford Politologie studiert und war in den USA am Institute of Cultural Research und am Institute for the Study of Human Knowledge tätig. Das Schreiben und Reisen liegt ihm im Blut. Schon sein Vater, Idries Shah, machte sich mit seinen Schriften über fernöstliche Weisheiten international einen Namen. In seinen hervorragend rezensierten Reisebüchern wendet sich Tahir Shah vor allem dem asiatischen, afrikanischen und südamerikanischen Kulturraum zu. Heute lebt er mit Frau und Tochter in Casablanca, Marokko.

www.tahirshah.com

Bibliografische Information Der Deutschen Bibliothek

Die Deutsche Bibliothek verzeichnet diese Publikation in der Deutschen Nationalbibliografie; detaillierte bibliografische Daten sind im Internet über http://dnb.ddb.de abrufbar.

NATIONAL GEOGRAPHIC ADVENTURE PRESS
Reisen · Menschen · Abenteuer
Die Taschenbuch-Reihe von
National Geographic und Frederking & Thaler

1. Auflage Oktober 2006, erstmals im Taschenbuch

Titel der Originalausgabe: Sorcerer's Apprentice
Originalverlag: Weidenfeld & Nicolson, London

Umschlagfoto: Boris Potschka
Umschlaggestaltung: Dorkenwald Grafik-Design, München
Herstellung: Caroline Sieveking, München
Druck und Bindung: Clausen & Bosse, Leck
Printed in Germany

ISBN 10: 3-89405-286-4
ISBN 13: 978-3-89405-286-7
www.frederking-thaler.de

Das Papier wurde aus chlorfrei gebleichtem Zellstoff hergestellt.

TAHIR SHAH

DER ZAUBERLEHRLING VON KALKUTTA

Reise durch das magische Indien

Aus dem Englischen
von Maria Zybak

NATIONAL GEOGRAPHIC
FREDERKING & THALER

Dieses Buch ist dem Andenken meines Vaters,
Sayed Idries Shah,
gewidmet.

0 300 km
Burhana
Meerut
Delhi
Varanasi
INDIEN
Jamshedpur
Kalkutta
Rourkela
Sambalpur
Bolangir
Bhawanipatna
Jagdalpur
Bombay
(Mumbai)
Sholapur
Hyderabad
Gulbarga
Kurnool
Vijayawada
Ongole
Tirupati
Madras
(Chennai)
Bangalore

هيڅ شئ هغسې نه دې چې ښکاري

Hits schay haghase nu dai tche chkari
Nichts ist so, wie es scheint.

Jan Fishan Khans
liebstes paschtunisches Sprichwort

Anmerkung des Autors:

Einige Namen und Orte sind zum Schutz der Privatsphäre geändert worden.

Inhalt

Erster Teil

Zweiter Teil

Dritter Teil

Erster Teil

Drei Dinge sind unwiederbringlich:
Der vom Bogen abgeschossene Pfeil
Das in Eile gesprochene Wort
Die verpasste Gelegenheit.

Ali der Löwe,
Kalif des Islam,
Schwiegersohn Mohammeds des Propheten

I

Er, der Seelen verstreut

Es war ein Omen, doch wir erkannten es nicht. Vom fast wolkenlosen, indigoblauen Himmel floss Sonnenschein herab und wärmte den taubedeckten Rasen. Der Gärtner hatte für den ersten Schnitt des Sommers seinen klapprigen Rasenmäher hervorgeholt. Die große Eibe, die sich im Sonnenlicht aalte, warf lange Schatten über das Gras. In der Araukarie und der Rotbuche sprangen Eichhörnchen herum. Eine Reihe von Azaleen verströmte in der frühmorgendlichen Luft ihren feinen Duft. Dann, ganz plötzlich, prasselten Hagelkörner, dick wie Rosskastanien, von oben herab und zerstörten die friedliche Stimmung. Eine einsame Wolke am endlosen blauen Himmel hatte das überraschende Bombardement hervorgebracht, das nicht länger als etwa drei Minuten dauerte. Und als die letzten Eisbrocken auf den Rasen fielen, verkündete die Türglocke die Ankunft eines unerwarteten Besuchers.

Das Haus meiner Familie in einem abgelegenen englischen Dorf hatte schon viele seltsame Gäste beherbergt; es zog alle eigentümlichen Menschen an wie ein Magnet. Man wusste nie, wer als Nächstes vor der Tür stehen würde. Doch der Mann, der nun unter dem Vordach stand und darauf wartete, willkommen geheißen zu werden, war selbst für unsere, an unvorhersehbare Ereignisse gewohnten Maßstäbe äußerst ungewöhnlich.

Was mir als Erstes an dem hochgewachsenen Paschtunen auffiel, war seine bemerkenswerte Behaarung. Einen Großteil seines Gesichts bedeckte ein ungeheurer, verfilzter und langer Bart, der sich wie tintenschwarze Zuckerwatte nach allen Seiten bauschte.

Auch seine Hände waren dicht behaart, und selbst aus den Ohren und der gebogenen Nase sahen Haarbüschel heraus. An den wenigen unbehaarten Stellen – an den Fingerspitzen, am Handteller und unter den Augen – war die Haut faltig und schuppig wie die Schnauze eines Gürteltiers. Die schwarzen Augen zeugten von Aufrichtigkeit, und die zerfurchte Stirn ließ eine sorgenvolle Vergangenheit vermuten.

Der hünenhafte Mann bürstete die Barthaare über den Lippen mit einem scharlachroten Plastikkamm sorgsam nach außen und klopfte den Staub von seinem verschmutzten *salwaar kameez* – seinem knielangen Hemd und den weiten Hosen, der bevorzugten Kleidung im Hindukusch. Den kunstvoll geschlungenen Kabuli-Turban zurechtrückend, der wie eine Krone auf seinem Kopf saß, hielt er den Blick befangen zu Boden gerichtet, als sich die Eingangstür öffnete. Mein Vater, der in ihm Hafiz Jan, Sohn des Mohammed ibn Maqbul, erkannte, schloss ihn herzlich in die Arme.

Das Gepäck des Paschtunen – eine einzige verplombte Teekiste mit dem Wort »ASSAM« in schwarzer Schablonenschrift – wurde feierlich hereingetragen. Sie war schwer wie ein Elefantenkalb und stank nach verfaulendem Fisch.

Trotz seines überraschenden Auftauchens wurde Hafiz Jan mit gebührendem Dekorum willkommen geheißen. Tee und Erfrischungen wurden gebracht und Höflichkeiten ausgetauscht. Segenswünsche und Geschenke wurden ihm offeriert. Wie in den Ländern Asiens der Brauch, erläuterte mein Vater ausführlich den Stammbaum unseres ehrwürdigen Besuchers.

Seine Ahnen hatten an der Seite meines Vorfahren gekämpft, des afghanischen Kriegsherrn und Staatsmannes Jan Fishan Khan (ein *nom de guerre*, wörtlich übersetzt »Er, der Seelen verstreut«). Niemand hatte so viel Mut gezeigt, so viel Vertrauen genossen wie die Vorfahren Hafiz Jans. Sie hatten ihren Kriegsherrn bei allen seinen Feldzügen begleitet. Viele waren Seite an Seite mit Männern aus meiner Familie im Kampf gefallen. Als ihr Anführer im Jahr 1842 mit seinem gewaltigen Heer von Afgha-

nistan nach Indien zog, hatten sie ihm Geleitschutz gegeben. Nach seinem plötzlichen Tod in der verschlafenen indischen Stadt Burhana hatten sie gelobt, am Grabmal ihres Anführers Jan Fishan Khan Wache zu halten.
Über ein Jahrhundert später übte nun Hafiz Jan voller Stolz das ererbte Amt aus, das Amt des Wächters an der letzten Ruhestätte meines Ururgroßvaters.
»Jan Fishans Grab«, sagte er in fehlerlosem Englisch, »ist das Grab aller Gräber und ebenso erhaben wie Er, der dort liegt. Es wird zehntausend Jahre und mehr überdauern!«
Darauf folgte eine langatmige Deklamation, bei der der Paschtune den verblichenen Jan Fishan rühmte. Solche Huldigungen, eher zum Abschluss eines großen afghanischen Festes denn bei einer exquisiten kleinen Teegesellschaft üblich, sind dazu gedacht, wohlbekannte Tatsachen zu bekräftigen.
»Seine Hoheit Prinz Mohammed Jan Fishan Khan, Sohn des Sayed Qutubuddin Khan von Paghman«, begann Hafiz Jan mit tiefer brummender Stimme zu intonieren, »war fromm, großmütig, tapfer, ehrenhaft und der beste Reiter, den es je gegeben hat. Genannt Shah-Saz, der ›Königsmacher‹, war er ein Taktiker, Diplomat, Philosoph und Führer von großer Weisheit. Noch heute«, fuhr Hafiz Jan mit wachsender Begeisterung fort, »zittern die Nachkommen seiner Gegner, wenn sie jenen legendären Namen hören – Jan Fishan Khan, der Seelen-Verstreuer!«
Urplötzlich, als hätte es ihm jemand befohlen, verstummte Hafiz Jan. Mit besorgtem Gesicht führte er meinen Vater in den Garten hinaus. Zwanzig Minuten später kehrten die beiden Männer zurück. Mein Vater sagte zuerst nichts; Hafiz Jan gab sich ebenso reserviert.
»Unser Bruder Hafiz Jan«, begann mein Vater schließlich zögernd, »hat ganze Kontinente durchquert, um bei uns zu sein. Er verließ das Grab unseres Ahnen und eilte hierher. Grund seiner Reise war ein unheilverkündender Traum.«
Mit nachdenklich gerunzelter Stirn fing mein Vater an, Hafiz Jans

Traum zu erzählen. Es war ein langer, komplizierter Traum, in dem vieles geschah. Im Mittelpunkt der Geschichte, umrankt von einer Reihe verwirrender und miteinander verflochtener Begebenheiten, stand ein schreckliches Ereignis. Es hatte mit meiner Zukunft zu tun.

Ein verborgener Brunnenschacht, in den ich stürzte, hatte im Traum mein plötzliches, unwürdiges Ende herbeigeführt. Für Hafiz Jan konnte dies nur eine Warnung sein, und so war er über Land und Meer nach England geeilt, um mich davor zu bewahren. Sich zu voller Größe aufrichtend, hieb der Paschtune nun mit der Faust in die Luft.

»Seid versichert«, donnerte er, »dass ich diesen Ort nicht verlassen werde, ehe die Gefahr nicht gebannt ist!«

Die plötzliche Ankunft eines tapferen und angesehenen Paschtunen, der feierlich versprach, einen elfjährigen Jungen zu beschützen, hätte eigenartig erscheinen können. Doch ein ähnliches Vorkommnis in der Vergangenheit verlieh dem Traum des Besuchers einen besonderen Nachdruck.

Zu der Zeit, als die Briten sich aus Kabul zurückgezogen hatten, war ein Aufständischer unbemerkt in Jan Fishan Khans Schlafräume geschlichen. Als er seinen Dolch zog, um den Kriegsherrn zu ermorden, schlüpfte einer von Jan Fishans Getreuen behände hinter einem Wandschirm hervor und schnitt dem Eindringling die Kehle durch. Der mittlerweile legendäre Vorfall wird in unserer Familie immer wieder gerne erzählt. Eine Vorahnung hatte Jan Fishans Lebensretter – einen Vorfahr von Hafiz Jan – auf den Mordplan aufmerksam werden lassen.

Alle weiteren Beweise unserer Gastfreundschaft ablehnend, schritt Hafiz Jan würdevoll aus dem Wohnzimmer und schleppte seine Teekiste die vier Treppen hoch bis zum Gang vor meinem Zimmer unter dem Dach. Er klappte den Deckel hoch, zog eine zusammengerollte Matratze hervor und breitete sie vor meiner Tür aus.

»Hab keine Sorge«, flüsterte er, während er sich niederlegte. »Ich werde die Gefahr packen und Glied für Glied zerreißen!«

Ich erinnerte Hafiz Jan mehrmals daran, dass er nicht auf einen kaltblütigen Mörder wartete, sondern die Gefahr von einem offenen Brunnenschacht ausging – und mit einem solchen war im obersten Stockwerk des Hauses kaum zu rechnen. Er sog scharf die Luft ein, warf die Arme empor und entgegnete: »Unterschätze niemals die Gerissenheit des *Shaitan,* des Teufels!«

Vor uns lag der ganze Sommer, und Hafiz Jan und ich verbrachten viel Zeit miteinander. Ich brachte ihm Zungenbrecher bei, und er erzählte mir von den vielen spektakulären Heldentaten Jan Fishan Khans. Auch diese Geschichten würzte Hafiz Jan, wie jedes Gespräch, mit Sprichwörtern der Paschtunen.

»Besser ein intelligenter Feind«, sagte er und strich dabei seinen Bart, als wäre er ein borstiges Haustier, »als ein törichter Freund.« Oder: »Er lernte die Sprache der Taubenvögel und vergaß seine eigene.« Oder, Jan Fishan Khans liebstes Sprichwort: »Nichts ist so, wie es scheint.«

Erst als er das Andenken meiner Vorfahren hinreichend gewürdigt hatte, war Hafiz Jan bereit, ein wenig mehr über seine bemerkenswerte Reise vom Norden Indiens bis in unser kleines englisches Dorf zu erzählen. Er war auf allen möglichen Container- und Trampschiffen mitgefahren und hatte erstaunlich viele ferne und exotische Häfen gesehen. Auf Schiffen beladen mit Luzernensaat, Zickzackscheren, gepökelten Rinderzungen und Injektionsspritzen hatte sich Hafiz Jan seine Passage damit verdient, dass er Kartoffeln schälte und die Mannschaft mit amüsanten Geschichten unterhielt.

Diese Art des Zeitvertreibs war, wie ich bald entdeckte, die Stärke des Paschtunen.

Im Laufe der Wochen, die er bei uns verbrachte, förderte Hafiz Jan aus den Tiefen seiner Teekiste die verschiedensten Gerätschaften und Kuriositäten. Je tiefer seine kräftigen, behaarten Finger gruben, umso reicher war die Beute. Je mehr ich zu sehen bekam, umso mehr beunruhigte mich, dass Ihrer Majestät Zollbeamte in Southampton solch gefährliche Dinge ins Land gelangen ließen.

Auf dem Boden der Kiste, unter einem Revolver von Webley & Scott Mark VI, einem doppelten Patronengurt aus Büffelleder, einer Leuchtpistole mit sechs Signalpatronen für den Notfall und einer großen verbeulten Büchse mit *naswar,* einem grünen, berauschenden Kautabak, lag eingebettet in Stroh eine Kollektion uralter, übergroßer Flaschen aus moosgrünem Glas mit winzigen Luftbläschen, verschlossen mit zusätzlich versiegelten Glasstöpseln. Behutsam hob Hafiz Jan eine nach der anderen heraus, wie unschätzbar wertvolle Eier aus dem Nest eines Tordalks, und hielt sie gegen das Licht. Jede Flasche trug einen erhaben geprägten Totenkopf mit gekreuzten Knochen und ein Etikett, das ihren giftigen Inhalt verriet.

Arsen, Cyanid und Natrium, Strychnin, Phosphor und Salpetersäure – die Namen klangen nach dem Handwerkszeug eines gemeingefährlichen Irren. Ich war derart fasziniert von dem hübschen Nest mit Giftflaschen, dass ich seine Motive nie hinterfragte. Wer weiß, vielleicht hatte Hafiz Jan beschlossen, uns alle zu ermorden, um sich aus der Sklaverei seines ererbten Amtes als Grabwächter zu befreien. Nichts wäre angesichts seiner Teekiste voller Chemikalien leichter gewesen.

Doch der Paschtune hatte eine überraschende, lebenslange Leidenschaft, für die er all seine tödlichen Substanzen benötigte. Hafiz Jan liebte Zaubertricks.

Wäre er nicht in seine Rolle als Hüter eines Grabmals hineingeboren worden, hätte er sich seinen Lebensunterhalt sicher als Zauberkünstler verdient. Bis zum Tod seines Vaters vor fünf Jahren hatte er bei einem der größten Meister Indiens die Kunst der Magie studiert. Nun, da seine Laufbahn als Grabwächter vorgezeichnet war, musste Hafiz Jan seine Fertigkeiten als Illusionist notgedrungen in seiner Freizeit vervollkommnen.

Jeden Morgen nach dem Frühstück, wenn er sich mit dem Bart über das Gesicht gewischt hatte, als wäre er ein Handtuch, führte mich unser Gast in mein Zimmer und schloss nachdrücklich die

Tür. Aus der Kiste wurden die verschiedensten Substanzen und Gerätschaften hervorgeholt. Den ellenlangen Bart schob Hafiz Jan zum Schutz unter sein Hemd. Und dann machten wir uns in meinem stillen Dachkämmerchen an die Arbeit.

Jeden Tag lernte ich ein neues Zauberkunststück kennen. Grundlage der allermeisten Tricks war Fingerfertigkeit – ein Täuschungsmanöver durch eine unauffällige Bewegung aus dem Handgelenk heraus. In Hafiz Jans improvisiertem Unterricht übte ich die elementaren Bewegungen oft bis zum Morgengrauen. Diese »Tricks« waren wichtig, denn mit ihnen konnte ich meinen Eltern die neuen und *harmlosen* Fertigkeiten demonstrieren, die ich mir erworben hatte. Doch ihnen fehlte der Reiz des Gefährlichen, des schaudernden Erschreckens, den die grünen Flaschen schon auf den ersten Blick vermittelten.

Hafiz Jan hatte bemerkt, dass ich mich leidenschaftlich für chemische Substanzen und handfeste Versuche interessierte. In dem improvisierten Labor, zu dem mein Zimmer mittlerweile geworden war, wurden Flaschen und Töpfe bereitgestellt. Zuerst wurde auf ein Stück Pappe auf dem Boden eine Hand voll Kaliumpermanganat gestreut. Ein paar Tropfen Glyzerin dazu, und bald leckten Flammen empor. Dann kam das Experiment »Blutige Schlacht«, wie Hafiz Jan es zu nennen beliebte. Er verwendete immer das Wort »Experiment« statt »Zaubertrick«, weil er fand, dass es unserer Beschäftigung mehr Gewicht verlieh. Die Blutige Schlacht verwandelte altmodische Zauberei in hohe Kunst.

Auf mein Bein wurde eine Eisenchlorid-Lösung aufgetragen. Ehe sie trocknete, griff Hafiz Jan zu einem Tranchiermesser, tauchte es verstohlen in eine Lösung aus Natriumsulfocyanid, drückte das Messer dann fest gegen die präparierte Hautzone und bewegte es mit theatralischer Geste hin und her, als würde er mir das Bein aufschneiden. Wenn ich mich dann mit verzerrtem Gesicht hin und her wälzte und so tat, als würde ich sterben, schlug sich Hafiz Jan vor Entzücken auf die Schenkel. Wo die Messerklinge die Haut berührt hatte, blieben blutrote Streifen zurück. Der Paschtune führte vor, wie sich die rote Flüssigkeit entfernen ließ, ohne Spuren zu hinterlassen. Magier in aller Welt machten sich dieses Experiment zunutze, sagte er, um zu beweisen, dass sie die Macht besaßen, Wunden nach Belieben verschwinden zu machen.

Hafiz Jan fuhr unermüdlich fort, mich in die Geheimnisse der Chemie einzuweihen. Meine Familie bekam mich kaum noch zu Gesicht. Kurze Begegnungen hin und wieder gaben ihnen die beruhigende Gewissheit, dass ich noch nicht in den Brunnenschacht gefallen war. Als aus den Tagen Wochen wurden, gewannen meine Eltern den Eindruck, dass die Unterweisungen des stark behaarten Paschtunen einen unheilvollen Einfluss auf ihren vorpubertären Sohn ausübten.

Wenn ihn gelegentlich einer der beiden auf dem Gang vor meinem Zimmer abfing, wo er sein Lager aufgeschlagen hatte, pflegte Hafiz Jan auf Paschtu weise Aphorismen zu murmeln. Seine großen melancholischen Augen blickten sanft und vertrauenswürdig, so dass sich der betreffende Elternteil mit neuem Zutrauen zu unserem Gast entfernte. Dann brachte Hafiz Jan wie durch Zauberei eine Flasche mit Quecksilberchlorid zum Vorschein, nahm mich mit einem verschwörerischen Grinsen bei der Hand, und wir machten uns wieder an die Arbeit.

»Nun bist du so weit, dass du Zuschauer in deinen Bann ziehen kannst«, sagte Hafiz Jan eines Morgens beim Frühstück. »Wir werden sie mit unserer Zauberkunst verhexen.«

»Sie?«

Der Paschtune deutete mit einem breiten Lächeln auf meine Eltern, die draußen im Garten saßen. Sicherlich dachte er in diesem Moment nicht daran, dass eine öffentliche Demonstration unter den gegebenen Umständen unklug wäre. Ich brachte meine Bedenken zum Ausdruck.

»Sei nicht so bescheiden!«, dröhnte Hafiz Jan. »Ich möchte doch mit dir glänzen, mein kleiner Schüler.«

»Aber …«

»Wir werden eine großartige Vorstellung unserer Arbeit geben. Was hältst du vom kommenden Samstagabend?«
Tagelang übte ich Tricks mit den Händen und mit Chemikalien und perfektionierte neu erworbene Fertigkeiten. Jede freie Minute wurde dem Studium der Zauberei gewidmet. Für ein bestimmtes Experiment mussten wir nach draußen ausweichen, und ich ging voran zu einer abgelegenen Stelle in einem Wäldchen jenseits der Wiese hinter unserem Haus, wo einmal ein Cottage gestanden hatte. Zuerst demonstrierte Hafiz Jan »brennendes Wasser«. Dazu gießt der Magier etwas Wasser in einen Becher aus Blech und trinkt einen Schluck, um dem Publikum zu beweisen, dass es sich um gewöhnliches Wasser handelt. Mit demselben Wasser füllt er einen zweiten Becher. Sobald der Becher voll ist, beginnt das Wasser zu brennen. In den zweiten Becher werden zuvor ein erbsengroßes Stück Kalium und drei Esslöffel Äther gegeben. Gießt man Wasser in den Becher, entzündet sich das Kalium und setzt den Äther in Brand, der wiederum an die Oberfläche steigt.
»Und nun«, verkündete Hafiz Jan, »werde ich dir ein Kunststück mit meinem Zauberring beibringen.« Bei diesen Worten zog er den goldgesprenkelten Lapislazuli-Ring vom kleinen Finger seiner rechten Hand. »Doch zuerst brauche ich drei Wiesenpilze. Suchst du mir welche?«
Ich stapfte zu einem Dickicht, um selbige zu suchen. Im Unterholz entdeckte ich einen alten Turnschuh, eine Rolle rostigen Draht und eine braune Bierflasche. Keine Pilze weit und breit. Gerade wollte ich Hafiz Jan Bescheid geben, als mein Fuß in einer überwachsenen Vertiefung im Boden hängen blieb. Ich fiel hin und schnitt mich am Knie auf.
Der Paschtune hörte mich schreien und kam herbeigelaufen. Er verband mein Bein mit einem Stofffetzen, den er von seinem Turban abriss. Dann schob er das Gewirr aus Zweigen, Blättern und Erde beiseite, um zu sehen, woran ich mich geschnitten hatte. Ich sah zu, wie seine Hände die Erde fortschaufelten. Als er alles weggeräumt hatte, starrten wir beide verblüfft auf den Boden. Ein längst nicht mehr benutzter Brunnen hatte mich zu Fall gebracht.

Der verborgene Brunnenschacht, vor langer Zeit verfüllt, hatte keine lebensbedrohliche Gefahr dargestellt. Dennoch arbeitete der Paschtune, dem seine Entdeckung große Genugtuung verschaffte, zwei volle Tage, um ihn mit Beton zu versiegeln.
»Dem *Shaitan*«, brummte er, »wird heute Abend der Magen knurren!«

Es kam der große Tag unserer Vorführung. In der Küche wurde eine Reihe Stühle aufgestellt. Hafiz Jan striegelte seinen Bart und stutzte die Haare in seiner Nase. In der Teekiste, die als Zauberkabinett herhalten musste, wurden die verschiedenen Chemikalien und Gerätschaften aufgebaut. Meine Eltern, meine Schwestern, der Gärtner, die Haushälterin und die Sekretärin wurden zu ihren Plätzen geleitet. Das Publikum wartete höflich auf den Beginn der Vorstellung.
Als Hafiz Jan seine riesigen Hände wie zwei Beckenteller aneinander schlug, schrillten in meinem Kopf die Alarmglocken. Es war mir in letzter Minute gelungen, die ganze Sache ein wenig zu entschärfen. Eigentlich hatte der Paschtune vorgehabt, während der Vorführung ein Stück von einer geheimnisvollen, rauen grauen Rinde zu verbrennen. In Indien verwendeten die Magier die Rinde des *chaitan,* des Teufelsbaums, um die Zuschauer benommen zu machen, hatte er erklärt. Manche sagen, der halluzinogene Rauch der Rinde sei das Geheimnis hinter dem legendären indischen Seiltrick.
Hafiz Jan begann mit einer Reihe von Taschenspielertricks; er zauberte aus der Luft verschiedene Objekte herbei. Dann wurde der Gärtner gebeten, zu ihm zu kommen. Seine Armbanduhr verschwand, als der Paschtune ihm die Hand schüttelte. Einen Augenblick später wurde die Uhr aus der Jackentasche meiner Schwester gezogen. Ich musterte prüfend die Gesichter der Zuschauer. Meine Eltern wirkten entspannt. So weit, so gut.
Als Nächstes wurde ein Topf mit siedend heißem Pflanzenöl vom Ofen genommen und vor mich hingestellt. Ohne zu zögern, steckte ich meinen linken Arm hinein. Das Publikum, von dem

simplen Trick hinters Licht geführt, stöhnte auf. Dem Öl wird vor dem Erhitzen Limonensaft zugefügt. Dieser kocht bereits, wenn er lauwarm ist, so dass Luftblasen an die Oberfläche steigen und den Eindruck vermitteln, das Öl würde kochen.
Während ich das Öl von meinem Arm wischte, zog Hafiz Jan einen Feuerhaken aus dem Herd und begann daran zu lecken. Es zischte beunruhigend, als sich Zunge und Eisen trafen, und dann durchzog ein Geruch von gegrilltem Fleisch den Raum. Hafiz Jan hatte sich den Mund kurz zuvor mit Styrax ausgewaschen, das die Wärme absorbiert.
Meine Eltern schienen beeindruckt. Ich fragte mich, wie lange dieser Zustand wohl anhalten würde. Die Blutige Schlacht ging glatt über die Bühne, ebenso eine ganze Reihe anderer harmloser Tricks.
Das nächste Kunststück beeindruckte durch seine ausgesprochene Schlichtheit. Hafiz Jan zauberte aus dem Nichts eine gewöhnliche Glühbirne hervor, wickelte sie in ein Taschentuch und zertrat sie mit dem rechten Fuß. Er reichte mir eine Banane, die ich genüsslich verspeiste. Auch der Paschtune aß eine, legte sich dann eine der Glasscherben auf die Zunge und begann zu kauen. Nun war ich an der Reihe. Auch ich schob mir ein scharfzackiges Stück Glas in den Mund und fing an zu mampfen.
Mein Vater schaute ungläubig zu, sichtlich erschüttert, dass man seinem Sohn beigebracht hatte, Glas zu essen, noch dazu mit Genuss. Seine Bestürzung wandelte sich rasch in Zorn, den er jedoch unterdrückte, um den Gast nicht zu kränken. Die Glassplitter, eingebettet in das Fruchtfleisch der Banane, passieren den Körper vollkommen problemlos. Hafiz Jan hatte mir eingeschärft, stets nur klare Glühbirnen zu verwenden und keine mattierten, da diese giftiges Quecksilberoxid enthalten.
Und schon bereitete der Paschtune die Krönung des Abends vor. Eine mutige Entscheidung. Er stellte eine große Kerze aus Bienenwachs, wie sie in Kirchen verwendet werden, vor unsere Kiste und zündete sie an. Ihr Docht befand sich auf Augenhöhe des Publikums. Dann holte er unter seinem Hemd eine Hand voll

Staub hervor und warf das feine Pulver, eine magische Formel murmelnd, auf die Kerze, worauf ein goldener Feuerball auf meine Familie und ihre Entourage zuschoss. Hafiz Jan, der seine Augen mit dem Ende seines Turbans bedeckt hatte, wiewohl hocherfreut, zuckte dennoch ein wenig zusammen.
Der Magier hatte nicht mit einer derart heftigen Wirkung gerechnet. Bislang hatte er Kampferpulver meist im Freien entzündet. Ich überlegte, was wir nun sagen sollten, während die Zuschauer an ihren angesengten Haaren und rußgeschwärzten Gesichtern herumrieben. Am besten war es wohl zu schweigen.

Am nächsten Tag war Hafiz Jan schon im Morgengrauen auf den Beinen. Ich hörte, wie er ruhelos und auf Zehenspitzen vor meinem Zimmer hin und her ging. Um sieben Uhr hatte er seine gesamte Habe in der Teekiste verpackt. In den halb leeren Giftflaschen, abgepolstert mit seiner Rosshaarmatte, schwappte die Flüssigkeit herum, als er die Kiste nach unten schleppte.
Wieder wurde die Eingangstür geöffnet. Der große Paschtune kniff mich in die Wange und lächelte melancholisch.
»Nun, da der Brunnenschacht, der unheilvolle Tunnel zur Hölle, für alle Zeit verschlossen ist«, sagte er, »sollte ich mich wieder auf den Weg machen. Ich muss zurück zum Grabmal, dort gehöre ich hin. Jan Fishan«, fügte er leise hinzu, »wird schon auf mich warten.«
Und während Hafiz Jan, Sohn des Mohammed ibn Maqbul, sich zu seiner abenteuerlichen Reise nach Nordindien aufmachte, tat ich vor mir selbst einen feierlichen Schwur. Eines Tages – wann, das stand in den Sternen – würde ich ihn aufsuchen und meine Lehrzeit als angehender Zauberkünstler fortsetzen.

2

Schlangenjongleure und Fettabsaugung

Fast zwanzig Jahre waren vergangen, seit der unvergleichliche Hafiz Jan meine Familie mit dem riesigen Feuerball erschreckt hatte. Obwohl ich dieses Ereignis seither in Alpträumen immer wieder durchlebte, hatte mein Interesse an der Zauberkunst nie nachgelassen. Meine Geruchsnerven meinten immer wieder den Vanilleduft von Styrax wahrzunehmen. Die Vorstellung, Glas zu essen, ließ mein Herz schneller schlagen. Und ich spürte in mir stets das tiefe, heimliche Verlangen, mich der Zauberkunst zu widmen. Doch es fehlte der zündende Funke, der mich vom Wunsch zur Tat hätte schreiten lassen.

Dieser Funke stellte sich eines späten Abends ein, in einer schummrigen, verrauchten Wohnung irgendwo im Westen Londons, in einem Zimmer voller vorgeblicher Freunde, die von nichts anderem redeten als vernünftigen Autos, vernünftigen Jobs und vernünftigen Plänen für eine vernünftige Zukunft. Ihre Welt war die der Rüschengardinen, der Blumentapete, des Spargelsoufflés und der Hemden mit Umschlagmanschetten.

Mich beschäftigten vollkommen andere Dinge. Ich sehnte mich danach, den Nervenkitzel und die Spontanität wiederzuentdecken, die Hafiz Jans Zauberkünste einst so nachhaltig gefördert hatten. Ich sehnte mich nach Abenteuer, nach dem Unbekannten und Wundersamen. Die Vorstellung einer sicheren, geplanten Zukunft fand ich äußerst beunruhigend.

Ruckartig wandten sich mir die Köpfe meiner vernünftigen Freunde zu. Ob ich mir nicht endlich eine vernünftige Bude kaufen wolle, mit Rüschengardinen und Blumentapete? Ob man hoffen könne, dass ich doch noch zur Vernunft käme? Warum ich nicht mit Golf begänne oder hin und wieder ein Spargelsoufflé servierte? Ob ich nicht auch meinte, dass ich mir allmählich ein paar anständige Hemden mit Umschlagmanschetten zulegen sollte?

Die Inquisition wartete auf meine Antwort, während sie ihren Portwein schlürfte. Ich ließ mir meine Lage durch den Kopf gehen. Warum sollte ich ihren bourgeoisen Lebensstil übernehmen? Ihre materialistischen Statussymbole waren nichts als Illusion. Der blutrote Portwein schimmerte in den Gläsern wie eine von Hafiz Jans kostbaren Chemikalien. *Illusion ... Hafiz Jan ...* mein Kopf begann zu arbeiten. Warum nicht einfach abhauen? Warum nicht alles hinter sich lassen und sich in ein großes Abenteuer stürzen?

»Ihr könnt euch eure vernünftigen Autos, eure feinen Hemden und putzigen Häuschen an den Hut stecken!«, brüllte ich. »Ich gehe nach Indien und werde Magier!«

In den Hotelfoyers der indischen Hauptstadt herrschte eine erwartungsvolle, hektische Atmosphäre. Scharen von Besuchern strömten in die Stadt, alle in einem Zustand höchster Erregung. Sie wanderten herum und begrüßten verloren geglaubte Freunde, lachten, weinten, umarmten sich stürmisch. Ich fragte mich, was wohl los war. Dann, in einem großen Hotel, stieß ich auf ein imposantes, narzissengelbes Spruchband, das man wie eine Wäscheleine zwischen zwei Kronleuchtern aufgehängt hatte. Auf ihm stand: »Indischer Astrologen-Kongress«.

Nun wusste ich, warum in ganz Neu-Delhi kein Hotelbett mehr zu bekommen war; aus allen Ecken Indiens strömten Wahrsager zu dem Ereignis. Handleser und Horoskopdeuter trafen sich mit Numerologen und Kartenlegern. Leute, die aus einer Kristallkugel weissagten, Gesichts- und Traumdeuter – sie alle waren gekommen, um Berufsgeheimnisse auszutauschen, Geschichten zu erzählen und gesehen zu werden.

Ich bahnte mir mühsam einen Weg durch all die Kristallkugeln, eselsohrigen Tarotkarten und Handlese-Charts nach draußen und wartete auf eine Motorrikscha. Noch immer strömten medial begabte Menschen ins Hotel; viele schleppten phrenologische Köpfe und neumodische Wahrsageapparate mit sich.

Sämtliche Hotels auf meiner Liste waren bis unters Dach von Astrologen belegt. Wo konnte ich ein Bett für mich finden? Dann kam mir eine Idee. Als eine Rikscha vor mir hielt, wies ich den Fahrer an, mich schleunigst zum übelsten, schäbigsten Etablissement der Stadt zu bringen. Ein solches zweifellos unter einem schlechten Stern stehendes Haus würde die abergläubischen Astrologen sicherlich abschrecken. Der Fahrer rieb sich erfreut die Hände, ohne sich über mein Verlangen zu wundern, und startete in Richtung Norden zur Altstadt.

Mit maximaler Geschwindigkeit brausten wir durch die Nebenstraßen Alt-Delhis, meistens im Slalom, weil wir ständig Weihrauchverkäufern und heiligen Kühen ausweichen mussten. Wir fuhren an der gigantischen Jami'a Masjid vorbei und dem prächtigen Roten Fort. Dann links hinunter zum Chandni Chowk, dem berühmten Silber-Basar von Shah Jehan. Wieder scharf links in die Dariba Kalan – die »Straße der unvergleichlichen Perle« –, wo in Kesseln mit siedendem Öl hummerrote *jalebis* ausgebacken wurden. Das Tempo ein wenig drosselnd, riss der Rikschafahrer nun die Lenkstange scharf nach rechts, und im nächsten Augenblick kamen wir im Kinari Bazaar schliddernd zum Stehen.

In diesem kleinen, ruhigen Basar werden Brokatstoffe für Hochzeitssaris, Flitterwerk aller Art und Girlanden aus Rupienscheinen feilgeboten. Die Buden umgab eine Atmosphäre hochgestimmter Vorfreude. Nichts als glückliche Menschen rundherum. Ich tippte dem Rikschafahrer auf die Schulter und fragte, ob sich in dieser heiteren Gasse wirklich das vom Unglück am allermeisten heimgesuchte Hotel in ganz Delhi befinde. Der Fahrer zog seine grob gewebte Decke fester um sich und nickte ernst. Dann duckte er sich furchtsam, so tief es ging, und deutete nach oben.

An der Südseite des Basars erhob sich düster die heruntergekommene Herberge, deren unpassend optimistischen Namen ein vor sich hin rostendes Schild verkündete: Hotel Bliss (also: Hotel Wonne). Die Mauern waren dick mit eidechsengrünem Schlamm bekleistert, die Fenster zerbrochen, das Wellblechdach von Löchern übersät. Unheil und Verhängnis schwebten über dem Gebäude wie eine tödliche Giftwolke. Es war die Art von Haus, dessen Tür man in Zeiten der Pest mit einem blutigen Kreuz kennzeichnete. Allerdings gab es keine Tür. Es lief mir kalt über den Rücken, als ich diese Details der schäbigen Herberge in mich aufnahm. Der Rikschafahrer, der offenbar eiligst verschwinden wollte, lud mein Gepäck ab. Ich drückte ihm das Fahrgeld in die Hand und gab ihm ein großzügiges Bakschisch. Er hatte es sich redlich verdient.

Innen sah das Gebäude nicht weniger schockierend aus als von außen. Das Erdgeschoß – es lag ein gutes Stück unter dem Niveau der Straße – stand einen halben Meter unter Wasser; vermutlich war ein Rohr undicht. Ich watete durch die Flut auf eine mit Erbrochenem gesprenkelte Treppe zu; den Empfangstresen hatte man nämlich in den dritten Stock verlegt. Mir selbst Mut zusprechend, stieg ich hinauf. Die Wände waren rußschwarz von einem Brand, die halb verrotteten Bodendielen gaben nach wie feuchte Tonerde. Ertrunkene, in Verwesung begriffene Ratten verbreiteten einen Gestank, der einem den Atem verschlug.

Entspannt in einem Korbsessel zurückgelehnt, stocherte der Manager mit einem Neem-Stöckchen zwischen seinen Zähnen herum. Er hatte kurz geschnittenes, seehundbraunes Haar und listige Augen, die nichts Gutes verhießen. Ich stellte mich vor und erklärte, ich hätte gehört, dass sein Hotel einen ausgezeichneten Ruf habe. Der Mann grub mit dem Stöckchen in der Zahnlücke zwischen seinen Schneidezähnen herum. Ihm war natürlich klar, dass ich log, denn er wusste ebenso gut wie ich, dass das Hotel überhaupt keinen Ruf hatte.

»Sind hier irgendwelche Astrologen abgestiegen?«, erkundigte ich mich höflich.

»Keiner da«, bekam ich zur Antwort.

»Haben Sie ein Zimmer für ein paar Tage?«

»Warum nicht?«

Die alles andere als bezaubernde Aura des Hotel Bliss und der steigende Wasserstand motivierten die Gäste, ihre Tage außer Haus zu verbringen. Eine derart scheußliche Nacht, wie ich sie in Zimmer zwei durchmachte, hätte selbst den krankhaftesten Drang nach Selbstbestrafung befriedigt. Mitten in der Nacht hörte ich die Ratten, die die Sintflut überlebt hatten, auf dem feuchten Gang vor meinem Zimmer Kakerlaken knabbern. Auf dem Bettzeug, das aus einem Gefängnis stammte, hatten sich zum Bankett mit ausländischem Blut Scharen von Wanzen versammelt.

Dass seine Herberge leer war, wie der Manager gesagt hatte, entsprach nicht ganz der Wahrheit. Aus der Kammer gegenüber der meinen drang immer wieder lautes Stöhnen von einem Heroinsüchtigen. Vielleicht war das ganze Hotel ein Unterschlupf für Drogenfreunde, dachte ich bei mir, als ich auf Zehenspitzen am Zimmer des Unglücklichen vorbeischlich und gleich darauf die Fluten durchwatete.

Wäre nicht der Kinari Bazaar mit seiner heiteren Atmosphäre gewesen, ich hätte das Hotel Bliss auf der Stelle verlassen. Der Basar mit seinen überbordenden, farbenfrohen Verkaufsständen bot eine willkommene Abwechslung zur schäbigen Realität von Zimmer zwei. An dem einen Stand türmten sich Berge von kirschroten Plastikwimpeln, Kokosnüsse und Körbe mit Rosenblättern. An dem anderen wurden rosafarbene Luftballons in der Gestalt von Ganesha, dem Elefantengott, angeboten. In Räucherschalen glomm Weihrauch mit Sandelholz, um die Fliegen zu vertreiben. Prächtige Brokatstoffe, Arm- und Fußreifen aus Glas, Beutel mit *mehendi,* Hennapulver, und silberfarbenem Flitterwerk leuchteten im hellen Licht der Dezembersonne.

Hinter dem belebten Chandni Chowk, unmittelbar neben dem Jain Bird Hospital, setzte ich mich bei einem Teeausschank an ein Tischchen, um den Lauf der Welt zu beobachten. Sofort goss ein junger Kellner ein Glas süßen grünen Tee *(chai-i-sabs)* ein und stellte es mir hin. Ich nahm gelegentlich ein Schlückchen von dem erfrischenden Getränk und ließ das bunte Leben der Altstadt an mir vorbeiziehen. Radfahrer und Motorrikschas brausten die Straße entlang, stürzten sich wie Adler in das Verkehrsgewühl. Eine Gruppe von Frauen ging vorbei, schwankend unter der Last von Körben voller Fisch auf dem Kopf. Ein blinder Leprakranker, geführt von einem kleinen Kind, bettelte um Almosen. Ständig versuchten Straßenhändler, den Leuten Kugelschreiber und billige Baumwolltischtücher, Partyhüte aus Krepppapier und Bündel von Bockshornklee aufzuschwatzen.

Als ich ein zweites Glas *chai-i-sabs* bestellte, näherte sich dem Teeausschank eine europäisch aussehende Frau mittleren Alters, gehüllt in einen Rotfuchsmantel, der sie vor der Winterkälte schützte; über die modisch frisierten wasserstoffblonden Locken hatte sie einen gemusterten Gucci-Schal gebunden. Sie ließ sich auf einem Stuhl gegenüber von mir nieder. Die Frau wirkte anämisch, sie sah blass und müde aus. Ich fragte mich, was eine gut gekleidete Dame in der Sorte von einfachem Teeausschank, die ich gerne besuche, eigentlich wollte.

Der Kellner kannte sie offenbar, denn er goss ein Glas Tee ein und stellte es vor sie hin, ohne auf ihre Bestellung zu warten. Ich straffte die Schultern und bemühte mich, respektabel zu erscheinen. Ohne mich anzusehen, fing die Dame ein Gespräch an.

»Ich komme jeden Freitag hierher«, sagte sie mit einem starken fremden Akzent. »Ich liebe den muslimischen Gebetsruf über alles, wissen Sie. In Moskau haben wir das nicht. Es ist so romantisch. Ich liebe es, hören Sie? Ich liebe es!«

Sie zog ein Päckchen importierter amerikanischer Zigaretten aus ihrer Handtasche und zündete sich eine an. Dann erzählte sie mir, während sie mit übertriebenen Handbewegungen den Rauch fortwedelte, warum sie nach Indien gekommen war.

Ihr Heimatland, erfuhr ich, verfügte nur über eine begrenzte Zahl an Chirurgen, Privatkliniken und menschlichen Lebern. In Indien hingegen gebe es viele geschickte Chirurgen, etliche exklusive Kliniken und, vor allem, einen unendlichen Vorrat an Lebern.

»Eine schöne frische Leber in Russland zu finden ist ein Problem«, erklärte sie düster.

»Tatsächlich?«
»Eine saftige, zarte Läber ist eine wunderbare Sache«, fuhr sie fort und leckte sich die Lippen wie ein hungriger Barsoi.
Ich stimmte ihr notgedrungen zu, dass wir unsere Lebern als selbstverständlich hinnehmen, und hoffte, wir würden uns einem weniger makabren Thema zuwenden. Doch die Dame aus Russland hatte noch mehr zu sagen. Sie zündete sich eine weitere Zigarette an, füllte ihre voluminöse Lunge bis zum Platzen mit dichtem Rauch und atmete langsam wieder aus.
»Wissen Sie«, zischelte sie, »wir Russen trinken zu viel. Das ist das Problem. Zu viel Wodka und nicht genug Läbern!« Die Moskauerin kicherte über ihren Scherz und wischte verschmierten Lippenstift von ihrem Teeglas. »Ich warte jetzt auf meine neue Läber«, erklärte sie ärgerlich mit einem nervösen Blick auf ihre Armbanduhr. Sie sagte es auf eine Weise, dass ich fast erwartete, im nächsten Moment würde ein Mann mit einer Styroporbox unter dem Arm auftauchen, auf der »Frische Leber« stand.
Ich fragte mich, wer wohl der glücklose Mensch war, der sich für die Russin seine Leber heraushacken ließ. Der Handel mit Organen hat sich in Indien zu einem florierenden Geschäft entwickelt. An ebendiesem Morgen hatte ich in der *Hindustan Times* eine typische Geschichte gelesen. Tage vor der Hochzeit seiner geliebten Schwester hatte ein junger Bursche in Südindien Selbstmord begangen. Neben der Leiche fand sich ein Zettel, auf dem in des Jungen Handschrift stand, man möge seine Organe verkaufen und mit dem Erlös die Mitgift seiner Schwester bezahlen. Doch selbst wenn die Organe verkauft worden wären, hätte sein Opfer keinen Sinn gehabt. Ohne Kühlung sind Spenderorgane schon wenige Stunden nach dem Tod nicht mehr zu verwenden.
In Delhis Privatkliniken – scherzhaft-spöttisch »Organ-Basar« genannt – werden Augen, Lebern, Nieren, selbst Herzen und Lungen transplantiert. Die Aussicht auf eine preiswerte Behandlung, ohne sich auf eine lange Warteliste setzen lassen zu müssen, bringt mittlerweile mehr Ausländer denn je ins Land. Krank und

erschöpft kommen sie an, und wenn sie wieder abreisen, nehmen sie im wahrsten Sinn des Wortes ein Stück Indien mit.
Die Moskauerin öffnete ihre Geldbörse einen Spalt, nahm einen Chanel-Lippenstift heraus und malte sich einen feuerroten Mund. Der silbrige Stift glitt geschmeidig über ihre Lippen. Während ich ihr zusah, fiel mir eine angeblich wahre Geschichte ein – vielleicht ist es nur eine moderne Legende –, bei der der Subkontinent einmal zurückschlug.
Eine Frau aus Chicago hatte, als sie sich in Karachi im benachbarten Pakistan aufhielt, einen Streifzug durch die Stadt unternommen, und dabei fiel ihr ein Schild ins Auge, auf dem ein Schönheitschirurg für seine Dienste warb. Sie hatte durch zu viele üppige *tandoori*-Mahlzeiten ziemlich zugenommen und schon daran gedacht, demnächst mit einer Diät zu beginnen.
Motivierter denn je, ein paar Pfunde loszuwerden, betrat sie das Gebäude und schnappte sich den Chirurgen. Ob er durch Liposuktion etwas überflüssiges Fett entfernen könne? Der Arzt schien einen Moment unsicher, doch dann erwiderte er schulterzuckend und mit einem breiten Lächeln: »Warum nicht?«
Man vereinbarte ein bescheidenes Honorar und setzte den Operationstermin für den nächsten Tag an.
Der Chirurg bestand darauf, dass ein Eingriff dieser Art nur unter Vollnarkose durchgeführt werden könne, schrubbte sich gründlich die Hände und ging an die Arbeit. Einige Stunden später, als die Wirkung der Narkose allmählich nachließ, kam die amerikanische Patientin wieder zu sich. Auch das Gefühl in den Fingern kehrte langsam zurück, und so schob sie die Hände unter die Decke, um ihre neuen fettfreien Oberschenkel zu betasten. Ob sie nun so schlank und wohlgeformt waren, wie sie hoffte? Und damit begann ihr Elend.
Selbst die tüchtigsten Ärzte müssen doch die Beine einer Patientin bandagieren, dachte sie bei sich, nachdem sie per Liposuktion Fett entfernt haben. Als die Frau versuchte, die Krankenschwester flüsternd danach zu fragen, wurde ihr voller Entsetzen das ganze Ausmaß ihres neuen Zustandes klar. Sie hatte keine Lippen mehr.

Es hatte den Arzt zwar gewundert, dass eine Frau mit schönen Lippen sich dieselben chirurgisch entfernen – *lip-o-sucked* – lassen wollte, doch er hatte sich bereit erklärt, die seltsame Operation durchzuführen, und sei es nur, um die ausländische Patientin glücklich zu machen. Wahrscheinlich dachte er, sich die Lippen absaugen zu lassen sei in Amerika gerade der letzte Schrei. Verzweifelt über den Verlust ihrer Lippen, beklagte sich die Frau, dass ihr nun das Zahnfleisch austrockne und ihr Insekten in den Mund flögen. Lippenlos und mit erheblichen Schmerzen kehrte sie nach Chicago zurück, nun selbst des leisesten Lächelns beraubt.

Ich beschloss, der Russin diese Geschichte nicht zu erzählen. Vielmehr wünschte ich ihr viel Glück mit ihrer gebrauchten indischen Leber und spazierte durch den Chandni Chowk zurück zum grässlichen Hotel Bliss.

Am nächsten Tag, noch ehe die Stände im Kinari Bazaar sich dem Licht geöffnet hatten, nahm ich mein Gepäck und watete aus dem Hotel hinaus. Draußen verrichteten die Bewohner der Straße ihre Notdurft und wuschen sich an einem Wasserrohr. Die Luft war schwer vom Geruch nach Seife und Haaröl.

In einem Durchgang der kleinen Straße, hinter einer Marktbude, in der Würzkräuter verkauft wurden, bereitete ein verschrumpelter alter Mann seinen Auftritt vor. Ausgemergelt und hinkend, seit vielen Jahren aufgrund einer Linsentrübung blind, streckte der Mann tastend die Arme aus. Seine Finger waren von Arthritis verkrümmt, ihre Haut von tiefen Furchen durchzogen. Er hob den Deckel von einem kühlen Steingefäß und holte ein Knäuel ineinander verschlungener junger Vipern hervor. Während sich die in ihrer Ruhe gestörten Reptilien gereizt hin und her wanden, trank der Schlangenjongleur drei Krüge Wasser. Dann bog er den Kopf zurück, öffnete sehr weit den Mund und schluckte die Giftschlangen, eine nach der anderen, als wäre es smaragdgrünes Naschwerk.

Der alte Mann rieb sich die blinden Augen, kratzte sich an der

Nase und hustete, und im selben Augenblick glitten fünf sich ringelnde Schlangen, die er wieder hochgewürgt hatte, ineinander verflochten wie Mangrovenwurzeln, flink aus seinem Mund hervor.
Die winzigen Schlangen wurden wieder in das Steingefäß gelegt und ein zweites, größeres Behältnis geöffnet. Aus diesem holte der Blinde nun drei ausgewachsene Grubenottern und begann, sich an der niedrigen Mauer abstützend, mit den Reptilien zu jonglieren. Die gut einen halben Meter langen Giftschlangen rotierten lautlos durch die Luft. Sobald die Schwerkraft sie eine nach der anderen wieder erdwärts brachte, packte der Mann sie am Kopf und schleuderte sie erneut empor.
Die Bewohner der Gasse ließ das Spektakel gleichgültig; sie gingen ihren Beschäftigungen nach, ohne sich darum zu kümmern. In den verwinkelten Gassen Alt-Delhis war Amjed, der blinde Schlangenjongleur, kaum einen zweiten Blick wert.
Mit Schlangen jonglieren, murmelte der alte Mann, als er seine Darbietung beendet hatte, ist nicht einfach. Diese Fertigkeit lässt sich nur durch jahrzehntelange Übung entwickeln. Doch leider ist Zeit eine Sache, die Anfängern zwangsläufig fehlt – die meisten kommen schon in den ersten Wochen zu Tode. Unverwüstliche Schlangenjongleure wie Amjed runzeln die Stirn über Kollegen, die ihre Schlangen melken – ihnen das Gift abzapfen –, denn es führt zu einer erschreckenden, mit diesem Beruf nicht zu vereinbarenden Sorglosigkeit. Amjed rieb nachdenklich seine Fingerspitzen aneinander. Mit Schlangen jonglieren, räumte er bedauernd ein, ist eine aussterbende Kunst.

Die Gurte meiner zwei Reisetaschen schnitten mir in die Schultern, als ich aus dem Kinari Bazaar hinaus und in Richtung Rotes Fort marschierte. Am späten Vormittag saß ich in einem Bus nach Ghaziabad – erste Station auf meinem Weg zum Wiedersehen mit Hafiz Jan.
Der Bus kämpfte sich vorwärts in Richtung Osten und über die Grenze in den Bundesstaat Uttar Pradesh. Ich nutzte die Zeit, um

mir Hafiz Jan ins Gedächtnis zu rufen: den schwarzen verfilzten Bart, die gebogene Adlernase, die riesigen Hände. Der Paschtune hatte mich tief beeindruckt, wobei ich nicht wusste, was mich am meisten fasziniert hatte – sein Gesicht, seine Kleidung oder sein Auftreten. Nun, nach fast zwei Jahrzehnten, würde ich ihn wiedersehen.

Als wir die letzten Vororte Delhis hinter uns ließen, waren kaum noch Motorrikschas zu sehen. Stattdessen donnerten unzählige orangegelbe Ashok-Leyland-Lastwagen in der Gegenrichtung an uns vorbei, eine nicht enden wollende Handelskarawane, die Zuckerrohr und Kattun, Wassermelonen und lebende Hühner in die Hauptstadt brachte.

Neben mir saß ein schlaksiger Bursche, das Haar mit nassen Fingern zurückgekämmt, lebhaft und aufgeweckt wie ein Whippet. Seine olivbraunen Augen blickten voller Neugier in die Welt. Seine Schuhe waren blank geputzt, sein Hemd makellos sauber, seine Hose wies eine messerscharfe Bügelfalte auf.

Wir kamen ins Gespräch. Der junge Mann hieß Maruti; das ist einer der Namen Ganeshas. Er hatte kürzlich seine Ausbildung zum *mahout,* zum Elefantentreiber, abgeschlossen und war nun zu einem Vorstellungsgespräch in Ghaziabad unterwegs. Es ging um eine Stelle bei einem Elefanten-»Taxi«-Service in Neu-Delhi. Reiche Leute mieteten sich die Tiere für Hochzeiten, Partys und zeremonielle Anlässe; die Elefanten konnten entweder kunstvoll bemalt oder mit religiösen Motiven geschmückt geliefert werden.

Maruti plapperte unentwegt von der Ausbildung, die er im verwunschenen Wald von Pecci in Kerala nahe der Malabarküste absolviert hatte. In dem festen braunen Umschlag auf seinem Schoß lag sein Abschlusszeugnis.

»Die Menschen dort unten in Kerala lieben Elefanten sehr«, erzählte Maruti voller Begeisterung. »Einem *mahout* aus Pecci liegt das Wohl seines Elefanten mehr am Herzen als das seines ältesten Sohnes. Wissen Sie, für einen *mahout* ist ein Elefant Vater, Bruder, Sohn und bester Freund – alles in einem. Behandle einen Elefanten mit Liebe und Respekt, und er wird es dir zehnfach vergelten.«

Maruti blickte aus dem Fenster, doch er sah weder das Verkehrsgewühl, in dem unser Bus inzwischen steckte, noch die Guavenverkäufer am Straßenrand. Er sah stattdessen Elefanten.

»Wenn ein *mahout* aus Pecci auf seinen Elefanten steigt, um ihn mit den Füßen zu lenken«, fuhr der junge Bursche fort, »wird er ihm niemals etwas befehlen. Man gibt seinem besten Freund keine Befehle. Nein …«, sagte Maruti mit Nachdruck, »der *mahout* wird den Elefanten höflich bitten, sich in Bewegung zu setzen.«

Jedes Jahr gegen Ende des Frühlings, wenn von der Malabarküste ein kühlender Wind ostwärts weht, wird in Thrissur in Kerala das Pooram-Fest gefeiert. Im *maidan,* dem großen Park der Stadt, versammeln sich neben dem Vadakkunnatha-Tempel tausende von Menschen. Dann zieht eine Kavalkade von dreißig großen Elefantenbullen, reich geschmückt mit zeremoniellem Zierrat und kolossalen Götterstatuen auf dem Rücken, von dem verwunschenen Wald zu dem wunderschönen alten Tempel. Ihre Treiber sind Schüler der *mahout*-Schule.

Feierlich schreiten die mit prächtigen Schabracken bedeckten Elefanten voran. Musik dröhnt aus Lautsprechern, Kinder tollen im Mondlicht herum, und Feuerwerkskörper schießen in den Nachthimmel.

»Pooram ist unser stolzester Tag«, erklärte Maruti voller Rührung. »Aber die Elefanten lieben das Prachtvolle, Erhabene ebenso. Bis zum Tempel machen sie vielleicht langsame, würdevolle Schritte, aber drinnen tanzen sie!«

Offenbar führte Maruti eine Art Kreuzzug und wollte alle - *mahouts* dazu bekehren, mit ihren Tieren freundlich umzugehen, denn er wusste viel über schlechte Elefantentreiber zu erzählen.

»Manche *mahouts* schlagen ihre Elefanten und treiben sie mit scharfen Stacheln an«, sagte er. »Wenn sie nicht aufstehen wollen, lassen die *mahouts* sie ohne Fressen arbeiten. Und am allertraurigsten ist«, fuhr Maruti fort, eifrig bestrebt, sein Wissen zu zei-

gen, »dass mit der Zeit selbst ein noch so schwer misshandelter Elefant seinen Herrn zu lieben beginnt.«
Wir standen immer noch im Stau, und ich fragte mich, wie viele Geschichten über Elefanten ich wohl noch ertragen würde. Meine eigene Leidenschaft, die Zauberkunst, hatte mir bewusst gemacht, dass eine Passion oft eine gute Sache ist. Jeder sollte etwas haben, für das er sich begeistert. In der Hoffnung, unsere Unterhaltung auf meine Interessen zu lenken, erzählte ich Maruti, dass ich nach Burhana unterwegs sei, um das Zaubern zu erlernen.
Maruti verschränkte seine langen, dünnen Finger ineinander, starrte aus dem verkratzten Fenster und seufzte laut auf. Es war jedoch kein Seufzen aus Langeweile. Er hatte nämlich kein Wort von dem gehört, was ich gesagt hatte. Es war ein Seufzen aus wahrer Liebe. Liebe zu seinen Elefanten. Seine Fixierung ging offenbar sehr tief. Hier war ein Mann, dessen ganzer Lebensweg vorgezeichnet war – von einer einzigen Leidenschaft.
Maruti knuffte mich ungeduldig in die Seite. Er hatte noch mehr Trivialitäten auf Lager und brauchte ein Publikum. Dieses Publikum war ich, notgedrungen. Er verriet mir, dass Elefanten die einzigen Tiere seien, die vier Kniegelenke besäßen, dass sie wie Menschen »Fingerabdrücke« hätten und unterschiedliche Geräusche von sich gäben, um ihre Gefühle auszudrücken. Es schien überhaupt kaum Unterschiede zwischen ihnen und uns Menschen zu geben.
Doch dann – genug der Trivialitäten. Maruti hatte noch etwas viel Wichtigeres zu erzählen.
»In Assam werden jeden Tag unschuldige wilde Elefanten angegriffen«, berichtete er traurig. »Wenn ich einmal genug Geld habe, gehe ich hin, um sie zu beschützen.«
»Warum werden sie denn angegriffen?«, fragte ich.
Den Kopf wie ein Geier nach vorne schiebend, erzählte mir der schlaksige Bursche von dem hinterhältigen Komplott.
»Die Elefanten sind betrunken, sagen die Leute. Dass ganze Herden außer Kontrolle geraten und alles niedertrampeln!«
»Stimmt das? Sind sie wirklich betrunken?«

»Na ja, es ist kein Geheimnis, dass Elefanten – wie alle Säugetiere – hin und wieder gerne ein Schlückchen trinken. Sie meinen es nicht böse. Menschen benehmen sich auch nicht besonders gut, wenn sie betrunken sind.«
»Aber wie kommen sie an den Alkohol?«, fragte ich und sah dabei eine verrauchte Bar vor mir, in der Elefantenbullen am Tresen aus eimergroßen Gläsern Starkbier schlürfen.
»Sie stoßen im Wald immer wieder auf versteckte Schwarzbrennereien, und dann gönnen sie sich einen kleinen Schluck«, antwortete Maruti und schniefte. »Ein falscher Tritt, die Apparate sind kaputt und überall ist Schnaps. Die Elefanten sind durstig, deshalb trinken sie das Zeug. Es ist nicht ihre Schuld, dass sie dann zu randalieren anfangen.«
Einige Zeit später stach mir die Schlagzeile einer indischen Zeitung ins Auge: »Betrunkene Elefanten laufen Amok«. Maruti hatte das Problem schwer unterschätzt, denn offenbar wuchs es sich bereits zu einer nationalen Katastrophe aus. Eine Herde von dreihundertfünfzig volltrunkenen Elefanten war über ein kleines Dorf in Assam hergefallen, hatte dreizehn Menschen zu Tode getrampelt und Schäden unbekannten Ausmaßes verursacht. Es hieß in dem Artikel, die Tiere hätten in einem »Teegarten« eine Unmenge Reisbier stibitzt; zudem würden alkoholisierte Elefanten jede Woche Dörfer im Nordosten Indiens verwüsten.
Endlich löste sich der Stau auf, und wir fuhren weiter nach Ghaziabad. Als wir am Busbahnhof im Stadtzentrum ausgestiegen waren, presste Maruti seinen braunen Umschlag fest an die Brust und machte sich auf den Weg zu seinem Vorstellungsgespräch. Ehe er im Gewoge der Menschenmassen verschwand, drehte er sich noch einmal um, hob mit einer schwungvollen Bewegung den rechten Arm, als wäre es ein Elefantenrüssel, und winkte grüßend.

3

Land der Krieger

Der Bus rumpelte in Richtung Meerut. Ausladende Pipal-Bäume säumten die Überlandstraße; ihre weiß getünchten Stämme erinnerten an die Zeit, als diese Region der Eckpfeiler des britischen Kolonialreiches war. Man konnte sich jenen Maimorgen des Jahres 1857, als die allgemeine Unzufriedenheit zu einer Revolte der bengalischen Armee führte, schwer vorstellen. Und noch weniger, dass der große Aufstand genau hier, in der Stadt Meerut, begann.

Der Geschichtsschreibung zufolge brach der Aufstand aus, als eine Ladung Lee-Enfield-Gewehre für die in Meerut stationierten indischen Truppen eintraf. Als die Patronen ausgegeben wurden – mit Schweine- und Rinderfett eingeschmiert, wie sie gekommen waren –, kannte der Zorn der Soldaten keine Grenzen. Die Mannschaften, unter denen sich eine große Zahl Hindus aus den oberen Kasten und fromme Muslime befanden, betrachteten dies als offene Beleidigung ihrer religiösen Überzeugungen.

Nördlich von Meerut, als wir die Stadt hinter uns gelassen hatten, bog der Bus nach links auf eine schmalere Straße ein. Nach etwa fünfzig Kilometern, immer nach Nordwesten in Richtung Karnal, erreichten wir den kleinen Ort Burhana.

Ohne Zeit zu verlieren, eilte ich vom Busbahnhof aus durch die Gassen Burhanas zum Grabmal meines Vorfahren. Hafiz Jan hatte mir das Städtchen in allen Einzelheiten beschrieben, doch leider vollkommen ungeordnet; er hatte mir einfach erzählt, was ihm gerade einfiel. Es kostete mich reichlich Mühe, mir den besten Weg zum Mausoleum zusammenzureimen.

Ich überquerte ein Stück Wiese rechts von der Hauptstraße. Jenseits davon erhob sich in einem Wäldchen von Dattelpalmen, umgeben von einer niedrigen Mauer, ein großes, quadratisch angelegtes Gebäude. Seine Grundstruktur konnte ich trotz des dichten Grüns erkennen – löwenzahngelber Stein, rundherum Bögen im Mogulstil und obenauf eine herrliche Kuppel. Das musste Jan Fishan Khans Mausoleum sein.

Langsam ging ich auf den Eingang des umfriedeten Grundstücks zu. Das hohe schmiedeeiserne Tor war offen. Eine plötzliche Windbö ließ die fiedrigen Blätter der Dattelpalmen leise rascheln. Aus dem Gestrüpp um das Mausoleum ragten mehrere muslimische Grabsteine. Langsam näherte ich mich auf dem schmalen Pfad dem Portal des Mausoleums.

Auf einem Hocker im Eingang saß eine Gestalt in einem khakifarbenen *salwaar kameez* und Sandalen aus Büffelleder, mit zahlreichen Patronengurten über der Schulter und einem schwarzen Baumwollturban auf dem Kopf. Das Gesicht prägten vertraute Merkmale: eine markante Adlernase, tief liegende Augen, Ohren, aus denen dichte Haarbüschel quollen, und länger denn je der verfilzte, mittlerweile angegraute Bart. Ich blieb still stehen und betrachtete den Helden meiner Kindheit, den unvergleichlichen Hafiz Jan.

Der Paschtune war damit beschäftigt, ein Bajonett zu schärfen, und zog die Klinge mit höchster Konzentration wieder und wieder über den glatten Schleifstein. Er war derart in seine Arbeit vertieft, dass er mich nicht wahrnahm. Ich stand da und starrte ihn an, ganz gefangen genommen von dem Anblick.

Da ich nicht recht wusste, wie ich mich verhalten oder ihn ansprechen sollte, scharrte ich auf dem Betonboden ein paarmal kräftig mit den Füßen. Das Geräusch übertönte das Rascheln der Palmwedel und sogar das durchdringende Knirschen von Metall auf Stein. Hafiz Jan hielt inne, sprang auf und riss kampfbereit das Bajonett vor die Brust. Und dann sah er mich. Ihm blieb vor Staunen der Mund offen, es verschlug ihm den Atem. Seine Gesichtsmuskeln schienen sich zu verkrampfen. Ich sagte meinen Namen. Er nickte, noch immer sprachlos, ließ das Bajonett sinken, und seine schwarzen Augen füllten sich mit Tränen. Wie in Zeitlupe,

als würde er sich unter Wasser bewegen, kam er auf mich zu, packte mich unbeholfen und hob mich hoch in die Luft empor.
Es dauerte eine Weile, bis Hafiz Jan sich vom Schock des Wiedersehens erholte. Wir saßen uns einige Minuten schweigend gegenüber, denn er rang nach all der Aufregung immer noch nach Atem. Ich entschuldigte mich, dass ich meinen Besuch nicht vorher angekündigt hatte, doch der Wächter meines Ahnen wischte meine Entschuldigungen mit einer Handbewegung beiseite.
»Du bist hier zu Hause«, sagte er immer wieder. »Warum solltest du den demütigen Grabwächter von deinen Plänen unterrichten? Willkommen in diesem Land, *deinem* Land – dem Land der Krieger. Willkommen! So viele Jahre habe ich auf diesen Tag gewartet!«
Auch ich hätte lange davon geträumt, das Mausoleum meines großen Vorfahren zu besuchen, antwortete ich.
Es drängte Hafiz Jan, mir Erfrischungen anzubieten und mich seiner Frau und seinen Söhnen vorzustellen. Doch ehe wir uns diesen Höflichkeitsritualen zuwandten, gab es noch etwas Wichtigeres zu tun. Der Grabwächter zog seine Sandalen aus und führte mich in das Mausoleum hinein.
Als ich mit nackten Füßen die ersten Schritte auf dem kühlen Steinboden tat, durchströmte mich eine Woge von Energie. Der Raum wurde von Licht erhellt, das durch vergitterte Fenster in der Wand gegenüber der Tür hereinfiel. Ich legte den Kopf in den Nacken und ließ meine Augen herumwandern. Dabei spürte ich eine starke, unbeugsame Kraft. Mir schien, sie half mir meine Gedanken zu sammeln. Vielleicht war es Jan Fishans Geist.
Der Paschtune wies auf das breite, rechteckige Kenotaph in der Mitte des Raumes, unter dem die Gruft lag. Das marmorne Grabmal trug eine persische Inschrift, die Hafiz Jan mir nun vorlas:

Der Fürst, Edler der Edlen, erhaben und tugendvoll,
Dessen Wohlgeruch Paghman mit Stolz erfüllte;
Er war ein Sohn des Ali Musa Raza,
Eine strahlende Sonne nach vielverheißender Morgenröte.

Von Kabul kam er, um Indien zu besuchen –
Seine Fußspuren verwandelten Burhana in einen Paradiesgarten.
Als ihn das Verlangen ergriff, in den Himmel zurückzukehren,
Verließ er diesen Ort der Sterblichkeit und ließ alles zurück.
Zum Tag seines Fortgangs, o Sidq, Wäger der Worte,
Sayed Mohammed Jan Fishan Khan.

Als die Abenddämmerung über Burhana hereinbrach, saßen Hafiz Jan und ich auf der Veranda seines Hauses und hingen Erinnerungen nach. Seine halbwüchsigen Söhne bewirteten uns mit Granatapfelsaft und *kishmish*, einer Mischung aus Trockenobst und Nüssen, während seine Frau damit beschäftigt war, ein üppiges Willkommensmahl zuzubereiten. Über den Dächern erklang der Ruf des Muezzins zum Abendgebet. Hafiz Jan kniff seinen älteren Sohn in die Wange.

»Mohammed ist jetzt fünfzehn«, sagte er. Der Junge hielt dem schraubstockähnlichen Griff des Vaters tapfer stand. »Und was möchtest du einmal werden, Mohammed?«, setzte er forschend nach.

»Wächter am Grab von Nawab Jan Fishan Khan«, kam prompt die Antwort.

Hafiz Jan strich sich mit den riesigen Fingern durch den Bart, sichtlich zufrieden, dass sein Sohn bereit war, die Familientradition fortzuführen.

Es folgte ein Mahl gigantischen Ausmaßes. Auf drei Messingtabletts wurden Berge von Pilau-Reis aufgetragen, der eine mit dicken Brocken Hammelfleisch, der zweite mit Huhn, der dritte mit Fisch. Hafiz Jans Söhne baten mich zuzugreifen. Ihre Mutter blieb in der Küche. Ein afghanisches *naan* von der Größe eines Lammfells wurde in handliche Stücke zerpflückt und ebenfalls vor mich hingestellt. Der Paschtune wählte die größten Fleischstücke aus und reichte sie mir eines nach dem anderen, als wären es Klumpen von Gold. Erst als ich meinen dritten Bissen vertilgt hatte, begannen auch meine Gastgeber zu essen.

»Welch ein gesegneter Tag!«, rief Hafiz Jan immer wieder aus.

»Jede Qual vergeht, nur die Qual des Hungers nicht! Wir fühlen uns zutiefst geehrt durch deinen Besuch. Iss! Iss! Iss!«
Es drängte mich ungeheuer, den großen Magier zu fragen, ob er mich als seinen Schüler annehmen würde, doch ich biss mir auf die Lippen. Für solche Fragen blieb Zeit, sobald den Geboten der Höflichkeit Genüge getan war.
Als wir das opulente Mahl beendet hatten, strich Hafiz Jan sich auf seine unnachahmliche Art durch den Bart, streckte sich und dankte Gott noch einmal, dass ich gekommen war. Anschließend dankte er Jan Fishan Khan, dass er mich hergelockt hatte.
Jan Fishan Khan sei nur einer der beiden Magneten, die mich nach Burhana gezogen hätten, antwortete ich darauf. Der andere, fuhr ich fort, sei Hafiz Jan selbst.
Dann packte ich die Gelegenheit beim Schopf und erkundigte mich mit allem Enthusiasmus, den ich mit mehreren Kilos verschiedenem Fleisch im Bauch aufbringen konnte, wie es um die Leidenschaft des Paschtunen für die Zauberkunst stand.
Hafiz Jan schien einen Moment lang ein wenig verwirrt. Dann antwortete er, wobei er die Haarbüschel in seinen Ohren entgegen dem Uhrzeigersinn zwirbelte:
»Ach, diese alten Tricks. Albern, nicht wahr?«
»Was sagen Sie da, *albern*? Es waren unglaubliche Sachen! Sie haben mir so vieles beigebracht: wie man Glas essen kann, wie man an einem glühend heißen Feuerhaken lecken kann, als wäre es ein Lutscher, wie man ...«
Der Paschtune unterbrach mich:
»Wie man den Ururenkel von Jan Fishan mit einem riesigen Feuerball beinahe umbringt.«
Stille herrschte im Raum, während wir beide an diesen schrecklichen Augenblick zurückdachten, ihn noch einmal erlebten.
»Es war eine unglückselige Fehlberechnung«, wandte ich matt ein.
»Dieser dumme Fehler hat Schande über meine Familie gebracht«, beharrte Hafiz Jan. »In jener Minute habe ich geschworen, niemals mehr ein Zauberkunststück vorzuführen. Was, wenn deinem Vater etwas passiert wäre?«

»Aga«, fuhr ich fort. »Ich bin nach Burhana gekommen, um Sie zu bitten, mir alles über Magie und Zauberei beizubringen, was Sie wissen. Bitte ziehen Sie es wenigstens in Erwägung, mich als Ihren Schüler anzunehmen.«

Der Paschtune sah sich unversehens in eine unangenehme Lage gebracht und drehte nachdenklich seinen Bart zwischen den Handflächen. Erst als er ihn zu einem langen, seilähnlichen Gebilde zusammengerollt hatte, antwortete er.

»Tahir Shah«, sagte er. »Du zeichnest mich aus mit deinem Wunsch. Bitte mich um einen Gefallen, wie groß er auch sein mag, und es wird mir eine Ehre sein, ihn dir zu erweisen. Verlange von mir, was du willst, selbst wenn es unmöglich erscheint – ich werde mich der Herausforderung gewachsen zeigen. Aber Sahib, du verlangst von mir, dass ich den feierlichen Schwur breche, den ich am Grab Jan Fishan Khans getan habe. Fast zwanzig Jahre sind seither vergangen. Ich habe geheiratet und zwei Söhne aufgezogen. Ich habe alles vergessen, was ich wusste – mich gezwungen zu vergessen. Es tut mir Leid.«

Wir saßen etliche Minuten schweigend da. Ich verstand Hafiz Jans Haltung und respektierte seine Auffassung von Ehre. Die Stille machte mich verlegen. Nicht, weil ich das Gefühl hatte, dass mein Wunsch in irgendeiner Weise missbilligt würde, sondern weil ich ganz egoistisch überlegte, was ich nun tun sollte.

Noch einmal dankte der Paschtune Gott dafür, dass er mich in sein Haus geführt hatte, und dann flüsterte er seinem jüngeren Sohn zu, er solle den Tee servieren. Ich versuchte, die Unterhaltung mit belanglosen Fragen wieder in Gang zu bringen. Hafiz Jan antwortete nicht; er war tief in Gedanken.

Aus der Küche wurde eine fuchsiafarbene Gardiner-Kanne aus Porzellan mit *chai-i-sabs* gebracht und der Tee mit großem Zeremoniell eingegossen, als wäre es ein Zaubertrank. Erst als er drei Schlucke von dem grünen Tee genommen hatte, begann Hafiz Jan zu sprechen.

»Als du elf Jahre alt warst«, sagte er in einem recht feierlichen Ton, »kam ich in dein Dorf in England. Zusammen haben wir

viele Zauberkunststücke geübt, und ich habe dir erzählt, wie es war, als ich selbst zu zaubern lernte.«
Ich nickte, und meine Lippen bogen sich zu einem Lächeln. Als der Paschtune sah, dass ich zuhörte, sprach er weiter.
»Tahir Shah, als ich ein kleiner Junge war, wollte ich der größte Zauberkünstler der Welt werden. Ich dachte an nichts anderes. Ich träumte, redete und ernährte mich nur noch von Zauberei. Mein Vater dachte, ich sei geisteskrank, denn kein Mitglied unserer Familie hatte sich jemals für so etwas interessiert. Ein Arzt wurde gerufen. Er sah mir tief in die Augen und lief davon aus Angst, ich hätte mir eine schlimme Krankheit zugezogen. Meine Eltern machten sich immer mehr Sorgen. Sie baten Gott, ihnen ein Zeichen zu geben.
In den folgenden Monaten hörte ich mich nach einem Lehrer um, und erst nach langer Suche fand ich in Ghaziabad einen wahren Meister der Zauberkunst. Er galt als der beste aller Magier in ganz Asien. Ich blieb bei ihm und lernte von ihm. Doch ich wusste, dass ich als ältester Sohn meines Vaters niemals diesen Beruf würde ergreifen können.«
Hafiz Jan stürzte auf einen Sitz ein zweites Glas Tee hinunter.
»Verstehst du?«, fragte er.
»Ja, ich verstehe.«
Dann, als ich mich schon damit abfand, dass ich früher als geplant nach Europa zurückkehren würde, begann Hafiz Jan wieder zu sprechen.
»Ich habe eine Idee«, sagte er. »Es ist eine bescheidene, eine wertlose Idee, doch vielleicht willst du sie bedenken.«
»Was wäre es denn?«
»In jenen Tagen, als mich die Zauberei so sehr faszinierte, wusste ich«, erklärte Hafiz Jan nachdenklich, »dass sich mein sehnlichster Wunsch nur durch hartes Studium mit einem Lehrer erfüllen würde.«
Stockend, als müsse er erst überlegen, ob er noch mehr sagen sollte, sprach Hafiz Jan weiter.
»Mein Lehrer«, fuhr er fort, »hat Ghaziabad vor vielen Jahren

verlassen. Er ging in den Osten und ließ sich dort nieder. Ich glaube, er lebt jetzt in Kalkutta. Geh zu ihm. Er wird dir jeden Zaubertrick beibringen, der jemals erdacht worden ist. Sein Name ist Hakim Feroze.«

An jenem Abend wurde aus Hafiz Jans bescheidener Küche erneut ein üppiges Mahl herbeigetragen, doch mir stand der Sinn nicht nach Essen. Ich dachte über den Vorschlag des Paschtunen nach, mich auf die Suche nach seinem alten Lehrer zu begeben. Lieber wäre ich in Burhana geblieben, als mich auf ein solches, sehr wahrscheinlich fruchtloses Unterfangen einzulassen. Zwar reizte mich die Aussicht, bei einem derart berühmten Magier lernen zu dürfen, doch würde er mich als Schüler annehmen?

Während ich immer intensiver darüber nachgrübelte, was ich tun sollte, wurde Abend für Abend noch üppiger aufgetischt. Der Paschtune fand für jedes Festessen einen besonderen Anlass – es galt erneut eine Schlacht zu feiern, in der unsere Vorväter Seite an Seite gekämpft hatten. Am vierten Abend waren die Platten mit Pilau so schwer, dass Hafiz Jans Söhne sie kaum hochheben konnten. Unter den gewaltigen Reisbergen waren ganze marinierte Tauben begraben, eine afghanische Spezialität. Am fünften Abend schleppten sie ein ganzes gebratenes Schaf am Spieß herbei. Die zarten Fleischstücke wurden auf einem Bett aus Reis angerichtet, der mit Safran, Pinienkernen und Kardamom gewürzt war.

Am sechsten Tag begann ich mir ernsthaft Sorgen zu machen. Hafiz Jans Frau kochte mittlerweile pausenlos, Tag und Nacht. Ich bemerkte, dass sie sogar ihr Bettzeug in die Küche getragen hatte und nun auch dort schlief. Die Familie des Paschtunen würde auf Generationen hinaus ruiniert sein, wenn nicht sofort etwas unternommen wurde. Ich bat meine Gastgeber, doch nicht solche absurden Mengen an Essen zuzubereiten, aber sobald ich das Thema ansprach, bäumte sich Hafiz Jan auf wie eine angriffsbereite Königskobra.

»Wie können wir gewöhnlichen Sterblichen es wagen, der glor-

reichen Taten unserer Vorväter nicht zu gedenken?«, hielt er mir dann entgegen.
Ich befürchtete, Hafiz Jan könnte sich versucht fühlen, das legendäre Muslimfest seiner beduinischen Vorfahren zu kopieren. Das bei großen Hochzeiten der Wüstensöhne übliche Gelage dürfte den Weltrekord an essbarer Extravaganz halten. Hart gekochte Eier werden in Fische gestopft, die wiederum in ganze Hühner gepackt werden, welche ihrerseits in einem gebratenen Mutterschaf Platz finden, das anschließend in den Bauch eines weiblichen Kamels gepresst wird; dieses tragen Diener dann zu den wartenden Gästen.
Eine solch reichhaltige Verpflegung noch länger zu verkraften schien mir unmöglich, und so suchte ich Zuflucht in der Stille von Jan Fishans Mausoleum. Nach einer Woche der Völlerei, deren Spuren sich bereits unter meinem Gürtel abzeichneten, konnte ich nun endlich über meine zukünftigen Reisepläne nachdenken. Hafiz Jans Lehrer kennen zu lernen erschien mir zunehmend reizvoll. Noch eine Woche in Burhana, und ich wäre kugelrund. Ich hatte zwar ein wenig Angst, dass besagter Feroze womöglich nichts mit mir zu tun haben wollen würde, doch ich schwor, mich in Richtung Osten nach Kalkutta auf den Weg zu machen.
Während ich im Eingang des Mausoleums saß und meine weitere Reise plante, kam Hafiz Jan auf mich zu. Er wirkte besorgt. Ehe ich ihn fragen konnte, was denn los sei, fing er schon an zu erzählen, was ihn bedrückte.
»Tahir Shah«, begann er mit seinem typischen Gruß, »ich weiß, dass du über meinen Vorschlag wegen Hakim Feroze nachdenkst.«
Ich nickte.
»Ich kann ihn dir empfehlen. Er ist ein ausgezeichneter Lehrer. Es gibt wirklich keinen besseren … Aber nimm dich in Acht!«
Die Augen des Paschtunen weiteten sich, bis sie so groß waren wie Kastanien. »Feroze ist erbarmungslos«, sagte er. »Wenn er dich akzeptiert, wird er dich fertig machen – das ist seine Metho-

de. Er erwartet von seinen Schülern, dass sie sich ohne Pause plagen. Es gefällt ihm, sie zu zerstören. Geh nur zu ihm, wenn du wirklich sicher bist, dass du das willst.«

»Aber ein simpler Kurs in Bühnenmagie wäre doch bestimmt harmlos?«

Hafiz Jans Wangen wurden weiß wie Milch, seine Augen waren plötzlich blutunterlaufen, sein Unterkiefer zitterte. Ich wartete auf seinen Rat, und da warf der Paschtune verzweifelt seine Arme gen Himmel.

»Bist du von Sinnen?!«, brüllte er. »Du hast keine Ahnung, wovon du redest! Hakim Feroze ist kein gewöhnlicher Lehrer. Sein Unterricht ist kein simpler Kurs für Leute mit einem momentanen Interesse an Zaubertricks. Es ist überhaupt kein Kurs – es ist eine Lebensweise, ein kompliziertes System, härtester Drill unter einem Sadisten. Jeder, den er in den Klauen hat und quält, fragt sich, wie er auf den irrsinnigen Gedanken verfallen konnte, zu ihm zu gehen. Die meiste Zeit musst du dich mit völlig absurden Dingen befassen. Du lernst fast keine ›Zauberei‹ bei ihm. Wenn ich mir's recht überlege: Du darfst *auf keinen Fall* Kontakt zu ihm aufnehmen. Du bist zu wertvoll, um dich von diesem Mann misshandeln zu lassen!«

»Aber verehrter Hafiz Jan!«, protestierte ich. »Ich kann gar nicht glauben, dass Ihr Lehrer, Hakim Feroze, derart unerbittlich sein soll.«

Der Paschtune verbarg sein Gesicht in den riesigen Händen und stieß einen schrillen Schrei aus. Ich befürchtete fast, die Erinnerung an seinen früheren Lehrer habe ihn hysterisch gemacht.

»Schweig!«, bat er klagend. »Schweig, sag kein Wort mehr und sprich nie wieder diesen Namen laut aus!«

»Welchen Namen?«

»Den Namen von Hakim Feroze natürlich!«

»Warum? Was ist denn dabei, wenn ich seinen Namen sage?«

Hafiz Jan blickte nach links und dann nach rechts und strich sich gedankenvoll durch den Bart.

»Er hat Spione, deshalb. Feroze weiß, was jeder Einzelne tut. Ich weiß nicht einmal sicher, wo er in diesem Augenblick ist, doch er kennt bestimmt jedes winzige Detail meines Lebens.«

»Aber Sie haben doch seit mehr als zwanzig Jahren keinen Kontakt mehr zu ihm.«

»Unwichtig!«, stieß der Paschtune hervor. »Er ist kein gewöhnlicher Sterblicher, wie ich bereits sagte. Er ist ein Magier!«

Es hörte sich an, als wäre Feroze eher ein Monster als ein Meister. Konnte er wirklich so schlimm sein? Es gab nur einen Weg, das herauszufinden.

Immer wieder bat mich Hafiz Jan, seinen »törichten« Vorschlag zu vergessen. Er bemühte sich nach Kräften, mir einen solchen Schrecken einzujagen, dass ich von meinem Vorhaben Abstand nahm.

»Du brauchst nur einen Tag mit Feroze zu verbringen, und dir wird das Blut gefrieren!«, sagte er. Oder: »Er wird dich in Stücke reißen, das ist seine Art. Er genießt die Qualen anderer Menschen.«

Je mehr mir zur Umkehr geraten wurde, umso stärker drängte es mich, meinen Plan in die Tat umzusetzen: den Meister, Hakim Feroze, kennen zu lernen.

Ich weiß nicht mehr genau, wann es war, doch irgendwann hörte Hafiz Jan mit seinen düsteren Warnungen auf. Eines späten Vormittags, die Sonne stand schon hoch über Jan Fishans Mausoleum, kam er zu mir. Ich hatte an meinem üblichen Platz im Eingang gesessen und gelesen. Ohne ein Wort zu sagen, streckte mir der Paschtune eine geschlossene Faust entgegen. Als er sie öffnete, erblickte ich einen abgegriffenen Lederbeutel. In ihm lag ein seltsamer rötlicher Stein.

»Ich gebe dir dies«, sagte er, »wie Feroze es mir gegeben hat. Zeig es ihm, und er wird wissen, dass ich dich geschickt habe.«

»Was ist das da drin?«

»Es ist ein Bezoar.«

»Was ist das?«

Hafiz Jan hielt den Stein gegen das Licht.

»Ein Heilmittel gegen Gift, ein Amulett und das Symbol für einen Sucher nach Wissen. Dieser Bezoar soll aus dem Magen eines Adlers stammen.«

Während ich mir die Lederschnur des Amuletts um den Hals band, zog mich der Paschtune hinaus vor das Eingangstor. Dort war auf einem afghanischen Teppich zum Mittag ein Picknick hergerichtet. Allerdings kein Häufchen Gurkensandwiches aus schwammigem Weißbrot ohne Kruste, sondern ein Mahl von beängstigenden Dimensionen.

Hafiz Jan fuhr mit beiden Händen in den Reisberg, zog einen angekohlten Wasservogel hervor und reichte ihn mir, wobei er leicht zusammenzuckte. Es schien eine Stockente zu sein, deren jährliche Wanderung das Gewehr eines Jäger jäh beendet hatte.

»Khalifa Ashpaz!«, rief der Paschtune aus, während er sich das hintere Ende einer weiteren Ente in den Mund zwängte. »Khalifa Ashpaz!«, rief er noch einmal. »Der berühmte Meisterkoch des Hindukusch! Dies ist sein Rezept!«

Wir speisten vier geschlagene Stunden. Bis zum späten Nachmittag hatten wir einen Hammel, mehrere Enten, Hühner und ungeheure Mengen Pilau vertilgt. Ich fragte mich, ob ich in meinem Leben überhaupt jemals wieder etwas zu essen bräuchte. Nach diesem Mahl fühlte ich mich jeder weiteren Verpflichtung enthoben. Hafiz Jan war offenbar verrückt geworden und hatte beschlossen, dass wir beide uns zu Tode essen sollten. Dieser irrsinnigen Völlerei musste ein Ende gemacht werden, ehe jemand Schaden nahm. Ich erhob lautstarken Protest.

Hafiz Jan starrte mich an. Die Furchen auf seiner Stirn vertieften sich. Doch dann grinste er breit, rieb sich voller Vorfreude die Hände und rief:

»*Imschab tchi puchta bekunim?* Was essen wir heute Abend?«

4

Stadt des Lichts

Schon die bloße Erwähnung des Namens Farakka-Express – er zuckelt täglich von Delhi ostwärts nach Kalkutta – genügt, um selbst einen ausgebufften Weltenbummler an den Rand des Herzinfarkts zu bringen. In einem Wüstencamp an der namibischen Skelettküste hatte mir ein mit allen Wassern gewaschener Abenteurer, nachdem er ein Gläschen des örtlichen Feuerwassers gekippt hatte, einiges darüber erzählt. Der Farakka sei ein Horrorzug, sagte er, heimgesucht von bösen Geistern, Thugs und Dieben. Nur ein Reisender, der sich nach dem Tod sehnt, würde sich überhaupt in seine Nähe wagen.

Als ich dem Mann am Fahrkartenschalter in Delhi ein Bündel Rupienscheine zuschob, zögerte er zuerst und murmelte dann, ohne mich anzusehen: »Yamuna-Express oder Farakka-Express?« Eigentlich eine harmlose Frage. Doch der Name des Zuges löste bei mir eine heftige unterbewusste Reaktion aus. Ich bekam einen Erstickungsanfall.

Der Fahrkartenverkäufer fragte noch einmal. Der Mann hinter mir in der Schlange knuffte mich in die Seite, um meine Entscheidung zu beschleunigen. *»Jaldi!* Mach zu!« Schon sah ich mich von einer Menschenmenge umringt, wie immer, wenn man in Indien irgendwo stehen bleibt und überlegt, und die Leute taten laut ihre Meinung kund. »Farakka sehr gut«, sagte der eine. »Nein, nein, zu viel Lärm«, widersprach ein anderer. »Sahib, willst du Taschentuch kaufen?«, fragte ein Dritter. Ich bat den namibischen Abenteurer im Stillen vielmals um Entschuldigung und flüsterte: »Farakka-Express, bitte.«

Später an jenem Nachmittag hatte ich mich bereits im Abteil zweiter Klasse eingerichtet und konnte es kaum erwarten, dass die Reise nach Kalkutta, wo ich Hakim Feroze aufsuchen würde, endlich losging. Mit dem Bezoar, den ich unter dem Hemd verborgen trug, und einem förmlichen Einführungsschreiben von Hafiz Jan in der Tasche glaubte ich eine echte Chance zu haben, mir die Lehrstelle zu sichern.

Wozu bloß die ganze Aufregung, fragte ich mich, als ich mich im Abteil umsah. Der Zug wirkte sauber und ruhig. Dusselige alte Touristen, dachte ich bei mir, sie verdienen es nicht besser. Ein Klopfen von draußen holte mich in die Wirklichkeit zurück. Die Tür glitt zurück, und im Rahmen stand ein Schuhputzerjunge mit blanken, wachen Augen in einem schicken Hemd aus glänzendem Stoff. Er erfasste die Lage mit einem einzigen fachmännischen Blick.

»Schuhe putzen, Sahib?«

»Nein, danke. Ich habe sie erst gestern putzen lassen.«

»Jetzt schmutzig. Ich mache gute Arbeit!«

Er vollführte mit einem bunt gemusterten Lappen kreisförmige Bewegungen in der Luft, als würde er polieren. Als ich den Kopf schüttelte, huschte er zurück auf den Gang und schloss mit Nachdruck die Tür hinter sich.

Zehn Minuten später, der Zug sollte gleich abfahren, öffnete sich die Tür erneut. Ein gut gekleidetes Paar trat ins Abteil und setzte sich mir gegenüber. Die Frau trug einen schönen purpurroten Sari aus Südindien, an ihren Handgelenken klimperten Armreifen aus Glas. Ihre Hände und Füße waren kunstvoll mit *mehendi* geschmückt. Aus der reichen Bemalung, einem Muster wie ein äußerst feines, filigranes Geflecht, ließ sich schließen, dass sie erst vor kurzem geheiratet hatte. Die ziemlich dürre, unrasierte Gestalt neben ihr musste der Bräutigam sein.

Ich brach das Schweigen.

»Frisch vermählt?«, fragte ich.

»Ja, wir haben gestern geheiratet«, antwortete die Frau.

»Sie sollten gut auf Ihren Schmuck aufpassen«, sagte ich. »Ich habe schreckliche Geschichten über diesen Zug gehört.«
»Siehst du«, fuhr die Frau ihren Gatten aufgebracht an. »Ich habe dir doch gesagt, wir sollten meine Aussteuer nicht mitnehmen.«
Da ich mein Wissen unmöglich für mich behalten konnte, berichtete ich ihnen von den grässlichen Geschichten über den Farakka-Express. Ich erzählte von den bösen Geistern, den aufständischen Thugs und den gerissenen Dieben.
»Angeblich gibt es im Farakka-Express eine ganz besondere Sorte von Räubern«, erklärte ich zum Schluss. »Sie sollen sich sogar verkleiden oder so tun, als wären sie blind, um bei den anderen Reisenden Mitleid zu erwecken.«
»Und warum fahren *Sie* mit diesem Zug?«, fragte die frisch Vermählte.
»Nun ja«, sagte ich, »ich glaube diesen ganzen Quatsch nicht. Schauen Sie sich doch um. Dieser Zug ist so sicher wie nur was. Mich legt keiner herein, ich kenne alle Tricks!«
Um acht Uhr abends wurde ein bescheidenes vegetarisches Mahl gebracht – nach einer Woche opulenter Gelage mit reichlich Fleisch ein wahrer Genuss.
Die Jungvermählten schäkerten miteinander, während ich mein Gemüse hinunterschlang. Als ich fertig gegessen hatte, schälte die Frau eine saftige reife *chakotra* und bot mir ein Stück an. Der ideale Abschluss einer Mahlzeit. Ich nahm dankend an. Während der Obstbissen sich seinen Weg zum Magen suchte, streckte ich mich auf meinem Liegeplatz aus, wünschte dem freundlichen Paar höflich eine angenehme Nacht und fiel in einen tiefen, tranceähnlichen Schlaf.
Kurz vor Sonnenaufgang wachte ich auf. Der Zug hatte an einer Station gehalten, um neue Vorräte aufzunehmen. Schlaftrunken wollte ich nach meinem Reisewecker greifen. Ich tastete herum wie ein Blinder, der Braille liest. Der Wecker war nicht da. Vermutlich war er auf den Boden gefallen, wo ich die kleinere meiner beiden Reisetaschen abgestellt hatte. Ich schielte hinunter. Der

Wecker war nicht da. Ebenso wenig die Reisetasche. Ich setzte mich mit einem Ruck auf und rief nach dem jungen Paar, während ich mir noch den Schlaf aus den Augen wischte. Hatte auch sie der Fluch des Farakka-Expresses ereilt?
Doch niemand antwortete. Das frisch vermählte Paar war fort.
Fünf Minuten später kauerte ich verzweifelt auf dem Boden, die Knie ans Kinn gezogen, die Hände auf die Ohren gepresst, den Kopf an den Bauch gedrückt. Mein Pass, fast mein ganzes Geld und die Hälfte meines Gepäcks waren verschwunden. Ich dankte Gott, dass wenigstens der Bezoar noch um meinen Hals hing und das Einführungsschreiben von Hafiz Jans eigener Hand nicht gestohlen worden war.

Der Farakka-Express brauste der aufgehenden Sonne entgegen. Ich ignorierte das Frühstück, als es gebracht wurde, und ebenso den neuen Fahrgast, der in Allahabad ins Abteil kam. Ich zog es vor, mit kläglicher Miene auf die bäuerliche Landschaft von Uttar Pradesh hinauszublicken. Über das Land verteilt wie Pfefferkörner auf einem riesigen Laken, gingen die Menschen bereits ihrem Tagewerk nach. Einige waren damit beschäftigt, Weizen zu worfeln, andere zogen Pflüge durch die rotbraune Erde, transportierten mit kerzengeradem Rücken Krüge voller Wasser auf dem Kopf oder schleppten sperrige Bündel Anmachholz nach Hause.
Ich hätte noch länger auf die Reisfelder und mit Palmwedeln gedeckten Hütten hinausgeschaut, doch ich spürte, dass der neue Reisegefährte mich beobachtete; deshalb drehte ich mich schnell um und glotzte zurück. Auf seinem gedrungenen Körper saß ein eiförmiger Kopf. Sein Gesicht, rau wie ein Luffaschwamm, wurde von einem wuchernden Schnauzbart beherrscht. Sein Haar war schmutzverfilzt, seine Kleidung zerlumpt wie die einer Vogelscheuche. Der Geruch, den die Gestalt verströmte, erinnerte stark an reifen Camembert.
Der Mann wandte keineswegs den Blick ab, als ich ihn musterte, sondern starrte zurück. Wir fixierten uns wie Hypnotiseure, die

ein Duell austragen. Keiner von uns beiden blinzelte. Mir liefen Tränen über die Wangen vor lauter Anstrengung, unbedingt durchzuhalten.
»Ausgeraubt worden, hm?«, bemerkte der Mann und drehte sich unvermittelt zum Fenster.
»Wie haben Sie das erraten?«
»Bedenken Sie, in welchem Zug Sie sich befinden. Dies ist der Farakka-Express. Oder kennen Sie die Geschichten über den Farakka-Express nicht?«
»Ich weiß alles über diesen verfluchten Zug, vielen Dank!«
»Wie ist es passiert?«
»Ich glaube, ich bin irgendwie betäubt worden.«
»Mit Obst oder Süßigkeiten?«
»Obst.«
»*Chakotra* oder Banane?«
»*Chakotra.*«
»Praktisch, das Zeug«, sagte der Mann. »Man schmeckt das Diazepam wirklich nicht durch.«
»Ich komme mir so blöd vor, besonders weil ich das Paar noch vor den Gefahren dieses Zuges gewarnt habe. Sie müssen platzen vor Lachen.«
Der Mann stand auf, öffnete die Abteiltür und lehnte sich ein Stück weit in den Gang. Er schien die Glasscheibe von außen zu inspizieren.
»Ist ein Schuhputzer vorbeigekommen, bevor der Zug Delhi verlassen hat?«
Ich nickte zustimmend.
»Woher wissen Sie das?«
Der Mann zeigte mir seinen rechten Zeigefinger, an dessen Spitze eine ockerfarbene Schmiere klebte.
»Der Schuhputzer steckte mit dem Paar unter einer Decke«, erklärte der Mann. »Sie arbeiten im Team. Zuerst steigt der Schuhputzer in den Zug und hält Ausschau nach geeigneter Beute. Als er sah, dass Sie ein allein reisender Fremder sind, markierte er die Tür mit einem Daumenabdruck in seiner Schuhcreme. Die Per-

son mit der präparierten *chakotra* braucht nur auf dieses Zeichen zu achten.«

»Genial«, sagte ich mit matter Stimme.

»Brillant!«, korrigierte er mich. »Aber etwas anderes würde ich im Farakka-Express auch nicht erwarten.«

In den folgenden Stunden erfuhr ich von meinem beleibten, schnauzbärtigen Gegenüber eine ganze Menge. Von Beruf Privatdetektiv – »Watson« für seine Freunde –, führte er den Mythos des Farakka-Expresses auf einige wenige simple Betrügereien zurück.

»Lange bevor es eine Zugverbindung zwischen Delhi und Kalkutta gab, trieben sich auf dieser Route Diebesbanden herum«, führte er aus. »Zwischen diesen beiden wichtigen Städten liegt Varanasi, der heiligste Ort der Hindus; er zieht seit dreitausend Jahren Schwindler aller Art an. Jedermann weiß, dass Pilger vertrauensvoll und naiv sind und leicht hereinzulegen.«

»Tatsächlich?«

»Natürlich!«, gab Watson scharf zurück. »Sie haben es doch selbst erlebt! Obwohl Sie wussten, was in diesem Zug alles passiert, waren Sie nicht wachsam genug. Ein frisch verheiratetes Paar, dachten Sie, wie nett. Sie hätten aber denken sollen: ein frisch verheiratetes Paar – den beiden kann man nicht über den Weg trauen!«

»Und woher weiß ich, dass ich *Ihnen* trauen kann?«, fragte ich.

»Sie wissen es nicht«, antwortete Watson. »Aber Sie sind schon am Lernen.«

Während der Gesprächspause, die nun entstand, dachte ich mit mulmigem Gefühl an die Probleme, die mir durch den Diebstahl erwuchsen.

»Eine *chakotra!*«, rief der Detektiv nach zehn Minuten des Schweigens plötzlich aus und schüttelte ungläubig den Kopf. »Wie konnten Sie nur darauf hereinfallen!«

»Ich hatte mit richtig finsteren Gesellen gerechnet«, erwiderte ich abwehrend und einigermaßen verblüfft, dass ein vollkommen fremder Mensch mich derart tadelte.

Watson zeigte sich von meiner Einfältigkeit unbeeindruckt. Offenbar war er unfähig zu erkennen, dass ich Trost brauchte und keine Kritik.

»Wissen Sie, wie sich das moderne Gaunertum in Indien entwickelt hat?«, fragte er plötzlich rundheraus.

Ich verneinte.

»Die Thugs!«, rief er aus. *»Phansigars,* die ›Leute mit der Schlinge‹, die ›Täuscher‹: Sie sind die Vorfahren dieser armseligen Gauner, und sie hatten eine große Tradition. Was diese Diebe heute machen, ist ein Trauerspiel.«

»Ich finde, die beiden haben es ziemlich raffiniert angestellt«, widersprach ich.

Doch der Detektiv hörte nicht zu.

»Die Thugs waren eine Sekte, die sich dem Ritualmord zu Ehren der Göttin Kali verschrieben hatte«, erläuterte er. »Wissen Sie, die Thugs betrachteten Mord als eine Kunstform. Sie hatten keine Schuldgefühle, wenn sie töteten.«

»Wie viele Menschen haben sie denn umgebracht?«

Watson ließ die Finger seiner linken Hand knacken.

»Millionen!«, rief er aus. »Mindestens! In jener Zeit dauerte eine Reise monate-, wenn nicht gar jahrelang. Bis die Familie sich um einen Angehörigen Sorgen zu machen begann, weil er länger fortblieb als erwartet, war es schon längst zu spät!«

»Und was ist mit all den Thugs geschehen?«

»Die Briten erkannten, dass sie allmählich das Land zerstörten. Man konnte nirgendwohin mehr reisen, es war viel zu gefährlich auf den Straßen. Dann hat ein Bursche namens Sleeman begonnen, ihnen den Garaus zu machen. Eigentlich schade. Er brachte sich selbst Ramasi bei, die Geheimsprache der Thugs, und hat ihre Todesformel entschlüsselt.

Erstens«, gurrte Watson, »lass von einer Gruppe niemanden lebend entkommen – erdrossle sie alle mit einem *rumaal,* einem geknoteten Tuch. Zweitens: Enthaupte stets die Opfer, um eine Identifizierung unmöglich zu machen. Und am allerwichtigsten, drittens … sei bereit!

Die Thugs verfolgten ein Opfer oft monate-, manchmal sogar jahrelang. Sie sandten Späher aus, wie den Schuhputzer, den man vorgeschickt hat, um Sie auszusuchen. Dann gewannen sie das Vertrauen der Bediensteten, indem sie sich als heilige Männer ausgaben. Doch innerhalb von dreißig Jahren waren sie bezwungen. Ihr Briten habt ihnen abgewöhnt, Tücher zu knoten, und sie zum Teppichknüpfen bekehrt. Sie haben sehr hübsche Brücken hergestellt.«

Kurz vor Mittag war meine unselige Fahrt mit dem Farakka-Express zu Ende. Da ich nicht sonderlich darauf erpicht war, noch eine gefahrvolle Nacht in dem Zug zu verbringen, beschloss ich, mit dem wenigen, was ich noch besaß, in Mughal Sarai auszusteigen. Von dort aus war es nicht mehr weit nach Varanasi. Sobald ich den Verlust von Pass und Geld bei der Polizei gemeldet hätte, würde ich mit dem Bus nach Kalkutta weiterfahren.

Watson stieg an derselben Station aus. Er behauptete, für einen Klienten in Allahabad in geheimer Mission unterwegs zu sein. Wir teilten uns ein Ambassador-Taxi. Während das altersschwache Gefährt mühsam die kurze Strecke bis in die heiligste Stadt Indiens überwand, enthüllte mir Watson intimste Details über seinen Auftrag.

»Früher habe ich viel interessantere Fälle gehabt«, erzählte er bedrückt. »Einmal sogar einen Mordfall, das hat Spaß gemacht. Aber inzwischen ist die Arbeit richtig stumpfsinnig. Meistens geht es darum herauszufinden, ob die Familie eines potentiellen Bräutigams eine Leiche im Keller hat.«

»Und was ist, wenn Sie eine entdecken?«

»Dann berichte ich meinem Auftraggeber«, erwiderte Watson, »und es wird weniger Mitgift fällig.«

Bevor wir Varanasi erreichten – die berühmte »Stadt des Lichts« –, vertraute mir Watson mit dröhnender Stimme an, dass er sich nun eine Tarnung zulegen und untertauchen würde.

Seit dreitausend Jahren oder noch länger ist Varanasi das Zentrum des Hinduismus. Am Westufer des heiligen Flusses Ganges gelegen, zieht die Stadt jedes Jahr Millionen von Pilgern an. Manche bleiben ein paar Tage, um zu beten und im Wasser von Mutter Ganga zu baden. Andere, einmal angekommen, gehen nie wieder fort. Sie glauben, von ihrem materiellen Leid erlöst zu werden, wenn sie innerhalb der von der Panch Kosi Road markierten Altstadt sterben. Dieser Zustand des unmittelbaren Eingangs in die spirituelle Welt *(moksha)* befreit den Menschen aus dem ewigen Kreislauf der Wiedergeburt. Jeden Tag werden tausende frommer Hindus am Ufer des Ganges an den Verbrennungsghats, den steilen Steintreppen, die zum Fluss hinabführen, verbrannt. Sobald sich mit Einbruch der Dunkelheit eine gespenstische Stille ausbreitet, wird die Asche der Toten auf dem heiligen Wasser verstreut.

Als ich durch das Labyrinth verwinkelter Gassen wanderte, in denen sich Sadhus und Bettelmönche, ausgelassene Kinder und Wasserbüffel drängten, hörte ich das Klimpern von Münzen in der Hand eines Bettlers, den dumpfen Schlag einer Trauertrommel und die Rufe eines Rikschafahrers, der sich eilig einen Weg bahnte. Ich roch das siedende Fett, in dem an behelfsmäßigen Verkaufsständen *puris* herausgebacken wurden, zu kleinen Haufen aufgetürmten Kurkuma, Zimt und Koriander und die feuchten Dungfladen, die an schattigen Mauern trockneten.

Um mich herum gab es überall Symbole: über versteckten Hauseingängen gemalte Swastikas, in kleinen Schreinen brennende, mit *ghee* gefüllte Lampen und dichter Sandelholzrauch, der wie eine Gewitterwolke über den moderigen Durchgängen hing.

Schritt für Schritt drang ich tiefer in eine mir fremde Welt ein. Alle außer mir wussten, was die Symbole bedeuteten, alle außer mir wussten, wie man sich richtig verhielt. Ich erfasste zwar nicht die tiefere Bedeutung all dessen, doch trotzdem berührte es mich. Indien bietet das subtilste Drama des Lebens, und Varanasi ist dessen herausragender Akt.

Ich machte mich auf den Weg zum Dhobi Ghat, denn dort gab es, wie ich gehört hatte, günstige Zimmer. Nach einer Nacht im Farakka-Express würde die Unterkunft in Varanasi äußerst preiswert sein müssen. Doch am Dhobi Ghat gab es überhaupt keine Herbergen. Wie das Wort *dhobi* – Wäscher – vermuten lässt, wird an diesem Ghat Wäsche gewaschen. Dutzende von Männern kneteten Kleidungsstücke, als wären es große Klumpen Hefeteig, und schlugen die eingeseifte Wäsche abwechselnd an den Stufen des Ghat aus. In Varanasi leben fünfzigtausend Brahmanen. Viele lassen sich von eigenen *dhobis* die Wäsche machen, denn damit ist garantiert, dass ihre Kleidung nicht mit der niedrigerer Kasten in Berührung kommt.

Einer der *dhobis* bemerkte, dass ich mich nach einer Unterkunft umsah, und kam zu mir herüber. Sein Gesicht war flach wie eine Flunder, die breite Nase reichte fast bis zu den Ohren, und seine Arme waren von dem ständigen Hantieren mit heißem Wasser und Seife bis zu den Ellenbogen gerötet. Als ich ihn fragte, ob er ein Übernachtungsmöglichkeit für mich wisse, führte er mich zu seinem Ein-Zimmer-Heim.

Die düstere Behausung aus mit Lehm beworfenem Flechtwerk, einem umgedrehten Ruderboot in Form und Größe nicht unähnlich, war voller Dampf. Als wir eingetreten waren, deutete der *dhobi* auf eine Rosshaarmatratze und grinste.

»*Das rupia.*«

»Zehn Rupien die Nacht für *das da?*«

Ich untersuchte die Matratze. Halb verrottet, von Flöhen bewohnt und neben einem Kessel platziert, in dem die Kleidung eines Brahmanen ausgekocht wurde, war es dennoch das beste Stück im ganzen Raum. Der Dampf vom ständigen Wäschekochen ließ alles verrotten. Die ganze Behausung sah derart verkommen aus, dass ich den Verdacht hatte, eigentlich hielten nur Fäulnis und Schimmel die Wände zusammen. Käme man auf die Idee, alles abzukratzen, würden sie vermutlich einstürzen.

Es war eine fürchterliche Behausung, selbst für minimale Ansprüche – ein Standard, wie ihn die Genfer Konvention keinem

Kriegsgefangenen zumuten würde. Doch während der *dhobi* auf meine Antwort wartete, fiel mir ein, dass ich schließlich kein Kriegsgefangener war. Vielleicht hätte ich befürchten müssen, dass meine Habe geklaut würde, aber inzwischen besaß ich nur noch wenig, das einen Wert hatte.

»In Ordnung«, sagte ich zu dem Wäschereibesitzer, »ich nehme die Matratze, aber nur zur Selbstkasteiung – so wie Thomas Becket unter seiner Kutte ein härenes Hemd voller Läuse trug. Wenn ich es recht bedenke«, scherzte ich, »hätte Becket sich hier wohl ziemlich wohl gefühlt.«

Der *dhobi* begriff verständlicherweise längst nicht mehr, wovon ich redete. Er sprach kein Englisch. Mit breitem Grinsen leckte er sich die Finger und rieb sie bedeutungsvoll aneinander, ein unmissverständlicher Hinweis, dass er eine Zahlung im Voraus wünschte. Ich fischte einen zerknitterten Geldschein aus der Tasche und drückte ihn ihm in die Hand.

Draußen vor dem Zimmer, ein paar Schritte vom Ganges entfernt, hockte ein junger Sadhu auf dem Boden. Sein nackter Körper war frisch mit Asche beschmiert, sein Haar ein verfilztes Gewirr von Dreadlocks, sein Gesicht mit esoterischen Symbolen bemalt. Der *dhobi* grüßte den heiligen Mann mit großem Respekt. Doch der Gruß wurde nicht erwidert. Stattdessen griff der Asket nach seinem *chilam* und nahm einen tiefen Zug. Für einen kurzen Moment leuchtete die Glut in der Tonpfeife hell auf, und dann stieß der Sadhu eine dicke Wolke Haschischrauch aus.

Später an diesem Nachmittag, nachdem ich im großen Waschkessel des *dhobi* gebadet hatte und fast bei lebendigem Leib gekocht worden war, spazierte ich ein wenig in Varanasi herum.

Eine im Foyer eines Nobelhotels residierende Bank erklärte sich bereit, mich dabei zu unterstützen, mir Geld überweisen zu lassen. Aus irgendeinem unerfindlichen Grund musste es jedoch in ihrer anderen Filiale in Kalkutta abgeholt werden. Nach der Bank ging ich zum Polizeirevier, um den Diebstahl im Zug anzuzeigen. Es war eine demütigende Erfahrung, denn dreißig Polizisten aller

Dienstgrade drängten sich um mich, um die neueste Geschichte aus dem Farakka-Express nicht zu versäumen.
Kurz vor Sonnenuntergang schlenderte ich durch die engen Basargassen, die zu den Ghats am Flussufer hinunterführen.
In einer abgelegenen Gasse hinter einem größeren Durchgang stieß ich auf eine Reihe kleiner Werkstätten. Dicht nebeneinander saßen dort die Frauen wie Bucklige über Webstühle gekrümmt. Manche waren noch jung, Anfang zwanzig, die meisten jedoch sahen alt und kränklich aus. Alle trugen schlichte weiße Saris, keine von ihnen Schmuck. Einige hatten den Kopf geschoren. Von diesen vergessenen Frauen, den Witwen von Kashi, hatte ich schon gehört.
Von den meisten Menschen als Unberührbare betrachtet, häufig als Hexen angesehen, sind Witwen Ausgestoßene der Hindu-Gesellschaft. Unglück sucht angeblich jeden heim, der mit ihnen spricht. Ihre Familien wollen nichts mehr mit ihnen zu tun haben, ihre engsten Freunde meiden sie, und so machen sich jedes Jahr tausende von Witwen auf den Weg nach Varanasi, um dort bis ans Ende ihrer Tage zu leben. Selbstmord kommt für die meisten nicht in Betracht, denn mit einer solchen Selbstopferung müssten sie ihre Hoffnung begraben, den Traum von der Erleuchtung zu erreichen.
Man sieht sie, wenn man durch die belebten Straßen der Stadt bummelt oder sich bei den steilen Steintreppen der Ghats hinsetzt. Sie sind überall. Manche halten eine Bettelschale in der Hand, andere sind zu stolz, als dass sie um Almosen bitten würden. Einige wenige finden eine bezahlte Beschäftigung, und diejenigen, die Arbeit haben, schuften in Ausbeuterbetrieben täglich viele Stunden für einen Bruchteil des üblichen Lohns. Als wäre es nicht schon genug, sich unter solchen Bedingungen sein Brot zu verdienen, werden viele von skrupellosen Arbeitgebern vergewaltigt oder misshandelt.
An einem der Webstühle saß zusammengekauert eine scheue junge Frau mit ernstem Gesicht, das eine halbmondförmige Narbe am Kinn verunzierte, einer markanten Nase und hennaroten Fin-

gerspitzen. Sie hieß Devika. Man hatte sie mit dreizehn Jahren an einen zweiundzwanzig Jahre älteren Mann verheiratet, und sie war jung Witwe geworden. Als ihr Mann vor drei Jahren starb, hatte ihre Schwiegermutter sie aus dem Haus gejagt, weil sie eine Hexe sei.

Wie alle Witwen in Varanasi sehnte sich auch Devika, die inzwischen dreiundzwanzig war, nach dem Tag, an dem Gott sie ins Paradies rief. Doch sie wusste, dass Varanasi vielleicht noch viele Jahrzehnte ihre Heimat sein würde, denn es kommt in Indien selten vor, dass Witwen wieder heiraten.

Dabei ist allein schon die Existenz von Witwen keineswegs eine Selbstverständlichkeit. Bis zum Jahr 1828, als die Briten den Brauch des *sati* verboten, folgte eine Witwe ihrem verstorbenen Mann auf den Scheiterhaufen. Das ist zwar barbarisch, aber immerhin war durch diese abstoßende Tradition das Problem sofort aus der Welt geschafft. Seit dieser Brauch verboten ist, ziehen die Witwen wie verlorene Seelen in die »Stadt des Lichts« und beginnen, sobald sie sich am Ufer des Ganges niedergelassen haben, ein neues Leben – mit dem Warten auf den natürlichen Tod.

»Meine Schwiegermutter hat alle meine Sachen verkauft«, vertraute mir Devika an, nachdem sie sich ängstlich umgeschaut hatte, ob ihr Chef auch nicht in der Nähe war. »Sie hat mir eine Fahrkarte dritter Klasse nach Varanasi in die Hand gedrückt und geschworen, wenn ich jemals zurückkommen sollte, würde sie mir die Augen ausstechen.«

Devika senkte den Blick ihrer haselnussbraunen Augen, als sie von dieser schrecklichen Drohung berichtete.

»Als ich hier ankam, wurde ich wie eine Aussätzige behandelt. Die Leute spuckten mich an und beschimpften mich. Die Mütter flüsterten ihren Kindern zu: ›Schau sie nicht an, sie ist dem Tode geweiht!‹ Ich danke Gott, dass ich hier eine Arbeit gefunden habe. Sie ist zwar hart«, fügte sie hinzu, »aber immerhin eine Arbeit. Ich bete jeden Abend zu Gott, dass er mich bald sterben lassen soll.«

Ob Devika je wieder heiraten würde? Diese naive Frage amüsierte sie, und sie lächelte.
»Wie könnte ich ein zweites Mal heiraten?«, fragte sie verwundert zurück. »Nein, das ist unmöglich. Ich bin Witwe.«

Die Dunkelheit brach abrupt über Varanasi herein. Während die Webstühle der Witwen bei Kerzenlicht wie primitive Druckerpressen weiterklapperten, erwachten die Gassen zu neuem Leben. Erst nach Sonnenuntergang wird Kashis uralte Magie wieder lebendig. Sobald die Seidenhändler und Friseurgeschäfte für die Nacht die Läden vorgelegt haben, setzt sich ein endloser Strom von Pilgern in Gang. Barfüßig, gebeugt und halb blind, eilen sie zu den Tempeln, die in großer Zahl an immer schmaler werdenden Wegen und entlang dem Flussufer stehen.
Gaslampen mit fluoreszierender Flamme zischen auf den Köpfen ihrer Träger; der durchdringende Duft von Mogra-Blüten vermischt sich mit dem Geräusch schlurfender Füße und dem Geläut der Tempelglocken. Wie bei der Aufführung eines Shakespearestücks sind Worte und Handlungen allen bekannt. Für einen Augenblick teilt sich die dicht gedrängte Masse aus Pilgern, *pujaris* und heiligen Kühen, um einen Leichenzug durchzulassen. Der in ein safrangelbes Tuch gehüllte Leichnam wird auf einer Bahre aus Bambus zum Jalasayin, dem Verbrennungsghat, getragen.
Mit beeindruckender Präzision manövrieren die Totenträger ihre Last durch ein Metalldetektor-Tor, wie sie zur Personenkontrolle an Flughäfen verwendet werden. Die grundlos herumstehende Apparatur, mit üppigen orangefarbenen Girlanden geschmückt, war ursprünglich vor dem Goldenen Tempel in Varanasi installiert, um Bombenanschläge von Terroristen zu verhindern. Schon längst außer Betrieb, hat der Metalldetektor inzwischen eine religiöse Funktion übernommen. Die Pilger, die zum Goldenen Tempel drängen, stolpern ehrfurchtsvoll gebückt durch den prächtig dekorierten Metallrahmen – vielleicht glauben sie, dass es ihnen Segen bringt, wenn sie dort hindurchgehen.

Auf einer Plattform am Flussufer schicken mehr als ein Dutzend prasselnder Scheiterhaufen Funken in die kühle Nachtluft. Hinter ihnen liegt Holz gestapelt, auf einheitliche Länge zurechtgeschnitten und fertig zum Gebrauch.

Erleuchtung und der Tod, der vor ihr kommt, sind das Hauptgeschäft von Varanasi. Doch anders als anderswo ist der Tod hier ein wundersames, freudiges Ereignis, ohne düstere Leichenwagen, wie in westlichen Ländern, und schwarz befrackte Sargträger, die in gummibesohlten Schuhen gemessen vorwärts schreiten. Es gibt keine traurigen Gesichter, Särge, Grabsteine, Friedhöfe oder dramatisch verschleierte Witwen. Dafür eine pragmatische Hinnahme dessen, was schlicht als Übergang betrachtet wird.

Der Leichnam wird zum Flussufer getragen. Eine bestimmte Menge Holz wird abgewogen und bezahlt. Ist der Scheiterhaufen errichtet, wird der Leichnam obenauf gelegt. Das heilige Feuer wird entzündet. Erst wenn die Asche abgekühlt ist, wird sie aufgenommen und in das schwarze Wasser von Mutter Ganga gestreut.

Angerührt von der unaufdringlichen Schlichtheit des Verbrennungsghat machte ich mich, per Boot, auf den Weg nach Hause, heim zur verflohten Schlafstatt meines *dhobi.*

Normalerweise wurden solche Boote, wenig größer als ein Kanu, wohl eher von den Familien Verstorbener gemietet. Im Bug mühte sich eine gebeugte Gestalt am Ruder ab, den langen elfenbeinfarbenen Bart zu einem Dutt geschlungen. Während wir durch das heilige Wasser glitten, auf dem sich der Schein tausender schwimmender Lichter spiegelte, warf ich einen Blick zurück. Die Nacht war von Scheiterhaufen erhellt. Kraftvoll und lebendig, wie ein Waldbrand wütend, loderten die Flammenbündel empor. Ein atemberaubender Gruß an die Toten.

Der *dhobi* lispelte irgendetwas durch seine schadhaften Zähne, als ich ihm von meinem Abenteuer am Jalasayin Ghat erzählte, und reichte mir einen Krug mit schmutzig grauem Gangeswasser;

ich solle mir den Mund damit spülen. Dann machte er mir das Kopfkissen zurecht – ein Haufen schmutziger Kleidungsstücke, in ein Laken gewickelt.
Ich kam mir sehr tugendhaft vor, als ich mich auf die unappetitliche Matratze sinken ließ. Es war ein gutes Gefühl und mir im Übrigen ziemlich neu. Kein Wunder, dass Thomas Becket an seinem härenen Hemd so großen Gefallen fand. Vielleicht kasteie ich mich in Zukunft öfter mal ein wenig, dachte ich. Dann, als ich die Augen schloss, um mir die lodernden Scheiterhaufen noch einmal in Erinnerung zu rufen, begann in meiner Matratze das wilde Nachtleben – mit mir als Büfett.

Um fünf Uhr morgens war der *dhobi* schon wieder an der Arbeit; auf dem Feuer stand bereits ein weiterer Kessel mit Brahmanen-Wäsche. Ich zog das Bettlaken um mich wie eine Toga und setzte mich auf. Draußen war es noch dunkel. Eine Paraffinlampe verbreitete ein trübes, silbergraues Licht. Der *dhobi* schien erfreut, dass ich wach war. Er reichte mir einen Stapel fein säuberlich zusammengelegter Kleider. Irgendwie hatte er es geschafft, während der Nacht mein Hemd, meine Hose, meine Socken und sogar die Unterhosen zu waschen. Sie dufteten nach Zimt. Als ich ihm dankte, zog er seine Nase kraus, schnaubte zweimal und griff nach meinem Kopfkissen, in dem die nächste Wäscheladung steckte.
Dann beugte er sich über den gusseisernen Kessel, fischte einen Socken heraus und entnahm ihm vorsichtig den Inhalt – drei sehr hart gekochte Eier.
Während das erste Tageslicht allmählich die Dunkelheit vertrieb, sah ich eine Reihe von Frauen zum Fluss hinunterziehen. Barfüßig und in schlichte weiße Saris gehüllt, schritten sie langsam und bedächtig durch die morgendliche Kühle, bis sie an einer abgeschiedenen Stelle in das Wasser eintauchten und ihren Körper im heiligen Ganges reinigten.
Nach ihrem Bad schienen die Witwen in stummes Gebet zu versinken. Von den ersten Strahlen bernsteinfarbenen Lichts um-

flossen, standen sie regungslos da und hoben der Sonne ihre Arme entgegen, als würden sie Gott anflehen, sie ins Paradies zu holen.

Varanasi zu verlassen erwies sich als erstaunlich schwierig. Millionen von Menschen in allen Winkeln Indiens würden alles tun, um die Stadt besuchen zu können. Niemand verlässt Kashi, sofern ihn nicht dringende Geschäfte andernorts dazu zwingen. Ich war noch nicht einmal einen Tag in der Stadt, da überkam mich schon die Reiseträgheit. Meine großen Pläne vom Studium der Zauberkunst schienen sich in Luft aufzulösen. Ich war betäubt worden, ausgeraubt, und nun hing ich bei einem *dhobi* herum. Was war nur geschehen mit meinen Träumen? Doch ich erinnerte mich noch an meine Prioritäten. Am nächsten Tag würde ich unverzüglich nach Kalkutta weiterfahren.

Von dieser Entscheidung beflügelt, marschierte ich zum Panchganga Ghat, um dort meine Füße im Wasser baumeln zu lassen. Bei der Asche unzähliger Toter, die hineingeworfen wird – von den halb verkohlten Leichen ganz zu schweigen –, würde man eigentlich erwarten, dass der Ganges fürchterlich schmutzig sei. Pilger und Ortsansässige baden jeden Tag in dem Fluss. Sie trinken sogar sein Wasser und sind überzeugt, dass es weniger belastet ist als der reinste Bergbach. Aber warum fallen diese Menschen angesichts der gewaltigen Verunreinigung nicht um wie die Fliegen? Möglicherweise haben Wissenschaftler den Grund dafür entdeckt. Sie sagen, der Ganges sei in der Lage, sich selbst zu reinigen und mit Sauerstoff anzureichern. Einer Probe von Gangeswasser beigegebene Cholerakeime starben innerhalb von drei Stunden ab. In einer Probe von destilliertem Wasser überlebten dieselben Keime vierundzwanzig Stunden. Die Seeleute wissen schon seit langem um die Fähigkeit dieses Wassers, frisch zu bleiben. Bis vor kurzem nahmen Schiffe, ehe sie den Hafen von Kalkutta verließen, noch so viel Gangeswasser wie möglich an Bord. Als der Maharadscha von Jaipur, Sawai Madho Singh II., im Jahr 1902 nach England reiste, ließ er zwei gewaltige Amphoren aus

Silber anfertigen, die als die größten Silberobjekte der Welt galten – immerhin fasste jede etwa 9000 Liter. Gefüllt mit heiligem Flusswasser nahm er sie mit auf die Reise.
Am Panchganga Ghat planschte ich bis zu den Knien im Wasser mit den Beinen herum in der Hoffnung, dadurch ein paar Flöhe zu ertränken. Doch das unschuldige Vergnügen wandelte sich unversehens zu purem Grauen. Eine abgetrennte, ziemlich verkohlte menschliche Hand trieb auf mich zu. Während ich mich noch bemühte, nicht in Panik zu geraten, klopfte mir jemand auf die Schulter. Eine rundliche, in ein großes Tuch gehüllte Gestalt hielt eine Flasche mit trübem Wasser hoch und rief mit starkem Akzent:
»Sahiib, feines Ganga-Wasser … gutt zu trinken. Nur fünfzehn Rupien.«
»Nein, danke«, gab ich schaudernd zurück. »Lassen Sie mich in Ruhe. Ich habe gerade einen scheußlichen Schock bekommen.«
Ich wandte mich ab, doch wieder klopfte mir der aufdringliche Mensch auf die Schulter.
Dieses Mal drehte ich mich um, um ihm gehörig die Meinung zu sagen, doch als er sein Gesicht zeigte, erkannte ich, dass es kein Wasserverkäufer war. Es war Watson, der Privatdetektiv, bis zur Unkenntlichkeit verkleidet.
»Woher wussten Sie, dass ich hier bin?«
»Na, du bist gut! Ich bin schließlich Detektiv!«
Watson forderte mich auf, meine Schuhe anzuziehen; gleich würde ich etwas ganz Besonderes zu sehen bekommen. Es dauerte länger als sonst, bis ich auf den Beinen war, denn der Schreck über die verkohlte Hand saß mir noch in den Gliedern.
»Worum geht's, Watson?«, fragte ich, während wir durch das unendliche Labyrinth der Gassen eilten.
»Das siehst du noch früh genug.«
»Haben Sie irgendwelche Leichen im Keller dieser Familie ausgegraben?«
»Keine vollständige Leiche«, erwiderte Watson grinsend. »Einen Schädel, ein paar Rippen, aber noch nicht das ganze Ding. Das braucht noch ein wenig Zeit.«

Wir kletterten in eine Fahrradrikscha. Watson wies den Fahrer an, uns zum Rani Ghat zu chauffieren. Während wir ratternd dahinfuhren, berichtete Watson von seinem aktuellen Fall.
»Die Sache läuft gut«, begann er. »Für diese Überprüfung werden wir ungefähr zwei Monate brauchen. Wir haben schon alles Mögliche untersucht.«
»Was zum Beispiel?«
»Ach, das Übliche«, gab der Detektiv lässig zurück. »Ob die Diplome des Bräutigams echt sind, ob er sich mit anderen Mädchen trifft oder ob er irgendwelche abstoßenden Pigmentmale, Genital- oder andere Warzen hat. Du weißt schon ...«
»Nun ja, ich bin mir nicht sicher.«
»Dann müssen wir noch nach Familienfehden forschen, nach eventuellen Vorstrafen, heimlichen Schulden, Drogenproblemen, erblichen Abnormitäten, unerwünschten Halbbrüdern ...«
Watson unterbrach sich unvermittelt und befahl dem Fahrer zu halten. Er führte mich zu einem verlassenen Gelände hinter dem Rani Ghat, das aussah, als wäre hier kürzlich ein Gebäude abgerissen worden. Unter den herumliegenden Ziegelsteinen suchte eine Familie von Lumpensammlern nach verwertbaren Resten. Mitten auf dem freien Platz saß ein Sadhu in tiefe Meditation versunken.
Sein Gesicht war eingefallen, wie vor der Zeit gealtert, sein Bart verfilzt und austerngrau; die Hände waren wettergegerbt und faltig. Er trug nichts weiter als einen *lungi,* ein Lendentuch, und eine Korallenkette um den Hals. Neben seinem rechten Fuß lag die Hirnschale eines menschlichen Schädels.
Dieses Accessoire sagte viel aus – der Mann war ein Aghori-Sadhu. Ich hatte mich einmal intensiv mit den Kopftrophäen der Naga-Kopfjäger beschäftigt und war dabei auf die Aghoris gestoßen, deren magisch-religiöse Vorstellungen stark denen traditioneller Schamanen ähneln. Die Aghoris, angeblich mit der Macht ausgestattet, böse Geister zu bezwingen, sind seit alters erklärte Kannibalen. Ihre Trankopfer, zu denen früher auch menschliches Blut gehörte, nehmen sie aus einer Hirnschale zu sich, die jedoch für

einen Aghori viel mehr ist als ein simples Gefäß – sie enthält nämlich den Geist des Verstorbenen. Dessen Seele bleibt der Gefangene des Aghori, bis der Schädel eingeäschert wird. Der Sadhu zähmt solche Geister und lässt sie in seiner Schattenwelt tätig werden.

Der Detektiv bedeutete mir, näher an den heiligen Mann heranzugehen.
»Was macht er hier? Was hat er vor?«
»Schau einfach zu.«
Immer noch meditierte der Sadhu im Lotossitz. Einige Minuten später erschien ein anderer Mann, grub vor ihm mit den Händen ein nicht allzu tiefes Loch in die Erde und ging wieder. Wir warteten. Nach und nach tauchten ein paar Leute auf, vielleicht fünfzehn, und es bildete sich ein Kreis von Zuschauern um den Aghori. Sie schienen genau zu wissen, was vor sich ging. Der Asket erwachte aus seiner Trance und stand auf. Dann, nachdem er sich den Kopf mit einem zerlumpten Hemd umwickelt hatte, beugte er sich zu dem Loch vor und ging in den Kopfstand. Um seinen Kopf herum wurde sorgfältig Sand aufgehäuft.
»Watson, was soll das werden?«
»Der Aghori begibt sich in Hibernation«, antwortete der Detektiv.
»Warum?«
»Warum nicht?«, entgegnete Watson.
»Menschen in Hibernation … Ich habe von diesem künstlich herbeigeführten Schlafzustand gehört. Das ist doch nur ein Trick!«, rief ich aus.
Watson warf mir einen strengen Blick zu.
»Ich weiß, dass es ein Trick ist«, flüsterte er, »aber halt den Mund.«
Eine Stunde verging. Die Zuschauer beobachteten den Pandit im Kopfstand mit großer Konzentration. Eine weitere Stunde verging. Ein streunender Hund, der sich auf die Trinkschale des Aghori stürzen wollte, wurde mit einem Stock verjagt.

Nach einer weiteren Stunde des Wartens starb ich fast vor Langeweile, bis endlich Watson wieder etwas sagte.
»Hast du bemerkt, dass man um das Gesicht des Aghori sehr feinen, trockenen Sand in das Loch gefüllt hat?«
»Ja, habe ich, er war anders als die Erde drumherum.«
»Richtig. Schau genau hin, der Boden hier ist lehmig. Das Loch wurde mit trockenem Sand gefüllt, durch den der Sadhu atmen kann.«
Vier Stunden nachdem er sich in Hibernation begeben hatte, ging der Aghori mit den Beinen unvermittelt wieder auf den Boden, wickelte sich den Stofflumpen vom Kopf und trank einen Schluck Wasser aus der Hirnschale. Watson und ich fanden das Ganze nicht sonderlich überzeugend, doch die anderen Zuschauer waren sichtlich beeindruckt von der Demonstration.
Während Watson, der Privatdetektiv, mich fortführte, berichtete ich ihm von der berühmtesten aller menschlichen Hibernationen, von denen ich je gehört hatte.
In den 1830er Jahren verbreitete sich von einem entlegenen Bergdorf bei Jammu aus die Kunde von einer sagenhaften Hibernation. Man erzählte sich von einem schmächtigen Mann mit berechnenden Augen namens Haridas, und bald kam die Geschichte auch dem Maharajah von Lahore zu Ohren.
Der Maharajah, der ein großer Skeptiker war, ließ nach Haridas schicken, denn er wollte, dass dieser sein Kunststück unter kontrollierten Versuchsbedingungen durchführte. Haridas kam, und das Experiment begann.
Im Palast des Maharajah hatten sich mehrere hochrangige englische Ärzte und Soldaten eingefunden. Bei der Eingangsuntersuchung stellte einer der Ärzte fest, dass Haridas sich die Muskeln unter seiner Zunge weggeschnitten hatte, so dass er sie zurückfallen lassen und dadurch die Luftröhre verschließen konnte. In den Tagen bevor er eingegraben wurde, nahm Haridas warme Bäder, wobei er nur bis zu den Achseln eintauchte. Er reinigte seinen Darm und ernährte sich ausschließlich von Milch und Joghurt.
Am Tag vor dem »Begräbnis« verleibte er sich ein Stück Leinen-

stoff ein, an die dreißig Meter lang. Offizielle Beobachter und Höflinge sahen verblüfft zu, wie Haridas vor ihren Augen die lange Bandage wieder herauszog und damit alle noch verbliebenen Nahrungsreste aus dem Darmtrakt holte.

Der letzte Akt der Vorbereitung auf die Hibernation bestand darin, dass Haridas die Lotusposition einnahm, seine Nasenlöcher und Ohren mit kleinen Stöpseln aus Wachs verstopfte, seine Luftröhre mit der zurückgeklappten Zunge verschloss und die Arme verschränkte.

Es war kein Puls mehr bei ihm feststellbar, die Ärzte aus Europa wussten nicht, was sie sagen sollten. Haridas wurde in eine große Kiste gesteckt, die durch ein Vorhängeschloss mit dem Siegel des Maharadjahs gesichert war.

Die Kiste wurde mit großem Zeremoniell in den Palastgarten getragen, ein Loch gegraben, die Kiste hinuntergelassen und das Loch schließlich mit Erde aufgefüllt und bedeckt. Als zusätzliche Sicherheitsmaßnahme legte man über dem Sadhu ein Beet mit Gerste an und zog eine hohe Mauer um den ganzen Platz, an dem Palastwachen Tag und Nacht Posten standen.

Es vergingen vierzig Tage. Am Hof herrschte erwartungsvolle Spannung. Als sie sich allmählich ins Unerträgliche steigerte, gab der Maharajah Anweisung, Mauer, Gerste und Erde zu entfernen. Die Kiste wurde aus dem Loch gezogen, das Vorhängeschloss abgeschlagen. Zögernd hob man den Deckel der Kiste. Zum Erstaunen aller war der Sadhu am Leben; er saß in derselben Haltung da wie vor über einem Monat, als man ihn begraben hatte.

Ein Arzt entfernte die Stöpsel aus Nasenlöchern und Ohren, zog die Zunge des Sadhu nach vorne in die normale Position und blies ihm Luft in die Lunge. Innerhalb einer Stunde war der Asket frisch und munter wie zuvor.

Der Maharajah rühmte Haridas in den höchsten Tönen und schenkte ihm als Anerkennung eine Hand voll Diamanten. Die Menschen von Lahore zogen jubelnd durch die Straßen und folgten dem Sadhu, wohin er auch ging. In verschiedenen Städten Indiens fanden weitere öffentliche Hibernationen statt. Haridas

wurde eine Berühmtheit und tauschte seine schlichte Kleidung gegen prächtigere Gewänder.
Von der High Society aufs Vorzüglichste bewirtet und umworben, vergaß Haridas seine einfache Herkunft. Als sich die Beschwerden häuften, der Sadhu habe eine Reihe vornehmer Damen verführt, wollte die Regierung dem Treiben nicht länger zusehen. Haridas wurde in sein Bergdorf zurückgeschickt, und es ward nie wieder etwas von ihm gehört.
Ich fragte Watson, was er davon halte.
Er dachte ein paar Sekunden scharf nach. Dann sah er mir in die Augen, verzog das Gesicht und knurrte:
»Unsinn!«

5

Ende der Suche

Kipling nannte die Grand Trunk Road »solch einen Fluss von Leben, wie er nirgendwo sonst auf der Welt existiert«, und er traf den Nagel auf den Kopf.
Die von Kalkutta in Richtung Westen zu den wilden Bergen des Hindukusch führende G.T. – »Dschie-Tie« ausgesprochen – ist nichts für Angsthasen. Den Entschluss, mit dem Bus nach Westbengalen weiterzufahren, hatte ich offenbar in einem Moment geistiger Umnachtung gefasst. Was für ein Knallkopf musste man sein, um dem sanften Ruckeln eines Zuges die Ohren und Rücken aufs Äußerste strapazierende Fahrt in einem indischen Bus vorzuziehen? Diese Frage stellte ich mir viele Male, während der Fahrer das altersschwache Gefährt der Express Bus Company mühsam auf seine Reisegeschwindigkeit von fünfzehn Stundenkilometern brachte.

Wie bei einem Wettrennen ohne jegliche Regeln schob sich der dichte Verkehrsstrom unerbittlich vorwärts. Da waren Ochsenkarren, turmhoch mit Zuckerrohr beladen, und Busse, bei denen Passagiere an den Fenstern hingen; Ashok-Leyland-Lastwagen mit Bergen von Körben voller vergammelndem Fisch, heimatlose Kühe; von kettenrauchenden Fahrern gelenkte Benzintankwagen; Taxis und Rikschas; Straßenwalzen und Sattelschlepper; ein kompletter Wanderzirkus mit einem Waggon für die Clowns, eine Kolonne von Elefanten, unzählige Radfahrer mit der Familie auf dem Gepäckträger und ein Mann mit Krücken, der auch mitzuhalten versuchte. Und im Auge des Tornados, wehrlos den dichten schwarzen Schwaden der Dieselabgase und quäkenden Hupen ausgeliefert, unser Express-Bus.
Nach vierzig bangen Stunden, die anderen Passagiere und ich in Notlandehaltung zusammengekrümmt, rumpelten wir nach Kalkutta hinein. Eigentlich hätte ich ein Begrüßungskomitee erwartet, eine Blaskapelle und einen General, der jedem Überlebenden eine Tapferkeitsmedaille an die Brust heftet. Doch niemand schenkte unserer Ankunft Beachtung. Auf einem Parkplatz am Ufer des Hoogly kam der Bus schliddernd zum Stehen. Bevor er auch mich ausspuckte, klopfte ich dem Fahrer auf die Schulter und salutierte. Der Mann hatte Nerven wie Drahtseile. Ähnlich alten Kriegskameraden verband uns nun eine besondere Erfahrung. Ich klaubte meine spärliche Habe zusammen und hörte die anderen Mitreisenden noch murmeln: »Die Dschie-Tie macht einen jedes Mal wahnsinnig!«

Kalkutta erfreut sich einer sensationellen Überbeschäftigung. Im Westen, wo wir nach Kräften rationalisieren, fangen wir an zu sabbern bei dem Gedanken an mehr und schnellere Computer und weniger Menschen. Doch während wir uns abmühen, mit der sich ständig ändernden Technik zurechtzukommen, verlieren wir die Befriedigung, die nur ein fein abgestimmtes menschliches System bieten kann, völlig aus den Augen.
Während ich auf der Suche nach Feroze das Geschäfts- und Ba-

sarviertel abklapperte, staunte ich immer wieder darüber, wie viele Menschen mit Arbeit beschäftigt waren. Die Hauptpost, auf dem Gelände des berüchtigten schwarzen Lochs gelegen, ist ein herrliches Gebäude. Eine Renaissance-Kuppel, korinthische Säulen und barocke Zierelemente schmücken den imposanten Bau. Doch wesentlich beeindruckender ist der Postbetrieb an sich. Man braucht nur eine Briefmarke zu kaufen, und schon kommt ein ausgeklügelte menschliche Maschinerie in Gang.

Der erste Postangestellte ruft den nächsten Kunden in der Schlange auf, der zweite hört sich seinen Wunsch an, der dritte schreibt ihn auf, der vierte wiegt den Umschlag in seiner Hand, der fünfte ermittelt den Preis für dieses Gewicht, der sechste erklärt dem siebten, welchen Briefmarkenbogen er aus der Mappe nehmen soll, der achte reißt die Briefmarke ab, der neunte bestreicht ihre Unterseite mit Klebstoff, der zehnte klebt sie auf den Umschlag, der elfte nimmt das Geld des Kunden entgegen und der zwölfte stellt die Quittung aus.

Ermutigt von derartiger Sorgfalt winkte ich ein Taxi heran und instruierte seine Besatzung, mich zu der Bank zu fahren, bei der ich Geld für mich hatte hinterlegen lassen. In Kalkutta hat der Taxifahrer für die Interaktion mit dem Fahrgast einen Assistenten. Er sitzt vorne auf dem Beifahrersitz, dirigiert den Chauffeur, nimmt das Geld entgegen, murmelt Höflichkeiten und kümmert sich um die religiösen Accessoires auf dem Armaturenbrett. Mich in den sicheren Händen von Profis wissend, lehnte ich mich entspannt auf dem Rücksitz zurück. Das plumpe Gefährt reihte sich kampfbereit wie ein Panzer beim Manöver wieder in den Verkehr ein. Während wir von einer Spur in die andere wechselten, hatte ich Zeit, mir die prächtigen Devotionalien näher anzuschauen; sie zeugten von seltener Kunstfertigkeit und wiesen zahlreiche bewegliche Teile auf. Das Kernstück war eine etwa dreißig Zentimeter hohe goldfarbene Figur der Göttin Kali, reichlich mit Ketten aus Totenschädeln behangen, deren sechs mit Beilen bewaffnete Arme im Rhythmus der 1970er Disco-Musik aus dem Radio auf und ab schwangen. Alle neun Sekunden klappte der Mund der schwarzgesichtigen Göttin auf, und als wäre sie die Höllenversion einer Kuckucksuhr, gab sie eine blutrote Flüssigkeit von sich, die über den Körper floss, unten in einem winzigen Behälter aufgefangen und wieder zum Mund zurückgepumpt wurde. Scharfes Teil, dachte ich, während der Fahrer und sein Untergebener zu »Night Fever« begeistert mit dem Kopf wackelten. Wie viele Leute wohl an der Herstellung beteiligt waren?

Während er das Geld auf den Tisch zählte, empfahl mir der Bankdirektor, mich beim Tempel am Kali Ghat nach Feroze umzusehen. Es kam mir zwar merkwürdig vor, ausgerechnet dort nach ihm zu suchen, aber da ich fremd war in der Stadt, folgte ich seinem Rat.

Man könnte den Tempel am Kali Ghat mit seinen runden Kuppeln, den Scharen drängelnder Bettler, Witwen und Pilger mit kahl geschorenen Köpfen für einen ganz gewöhnlichen Hindu-Tempel halten. Er ist jedoch kein Heiligtum, an dem das Leben gefeiert wird, sondern vielmehr der Verehrung des Todes gewidmet. Diese eindeutige Verbindung mit Kali hätte eigentlich Hinweis genug sein sollen, dass dies kein Ort für die Suche nach Hakim Feroze war.

Nicht-Hindus ist das Betreten des Kali Ghat verboten. Ich kam jedoch ungehindert hinein und erreichte, nachdem ich ein niedriges Tor passiert hatte, den Haupthof. Das Erste, was ich sah, waren unfruchtbare Frauen, die austerngroße Steine an den Zweigen eines wunderkräftigen Kaktus befestigten. Das hilft angeblich, schwanger zu werden.

Trotz der Leben spendenden Pflanze herrschte in dem Tempel eine Atmosphäre blutrünstigen Exzesses. Auf Schritt und Tritt verfolgten einen grelle Bilder der Göttin Kali, mit Ketten aus den Köpfen von Besiegten behängt und sich an Menschenblut labend. Kalis üppige Gestalt ist viel schauriger als alles, was Hollywood sich jemals hat einfallen lassen. Ihre nach Tod gierende Zunge hängt heraus, ihre zehn Hände schwingen Henkersschwerter, und ihre großen, blutrünstigen Augen hypnotisieren ihre Feinde.

Der Tempel wurde im Jahr 1809 auf dem Platz eines früheren Schreins errichtet, den heiligen Schriften der Hindus zufolge an genau der Stelle, wo einer von Kalis Zehen auf die Erde fiel. Dort pflegten die Thugs zu beten, ehe sie loszogen, um ahnungslose Reisende zu erdrosseln.

In einer Ecke des Hofes wurde mit ein paar saftigen Blättern eine Ziege in ein einfaches Gehege gelockt. Das Tier kaute zufrieden auf den Blättern herum, scheeläugig und vertrauensvoll, genügsam wie alle Ziegen. Seine Gefräßigkeit verlieh ihm gewissermaßen Scheuklappen, so dass es das granatrote Blut seiner Artgenossen, in dem es stand, gar nicht wahrnahm. Doch selbst wenn die Ziege versucht hätte zu fliehen, sie hätte keine Chance gehabt. In Sekundenschnelle riss die Hand eines Schlächters ihren Kopf in Richtung Osten und hielt ihn wie in einem Schraubstock. Eine Messerklinge blitzte auf, und ehe sie einen einzigen Protestlaut von sich geben konnte, war die Ziege tot.

Auf einem zweiten, abgetrennten Platz gegenüber dem ersten hackten zwei Metzger das Fleisch in Stücke. Zu ihren Füßen türmten sich die Köpfe der Ziegen wie blutverschmierte Stiefel.

Bis zu zwei Dutzend Tiere werden Kali in ihrem Tempel täglich geopfert. Noch im 19. Jahrhundert gab es häufig auch Menschenopfer. Bevor ein Tier getötet wird, bringt man der mächtigen Göttin zu Ehren eine kleine Gabe dar, bestehend aus Milch, gemischt mit Gangeswasser und *bhang*, Cannabispaste. Die Ziege – oder ein anderes Opfertier – wird gewaschen und mit Kränzen aus Jabba-Blüten behängt, ehe es geopfert wird. Dann, während das Ritualmesser vorbereitet wird, flüstert der Gläubige der Ziege ein Gebet ins Ohr. Die Botschaft wird von der Seele der Ziege direkt zu Kali getragen.

Ich hatte den Verdacht, dass der Bankdirektor sehr wohl gewusst hatte, dass der Tempel am Kali Ghat eine falsche Spur war, und zwar eine der besonders blutigen Art. Hervorragend, dachte ich, als ich aus dem makabren Tempel flüchtete. Lustige Streiche sind in dieser Stadt offenbar sehr beliebt. Ich glaube, es wird mir hier gefallen.

Fünf Tage lang tat ich nichts anderes, als nach Feroze zu suchen. Kalkutta ist eine große Stadt, doch nach einer Woche hatte ich das sichere Gefühl, dass ich hinter jemandem her war, der gar nicht existierte. Hatte Hafiz Jan mich irrtümlich nach Kalkutta geschickt? Oder war Feroze irgendwo anders hingegangen? Beides war durchaus möglich. Doch ich wusste sehr gut, dass solche Fragen häufig unbeantwortet bleiben.

Es kam mir vor, als würde ich Hakim Feroze umso weniger finden, je hartnäckiger ich ihn suchte. Offenbar hatten die *jinns* bemerkt, dass ich hinter ihm her war, und Feroze zum Spaß, wie es so ihre Art ist, vor mir versteckt. Irgendwann würde ein tugendsamer Geist den Schleier lüften und den großen Meister zum Vorschein kommen lassen. Bis dahin musste ich mich eben in Geduld fassen.

Um einer Straßenbahn aus dem Weg zu gehen, die wie ein stählernes Ungeheuer auf mich zugerattert kam, überquerte ich die Straße und wandte mich links in die College Street; sie dürfte mit ihren hunderten von Bücherständen der größte Friedhof der Welt für gebrauchte Bücher sein. Von der Sonne ausgeblichen, vom heftigen Monsunregen aufgequollen und den Unbilden des Stadtlebens ausgeliefert, hatten alle hier angebotenen Bücher schon bessere Tage gesehen. Ich schaute mich zwischen den wolkenkratzerhohen Stapeln um. Die Hälfte der Bücher, die man in der College Street findet, behandeln ausgestorbene Programmiersprachen für die ersten Computer; die andere Hälfte sind Liebesromane. Ich arbeitete mich langsam den Hauptweg hinunter und geriet in den Mills & Boon Bazaar, wo Geschäftsleute und Schulmädchen, Büroangestellte und Taxifahrer sich um pikanten Lesestoff der romantischen Art balgten.

Einer der Standinhaber des Basars, in ein zerlesenes Exemplar von *A Chance Encounter* vertieft, blickte kurz von seiner Lektüre auf und empfahl mir, auf einen Kaffee in sein Lieblingslokal zu gehen. In Reiseführern wird das Albert Hall gerne als Kalkuttas Antwort auf die Cafés am linken Seineufer in Paris bezeichnet.

Ein hübscher Vergleich, der vielleicht – vor sehr langer Zeit – sogar zutreffend gewesen sein mag.
Das Albert Hall Café ist ein verstaubter Raum im zweiten Stock, dessen hohe Decke und Wände von einer dicken, bröckeligen Rußschicht bedeckt sind. Zwanzig alte Ventilatoren drehen sich in Zeitlupe, ihre scharfkantigen gerundeten Flügel zerschneiden die Luft wie Krummschwerter. Im Albert Hall saßen weder Intellektuelle, die leidenschaftlich über wichtige Themen des Tages debattierten, noch erfüllte der undurchdringliche silbrige Rauch von Gauloises den Raum. Die etwa zwanzig Tische waren leer. Bis auf einen einzigen, älteren, buckligen Mann am anderen Ende des Cafés, der Briefmarken in ein Album einordnete.
Er wirkte einsam, was mir nicht gefiel, deshalb ging ich zu seinem Tisch in der Ecke hinüber und setzte mich zu ihm. Der Kopf des Buckligen war rund wie ein Ball, seine Kleidung schäbig und geradezu imprägniert von Kalkuttas typischer, unbeschreiblicher Mischung von Schmutz. Sein Gesicht war derart bleich, dass es die schartige silberblaue Tischplatte aus Vinyl spiegelte, über die er sich beugte.
»Das sind schöne Briefmarken«, sagte ich bewundernd.
»Was? Was sagten Sie?«, entgegnete der Mann, der offenbar schwerhörig war.
»Ich sagte, das sind schöne Briefmarken. Schön bunt.«
Ich hoffte, mir den Gentleman durch Lob gewogen zu machen.
»Welche Briefmarken?«
Wir hatten anscheinend Mühe, miteinander ins Gespräch zu kommen.
»Die Briefmarken in Ihrem Album – sie sind sehr schön und bunt – aus Brasilien, nicht wahr?«
»Ah, Sie mögen Briefmarken?«
Hervorragend, dachte ich, langsam verstehen wir uns. Nun stand einer gepflegten Konversation nichts mehr im Wege.
»Ja, ich mag Briefmarken sehr gern. Und Sie?«
Plötzlich verwandelte sich der Gesichtsausdruck des Mannes von engelsgleicher Güte in äußerste Bitterkeit.

»Nein!«, brüllte er. »Ich hasse Briefmarken! Diese grässlichen kleinen Dinger!«
»Warum sammeln Sie sie dann?«
»Das ist nicht *mein* Album«, brummte der Bucklige und zündete sich eine Zigarette an. »Es gehört meinem Freund. Er ist zur Toilette gegangen.«
In diesem Moment kam eine hochgewachsene Gestalt, geschmeidig wie ein Stierkämpfer, mit ausgeprägt paschtunischen Gesichtszügen und schildkrötengrünen Augen an den Tisch und setzte sich. Sein zinkgraues Haar war mit Lavendel-Brillantine zurückgekämmt, sein Gesicht bis auf einen akkurat gestutzten Oberlippenbart glatt rasiert. Über einem weißen Hemd aus kräftigem Leinen trug er eine hellbraune Weste, deren letzter Knopf offen stand. Die feine beige Stoffhose und die auf Hochglanz polierten Halbschuhe ließen auf eine Herkunft aus einer wohlhabenden, konservativen Familie schließen. Seine vollkommen haarlosen Hände mit den manikürten Fingernägeln wiesen zahlreiche Altersflecken auf, weshalb ich ihn auf etwa Mitte sechzig schätzte. Einen derart gepflegten Gentleman trifft man selten. Doch noch viel stärker als sein Äußeres beeindruckte die Aura würdevoller Selbstsicherheit, die ihn umgab.
Sich an seinen Freund wendend, fragte er mit vornehm gedämpfter, samtiger Stimme:
»Rublu, wer ist dein neuer Bekannter?«
Der Bucklige antwortete, ohne den Blick zu heben:
»Keine Ahnung. Er hat sich für die Briefmarken interessiert.«
»Ich konnte nicht umhin … – Sie haben eine wunderbare Sammlung, mein Herr«, sagte ich.
»Oh, vielen Dank, junger Mann. Ich sammle seit vielen Jahren Briefmarken und besitze alle indischen und auch die meisten englischen seit –«, er überlegte einige Sekunden, »seit etwa dreiundachtzig Jahren, denke ich.«
»Briefmarken sind grässliche Dinger«, wiederholte der Bucklige trübsinnig.

»Beachten Sie Rublu nicht, er ist nur neidisch. Er hat kein Hobby, wissen Sie – hat nie eines gehabt.«
Der Bucklige schnippte Zigarettenasche in seinen Kaffee und schlürfte dann die sirupähnliche Flüssigkeit aus der Untertasse. Ich beobachtete ihn mit Interesse.
»Warum geben Sie Asche in Ihren Kaffee?«
Der Bucklige blickte mich verächtlich an.
»Sie gibt dem Kaffee einen herberen Geschmack«, erwiderte er unwirsch.
Offenbar hatte ich noch viel zu lernen, was die hiesigen Gepflogenheiten betraf. Ich ließ ihn sein bitteres Getränk in Ruhe genießen und wandte mich an den Begleiter des Buckligen.
Der Gentleman wirkte ein wenig fehl am Platz in der schäbigen Albert Hall. Entspannt zurückgelehnt, sprach er von Kalkuttas Geschichte, von seiner Rolle im kulturellen Leben Indiens, von seinen Menschen und von seinem unvergänglichen künstlerischen Erbe. Dafür erzählte ich von meiner unseligen Fahrt mit dem Farakka-Express. Der Herr schien den berüchtigten Zug gut zu kennen.
»Sagen Sie«, fuhr er fort, wie um das Gespräch auf ein anderes Thema zu lenken, »was hat Sie in unsere kleine Stadt geführt?«
»Ach«, begann ich mit einigem Unbehagen zu erklären. »Ich bin hergekommen, um jemanden zu treffen, aber das Problem ist, dass ich ihn nicht finden kann.«
»Wer ist denn die Person, die Sie treffen möchten?«
»Ähm«, stammelte ich, »ein bekannter Illusionist, um ehrlich zu sein.«
»Ein Illusionist, tatsächlich?«
»Ja. Ich interessiere mich nämlich sehr für diese Dinge.«
»Für Sachen, wie Houdini sie gemacht hat, meinen Sie, Zauberkunststücke?«
»Houdini und viele andere, ja.«
»Wie heißt er, der Mann, nach dem Sie suchen?«
»Oh, ich bin sicher, Sie haben noch nie von ihm gehört …«
Der weltläufige Gentleman strich mit dem Zeigefinger der rech-

ten Hand eine Haarsträhne zurück, die ihm in die Stirn gefallen war.
»Wagen Sie einen Versuch«, sagte er.
»Ich suche einen Mann namens Feroze, Hakim Feroze.«
Der Bucklige blickte schweigend auf, der vornehme Herr sah mich einige Augenblicke forschend an.
»Haben Sie schon einmal von ihm gehört?«
»Ja, in der Tat. Aber sagen Sie, woher kennen Sie seinen Namen?«
»Er war der Lehrer eines Freundes meiner Familie.«
»Und dieser heißt ...?«
Ich fragte mich verwundert, warum der Gentleman sich so sehr für diese Einzelheiten interessierte.
»Er heißt Hafiz Jan.«
»Wenn Sie diesen Feroze finden«, fuhr der vornehme Herr fort, »wie beweisen Sie ihm all das?«
»Ich kann ihm ein Einführungsschreiben zeigen und ein Amulett.«
Eigentlich war ich diesen mir vollkommen Fremden gegenüber viel zu offenherzig, doch der gut gekleidete Herr schien mir jegliche Information mühelos entlocken zu können.
»Und woher wissen Sie, dass es wirklich Feroze ist, wenn Sie ihn finden?«
»Nun ...«, sagte ich und dachte scharf nach. »Ich werde ihn sicher erkennen, denn Feroze ist der Meister der Illusion. Er kann Dinge herbeizaubern und verschwinden lassen, wie es ihm beliebt.«
Ich hielt inne, um einen Schluck von meinem lauwarmen Minztee zu trinken. Doch das Glas war verschwunden. Ebenso das Schälchen mit Zucker, der Milchkrug, der Aschenbecher, mein Stadtplan von Kalkutta, das Briefmarkenalbum und sogar das kleine Häufchen brasilianischer Briefmarken. Der Bucklige trank wieder schlürfend von seinem Kaffee, und in diesem Moment brach sein eleganter Freund in Lachen aus.
»Sehr erfreut«, sagte er lächelnd. »Ich bin Hakim Feroze.«

6

Rent-a-Baby

Wie geht es Hafiz Jan?«, erkundigte sich Feroze liebenswürdig. »Wie ich höre, wachsen seine Jungen prächtig heran, und seine Frau plagt der Ischias nicht mehr so schlimm wie früher.«

»Das stimmt. Aber woher wissen Sie das? Hafiz Jan sagte, er habe seit Jahren keinen Kontakt mehr mit Ihnen.«

»Ganz recht«, murmelte Feroze. »Aber Sie wissen, wie es ist ... Ich halte die Ohren offen.«

Der Bucklige starrte seinen Begleiter über den Tisch hinweg an und zog eine Augenbraue hoch.

»Hafiz Jan war einer meiner besten Schüler«, fuhr Hakim Feroze unbeirrt fort. »Hat er Ihnen das erzählt? Bitte zeigen Sie mir den Brief und das Amulett. Es muss der Bezoar sein, den ich ihm gegeben habe.«

Ich reichte ihm Brief und Stein. Feroze öffnete den Umschlag mit großer Sorgfalt. Ehe er daranging, die fast unleserliche Handschrift des Paschtunen zu entziffern, hielt er das Papier an die Nase und atmete dreimal leicht ein. Dann nahm er, mit einem zähnefletschenden Grinsen, das Amulett in die Hand und atmete wieder ein. Zuerst hätte ich vielleicht noch Zweifel gehabt, ob tatsächlich Feroze vor mir saß. Doch als ich sah, wie viel ihm diese beiden Dinge bedeuteten, lösten sie sich in Luft auf.

Obwohl die Wahrscheinlichkeit für eine solch zufällige Begegnung bei eins zu einer Million lag, zeigte sich Feroze – wie jeder Inder, dem ich die Geschichte später erzählte – von diesem unwahrscheinlichen Zusammentreffen vollkommen unbeeindruckt.

»Nun denn«, sagte der Meister schließlich. »Was kann ich für Sie tun?«
Mein Herz schlug ein wenig schneller, als ich kurz überlegte, wie die Antwort auf meine einzige Frage wohl lauten würde.
»Verehrter Feroze«, stieß ich nervös hervor. »Ich habe gehört, Sie sind der größte lebende Illusionist. Meister, ich möchte von Ihnen lernen. Mister Feroze …« Ich stockte. »Ich möchte Ihr Schüler werden.«
Hakim Feroze schien gar nicht zuzuhören. Er beobachtete den Kellner, der sich flink wie ein Eisläufer zwischen den Tischen hindurchschlängelte. Er seufzte zweimal. Ich wartete auf eine Antwort.
»Es tut mir Leid, Ihnen sagen zu müssen«, eröffnete er mir schließlich mit sanfter Stimme, »dass ich mich vor einiger Zeit zur Ruhe gesetzt habe. Ich nehme keine Schüler mehr.«
»Aber ich habe eine weite Reise gemacht, um Sie zu treffen«, entgegnete ich egoistisch. »Ich bin betäubt und ausgeraubt worden, habe im Waschkessel eines *dhobi* gebadet und bin noch schwer traumatisiert von der Dschie-Tie.«
»Dschie-Tie?«, echote der Bucklige und verzog das Gesicht. »Sehr unangenehm.«
»Nun«, schaltete sich der große Illusionist wieder ein. »Es hört sich an, als hätten Sie schon ganz hübsche Abenteuer erlebt. Aber noch einmal: Ich habe mich zur Ruhe gesetzt, und ich genieße meinen Ruhestand sehr.«
Jeder weitere Vorstoß schien sinnlos. Ich wusste nicht, was ich sagen sollte, und schimpfte mich einen Dummkopf, dass ich diese lächerliche Suche so lange betrieben hatte.
Schon hatte ich mich halb erhoben, um wie eine beleidigte Primadonna aus der Albert Hall hinauszurauschen, da ließ mich etwas innehalten.
»Dürfte ich Sie um einen kleinen Gefallen bitten?«, fragte ich.
»Selbstverständlich«, antwortete Feroze, und seine grünen Augen glitzerten wie Perlen aus Flaschenglas.

»Als Gefallen für Ihren alten Schüler Hafiz Jan: Würden Sie es mich wissen lassen, wenn Sie Ihre Meinung ändern?«
Feroze lächelte. Er zog einen edlen orangefarbenen Füllfederhalter aus der kleinen Tasche in seiner Weste und kritzelte damit ein paar Worte auf die Rückseite meines Stadtplans von Kalkutta.
»Kommen Sie morgen Mittag zu dieser Adresse«, sagte er und gab mir den Plan zurück. »Sollte ich es mir anders überlegt haben, werde ich es Ihnen sagen.«

Während meiner Suche nach Feroze logierte ich in der Nähe der Park Street im Zentrum von Kalkutta in einer schmutzigen düsteren Fremdenpension, die eine Reisegruppe aus Glasgow in Beschlag genommen hatte. Als die Herren im Empfangsraum eine Flasche des hiesigen Biers nach der anderen leerten, erfuhr ich, dass sie sich auf einer Wallfahrt zu ihrem hochverehrten Meister, dem legendären bengalischen Filmemacher Satyajit Ray, befanden.
Nur einer aus der Gruppe trank nicht mit und war, im Gegensatz zu den anderen, äußerst zurückhaltend. Während seine Reisegefährten herumtorkelten und grölend mit ihren Bierflaschen anstießen, saß er wie ein Kakadu steif und stumm auf einem Barhocker. Er hatte ein langes, sehr blasses Gesicht, eine spitze Nase und borstige, grau melierte Koteletten; die Augen hinter der klobigen Brille mit dem schwarzen Rahmen waren stark vergrößert. Als ich ihn fragte, ob er auch ein Fan des bengalischen Kinos sei, bestätigte er mir dies mit deutlichem Yorkshire-Akzent. Mit dem ganzen Körper zu mir gebeugt, verriet er mir, sein Name sei Horace und Kalkutta seine große Leidenschaft.
Der pensionierte Lehrer finanzierte seine jährlichen Trips nach Westbengalen, indem er bei Billigtouren für Leute, die sich für das bengalische Kino interessierten, als Reiseleiter fungierte. Erstaunlicherweise schien kein Mangel an Kunden zu herrschen. Horace hatte sich jahrelang mit der Geschichte Kalkuttas beschäftigt, doch sein Interesse galt der Gegenwart, nicht der Vergangenheit. Der frühere Vorschullehrer hatte die Stadt bereits

zwanzigmal besucht und dabei Einblicke gewonnen, die den meisten Fremden entgehen.

»Kalkutta ist *unbeschreiblich!*«, rief er aus und räusperte sich. »Nicht, weil es verwerflich wäre – das ist es gewiss nicht. Sondern weil es eine erstaunliche Mischung aus allen Elementen des Menschseins ist. Die Leute aus dem Westen sehen immer nur den Schmutz und das Elend und haben keinen Blick für die Geheimnisse der Stadt. Wer nur die Bettler, die Kranken und die verfallenden Häuser sieht, dem entgeht die unglaubliche Genialität.«

»Genialität?«

»Man muss wie ein Mensch des Ostens denken, um Kalkutta zu verstehen«, sagte Horace und schielte über seine schwarz gerahmte Brille, die ihm auf die Nase gerutscht war. »Fragen Sie eine Runde Bengalen, was sie jenseits der Alltagsroutine der Stadt sehen, und sie werden sofort ihre Wirklichkeit erfassen.«

»Und die Ausländer?«, fragte ich.

»Kalkutta hat eine eigenartige Wirkung auf sie«, erwiderte der Lehrer und blickte sich nervös nach den schottischen Radaubrüdern um. »Es scheint sie aus dem Gleichgewicht zu bringen.«

»Was genau?«

»Alles ... aber vor allem die Häuser. Der Anblick der früher einmal majestätischen Gebäude, die heute vollkommen heruntergekommen sind, ist zu viel für sie. Haben Sie nicht gesehen, wie sich die Touristen auf der Straße die Haare raufen?«

Ich schüttelte den Kopf. Doch Horace war an einem Feedback nicht interessiert; er hatte noch eine Menge zu erzählen.

»Kalkutta hat sich weiterentwickelt«, sinnierte er. »Mag sein, dass die Fassaden bröckeln, die Straßen hauptsächlich aus Schlaglöchern bestehen und der Verkehr bei all den klappigen Bussen und dem selbstmörderischen Fahrstil der Einheimischen das reinste Chaos ist. Und, zugegeben, es kann um drei Uhr nachmittags dunkel sein wie in der Nacht – aber das ist Kalkutta, das ›echte Kalkutta‹.«

Ich schielte zur Eingangstür der Pension und überlegte, wie ich mich aus dem Staub machen könnte, doch der Lehrer forderte so-

fort wieder meine Aufmerksamkeit ein, indem er in die Hände klatschte.
»Wir Briten haben eine Stadt geliebt, die nicht wirklich existierte«, fuhr er fort. »Wir haben Denkmäler für unsere Helden errichtet, alles in Sichtweite frisch getüncht, in luftigen Bungalows am Ufer des Hoogly ein angenehmes Leben mit livrierten Dienern geführt. Wir haben die Menschen von Kalkutta dazu gebracht, Englisch zu sprechen und vor unseren Königen und Königinnen zu salutieren: alles aus dem unbedingten Wunsch heraus, in Westbengalen ein Kensington zu schaffen. Doch sobald wir fort waren, nach der Unabhängigkeit, begann Kalkutta – das echte Kalkutta – Gestalt anzunehmen.«
Horace holte tief Luft. Ich spürte, dass er nun zum springenden Punkt kam.
»Inzwischen sind fünfzig Jahre vergangen«, sagte er ernsthaft, »und noch immer kommt der wahre Charakter dieser Stadt erst nach und nach zum Vorschein. Jeden Tag wird Kalkutta ein wenig runder, lebendiger und mehr geliebt. Bleiben Sie eine Weile hier, und Sie werden sehen, dass das, was Ihnen anfangs vollkommen chaotisch erschien, sich als ziemlich geordnet entpuppt. Kalkutta hat so eine Art, alle möglichen Systeme zu entwickeln, die wiederum jenen Sicherheit geben, die sie brauchen. Öffnen Sie Ihren Geist für das größere Bild. Lassen Sie eine Minute oder zwei Ihre Augen wandern, und diese Systeme werden sichtbar ... sie sind überall.«

Während ich am Flury's vorbeischlenderte, einem Café, das seine beste Zeit um 1922 gehabt haben dürfte, ließ ich mir die Ausführungen des Schulmeisters durch den Kopf gehen. Wie konnte er Systeme in etwas erkennen, das für mich ein willkürliches Durcheinander von Menschen war? Ich hoffte, dass auch ich eines Tages lernen würde, die Geheimnisse dieser Stadt zu entschlüsseln. Obwohl ich mich bemühte, in dem Treiben auf der Park Street irgendeine Ordnung zu entdecken, sah ich nichts als einen endlosen Strom von Autos und Bettlern.

Wer mir jedoch auffiel, war ein seriös wirkender Mann, der sich mit den Bettlern gegenüber dem Flury's freundlich unterhielt. Er schien sie gut zu kennen. Da ich mich einsam fühlte, ging ich hinüber und fing ein Gespräch an. Kalkutta ist die einzige Stadt, die ich kenne, wo man aktiv dazu ermuntert wird, aufs Geratewohl irgendwelche fremden Menschen für einen kurzen Plausch aufzuhalten.

Der Mann trug ein blaues Jackett mit einem seidenen Einstecktuch und lederne Hosenträger. Er hatte eine dunkle Gesichtsfarbe und abstehende Ohren, und seine Haare glänzten wie Fettschminke. Als ich ihn nach Kalkuttas geheimnisvoller Schattenwelt fragte, fing er, ebenso wie Horace, voller Begeisterung zu erzählen an.

Nondan, so nannten ihn alle – in Bengalen wird jeder mit einem Spitznamen gerufen –, hatte es sich zur Aufgabe gemacht, einige der Bettler im Zentrum Kalkuttas zu unterstützen.

»Die Straßen sind ein Fenster zu einer Million Leben«, begann er poetisch. »Bettler sind Teil unserer Gesellschaft. Wir sollen sie nicht ausstoßen, sondern ihnen helfen, wo immer wir können. Wer weiß, was uns nächste Woche oder nächsten Monat passiert? Vielleicht landen wir auch hier, auf der Straße, und betteln um Brot.«

Nondan führte mich die Park Street hinunter. Vor den Luxusläden und teuren Restaurants, sich zwischen den schwarz-gelben Ambassador-Taxis mit ihrem fischmaulartigen Kühlergrill hindurchschlängelnd, oder in den tiefen Rinnsteinen hockend: überall Bettler.

»Man fragt sich, warum nicht auch andere hierher zum Betteln kommen«, sagte Nondan, als er vor dem Moulin Rouge – Kalkuttas Version des berühmten Pariser Nachtklubs – eine kurze Pause einlegte. »Kein Bettler würde die Chance ausschlagen, auf der Park Street zu arbeiten. Aber diese Heimatlosen suchen sich ihren Standort nicht nach Belieben, wissen Sie.«

»Aber was denn sonst? Sie ziehen doch ständig herum!«

»Nein, da täuschen Sie sich«, widersprach Nondan energisch.

»Schauen Sie, diese Frau dort drüben ...« Er deutete auf eine ältere Frau, die ihren Kopf mit dem Ende ihres fliederfarbenen Sari verhüllte. »Sie bewegt sich nur innerhalb des Areals, das sie gemietet hat, wie alle anderen auch.«

»Gemietet?«

»Genau. Sie zahlt ungefähr die Hälfte des Geldes, das sie erbettelt, direkt an die *Dadas.«*

»Wer ist das?«

»Das sind die ›Großen Brüder‹ – die Männer, die hier das Sagen haben.«

»Eine Mafia?«

»Nun«, erwiderte Nondan zögernd, »man könnte es so nennen. Sie verlangen Schutzgeld von allen Bettlern, die in diesem Bezirk arbeiten. Wer nicht bezahlt, bekommt eine Abreibung.«

»Da kann aber nicht viel Geld drin sein für die *Dadas«*, sagte ich. »Warum suchen sie sich nicht eine Branche, in der sie mehr verdienen?«

Nondan verdrehte die Augen.

»Nicht viel Geld drin?«, wiederholte er pikiert. »Sind Sie verrückt? Kalkuttas Bettler sind ein Millionengeschäft.«

»Unsinn ...«

»Rechnen Sie doch mal«, sagte Nondan. »Kalkutta hat mindestens achtzigtausend Ganztagsbettler. Wenn jeder von ihnen ungefähr zwölf Rupien am Tag einnimmt und, sagen wir, jeden Tag arbeitet ...« Nondan nahm gestikulierend seine Finger zu Hilfe. »Also, das macht ... etwa dreihundertfünfzig Millionen Rupien ... das sind ...« Nondan dachte scharf nach. »Das sind alles in allem ungefähr zehn Millionen Dollar im Jahr – allein in Kalkutta. Und in jeder indischen Stadt gibt es massenhaft Bettler.«

Während ich schnell nachrechnete, fühlte sich Nondan zu einer ernsthaften Ermahnung veranlasst.

»Sehen Sie sich vor«, sagte er. »Unterschätzen Sie hier in Kalkutta nicht, was ganz simpel aussieht.«

»Wie meinen Sie das?«

»Nun«, sagte Nondan und blickte die Park Street entlang. »Schauen Sie, diese Frau dort drüben. Was sehen Sie?«

»Eine Frau, nicht anders als die anderen, mit einem schreienden Baby auf dem Arm.«

»Wie alt ist sie, würden Sie sagen?«

»Etwa fünfzig. Das Kind muss ihr Enkel sein.«

»Falsch!«, rief Nondan aus.

»Dann ist es vielleicht das Kind einer Freundin.«

»Wieder falsch! Denken Sie dran: In Kalkutta ist nichts so simpel, wie es aussieht. Ich kenne die Frau. Sie mietet das Baby.«

»Das kann nicht sein!«

Nondan sah mich mit strengem Blick an.

»Mein Freund«, sagte er barsch, »wir sind in Kalkutta. *Nichts* ist unmöglich. Diese Frau hat keine kleinen Kinder, ihre sind schon erwachsen. Es hat Jahre gedauert, bis sie einen Platz in diesem Teil der Stadt bekam. Sie weiß, dass die Leute mehr Geld geben, wenn man verkrüppelt ist oder ein kleines Kind hat – also mietet sie ein Baby. Es kostet sie ungefähr drei Rupien am Tag. Sie passt gut auf das Kleine auf.«

Das Arrangement kam mir reichlich absurd vor.

»Im Westen«, sagte ich, »wird man dafür bezahlt, dass man auf ein Kind aufpasst.«

Nondan schüttelte bedenklich den Kopf, als könne er ein solch primitives System wirklich nicht gutheißen.

»Muss die Frau auch Essen für das Baby kaufen?«

»Natürlich nicht«, erklärte er, sichtlich gereizt ob meiner Einfalt. »Das Baby muss weinen, sonst gibt niemand Geld. Und wie erreicht man das leichter, als ihm nichts zu essen zu geben?«

Man musste zugeben: Das System war genial, wenn auch ein wenig grausam.

Nondan kannte sich in der geheimnisvollen Welt von Kalkuttas Straßen bestens aus. Ich erfuhr von ihm höchst inspirierende Dinge, doch eine Sache ließ mir keine Ruhe.

»Eines möchte ich noch wissen«, sagte ich.

»Was denn?«, erwiderte Nondan und winkte ein paar Straßenkindern zu.
»Von wem mieten die Bettler ihre Babys?«
Nondan sah mich an, als wäre ich nicht ganz richtig im Kopf, und antwortete dann auf meine Frage, die für ihn wohl die einfachste aller Zeiten war:
»Vom Babyhändler, natürlich.«

Die ganze Nacht taten sich die Flöhe an meinen Fußknöcheln gütlich wie Hyänen an einem Stück Aas. Als ich es nicht mehr aushielt, stand ich auf und ging hinaus in die noch schlafende Stadt.
Als Erstes erkundete ich das Gassengewirr des New Market. Selbst in der Morgendämmerung war die Luft schon schwer vom Duft der vielen kleinen Speisen, die an hundert Straßenständen gebrutzelt wurden. Die *puchkawallas,* Kalkuttas Fast-Food-Verkäufer, waren bereits vollauf damit beschäftigt, Snacks für die Massen von Pendlern zuzubereiten, die hier bald vorbeikommen würden.
Die Chowringhee Road, die östlich am Maidan vorbeiführende Hauptverkehrsstraße, lag nahezu verlassen da. Es war eine Szenerie wie auf einem Kupferstich des 18. Jahrhunderts – mit ein paar Einheimischen als Staffage, um die prächtigen Gebäude aus der britischen Kolonialzeit in die richtige Perspektive zu rücken.
Auf den ersten Blick scheint sich tatsächlich wenig verändert zu haben. Hin und wieder rattert eine Rikscha vorbei, von einem barfüßigen Bihari gezogen. Ein gepflegter gelber Labrador, den ein Diener ausführt, zerrt an der Leine. Ein *bhishtiwalla,* ein Wasserverkäufer, bleibt stehen, um aus einer Handpumpe seinen Wassersack, einen feuchten Ziegenbalg, nachzufüllen. Doch ein zweiter Blick erinnert mich daran, dass die Briten schon seit langer Zeit fort sind.
Die Fassade eines klassizistischen Klubhauses verunstalten nun Reklametafeln, die für eine Gesichtsbleichcreme werben. Seine korinthischen Säulen bröckeln, an den Wänden, vom sauren Re-

gen zernagt und mit zerrissenen Postern von Marx und Lenin beklebt, wuchern Algen; die beiden Löwen aus Granit, die die Eingangstür flankieren, stehen kopflos und verloren da. Plötzlich überkam mich Traurigkeit, dass solch imposante Gebäude derart verfallen. Doch andererseits entwickelt sich Kalkutta, wie Horace mir so schön erklärt hatte, nach seinem ureigenen Plan. Und was dabei zählt, ist Überleben. Was nützt ein Klubhaus von der Größe des Buckingham Palace einem Bürogehilfen oder *rickshawalla?* Die prachtvollen Paläste und Herrenhäuser der Briten sind zurückgelassen worden wie abgestreifte Schlangenhäute: leere Hüllen, die an die entschwundene Schlange erinnern.

Um halb zwölf hielt ich eine Rikscha an. Kalkutta ist eine der wenigen Städte der Welt, in der es noch traditionelle Rikschas gibt, die mit der Hand gezogen werden. Die ersten hatten Chinesen um 1900 in die Stadt gebracht. Damals fand man dieses Beförderungsmittel wesentlich humaner als die Sänfte, ein kastenartiger, an Stangen befestigter Sitz, der von Trägern getragen wird. Inzwischen schafft die Stadtverwaltung – man hat erkannt, dass Rikschas das negative Image Kalkuttas fördern – sie schrittweise ab. Dies geschieht zwar aus humanitären Erwägungen, wird aber mehr als dreißigtausend *rickshawallas* arbeitslos machen.

»Frohe Weihnachten, Sahib!«, sagte der *rickshawalla.*

Ich sah auf das Datum an meiner Armbanduhr. Er hatte Recht, es war der erste Weihnachtstag. Ich dankte Gott, dass ich mich unter Hindus befand – Weihnachten und ich, wir können uns nicht ausstehen.

Ich las Ferozes Adresse von meinem Zettel ab.

»Haa, jadoowalla«, erwiderte der *rickshawalla* schniefend. »Wollen Haus von Zauberer?«

Ich war überrascht, dass er Feroze kannte und sogar etwas Englisch sprach.

»Woher kennen Sie diesen Mann?«

»Alle kennen *jadoowalla!«*

»Mister Feroze?«

»Ja, Mister Zauberer!«

Mit der Zeit kam ich dahinter, dass zwar wenige Leute Hakim Ferozes Namen wussten, doch so gut wie jeder *rickshawalla* ihn als *jadoowalla,* als Zauberer, kannte.

Der *rickshawalla* stank nach *chullu,* schwarz gebranntem Kornschnaps. Er war geschmeidig, zartgliedrig und hatte kein Gramm Fett am Körper. Seine Beine waren dünn wie die Stängel von Sonnenblumen, an seinen Händen zeichneten sich Muskelstränge ab, und sein Rücken glänzte wie frisch poliertes Kupferblech. Trotz seines alkoholisierten Zustandes bewegte sich der *rickshawalla* mit ruhiger Konzentration durch den Verkehr und legte die fast fünf Kilometer in weniger als dreißig Minuten zurück. Vor einem großen, im traditionellen Stil gebauten Haus im Bezirk Alipore, unmittelbar südlich des Zoos, hielt er schließlich an.

Bevor er sich wieder auf den Weg machte, fragte ich ihn, wie er Englisch gelernt habe.

»Sahib«, sagte er und schob den Zehn-Rupien-Schein in seinen *lungi,* »war Läufer, Post von Purulia, Westbengalen.«

Zuerst sagte mir diese Erklärung gar nichts, doch dann begriff ich. Westbengalen ist der einzige indische Bundesstaat, der noch eine Staffel von Postläufern beschäftigt, wie zur Kolonialzeit. Sie befördern schwere Säcke mit Post durch den Dschungel und die Wildnis entlegener Gebiete. Über der linken Schulter hängt eine Axt mit halbrunder Schneide – die traditionelle Waffe zur Verteidigung gegen Räuber und wilde Tiere –, über der rechten ein Sack mit Briefen. In Indien übernimmt oft der Sohn den Beruf des Vaters, und so werden auch die Postläuferrouten häufig weitervererbt. Doch in letzter Zeit gehen die jüngeren Leute lieber nach Kalkutta, statt durch den Dschungel zu laufen, und werden dort *rickshawallas.*

Bevor ich bei Feroze läutete, sah ich noch auf die Uhr. Es war genau zwölf Uhr mittags.

Ein alter Diener kam auf unsicheren Beinen zum Eingangstor geschlurft. Mister Feroze sei noch nicht zurück von seinem Morgenspaziergang, meinte er bedauernd, doch ich könne gerne drinnen auf ihn warten.

Der Diener führte mich auf einer Abkürzung zum Haus: vorbei an der Küche, die in einem von Weinreben umrankten Nebengebäude untergebracht war, durch einen kleinen Gemüsegarten und über den Innenhof zur Veranda. Das Haupthaus war eine Kreuzung zwischen Mittelmeervilla und Herrenhaus im Regency-Stil. Es war quadratisch, hatte zwei Stockwerke und ein Flachdach und imposante, mit Flechten bewachsene Mauern. Ein schlichter, gekachelter Säulengang spendete der Veranda, die sich wie ein prachtvolles steinernes Spitzendeckchen ausbreitete, Schatten. Im oberen Stock, über der Veranda und etwas zurückgesetzt, befand sich ein breiter Balkon mit einer schmiedeeisernen Balustrade. Rechts und links blickten zweiflügelige, mit Holzjalousien ausgestattete Türen auf den Innenhof. Darunter gab es mehrere Fenster, deren Scheiben mit Fliegendreck gesprenkelt und verzogen waren wie die Zerrspiegel auf der Kirmes. Die Unbilden des Klimas von Kalkutta, denen das Haus seit vielleicht hundert Jahren standhielt, hatten deutliche Spuren hinterlassen. Hier und dort waren große Placken von Putz abgefallen, so dass die ketchupfarbenen Ziegel zum Vorschein kamen. Die stark vorspringenden Gesimse an den Fenstern waren abgebröckelt, und der granitene Türsturz über dem Eingang wies auf einer Seite einen großen Riss auf.

Im Haupthaus führte mich der Diener durch die Vorhalle und einen langen, von Bücherregalen gesäumten Gang entlang, an dessen Ende ich mich an einem Sammelsurium ausrangierter Sachen – etliche Anzüge, Tennisschläger, ein Fahrrad, drei schlichte Korbstühle, ein Gateleg-Klapptisch – vorbeischlängeln musste. Der Diener entschuldigte sich für die Unannehmlichkeit und erklärte, all diese Dinge würden demnächst für einen Wohltätigkeitsbasar abgeholt.

Feroze war offenbar ein sehr kultivierter Mensch. An den Wänden des geschmackvoll eingerichteten Besuchszimmers zogen sich lackierte Bücherregale entlang, das herrliche Arenberg-Par-

kett des Fußbodens wurde zum Teil von einem Belutschteppich verdeckt. In einem drehbaren Bücherständer in einer Ecke des Zimmers waren besonders große Bände untergebracht. Auf der anderen Seite stand ein Steinway-Klavier mit aufgeschlagenen Noten von Chopin. Die Mitte des Besuchszimmers beherrschten drei gepolsterte, mit Leder in gebrochenem Weiß bezogene Bergère-Sessel, die mit Schonern aus Spitze versehen waren.
Der Diener schlurfte in seinen abgetragenen Pantoffeln vor mir her, alt und asthmatisch, der Rücken gebeugt, das Gesicht ausdruckslos.
Wir kamen zu Ferozes Studierzimmer. Der Diener geleitete mich zu einem Stuhl mit geschweiften Beinen und ließ mich, die Tür hinter sich mit einem lauten Knall schließend, allein. Es war dunkel im Zimmer, die hölzernen Jalousien vor den Fenstern ließen kein Licht herein. Mich überlief ein Schauder. Ich hatte das Gefühl, jemand würde mich beobachten. Neben dem Stuhl, auf dem ich saß, stand ein Schreibtisch aus Nussbaumholz. Auf ihm lag Korrespondenz, in drei Stapeln präzise aufeinander geschichtet. Einer von ihnen war mit einem zylindrischen Messingbehälter beschwert, der mit einer Einlegearbeit aus Silber – einem arabischen Spruch – verziert und aus einem Teil von einem Artilleriegeschoß gearbeitet war. Am Boden stand *Berndorf, 1917*, eingraviert.
Überall waren Bücher. Keine Romane, sondern Werke mit Substanz, in verschiedenen Sprachen, viele im Quartformat, in Maroquinleder gebunden und am Rücken nummeriert. Etwa die Hälfte beschäftigte sich mit Zauberei und Magie. Ein ganzes Regal war allein Leben und Werk des berühmten amerikanischen Illusionisten Harry Houdini vorbehalten. In einem anderen standen ausschließlich Bücher über Indiens Asketen und heilige Männer und ihre magischen Praktiken. Ein drittes enthielt Ferozes zahlreiche Briefmarkenalben.
Gegenüber dem Regal mit den Büchern über Houdini, gleich neben der Haupttür zum Studierzimmer, hing ein gut einen halben Meter langes, gerahmtes Stück der Kiswah an der Wand. Die Kis-

wah, der riesige schwarze Stoffbehang für die Kaaba in Mekka, in Kalligraphie mit Koransuren und Ornamenten aus Goldfäden bestickt, wird jedes Jahr neu angefertigt. Sie wiegt über zwei Tonnen, und hundert Weber arbeiten ein ganzes Jahr daran. Dass in Ferozes Studierzimmer ein Stück dieses hochverehrten Tuches hing, ließ darauf schließen, dass er ein gläubiger Muslim war, ein Haji, der eine Pilgerfahrt nach Mekka unternommen hatte.

Vom Studierzimmer führte eine zweite Tür in einen Lagerraum, der vom Boden bis zur Decke mit Zeitungen, Zeitschriften und noch mehr Büchern gefüllt war. Daneben gab es eine weitere Tür. Ich drehte an dem kühlen Messingknauf. Die Tür war verschlossen.

Ich hatte meine Aufmerksamkeit gerade wieder den Papieren auf dem Schreibtisch zugewandt, da hörte ich das schabende Geräusch von Lederschuhen auf dem Parkett des Besuchszimmers. Schritte näherten sich. Die Tür des Studierzimmers flog auf. Ich fuhr herum. Im Türrahmen stand hoch aufgerichtet Feroze.

Er trug einen spinatgrünen Ulster aus irischem Wollstoff, eine schwarze Kappe aus Astrachanfell und an den Füßen knöchelhohe Schnürstiefel aus braunem Wildleder. Eine befremdliche Aufmachung, denn draußen hatte es fast fünfundzwanzig Grad.

»Sie schauen sich ein wenig um, wie ich sehe …«

»Entschuldigen Sie«, erwiderte ich. »Ich bin von Natur aus neugierig.«

»Was sind Sie noch *von Natur aus?«*

»Bescheiden«, sagte ich unbescheiden.

Ich setzte mich wieder auf den Stuhl mit den geschweiften Beinen und wartete, dass Feroze weitersprach. Er hängte Mantel und Kappe hinter die Tür. Dann nahm er, ohne mich eines Blickes zu würdigen, an dem großen Schreibtisch mit der lederbezogenen Platte Platz, schob die Papiere, die dort lagen, zu einem Stapel zusammen und verschloss sie in einem Schränkchen neben dem Tisch.

»Warum möchten Sie die Zauberkunst erlernen?«, fragte er.

»Es hat mich immer schon interessiert.«

»Nur ›interessiert‹, oder steckt Leidenschaft dahinter?«, presste Feroze zwischen den Zähnen hervor.
»Es *ist* eine Leidenschaft«, sagte ich, »aber ich weiß, dass man einen hervorragenden Lehrer braucht, um ein exzellenter Illusionist zu werden. Und ich habe gehört«, fuhr ich fort in der Hoffnung, ihn günstig zu stimmen, »dass *Sie* ein wirklich hervorragender Lehrer sind.«
Feroze war an launigen Schmeicheleien nicht interessiert.
»Tun Sie auch, was man Ihnen sagt?«, knurrte er. »Sind Sie gehorsam?«
»Ja ... ich denke schon.«
»Falls ich Ihr Lehrer werde«, fragte er weiter, »würden Sie mich jemals infrage stellen?«
»Würden Sie das wollen?«
»Beantworten Sie meine Frage.«
»Ich würde Sie infrage stellen, wenn ich dadurch mein Wissen vertiefen könnte.«
Der Meister nickte.
»Wenn ich Ihnen etwas befehlen würde«, fuhr er fort, »würden Sie es tun, selbst wenn es mit Schmerzen verbunden wäre?«
Was führte der Meister im Schilde? Ich spürte, wie Hafiz Jan mich aus der Ferne beobachtete und nervös an seinen Fingern kaute. Ich überlegte ein wenig, ehe ich antwortete.
»Wenn Sie mir befehlen würden, etwas Bestimmtes zu tun«, sagte ich dann, »würde ich mich nach besten Kräften bemühen, Ihren Befehl auszuführen.«
Hakim Feroze stand auf und griff nach einem Marinezirkel, der auf dem Schreibtisch lag. Er spielte nachdenklich damit herum, während er aus dem Fenster in den Innenhof mit dem mächtigen Mangobaum blickte, und klappte das Gerät schließlich zusammen.
»Hafiz Jan war, wie ich Ihnen bereits sagte, einer meiner besten Schüler«, bemerkte er. »Er liebte die Zauberkunst mit aller Leidenschaft. Es hat mich betrübt, dass er das Amt seiner Vorfahren übernehmen musste.«

Feroze brach ab und sah mich durchdringend an; ich spürte, dass er nicht mich prüfte, sondern meine Vorfahren.
»Ich weiß, dass Hafiz Jan Sie nicht zu mir geschickt hätte«, fuhr Feroze fort, »wenn Sie ihm nicht sehr viel bedeuteten. Deshalb«, sagte er und blickte wieder in den Hof hinaus, »werde ich Ihnen eine Chance geben.«
Ich lächelte erfreut und veränderte meine Sitzposition auf dem schmalen Stuhl. Von draußen drangen schrille Stimmen herein; auf der Straße wurden Weihnachtslieder gesungen. Ich hörte, wie der Diener die Leute vor dem Eingangstor aufforderte, nach Hause zu gehen.
»Ich bin kein geduldiger Mensch«, erklärte Feroze mokant. »Wenn Sie einen einzigen Befehl, einen einzigen Auftrag nicht zufriedenstellend ausführen, werde ich Sie bitten zu gehen.«
»Vielen Dank für Ihr Vertrauen.«
»Mein Freund«, antwortete Feroze spöttisch, »ich habe zu überhaupt niemandem Vertrauen, merken Sie sich das! Übrigens, wo nächtigen Sie?«
»In der Nähe der Park Street, in einer Fremdenpension.«
»Holen Sie Ihre Sachen. Sie werden hier wohnen, wo ich ein Auge auf Sie haben kann. In diesem Haus gelten klare Regeln. Haben Sie mich verstanden?«
Ich streckte meinen Daumen hoch zum Zeichen, dass ich einverstanden war. Hakim Feroze runzelte über meine Geste missbilligend die Stirn und wanderte durchs Zimmer, noch immer mit dem Zirkel spielend. Mir fiel auf, dass er inzwischen robuste Halbschuhe trug. Eigenartig, denn ich hatte nicht bemerkt, dass er die modischen Schnürstiefel, mit denen er hereingekommen war, ausgezogen hatte.
»Sobald Sie in diesem Haus leben, werden Sie tun, was ich sage. Sie stehen auf, wenn ich es Ihnen sage; Sie essen, wenn ich es Ihnen sage, und Sie befolgen genau meine Anweisungen.«
»Und wie soll ich Sie anreden?«
Der Magier fuhr mit dem Finger über einen Bilderrahmen, um zu prüfen, ob Staub darauf lag.

»Den Leuten gefällt es, mich ›Meister‹ zu nennen«, antwortete er.
»Und wann beginnt mein Unterricht?«
Feroze klapperte mit dem Zirkel, als hätte er Kastagnetten in der Hand. Und dann rief er, wobei er mir einen finsteren Blick zuwarf und seine grünen Augen wie Feueropale glänzten:
»Sofort. Wir beginnen sofort!«

Zweiter Teil

Das Publikum sieht nur den gelungenen Trick;
es hat keine Vorstellung, wie hart man
zuvor an sich arbeiten muss,
um die Angst zu überwinden.

J.C. Cannell, The Secrets of Houdini

7

Folter in Kalkutta

Stramm wie ein Wachsoldat stand ich unter den Zweigen des Mangobaumes in Ferozes Hof: die Brust herausgedrückt, die Hacken zusammengenommen, das Rückgrat kerzengerade – erstarrt wie ein Hase, den Scheinwerfer blenden. Es war ein stolzer Augenblick. Der Augenblick, nach dem ich mich gesehnt hatte. Ich fühlte mich angenommen und sicher in dem Bewusstsein, dass meine Lehrzeit bei einem berühmten Meister endlich begonnen hatte.

Die Arme ausgestreckt wie ein Gekreuzigter, wartete ich auf weitere Instruktionen. Obwohl ich mich anfangs über das seltsame Training gewundert hatte, leistete ich den Anweisungen mit geduldigem Respekt Folge; ich wollte an meinem ersten Tag unbedingt einen guten Eindruck machen.

Erste Lektion: mit seitlich ausgestreckten Armen im Hof stehen, Handflächen nach oben, die Finger gespreizt wie ein Seestern, zehn Reiskörner in der linken Hand, eine gehäutete Weintraube in der rechten. Der Zweck der Übung erhellte sich mir nicht. Da jedoch ein falsch gesetzter Fuß, ein zweifelnder Blick das Ende meiner Träume bedeutet hätte, kam ich der mir gestellten Aufgabe gehorsam nach – sie sollte bald zur stummen Qual werden.

Jede Viertelstunde durfte ich meine Hände, zur Faust geschlossen, für eine einzige Minute auf dem Kopf ruhen lassen. Dass die Zeit strikt eingehalten wurde, darüber wachte Feroze mit seiner kostbaren silbernen Taschenuhr, die er stets bei sich trug. War die Pause zu Ende, klopfte er dreimal mit einem Teelöffel an einen Emailbecher, der wie eine glücksbringende Hasenpfote an seinem Gürtel hing. Hin und wieder verließ der Meister den Schatten der imposanten Veranda und kam hochmütig wie ein Lama zu mir geschritten, um sich zu vergewissern, dass die Weintraube nicht staubig war und die zehn Reiskörner noch unverändert in meiner Hand lagen.

Für Ende Dezember war es ungewöhnlich warm. Durch die Zweige des Mangobaumes brannte die Wintersonne auf mich herunter. Ich ertrug, was mir unerträglich erschien. Meine Arme durchzuckten stechende Schmerzen, und sie zitterten, als würden sie im nächsten Augenblick abbrechen wollen. Damals wusste ich noch nicht, dass ich mich während der strengen Aufnahmeprozedur in die Welt des Magiers bald nach der Tortur mit der Weintraube und den Reiskörnern zurücksehnen würde.

Die Übung fand ein plötzliches Ende. Vom Mangobaum stieß ein Bussard herab, griff mit seinen messerscharfen Krallen nach der Weintraube auf meiner Hand, und ich stürzte durch den gewaltigen Flügelschlag taumelnd zu Boden. Feroze legte seine Zeitung beiseite und kam herbei. Ich zeigte ihm laut jammernd die tiefen Wunden auf meinen Unterarmen und hoffte auf Mitgefühl. Doch der Magier gehörte nicht zu den Menschen, die von kleinen Fleischwunden viel Aufhebens machen. Er fand gebrochene Knochen interessanter.

»Hast du das gesehen?«, fragte er.

»*Gesehen?* Ist Ihnen entgangen, wie ich mit dem Vogel gekämpft habe? Schauen Sie sich meine Verletzungen an!«

Ich streckte ihm erneut meine Arme entgegen.

»*Butastur teesa,* der weißäugige Bussard ... nicht sehr häufig in Kalkutta ...«, bemerkte Feroze. »Vielleicht baut er ein Nest dort oben. Man sollte ihn im Auge behalten.«

Und schon griff er nach dem Emailbecher an seinem Gürtel und klopfte mit dem Teelöffel dreimal dagegen. Auf zur nächsten Aufgabe.

Zweite Lektion: bis auf die Unterhose ausziehen und den Hof auf dem Bauch kriechend nach Fragmenten von Muschelschalen absuchen. Aufhören erst bei zweihundert Stück erlaubt.

Es gibt nichts Unangenehmeres, als einen Slip zu tragen, mit dem man durch einen Innenhof in Kalkutta gerobbt ist. Das heißt nichts, außer sich Ellenbogen und Knie an übersehenen Glassplittern und weggeworfenen Rasierklingen aufzuschneiden. Während ich mich wimmernd vorwärts schob und suchend den Boden abtastete, bohrten sich ständig Scherben von zerbrochenen Flaschen in meine Haut, und ich musste sehr mit mir kämpfen, um keine bösen Gedanken zu haben.
Lehrjahre sind keine Herrenjahre, ermahnte mich mein Gewissen. Vor den Erfolg haben die Götter den Schweiß gesetzt. Diese Übungen sind zwar etwas unkonventionell, aber als Vorbereitung auf mein Studium der Zauberkünste offenbar notwendig. Ohne diese elementaren Erfahrungen, sagte ich mir, werde ich es nicht schaffen.
Nachdem ich drei Stunden kreuz und quer im Hof herumgekrochen war wie eine Raupe, hatte ich lediglich drei Muschelstückchen gefunden. Bei einem war fraglich, ob es überhaupt von einer Muschel stammte.
Feroze kam, um das Ergebnis meiner Arbeit zu prüfen.
»Wirf alle hier hinein«, sagte er und ließ eine rostige alte Tabakdose neben meinem blutigen Ellenbogen fallen.
Der Klang der Muschelstückchen, die in der Dose landeten, missfiel dem Meister. Statt eines Prasselns wie bei einem Hagelschauer war ein klägliches *Pling, Pling, Pling* zu hören.
»Du meine Güte«, fuhr mich Feroze barsch an, »das ist aber dürftig. Äußerst dürftig. Mach lieber weiter.«
»Es gibt hier nicht sehr viele Muschelschalen«, jammerte ich, die Nase in den Staub gepresst.
Doch Hakim Feroze hörte mich nicht. Er hatte sich bereits wieder in den Schatten zurückgezogen.
Drei Stunden später hatte ich weitere sieben Muschelstückchen gefunden. Wie viele arme Novizen sich wohl schon der gleichen Tortur hatten unterziehen müssen, überlegte ich, während ich auf gut Glück herumsuchte. Dass so wenige Muschelschalen in dem Hof lagen, ließ vermuten, dass ich nicht der Erste war. War auch

Hafiz Jan dazu gezwungen worden? Ganz bestimmt, dachte ich. War dies die schreckliche Bewährungsprobe, vor der er mich so eindringlich gewarnt hatte? Je mehr ich über Ferozes Methoden nachgrübelte, umso mehr Fragen drängten sich mir auf. War dieses Muschelschalensuchen ein Ritual, dem sich Zauberlehrlinge überall unterziehen mussten? Ich bezweifelte es.

Als der Tag sich neigte, erschien der Meister wieder; er hatte ein Schläfchen gemacht. Er war frisch rasiert, trug eine Kniehose im Fischgrätenmuster, ein makelloses Gabardinehemd und honiggelbe Budapesterschuhe und sah auf mich herunter, während ich auf dem Bauch herumkroch wie ein Alligator. Das Vorderteil meines Slips bestand inzwischen nur noch aus losen Fäden. Als wäre er eine soeben entstandene Kreuzung zwischen Chamäleon und Maulwurf, versuchte mein müder, gemarterter Körper, sich den Gegebenheiten anzupassen.

Feroze zog seine Taschenuhr hervor, blickte einen Moment nachdenklich darauf und steckte sie fort. Ich starrte in den Staub und dann wieder auf den Meister. Vor einer Sekunde hatte er noch hoch aufragend neben mir gestanden und mich wie ein Ausbilder auf dem Exerzierplatz gemustert. Nun saß er zurückgelehnt in einem Liegestuhl. Ich hatte nicht bemerkt, dass er sich hingesetzt hatte, ja nicht einmal, dass er den Liegestuhl aufgestellt hatte.

»Du bist ziemlich schmutzig«, bemerkte er spöttisch, als wäre das eine Überraschung. »Es ist schon fast acht Uhr. Geh dich waschen. Gokul wird dir etwas zu essen geben und eine Matratze. Wir beginnen früh am Morgen. Du solltest dann ausgeruht sein.«

»Danke«, sagte ich demütig, ohne zu wissen, wofür ich mich eigentlich bedankte.

Plötzlich stand Gokul, der alte Diener, neben mir und half mir auf die Füße. Da ich fast den ganzen Nachmittag auf dem Bauch herumgerobbt war, erwies sich der abrupte Übergang vom gleitenden Reptil zum *Homo erectus* als etwas schwierig. Gokul spürte, dass ich Probleme hatte, mich den neuen Gegebenheiten anzupassen, und wies mich an, mich auf die Veranda zu legen. Er schlüpfte aus seinen Sandalen, stieg auf meinen Rücken und grub seine Zehen, wie ein Turner auf einem Schwebebalken auf und ab tänzelnd, sanft in die Vertiefungen zwischen den einzelnen Wirbeln. Dann durfte ich in der alten gusseisernen Wanne für die Dienerschaft ein warmes Bad nehmen, und danach bepinselte er die wunden Stellen an meiner Vorderfront mit Jodtinktur. Anschließend führte er mich in die Küche.

»Heiß, den ganzen Tag auf dem Bauch«, meinte er vergnügt.

»Ja, es war ziemlich anstrengend, ziemlich staubig.«

Er nahm den Deckel von einem dampfenden Topf und servierte mir eine Schale mit *daal* und *sukto* – gebratenes, gewürfeltes Gemüse.

»Morgen wird ein guter Tag«, sagte er, als hoffte er, mich damit aufzumuntern.

»Ja? Weißt du, was Mister Feroze morgen mit mir vorhat?«

Über das Gesicht des Dieners flog ein nervöses Zucken.

»Essen Sie mehr *daal*«, erwiderte er. »Macht stark.«

Die erste Phase der Initiation dauerte sieben Tage. Jeden Abend richtete Gokul meinen Rücken mit seinen gummiartigen Füßen wieder gerade, bepinselte meine Wunden mit Jod und flickte meine Unterhose. Lag Ferozes bohrender Blick einmal nicht auf mir, gab mir der gutmütige Diener oft ein Stück Kokosnuss oder schob mir einen Becher mit belebendem Tamarindensaft zu.

Jeder Tag brachte eine neue, noch schlimmere Prüfung.

Dritte Lektion: mit einem Teelöffel im Hof ein Loch graben – einen halben Meter im Quadrat, einen halben Meter tief. Der Löffel darf nur mit der linken Hand geführt werden.

Vierte Lektion: mit einem fünf Kilogramm schweren, in Sackleinen gehüllten Eisblock rückwärts um den Hof laufen. Aufhören erst erlaubt, wenn das Eis geschmolzen ist.

Fünfte Lektion: mit verbundenen Augen einen Topf Reiskörner und Linsen sortieren.

Sechste Lektion: in einem Blechbecher zwölf lebendige Küchenschaben fangen. Keine Hilfsmittel erlaubt.

Nach einer Woche voller Qualen war ich fast am Ende meiner Kraft. Die Übungen forderten einen hohen Tribut. Meine Knie waren durch die entzündeten Schleimbeutel dick wie bei einem Dienstmädchen, das ständig Böden schrubbt, mein Rückgrat schien für alle Zeit verbogen. Meine Hände waren fürchterlich zerschnitten, meine Ellenbogen wiesen dicke Striemen auf, mein Bauch sah aus wie eine Pflaume, die vom höchsten Ast geplumpst ist. Mein Gesicht hatte Blasen, meine Augen waren nach den vielen Stunden im grellen Sonnenlicht blutunterlaufen und geschwollen. Meine Wunden hatten keine Zeit zu heilen, zudem kam ständig Schmutz hinein, was alles noch schlimmer machte.

Feroze war für mich nicht länger ein Mann von großem Können und Vornehmheit. Ich hatte begonnen, alles zu hassen, wofür er stand. Stets wie aus dem Ei gepellt in klassisch-eleganter Garderobe, das Haar glatt und glänzend wie feucht gewordenes Federkleid, die Gesichtshaut nach Aftershave duftend, war er das genaue Gegenteil dessen, was ich geworden war. Selbst wenn ich mit verbundenen Augen nach Reiskörnern tastete, wusste ich immer, ob er gerade neben mir stand. Stets kündigte sein Eau de Toilette mit Lavendel sein Kommen an und warnte mich vor seinen willkürlichen Inspektionen.

Vielleicht empfand der Magier in Wirklichkeit tiefen Hass gegen Hafiz Jan, und mich zu quälen war für ihn die unterhaltsamste Möglichkeit, sich zu rächen? Andererseits hatte mich der Paschtune immer wieder vor Ferozes rigorosen Methoden gewarnt.

All die Übungen bei dieser Mischung aus Ausbildungslager der Fremdenlegion und Initiationsritual eines Geheimbundes gründeten auf Schmerz. Eines war sicher: dieses Trainingsprogramm, auf die Erzeugung größter Qualen ausgerichtet, hatte sich ein eingefleischter Sadist ausgedacht.

Feroze genoss den mit immer mehr Widrigkeiten angereicherten Lehrplan. Je mehr ich mich quälte, umso lohnender war die Lektion gewesen. Mich hielt nur der Gedanke aufrecht, dass all die Mühsal vielleicht doch irgendeinen Sinn hatte.

Bewertet wurden die unkonventionellen Aufgaben auf ebensolche Weise. Die wenigen Male, die es mir gelang, den Anordnungen zu entsprechen, wurde ich heftiger kritisiert als dann, wenn ich versagt hatte, was mich noch mehr verwirrte und zermürbte.

Als wären die Torturen im Hof nicht genug, wurde der Stundenplan durch zusätzliche Aufgaben ergänzt. Immer wieder tauchte Feroze mitten in der Nacht in meiner schmuddeligen, von Schaben bevölkerten Kammer im Dienstbotenquartier auf. Wie er hereinkam, war mir ein Rätsel. Nach dem ersten nächtlichen Besuch verriegelte ich die Tür von innen und klemmte einen Stuhl unter die Klinke. Es hätte mich interessiert, wie er diese Barrikade überwand, ohne Spuren zu hinterlassen, doch Feroze gehörte nicht zu den Menschen, die es schätzen, wenn man sie nach ihrem Tun befragt. Er pflegte dreimal an seinen Emailbecher zu klopfen – das Signal, dass ich Anweisungen entgegenzunehmen hatte.

»Ja?«, stieß ich dann noch halb im Schlaf krächzend hervor.

»Ich möchte, dass du dieses Gedicht in Bengali auswendig lernst. Ich höre dich später ab.«

Vier Blatt Papier flatterten zu Boden.

»Aber ich kann Bengali nicht lesen«, murmelte ich, obwohl ich sehr gut wusste, dass er eine solche Entschuldigung nicht gelten ließ.

»Dann such dir jemand, der es kann«, entgegnete Feroze knapp.

Also riss ich mitten in der Nacht Gokul aus dem Schlaf und flehte ihn an, mir das Gedicht vorzulesen, und er trug mir, ohne ein unhöfliches Wort zu äußern, eine Strophe nach der anderen vor.

Bei Tagesanbruch, wenn mein Unterricht begann, bat ich den Meister, mich das Gedicht abzuhören. Manchmal tat er es, doch manchmal fragte er:

»Hast du es gelernt?«

»Ja«, antwortete ich.

»Welchen Sinn hat es dann, dich abzuhören? Wir sind schließlich nicht im Kindergarten.«

Um sechs Uhr abends am 31. Dezember kam Feroze in den Hof zu mir, der ich wie ein im Kampf gefallener Soldat mit dem Gesicht auf dem Boden lag. Fast den ganzen Tag war ich auf den Knien herumgekrochen und hatte mit einem Teelöffel Erde aus einem Eimer in einer Ecke des Hofes zu einem anderen in der gegenüberliegenden befördert.

Ich war den Tränen nahe. Bisher hatte ich trotz allem eine gewisse Haltung bewahrt. Von Zauberkunst war in dieser ersten Woche keine Rede gewesen. Mir schien, ich hatte mich im falschen Kurs eingeschrieben.

Ferozes gnadenlos strenges Regiment hatte mich schließlich doch gebrochen. Der Schmutz fand weiterhin seinen Weg in die aufgeschürfte Haut an Ellenbogen und Schienbeinen. Mein rechtes Knie, inzwischen dick mit Bandagen aus einem in Streifen gerissenen alten Bettlaken verbunden, war schwer lädiert und schmerzte höllisch.

Feroze nahm wie immer nicht zur Kenntnis, welches Leid er verursachte. Während er sich zu mir herunterbeugte, schüttelte er die Schultern wie ein junger Hahn, der sein Missvergnügen zeigt. Er reichte mir ein hauchzartes Taschentuch, damit ich mir die Nase putzte. Ich barg mein sonnenverbranntes Gesicht in der kühlen Seide und schnaubte kräftig, worauf mit hoher Geschwindigkeit, wie Pfeile aus einem Blasrohr, Pfropfen von verdichtetem Kalkutta-Staub hervorgeschossen kamen. Es war überaus befriedigend. Da ich ohne Hilfe nicht mehr aufstehen konnte, streckte ich den Arm aus, um dem Meister das Taschentuch zurückzugeben. Er wehrte mit schockiertem Gesicht ab.

Mit einem einmaligen Klopfen gegen den Emailbecher wurde nun Gokul herbeigerufen, und schon kam der treue Diener aus der Küche gezuckelt. Das Personal bestand aus vier Dienern, von denen jeder auf ein bestimmtes Signal hörte, das Feroze in seiner eigenwilligen Art morste.

»Gokul«, befahl er, »bitte hilf Mister Shah auf die Füße. Sieh zu, dass er badet. Achte darauf, dass seine Ohren wirklich sauber sind.«

»Ja, Sahib!«
»Du wirst heute Nacht nicht hier schlafen«, eröffnete mir Feroze auf mich herabblickend.
»Oh?«
»Du wirst die Nacht in der Park Street verbringen.«
Schon begann ich von einem Whirlpool zu träumen, einem breiten Bett mit frisch duftenden Laken – eine himmlische Vorstellung!
»Soll ich in ein Hotel gehen?«
»Das wird nicht nötig sein«, erwiderte der Meister trocken. »Ich habe etwas *Besonderes* für dich arrangiert. Gokul weiß Bescheid. Er wird dich begleiten.«
Während ich den Schmutz aus den letzten Winkeln von Nase und Ohren kratzte, spürte ich neue Energie in mir aufkommen. Park Street, Kalkuttas Antwort auf den Piccadilly! Einen aparteren Kontrast zum Gefängnishof meines Lehrers konnte man sich kaum denken.

Der Diener führte mich auf die Straße hinaus. Es war bereits dunkel. Unter dem rechten Arm trug er ein Päckchen, in braunes Papier gehüllt und mit einer Kordel verschnürt.
»Wohin gehen wir, Gokul?«
Mein Begleiter zog es vor, nicht verbal zu antworten, sondern sah mich mit einem besorgten, düsteren Gesichtsausdruck an. Dann blickte er auf das geheimnisvolle Päckchen.
»Gehen wir zu einer Silvesterparty? Wird es ein Feuerwerk geben?«
Gokul blieb stumm.
»Ist das ein Geschenk, da unter deinem Arm?«
Gokul sagte immer noch nichts.
Als das Taxi mit quietschenden Reifen am ruhigen Ende der Park Street hielt, begann ich genauer nachzufragen.
»Alle feinen Hotels sind am anderen Ende der Park Street«, bemerkte ich.
»Ja, alle anderes Ende«, erwiderte Gokul.

»Hier unten gibt es nichts außer ein paar *paan*-Ständen, Tankstellen und …« Als mir einfiel, wofür die Park Street noch bekannt war, verstummte ich, weil mich Verzweiflung überfiel. »*Paan*-Stände, Tankstellen«, rekapitulierte ich, »und den Friedhof!«
Gokul zog den Kopf ein – Bestätigung genug. Er brachte mich nicht zu einer feudalen und amüsanten Silvesterfeier, sondern zum Friedhof. Dort würde ich die Nacht verbringen. Allein.
»Gokul«, flüsterte ich, als er das schmiedeeiserne Tor zu der Begräbnisstätte aus der britischen Kolonialzeit aufstieß, »können wir uns nicht irgendwie arrangieren?«
Der Diener bedeutete mir, dass Korruption nicht in Frage kam.
»Meister kommt vielleicht nachschauen«, antwortete er streng. »Können nicht betrügen.«
Wir passierten das Wächterhäuschen und gingen einen der Hauptwege zum anderen Ende des weitläufigen Friedhofs hinunter. Plötzlich blieb Gokul unvermittelt stehen, legte das Päckchen auf einen Grabstein mittlerer Größe und wünschte mir viel Glück. Er werde mich am Morgen wieder abholen.
Der alte Diener kehrte sogleich um und ging durch die blauschwarze Dunkelheit zurück zum Eingang. Ich spürte, dass ihm der Friedhof Angst machte; trotzdem entfernte er sich mit würdevoller Beherrschung.
Als er fort war, öffnete ich das Päckchen und tastete im Dunkeln den Inhalt ab. Es befanden sich darin eine Kerze, eine Schachtel Streichhölzer, eine Nylondecke, eine Hand voll Datteln, sechs frittierte *samosas* und eine billige Broschüre über den Friedhof.

Der Friedhof an der Park Street ist faszinierend. Wären die Umstände meines Besuches nicht so grässlich gewesen, würde ich jetzt vielleicht begeisterter dafür Werbung machen. Einst am äußersten Rand der Stadt angelegt, befindet sich der Friedhof heute fast im Zentrum des modernen Kalkutta.
Von allen verlassen, selbst von Gokul, den ich inzwischen beinahe als Verbündeten betrachtete, stand ich nun da und überlegte, was ich tun sollte. Nach wenigen Minuten hatten sich meine Au-

gen an die undurchdringliche Dunkelheit gewöhnt. Der Friedhof war von einer hohen, mit Schimmel bedeckten Mauer umgeben, die seine verstörende Welt nach außen abschirmte. Von jenseits der Mauer drang nächtlicher Verkehrslärm herüber; am Vorabend des neuen Jahres waren noch mehr Menschen unterwegs als sonst. Die Friedhofsmauer war wie eine Scheidewand zwischen zwei Welten. Leider musste ich erkennen, dass ich den Styx überschritten hatte und im Hades gelandet war.

Um nicht allen Mut zu verlieren, beschloss ich, diese Nacht als eine Übung in militärischer Aufklärung zu betrachten. Das würde mir helfen, meine Gedanken zu sammeln und vielleicht die Ängste vertreiben, die in einer Nacht bei den Toten sicherlich aufkommen würden.

Zuerst rief ich mir die bewährte Maxime meines Großvaters ins Gedächtnis: *Für Aufklärung verwendete Zeit ist selten verschwendet.* Dann spannte ich meine Rückenmuskeln an wie ein Jäger, der sich an seine Beute heranpirscht. Ich war bereit zu einem ersten Erkundungsgang.

Mit hell brennender Kerze schlich ich mich vorsichtig die überwachsenen Wege entlang, vorbei an den unterschiedlichsten Grabmälern. Pyramiden – zweifellos von denen in Gizeh inspiriert – erhoben sich in den Nachthimmel. Zwischendurch Grabstätten mit römischen Kuppeln, die mich an die Musikpavillons in Brighton erinnerten. Wohin ich auch sah, überall standen steinerne Monumente – Mausoleen von der Größe eines englischen Cottages, mit Carrara-Marmor verkleidet und imposanten granitenen Urnen obenauf.

Ich blätterte im Kerzenlicht die Broschüre durch und las die Geschichte des Friedhofs nach. Er wurde im Jahr 1769 angelegt und bereits dreiundzwanzig Jahre später geschlossen, da er bis auf den letzten Platz mit Engländern belegt war. Hier ruhen einige der berühmtesten Kinder des britischen Empire. Das Kalkutta, das sie kannten, unterschied sich sehr von der heutigen Stadt. Damals war es ein Ort schrecklicher Seuchen, wo die Schwachen einen qualvollen Tod starben. Von Cholera, Tollwut, Pocken, Malaria und Tuberkulose aufs Krankenlager geworfen, hatten Europäer mit ihrer zarten Konstitution kaum eine Chance. Noch viel mehr wurden von rätselhaften Krankheiten unbekannten Namens dahingerafft. Der Grabstein von Jane Eliza Maclean – sie starb 1826, fünf Monate nach ihrer Ankunft in Kalkutta – erzählt, dass sie »einer tödlichen, vom indischen Klima kommenden Krankheit« zum Opfer fiel.

Während nicht wenige an exotischen Krankheiten starben, gingen andere durch die Art ihrer Lebensführung zugrunde. Vor allem der Alkohol kam Gevatter Tod zu Hilfe. Doch es gab auch recht ungewöhnliche Todesursachen. Sir John D'Oyly, sechster Baronet und ehemaliges Parlamentsmitglied für Ipswich, wurde in der Park Street zu Grabe getragen, nachdem er an »nervösen Beschwerden aufgrund unmäßigen Gebrauchs der Wasserpfeife« verstorben war. Auf dem wunderschönen Grabstein Rose Aylmers, eines siebzehnjährigen Mädchens, steht zu lesen, dass sie »zu viele Ananas gegessen« hatte.

Die größte der Pyramiden war das Mausoleum von Elizabeth Jane Barwell. Sie diente mir bei meiner nächtlichen Wanderung als Wegweiser. Während ich durch das niedrige Gebüsch stolperte, stieß ich auf viele interessante Gräber: eine Urenkelin von König Charles II., ein Urgroßvater von William Makepeace Thackeray und ein Sohn von Charles Dickens haben hier, in diesem Park mitten in einer der chaotischsten Städte Asiens, ihre letzte Ruhe gefunden.

Überschattet von riesigen, noch von den Briten gepflanzten Indischen Buchen erschien mir der Friedhof eher wie ein verzauberter Druidenhain als ein Begräbnisplatz aus alter Zeit. Seltsamerweise fühlte ich mich bei meinem nächtlichen Spaziergang nicht unwohl. Vielleicht lag das daran, dass man in Indien ohnehin nie ganz allein ist.

Am südöstlichen Ende klaffte in der Backsteinmauer ein großes Loch von der Art, wie es eine Kanonenkugel verursacht. Durch die Öffnung konnte ich mühelos die Rücklichter von Ambassador-Taxis ausmachen. Sie lockten mich wie eine Fata Morgana.

Warum nicht einen Fluchtversuch unternehmen, in der Stadt etwas Schönes essen, die Nacht durchmachen und dann vor Tagesanbruch wieder in den Friedhof schleichen? Es war ein feiner Plan. Ich spähte nach links und nach rechts. Alles ruhig.
Ich ging auf das Loch in der Mauer zu. Doch jemand folgte mir. Von hinten hörte ich Schritte näher kommen. Ich fuhr erschrocken herum. Niemand war zu sehen.
»Wer ist da?«, rief ich.
»Wohin gehen Sie?«, fragte mich eine Stimme in fließendem Englisch.
»Nirgendwo hin«, stotterte ich. »Ich will mir nur das Loch anschauen.«
»Sie dürfen den Friedhof nicht verlassen!«
»Oh«, erwiderte ich beklommen. »Wer bist du?«
Hinter einem zerbröckelnden Grabstein schlüpfte eine Gestalt hervor. Ich kniff die Augen zusammen, um besser sehen zu können. Es war ein Junge, vielleicht fünfzehn Jahre alt. Er hatte ein helles Hemd an, einen karierten *lungi* um die Hüften, und war barfüßig. Sein Oberkörper war lang wie der Bogen eines Bogenschützen, seine Bewegungen schnell und überakzentuiert.
»Sie sollen hier bleiben!«, rief er.
»Ja, ich weiß. Aber woher weißt *du* das?«
»Es ist mein Job, so etwas zu wissen«, sagte er. »Kommen Sie, setzen Sie sich zu uns.«
»Uns?«
In der Broschüre über den Friedhof stand, dass in den Grabmälern früher einmal Räuber lebten. Ihre Beute vergruben sie in Erdlöchern zwischen den Mausoleen. War ich einer Bande jugendlicher Räuber in die Hände gefallen? Woher wusste er von meiner jüngsten Prüfung?
»Kommen Sie, setzen Sie sich zu uns«, wiederholte der Junge.
»Wer bist du?«, fragte ich noch einmal.
»Ich heiße Topu. Ich lebe hier mit den anderen«, antwortete er und bedeutete mir, ihm zu folgen.
Wir kamen zu einem unförmigen, selbst gemachten Zelt. Es stand

ziemlich weit vom Wächterhäuschen entfernt und war durch einen niedrigen Erdwall gegen den Hauptteil des Friedhofs abgeschirmt. Vor dem Zelt hockten drei weitere Jungen – etwa im selben Alter wie der erste – um ein Feuer. Dass plötzlich ein Fremder auftauchte, schien sie nicht zu überraschen.

»Sie sprechen kein Englisch«, sagte Topu.

»Sind es Brüder von dir?«

»Nein, wir sind Freunde.«

»Was macht ihr hier?«

»Ich habe es Ihnen schon gesagt. Wir leben hier.«

»Ihr lebt auf dem Friedhof?«

»Was ist denn Schlimmes dabei?«

»Nichts, nehme ich an.«

Der Junge ließ die Fingerknöchel knacken.

»Natürlich werden wir ziemlich oft rausgeworfen«, sagte er. »Die Arbeiter reißen unser Zelt immer wieder nieder und verbrennen es. Aber wir kehren trotzdem zurück. Gleich draußen vor der Mauer wird jeden Morgen ein Stand aufgestellt, an dem man kostenlos Suppe bekommt. Wir stehen meistens als Erste an.«

»Woher weißt du, dass ich hier die Nacht verbringen soll?«

»Ein Mann ist gekommen und hat gesagt, dass wir auf Sie aufpassen sollen.«

»Ein Mann? War es ein alter Mann, gut gekleidet, mit einem Schnurrbart?«

»Ja, alt war er, und gut angezogen. Er hat uns hundert Rupien gegeben.«

»Feroze!«, stieß ich mit erstickter Stimme hervor. »Er hat Spione engagiert, um sicherzugehen, dass ich ihn nicht betrüge.«

»Der Mann hat gesagt, wir sollen auf Sie aufpassen«, wiederholte der Junge.

Ich hatte Ferozes barbarische Behandlung lange genug ertragen. Selbst jeglicher Würde beraubt, misshandelt wie ein Häftling in einem sibirischen Straflager, hatte ich tapfer gute Miene zum bösen Spiel gemacht. Doch dieses Mal hatte der Meister seinen eigenen Rekord an Widerwärtigkeit übertroffen. Neben mir starrten die vier Jungen ins Feuer; ihre Gesichter leuchteten in seinem hellen Schein wie die von Chorknaben bei einer Mitternachtsmesse. Für mich war dies alles, diese letzte Nacht des Jahres, höchst ungewöhnlich; für die jungen Kerle war es eine weitere Nacht ihres Lebens, die sie unter freiem Himmel zubrachten.

Ich war hergekommen, um die Zauberkunst zu erlernen, und saß in der Silvesternacht in einem aufgelassenen Friedhof. Indien hat so eine gewisse Art zu erkennen, was einem fehlt, und dann verabreicht es einem sein Gegenmittel, ohne dass man es merkt. Bekam ich vielleicht statt Grundkenntnissen im Zaubern das, was ich wirklich brauchte?

Einer der Jungen hielt mir ein Stück halb verbranntes *chapati* hin. Es schmeckte erstaunlich gut. Mir fiel ein, dass ich auch etwas zu Essen dabei hatte, und so zog ich meine Datteln und *samosas* hervor und bot sie reihum an.

»Dieser Friedhof ist sehr groß«, sagte ich, um das Schweigen zu brechen. »Warum leben nicht mehr Menschen hier?«

»Hunderte von Menschen haben hier gelebt«, antwortete Topu und biss in eine *samosa,* »aber dann wurde der Friedhof aufgeräumt, und man hat sie hinausgeworfen. Bis vor kurzem haben noch eine Menge Räuber und Diebe hier gehaust.«

»Ja, davon habe ich gelesen.«

»Es ist wahr«, fuhr der Junge fort. »Einige haben ihre Beute im Boden vergraben. Hier liegen viele Schätze. Sie haben sogar Skelette gestohlen, um sie an die *konkalwallas* zu verkaufen.«

»Wer ist das?«

Der Junge zog beide Augenbrauen hoch. Dann beugte er sich zu mir, das Gesicht golden beleuchtet, und erklärte mir mit gesenkter Stimme:

»Die *konkalwallas* kaufen Leichen, die aus Gräbern und von Sammelplätzen für namenlose Tote geholt wurden. Sie legen sie in ein Säurebad und schicken die Knochen dann ins Ausland.«

»Wer will denn Skelette haben?«

»Schulen, wo Ärzte lernen, natürlich.« Topu hielt inne, um sich noch eine *samosa* in den Mund zu stopfen. »Aber jetzt ist der Export von Skeletten verboten.«

»Es ist also kein Geschäft mehr damit zu machen?«

»Doch, aber es ist ruhiger geworden. Es läuft jetzt alles unter der Hand.«

Topu wusste über das Geschäft mit gebrauchten Skeletten so gut Bescheid, dass ich den Verdacht hatte, dass er selbst in den illegalen Handel verwickelt war.

»Wo hast du so gut Englisch gelernt?«, fragte ich, um das Thema zu wechseln.

»Ich habe früher am Buchstand meines Freundes in der College Street ausgeholfen. Er hat medizinische Lehrbücher verkauft und mir Englisch lesen und sprechen beigebracht.«

»Und was machst du jetzt?«

»Na ja«, sagte Topu, »mal dies, mal das.«

»Warum suchst du nicht nach den vergrabenen Schätzen?«

Topu sah mich an, ohne ein Wort zu sagen, und lächelte.

Das Krächzen von Kalkuttas Krähen weckte mich zum ersten Sonnenaufgang des neuen Jahres. Wie Flugsaurier mit ihren mächtigen Flügeln schlagend, kreisten die großen schwarzen Vögel über dem Friedhof, stießen immer wieder zwischen den Grabmälern nieder. Ich blickte auf meine Uhr. Es war bereits sieben. Ich sah mich um. Die Jungen hatten sich neben dem schwelenden Feuer vor dem Zelt zusammengerollt und schliefen noch. Weder Feroze noch Gokul sollten erfahren, dass ich den Jungen begegnet war, deshalb wollte ich gleich zu der Stelle zurückgehen, wo ich mich von dem Diener getrennt hatte.

Topu hörte, wie ich mich mit steifen Gliedern aufrappelte. Er öffnete die Augen und setzte sich auf.

»Auf Wiedersehen«, sagte er.

»Ja, das hoffe ich.«

»Sie wissen, wo Sie uns finden, falls Sie in Kalkutta mal etwas brauchen.«

»Danke, Topu, ich werde daran denken.«

Der Friedhof war bei Tag ebenso ruhig wie in der Nacht. Die Grabmäler wirkten ausgesprochen fehl am Platz, wie Überbleibsel einer untergegangenen Welt. Ich konnte mir gut vorstellen, wie die Trauergemeinde in der Kolonialzeit ihre Verstorbenen im Lichte von Fackeln feierlich zur letzten Ruhe gebettet hatte. Die Brüder des Empire, die hier gelebt hatten und hier gestorben waren – sie gehörten einer anderen Zeit an. Ebenso wie die von ihnen errichteten majestätischen Gebäude hatten auch ihre Mausoleen an der South Park Street mit dem heutigen Kalkutta nichts mehr zu tun.

Um acht Uhr fand mich Gokul, in die pinkfarbene Nylondecke gewickelt, an Elizabeth Barwells Pyramide gelehnt.
»Haben Sie geschlafen?«
»Wie ein Toter.«
»Gut, Sahib«, erwiderte er vielsagend, »denn Meister wartet auf Sie.«
Kaum hatte das Taxi vor dem stattlichen Haus in Alipore gehalten, sehnte ich mich schon nach dem Friedhof zurück. Zumindest konnte ich dort tun und lassen, was ich wollte. Eigentlich war ich nach Indien gekommen, um die Zauberkunst zu erlernen, doch bislang konnte davon keine Rede sein. Hafiz Jan hatte mir vor zwanzig Jahren in meinem Zimmer unter dem Dach mehr beigebracht. Ich ärgerte mich, dass ich den Paschtunen nicht überredet hatte, mich als seinen Schüler in Burhana bleiben zu lassen. Während ich über meine Lage nachdachte, kam Feroze von der Veranda herübergeschlendert.
»Gutes neues Jahr! Wie war der Silvesterabend?«, erkundigte er sich.
»Ganz interessant. Ich weiß jetzt alles über die Park Street.«
»Irgendwelche ungewöhnlichen Begegnungen gehabt?«
»Eigentlich nicht.«
Wie immer, hörte Feroze gar nicht zu.
»Tahir, bitte folge mir«, sagte er mit lauter Stimme, in der ein gewisser Triumph mitschwang.

Der Meister hatte mich mit meinem Vornamen angesprochen. Ich hatte nicht gewusst, dass er ihn überhaupt kannte.
»Wohin gehen wir?«
Feroze führte mich ins Haupthaus, das zu betreten mir bisher verboten gewesen war. Über eine Wendeltreppe aus Teakholz mit kunstvoll geschnitztem Geländer stiegen wir in den ersten Stock hinauf. Dort, bei einer massiven weißen Kassettentür, schob der Meister einen Messingschlüssel ins Schloss. Ein kleiner Dreh nach links, und die Tür schwang auf.
Ich trat in ein geräumiges Zimmer mit lavendelfarbenen Wänden, dessen Mittelpunkt ein phänomenales Himmelbett aus Mahagoni bildete – mit pludrig aufgeschüttelten Kopfkissen, kleinen Zierkissen und einem Federbett mit besticktem Bezug. Einem Mann, der die Nacht auf einem Friedhof verbracht hatte, gingen bei einem solchen Anblick die Augen über.
Gegenüber dem Bett stand eine Kommode aus Kiefernholz, deren aufgeklappte Deckplatte eine Waschschüssel und einen Rasierspiegel im Miniaturformat sehen ließ, in der anderen Ecke ein Davenport-Sekretär aus Rosenholz mit Elfenbeinintarsien und geometrischem Dekor. Es roch nach Mottenkugeln, nach Naphthalin.
»Ein Neujahrsgeschenk für dich«, verkündete Feroze. »Du kannst ab jetzt in diesem Zimmer schlafen.«
»Ich fühle mich bei den Dienstboten sehr wohl«, erwiderte ich demütig.
»Bist du ganz sicher?«, fragte der Meister.
»Nun, wenn Sie unbedingt wollen, dass ich hier schlafe«, sagte ich und prüfte kurz die Weichheit des Bettes, »dann möchte ich Sie nicht enttäuschen.«
Feroze verzog spöttisch das Gesicht.
»Von mir aus kannst du gerne draußen bei Gokul bleiben!«
Ich griff wortlos nach dem Schlüssel und folgte dem Meister die Treppe hinunter. Hatte sein tyrannisches Regiment nun ein Ende? Würde ich endlich ernsthaft lernen können?
Es blieb abzuwarten.

»Zeig mir deine Hände«, schnauzte mich Feroze an, als wir im Studierzimmer waren.
Ich streckte meine Hände aus, und er inspizierte sie sorgfältig, auch die Haut zwischen den Fingern. Seinem prüfenden Blick entgingen weder die eingerissenen Nägel noch die zerschnittenen Daumen oder die bläulich verfärbten Stellen an den Handflächen. Er seufzte, wobei er eine gewisse Befriedigung nicht ganz verbergen konnte, und begann zu sprechen:
»Es ist unerlässlich, dass du das, was ich dir sage, auch tust – und zwar hundertprozentig«, sagte er. »Nur dann kannst du in der Zauberkunst Fortschritte machen. Nun«, fuhr er fort, »du hast bewiesen, dass du gehorchen, dass du gehorsam sein kannst.«
Feroze erhob sich und blickte schweigend aus dem Fenster, um seine Gedanken zu ordnen. Sein Gehorsamkeitstraining, wie mein Drill jetzt genannt wurde und von dem ich geglaubt hatte, dass er mich abschrecken sollte, erinnerte mich mehr und mehr an die Ausbildungsmethoden für Elitetruppen; dort wird mit einem System abgestufter Härte gearbeitet. Die Ausbildung beginnt mit den härtesten Übungen, die stufenweise leichter werden. Dadurch scheitern Nachzügler gleich an der ersten Hürde – diejenigen, die zu schwach sind, werden aussortiert. Doch obwohl ich Schaden genommen hatte, vielleicht sogar irreparablen, brauchte ich mir keine Sorgen zu machen. Wie ein junger Baum, der in vollem Saft steht, war ich von allen schwachen Trieben befreit.
»Können Sie mir nun, da ich die Torturen hinter mir habe, vielleicht sagen, was sie mit Zauberkunst zu tun hatten?«, wollte ich wissen.
»Du meinst, die Weintraube in der Hand halten, mit dem Teelöffel ein Loch graben, Muschelschalen suchen … all das?«
»Ja, all das! Was hatte es mit Zauberei zu tun?«
Der Meister klappte die Hacken zusammen und hustete.
»All das«, erwiderte er amüsiert, »hatte nicht das Geringste mit Magie oder Zauberkunst zu tun!«
»Warum musste ich es dann überhaupt machen?«

Feroze verzog ärgerlich das Gesicht.
»Zweifelst du an meinem Urteilsvermögen?«
»Selbstverständlich nicht.«
»Du sagst, du möchtest etwas über die Kunst der Magie und Zauberei lernen«, fuhr er mich an und durchbohrte mich mit seinem Blick. »Ehe du etwas lernen kannst, ehe wir mit der Arbeit beginnen, musst du erst ein paar Dinge begreifen.«
»Natürlich.«
»Du musst bedenken, dass wir in Indien sind. Und in Indien ist Magie etwas ganz anderes als im Westen.« Feroze hielt inne und holte tief Luft. »Magie, Zauberei, Hexerei – wie immer man es nennen mag – ist in Indien kein amüsanter Zeitvertreib. Es ist eine äußerst ernste Angelegenheit, ein Instrument mit einzigartigen Möglichkeiten.
»Überall in diesem Land, jeden Tag«, fuhr der Meister fort, und es sollte ein längerer Vortrag werden, »setzen die Menschen aus verschiedenen Gründen Methoden der Magie ein. Sadhus, Heiler und Bettelmönche, Mystiker und Astrologen, so genannte heilige Männer, und Straßenunterhalter – sie alle machen sich die Zauberkunst zunutze. Manche verdienen sich mit Zaubertricks mehr oder weniger ehrlich ihren Lebensunterhalt. Doch mit Hilfe der Illusion verwirklichen gewöhnliche Menschen ihre Träume von ungeheurem Reichtum und enormer Macht.
Erinnere dich, wie es in Europa vor zwei- oder dreihundert Jahren war.« Feroze unterbrach sich, um seine Manschettenknöpfe abzunehmen. »Die Menschen waren abergläubisch. Sie glaubten an Hexerei, an Magie, an Wunder und alle möglichen übernatürlichen Kräfte. Schau dich im heutigen Indien um, und du wirst feststellen, dass die Leute genau dieselben Vorstellungen haben. Stell dich da draußen«, der Meister deutete auf die Straße, »vor die nächstbesten Passanten, zaubere eine goldene Uhr aus der Luft herbei, und sie werden glauben, es ist echte Magie.«
Feroze hatte Recht. Im Westen setzen wir Zauberkunst mit bloßen Taschenspielertricks gleich. Jeder weiß, dass ein Kartentrick nichts anderes ist als eben – ein Trick. In Indien jedoch lassen sich

mit solch simplen Kunststücken tausende von Anhängern gewinnen.
»Ich habe mich mein Leben lang mit der Zauberkunst beschäftigt«, sagte Feroze mit Nachdruck. »Ich habe die Wirkung der Illusion auf die menschliche Psyche studiert, die Kraft eines ›Wunders‹ in einem Dorf in Orissa und die Macht des einfachsten Tricks, der den Gläubigen in Varanasi vorgeführt wird.«
»Ich bin in Indiens entlegensten Regionen und seinen größten Städten gewesen, immer auf der Suche nach einer einzigen Sache.« Feroze hielt inne und fuhr sich mit der Hand über den Mund. »Ich suche nach Menschen, die von der Täuschung leben: Menschen, die den Massen Wunder vorgaukeln!«
Ich lehnte mich in meinem Sessel zurück und sah zu, wie der Magier das Studierzimmer durchquerte. Zuerst verschloss er die Tür. Dann ging er zu dem Bücherregal mit den Werken über Houdini. Es war auf Augenhöhe oder vielmehr auf Nasenhöhe angebracht. Feroze presste seine Nase an den Rücken des ganz links stehenden Buches, sog seinen Geruch ein, wandte sich dann dem nächsten zu und schnüffelte daran. So ging es weiter, bis er ganz rechts angelangt war. Dabei spannte er die Rückenmuskeln an und ballte die Hände zur Faust. Es schien, als schöpfte er Kraft daraus. Erst als er jedes Buch berochen hatte, fuhr er mit seinem Vortrag fort.
»Nun, da du bewiesen hast, dass du Anordnungen befolgen kannst«, sprach er weiter, »bin ich bereit, zur nächsten Stufe zu gehen. Ich werde dich zu gegebener Zeit einige meiner Techniken lehren. Was du mit diesem Wissen anfängst, ist deine Sache. Wenn du von mir gelernt hast, wirst du vielleicht zu dem Entschluss kommen, dass diese Instrumente viel zu machtvoll sind, um sie je einzusetzen. Diese Entscheidung kannst nur du allein treffen.«
In diesem Moment wurde ich von einem Krachen abgelenkt; auf der Straße waren zwei Autos zusammengestoßen. Ich spähte aus dem Fenster in der Hoffnung, durch die Hecke hinter dem Haus etwas von dem blutigen Schauspiel mitzubekommen. Da ich

nichts sehen konnte, drehte ich mich wieder um, weil ich Feroze nicht den Rücken zukehren wollte. Doch er war fort.
Die Tür des Studierzimmers war von innen verschlossen, der Schlüssel steckte noch. Auch die beiden anderen Türen, die es gab, waren verschlossen, ebenso die Fenster. Ich suchte nach einer Falltür, einem verborgenen Hebel – ohne Erfolg. Die einzig mögliche Spur entdeckte ich unter dem Bücherregal mit den Werken über Houdini. Tintenschwarz und dick wie Sirup, breitete sich dort eine Lache von zähflüssigem Motorenöl aus.

8

Endlich Zauberlehrling

Um ein großer Illusionist zu werden«, erklärte Feroze provozierend, als wir übereingekommen waren, um sechs Uhr morgens mit der Arbeit zu beginnen, »musst du dich intensiv mit den Experten beschäftigen.«
»Mit welchen Experten?«
»Zuallererst mit Robert-Houdin und Houdini, Cagliostro und Kellar, dann mit den magischen Praktiken der heiligen Männer, der Weisen und Sadhus – Indiens überragenden Magiern.«
Feroze, ganz in Reitkleidung mit Jodhpurhose, kniehohen Stiefeln und einem Jackett mit Hahnentrittmuster, wies mit einem Ochsenziemer, den er als Reitgerte verwendete, auf ein Bücherregal.
»Dort stehen die klassischen Texte«, sagte er. »Du musst sie alle lesen und verinnerlichen. Aber zuvor braucht es noch eine gründliche Vorbereitung. Damit steht und fällt alles!«
Der Meister hatte eine Biographie von Alessandro Cagliostro heruntergenommen, dem italienischen Illusionisten und Hochstap-

ler aus dem 18. Jahrhundert. Er hielt den in Leder gebundenen Band in den Händen und strich mit den Fingern zärtlich über den geprägten Rücken, als wäre er ein mit Edelsteinen besetztes Reliquiar.

»Ehe du dich mit Cagliostro vertraut machst«, bemerkte er scharf, »wirst du dich zuerst anderen Dingen widmen. Vor Cagliostros Abgefeimtheit kommt Houdinis Genialität.«

Ein Klopfen unterbrach den Monolog, und gleich darauf stand Gokul mit einem Teetablett in der Tür. Feroze wies mit seiner Reitgerte wie mit einem Säbel erst auf die Brust des Dieners und dann auf den Couchtisch, worauf Gokul mit schlurfenden Schritten, wie ein Kind in den Schuhen seiner Mutter, zu dem Tisch ging und seine Last darauf ablud.

»Du wirst im Zuge deiner Studien«, fuhr der Meister bedächtig fort, »schockierende Dinge erfahren. Du wirst vielleicht aufschreien, wenn ich dir die Wahrheit offenbare. Doch um überhaupt etwas zu begreifen, musst du dir über einen entscheidenden Punkt klar werden.«

»Ich werde mich bemühen«, sagte ich beflissen. »Was ist es?«

»Die größten Meister der Magie und Zauberkunst verbindet ein zentrales Element.« Feroze goss sich eine Tasse Tee ein und schnupperte an dem aufsteigenden Dampf, als wäre es Parfüm. »Jeder von ihnen hat erkannt, was das Entscheidende bei der Sache ist.«

»Und was ist es?«

Feroze ließ einen gerne auf Antworten warten. Er hielt sein Wissen streng unter Verschluss und rationierte es nach Gutdünken.

»Nichts in der Kunst der Magie«, fuhr er fort, »ist so wichtig wie die gegenseitige Befruchtung von Informationen.«

»Was meinen Sie damit?«

Feroze zeichnete mit seiner Reitgerte zischend ein »F« in die Luft.

»Harry Houdinis Maxime!«, donnerte er. »Universelles Wissen macht den Magier!«

»Dein Studium muss die verschiedensten Bereiche abdecken, theoretisch wie praktisch. Mathematik, Chemie, die schönen Künste und Psychologie.« Feroze unterbrach sich und trank mit einem Schluck seinen Tee aus. »Du musst dich in allem auskennen, von der Bienenhaltung bis zur Doxologie!«

»Doxologie?«, wiederholte ich mit matter Stimme.

Der Magier rieb sich ob meines Mangels an rudimentärstem Wissen besorgt das Kinn.

»Doxologie«, klärte er mich auf, »ist die Lehre von den Hymnen.«

Ohne mir Zeit zu lassen, über die Bedeutung dieses sträflich vernachlässigten Gebietes nachzudenken, fuhr Feroze mit seinem Vortrag fort:

»Auf diesen Grundlagen baut ein Magier auf«, erklärte er. »Es hat keinen Sinn, einen Trick zu erlernen, wenn dein Geist nicht hinreichend trainiert und entwickelt ist. Die Vorbereitung bildet den ersten Teil deines Studiums. Ist diese Vorarbeit getan, kannst du zur nächsten Stufe gehen, den eigentlichen Illusionen. Und dann ...«, sagte Feroze und streckte sich, »dann kommt ›Insider-Information‹.«

»Insider-Information? Was hat die mit Magie zu tun?«

»Bei der Magie«, erklärte der Meister, »geht es immer darum, Geheimnisse zu entschlüsseln und umzusetzen. Finde das Berufsgeheimnis eines Mannes heraus: Du knackst das Rätsel, und dann hat du eine Information, die du – irgendwann – selbst verwenden kannst.«

Das Studium bei Feroze schien sehr umfassend, doch ich war bestürzt, dass es überhaupt kein praktisches Training gab. Wäre es nicht besser, das Ganze abzukürzen und mit den eigentlichen Zaubertricks zu beginnen? Ich hatte so viele Fragen, doch wenn ich sie äußerte, kniff der Magier nur die Augen zusammen und antwortete mit einer Gegenfrage:

»Wie lange dauert das Studium?«

»Wie schnell lernst du?«

»Wie viel verlangen Sie für Ihren Unterricht?«

»Hast du deinen Vater dafür bezahlt, dass er dir das Schwimmen beigebracht hat?«
»Warum antworten Sie auf eine Frage immer mit einer Gegenfrage?«
»Tue ich das?«

Die Arbeit begann täglich um sechs Uhr morgens mit vier Stunden selbständigem Studium, meistens anhand wissenschaftlicher Kompendien. Ebenso wie die strapaziösen Übungen auf dem Hof erschien mir auch der akademische Unterricht zum großen Teil sinnlos. Welcher Illusionist musste schon das komplette Periodensystem kennen, die Linné'schen Bezeichnungen der Kakteen oder die Boltzmann-Konstante?
Auch Ferozes abnormen Charakter lernte ich im Lauf der Zeit immer besser kennen. In meinem ganzen Leben hatte ich noch keinen Menschen getroffen, der dermaßen auf Zeit und Details fixiert war.
Da er Essensaufnahme als absolute Zeitverschwendung betrachtete, gestattete er pro Mahlzeit genau zwölf Minuten. Sogar dann stocherte er in den Speisen, die Gokul auftrug, nur herum und nahm selten mehr als einen oder zwei Bissen zu sich. Das Mittagessen wurde um fünf Minuten nach zehn eingenommen. Es folgte eine Unterrichtseinheit von vier Stunden, in denen ich in die verschiedensten Wissenschaften und sonstige Bereiche eingeführt wurde. Diese reichten vom Münzensammeln bis zur Klosterarchitektur im Frankreich des 13. Jahrhunderts. Das Abendessen wurde um fünf Minuten nach zwei Uhr nachmittags eingenommen. Danach durfte ich mich der Lektüre und den Aufgaben auf meiner immer länger werdenden Liste widmen.
Die eigenartige Zeiteinteilung in Ferozes Leben und seine unsinnige Pedanterie ließen vermuten, dass er an einer extrem ausgeprägten Zwangsneurose litt. Nur ein echter Zwangsneurotiker würde jede seiner Handlungen im Tagesablauf exakt festlegen. Der Magier hatte stets eine Taschenuhr in greifbarer Nähe. Manchmal ertappte ich ihn dabei, wie er sich Zeiten notierte: wie

lange er gebraucht hatte, um seinen Tee zu trinken, von der Küche in sein Studierzimmer zu gehen, ein Buchkapitel zu lesen oder seine Post durchzusehen.
Der strikt geregelte Tagesablauf machte mich allmählich verrückt. Doch die Zwänge, denen ich unterlag, waren noch gar nichts im Vergleich zum persönlichen Reglement des Magiers. Gokul, der ihm seit vielen Jahren treu diente, kannte alle Exzentrizitäten seines Meisters. Eines Morgens zählte er mir eine Hand voll seiner Obsessionen auf, die er mit einem Lachen abtat.
»Es muss alles so sein: Badewasser immer sieben Grad kalt, Rasieren immer mit sieben Strichen, Hemden mit linker Hand zugeknöpft. Schnürsenkel jeden Tag neu eingefädelt, Zehennägel immer am Mittwochabend geschnitten, Anziehsachen im Schrank nach Westen ausgerichtet aufgehängt. Tee wird im Uhrzeigersinn, Kaffee andersherum umgerührt. Wenn er in einen Raum hineingeht oder hinaus, niemals ohne den Daumen zweimal an Türknauf zu pressen, und«, schloss der Diener mit einem Lächeln, »er kann nicht schlafen, wenn das Fenster nicht genau sieben Zentimeter weit offen steht.«
»Sag, Gokul, was passiert, wenn eine dieser strengen Regeln vergessen wird?«
Mit einem Elan, wie ich ihn bei ihm noch nie erlebt hatte, sprang der Diener auf, blickte mich mit schreckensstarrem Gesicht an und stieß stotternd hervor:
»Nein! Nein! Vergessen wird *niemals!*«

Anfangs nahm ich meine Studien auf die leichte Schulter. Der Lehrplan war zwar anspruchsvoll, aber verglichen mit den Torturen auf dem Hof geradezu erholsam, das kakerlakenfreie Zimmer mit seinem weichen Bett und den exquisiten Möbeln eine deutliche Verbesserung gegenüber dem Dienstbotenquartier. Doch meine Selbstzufriedenheit wandelte sich bald in Bestürzung, als die enorme Arbeitslast allmählich ihren Tribut forderte. Offenbar kam es Feroze gar nicht in den Sinn, dass das Lernvermögen eines Menschen auch Grenzen hatte.

Tagtäglich stapelte er dutzende Abhandlungen und schwere, in Kalbsleder gebundene Bände vor mir auf. »Noch ein, zwei Büchlein auf Vorrat«, bemerkte er mit einem süffisanten Lächeln und packte weitere fünf Wälzer auf den Berg an Büchern. Als dieser immer größer wurde, durchschaute ich die schreckliche Taktik des Magiers. Seine Strategie war skrupellos und gerissen: zuerst den Schüler in falscher Sicherheit wiegen und ihn dann mit Arbeit überhäufen. Es genügte ihm nicht, dass er meinen Körper gequält hatte; nun wollte er auch meinen Geist krank machen.

Die Tage vergingen, und ich erschloss mir neue Wissensgebiete. Ich lernte viel über alle möglichen Dinge. Das heißt über alle möglichen Dinge außer Magie. Als Feroze mich einmal dabei überraschte, wie ich eines von Houdinis Büchern las, geriet er fürchterlich in Rage.

»Fertig mit der restlichen Lektüre?«, knurrte er zornig und schnaubte wie ein Warzenschwein beim Angriff. »Nun, dann arbeite diese hier durch!« Und warf mir ein halbes Dutzend Werke über Umweltverschmutzung an den Kopf.

»Warum muss ich mich mit diesem Quatsch beschäftigen?«, protestierte ich.

»Lerne, deinen Geist zu schulen«, erwiderte Feroze gelassen. »Ohne Fundament stürzt selbst das mächtigste Gebäude ein.«

»Aber ich möchte doch etwas über Zauberkunst erfahren! Dafür bin ich hergekommen … um etwas über Magie zu hören!«

Der Meister blickte auf seine Taschenuhr und sah schweigend zu, wie der Sekundenzeiger sich in winzigen Schritten weiterbewegte. Es vergingen zwei Minuten. Ich wartete auf den Befehl, meine Sachen zu packen – die Strafe für meine Aufsässigkeit. Doch er kam nicht.

Anstatt mich aus seinem Haus zu verbannen, verdoppelte Feroze mein Arbeitspensum. Von Stunde zu Stunde zog er die Daumenschrauben fester an. Alles außer Bestleistung war inakzeptabel. Fand er meine Arbeit nicht hervorragend gelungen – für seine Begriffe also minderwertig –, bekam ich eine vernichtende Kritik zu hören. In den wenigen Fällen, da ihm ein Lob über die Lippen kam, war es so harsch formuliert, dass die meisten Menschen es als gemäßigten Tadel empfunden hätten. »Im Leben«, pflegte mein Lehrer zu sagen, während er prüfend seine Fingerknöchel betrachtete, »zählt nicht, ob einer gut ist oder schlecht – nur Höchstleistung.«

Erst nach drei Nächten im Himmelbett begriff ich wirklich, was Hakim Ferozes Genialität ausmachte.

Meine Bettstatt war weniger ein bequemes Lager für mein müdes Haupt und mein verkrümmtes Rückgrat als vielmehr ein Accessoire perfider Schikane. Auf Alcatraz inhaftierten Straftätern wurde ein einziger Luxus zugestanden: Sie durften jeden Morgen warm duschen. Doch die warme Dusche war keine Geste des Mitgefühls, sondern erfüllte einen ganz anderen Zweck. Hätten sich die Häftlinge an eiskaltes Wasser gewöhnt, hätten sie ohne Probleme die San Francisco Bay durchschwimmen können. In gleicher Weise war mein prächtig ausgestattetes neues Schlafzimmer dazu gedacht, mich zu schwächen. Nach der dritten Nacht beschloss ich, zukünftig auf dem Boden zu schlafen.

Die irritierenden Arrangements der Unterbringung waren nur eine der vielen Herausforderungen, denen ein Schüler im Haus des Meisters standhalten musste. Die endlose Paukerei, das strenge Prüfungssystem, die eigenwilligen Essenszeiten, die intensive Beschäftigung mit wissenschaftlichen Randgebieten und die Kolloquien im Morgengrauen ... all das war höchst gewöhnungsbedürftig. Doch keine der Eigenarten dieses Haushalts verunsicherte einen so sehr wie Hakim Ferozes unerklärliche »Kunststücke«, und ich meine damit nicht die Zauberei. Ich war zu ihm gekommen, um diese Kunst zu erlernen, und sie faszinierte mich noch immer. Ich meine vielmehr die anderen Fähigkeiten des Meisters, von denen einige auf etwas zu gründen schienen, das man nur als okkulte Kräfte bezeichnen kann.

Wie sonst könnte er plötzlich andere Schuhe anhaben als noch eine Sekunde zuvor oder, mitten in der Nacht, in ein Zimmer gelangen, das von innen verriegelt ist? Wie ist es zu erklären, dass er

in verschiedenen Teilen des Hauses auftaucht, ohne einen Schritt getan zu haben? Wie konnte er neueste Einzelheiten aus dem Leben von Menschen kennen, die schon seit Jahren keinen Kontakt mehr mit ihm hatten? Oder Informationen in sich aufnehmen – »lesen« –, indem er ein geschlossenes Buch in den Händen hielt?
Als ich zu Gokul in die Küche ging in der Hoffnung, von ihm Antworten auf diese Rätsel zu bekommen, wich er meinem Blick aus. Er starrte auf den Teigklumpen, den er gerade durchknetete, und sagte dann mit unheilverkündender und vollkommen untypischer Zungenfertigkeit:
»Stellen Sie nicht solche Fragen. Gefährliche Fragen führen zu gefährlichen Antworten.«
Mein Interesse an Zaubertricks basierte auf Skepsis. Doch je länger ich in Alipore lebte, umso mehr beunruhigte mich der Gedanke an echte Nekromantie, an schwarze Magie. Zum ersten Mal in meinem Leben zweifelte ich an der Berechtigung des Zynismus, der immer mein festes Fundament gewesen war. Als ich den Meister einmal direkt darauf ansprach, meinte er, die von mir hinter seinen »Kunststücken« vermuteten okkulten Kräfte seien nur ein Hirngespinst. »Wahre Magie«, behauptete er, »ist nichts anderes als eine gelungene Illusion.«
Doch in meinem Kopf rumorte der Gedanke weiter. Gab es so etwas wie richtige Hexerei? Wenn ja, konnte Feroze ein echter Hexenmeister sein, zu echter Magie in der Lage? Die heiligen Männer versicherten, ihre Zauberkunststücke seien »wahre Magie«. Behauptete Feroze einfach das Gegenteil: dass seine wahre Magie eine Illusion sei?
Von nun an beobachtete ich Feroze ebenso genau wie er mich. Wie zwei Goldfische in nebeneinander stehenden Gläsern behielten wir uns ständig im Auge – und jeder hoffte, den anderen zu durchschauen. Ich brannte darauf, Feroze einen Akt wahrer Magie vollführen zu sehen. Und er konnte es kaum erwarten, eine Unzulänglichkeit in meinen Arbeiten zu entdecken – für ihn ein Freibrief, mich zu bestrafen.

Der Tiefpunkt jedes Tages war das Prüfungsritual. Ohne Vorwarnung wurde mir befohlen, die »Examensposition« einzunehmen – vermutlich einem ausgeklügelten Freimaurerritual entlehnt und wirklich bizarr. Feroze behauptete, in dieser Position könne man sich besser konzentrieren. Ich glaube, er meinte damit, *er* könne sich dann besser konzentrieren. Mitten im Studierzimmer musste ich im Abstand von einem halben Meter zwei Stühle aufstellen. Nachdem ich mir mit einer Augenbinde aus indigoblauem Samt, die mir gereicht wurde, wie für eine Exekution fest die Augen verbunden hatte, kletterte ich auf die Stühle. Hatte ich meine Position eingenommen – der linke Fuß auf dem einen, der rechte auf dem anderen Stuhl –, begann Feroze mit der Inquisition.

Das Examen bestand aus fünf willkürlich gewählten Fragen. Der kleinste Fehler, und ich hatte weitere fünf Fragen zu gewärtigen. Feroze genoss es, dass ich es nie schaffte, alle fünf korrekt zu beantworten. Mich zu examinieren bot ihm stundenlang Unterhaltung.

Er überprüfte noch einmal, ob die Augenbinde fest saß, und dann begann die Prüfung:

»Was ist das Coulomb'sche Gesetz?«

»Es ist die Gesetzmäßigkeit …«, murmelte ich beklommen.

»Lauter! Lauter! Ich kann dich nicht hören, Bursche!«

»Es ist die Gesetzmäßigkeit, der zufolge die Kraft zwischen zwei Ladungen betragsmäßig proportional vom Produkt der Ladungen abhängt und umgekehrt proportional zum Quadrat des Abstands der Ladungen ist.«

Bei allen anderen Prüfern hätte man für diese Antwort Applaus bekommen. Doch Feroze interessierte nicht so sehr, was ich wusste. Er wollte meine Wissenslücken aufspüren.

»Nächste Frage: Was ist das Joosten-Verfahren?«

»Äh, also …«, stotterte ich. »Aber das habe ich vor hundert Jahren gelernt!«

»Nochmal: Was ist das Joosten-Verfahren?«

»Das Joosten-Verfahren ist …« Ich stützte meinen Kopf in die

Hände, wobei ich darauf achtete, meine Showreiter-Position auf den zwei Stühlen zu halten. »Es ist eine Methode zur Verfestigung instabiler Böden oder Schotters beim Tunnelbau mit Hilfe einer chemischen Reaktion zwischen einer Lösung von Kalziumchlorid und Natriumsilikat.«

»Dritte Frage, zum *Mahabharata* …«

Ein grässlicher Schmerz schoss durch meine rechte Seite, als ich den Namen des indischen Epos hörte, denn der Magier war von dieser 220 000 Zeilen umfassenden Erzählung geradezu besessen. Er behauptete, sie zum großen Teil auswendig zu können und meinte, sie sei für jeden Studierenden eine ausgezeichnete Vorbereitung. Allerdings ist es schon eine Leistung, die verschlungene Handlung des *Mahabharata* – zweifellos das größte je niedergeschriebene Versepos – überhaupt nachvollziehen zu können, vom Auswendigwissen ganz zu schweigen.

»Sag mir«, forderte er mit hämischer Stimme, »was geschah, nachdem Dhritirastra den Thron von Kuru an sich gerissen hatte?«

»Da Dhritirastra blind war, übernahm sein Bruder – Pandu – die Regierungsverantwortung, doch ein Fluch zwang ihn, seine Stellung wieder aufzugeben. Dhritirastra übernahm erneut die Herrschaft, und Pandu ging mit seinen beiden Frauen in den Himalaya, um dort als Einsiedler zu leben. Schließlich haben Pandus fünf Söhne …«

»Genug! Sag mir, wer das Epos verfasst hat.«

»Das weiß man nicht genau«, erwiderte ich, »aber der Legende nach soll Vyasa die ganze Geschichte Ganesha, dem Elefantengott, diktiert haben. Angeblich erklärte sich Ganesha nur unter der Voraussetzung zu dieser Arbeit bereit, dass Vyasa keine einzige Pause machte. Vyasa diktierte in einem rasanten Tempo, und Ganesha hatte Mühe mitzuhalten. Irgendwann hat er sich einen Stoßzahn abgebrochen, um ihn als Schreibgerät zu verwenden, nachdem sein Griffel stecken geblieben war.

»In Ordnung!«, bellte Feroze. »Es reicht. Sag mir, was ist das Os occipitale?«

Es war gar nicht so einfach, den plötzlichen Schwenk von der Hindu-Mythologie zur Osteologie mitzumachen.
»Das ist das Hinterhauptsbein, der untere, hintere Teil der Schädelkapsel zwischen Keil-, Schläfen- und Scheitelbein.«
»Letzte Frage, als kleines Extra. Sag mir ...« Der Meister rieb die Fingerspitzen aneinander, als würde er ein Bündel Geldscheine durchzählen. »Wie lautet die chemische Formel für Natriumglutamat?«
»Unmöglich!«, rief ich aus. »Kein Mensch kann sich diese Formel merken!«
Feroze lächelte ironisch.
»Du kennst die Regel«, sagte er. »Lass sie mich hören, laut und deutlich!«
Und ich rasselte herunter, als wäre es ein physikalisches Gesetz: »Jeglicher Fehler von Seiten des Schülers, mag er auch noch so unerheblich sein, erlaubt dem Lehrer, seine Prüfung um fünf zusätzliche Fragen zu erweitern.«
»Ganz recht!«, rief der Meister aus. »Und nun lass mich kurz ein paar neue Fragen überlegen.«

Dass Feroze mich beharrlich mit Stoffen traktierte, die mit Zauberkunst nicht das Geringste zu tun hatten, wurde zum Zankapfel zwischen uns. Die strapaziösen Übungen im Hof, selbst die komplizierten mathematischen Formeln hatten vielleicht noch irgendeinen Bezug zu diesem für mich zentralen Thema. Doch bestimmt, dachte ich, ehe mir die Augen zufielen, bestimmt bestand keine Notwendigkeit, sich ein profundes Wissen über so esoterische Themen wie das Sammeln von Stacheldraht oder infektiöse Dudelsäcke anzueignen.
Seit jener kalten Nacht auf dem Friedhof wollte der Schlaf nicht mehr zu mir kommen. Jeden Abend schien es länger zu dauern, bis ich endlich wegdämmerte. Meine Gedanken sprangen von einem meiner aktuellen Lernstoffe zum nächsten, während ich es mir auf dem Fußboden einigermaßen bequem zu machen versuchte. Zuerst die Theorie der Quantenmechanik, dann russische

Spionagecodes, gefolgt von indischer Küche. Danach suchten mich die allgegenwärtigen Helden des Mahabharata heim. Es ging wild zu auf der Bühne meines Unterbewusstseins, als würden unheimliche kosmische Suchscheinwerfer in wirrer Folge mal diesen, mal jenen Fleck beleuchten. Krishna verriet einen KGB-Code an einen Quantenphysiker und bereitete unterdessen ein *murgh mussallam* zu.
Während ich mich hin und her warf, um diese Phantasiebilder aus dem Kopf zu bekommen, hörte ich plötzlich ein Kratzen an der Tür. Ich setzte mich kerzengerade auf. Das Kratzen kam wieder. Durchdringend und unwillkommen wie Babygeschrei im Morgengrauen, wiederholte es sich ein drittes Mal. Die Tür hatte ich wie immer von innen verriegelt; es gab keine Möglichkeit für ihn hereinzukommen. Doch wie immer stand er schon im Zimmer. Feroze hatte gespürt, dass ich nicht einschlafen konnte, und war gekommen, mir das wirksamste aller Schlafmittel zu offerieren: eine Examination aus dem Stegreif.

Zwangsneurotiker leiden häufig an tief verwurzelten Ängsten. Und für einen echten Zwängler gibt es nichts Befriedigenderes, als sich mit einer Phobie herumzuschlagen. Ich führe seit Jahren akribisch Buch über Phobiker und Zwangsneurotiker, was an sich auch schon an Zwanghaftigkeit grenzt. Ein Blick in meine Notizen genügt, um einen eindeutigen Zusammenhang zwischen Zwangsstörungen und Phobien zu erkennen, und zwar nimmt die Phobie eine umso groteskere Form an, je stärker die Zwanghaftigkeit ausgeprägt ist. Eine äußerst zwanghaft veranlagte Freundin von mir leidet an Pognophobie, an Angst vor Bärten. Sie braucht nur einen Mann mit einem Schnauzer zu sehen, schon dreht sie durch.
Bei des Meisters augenfälliger Zwanghaftigkeit, dessen war ich mir sicher, musste in den dunkelsten Winkeln seiner Seele eine stattliche, voll ausgereifte Phobie darauf warten, genutzt zu werden. Seine Achillesferse musste nur noch identifiziert werden.

Nichts macht mehr Spaß, als in fremden Sachen herumzuschnüffeln. Als der Magier fortgegangen war, um sich mit seinem alten Freund Rublu zu treffen, legte ich die Abhandlung über Phonetik zur Seite, schlüpfte in sein Studierzimmer und schloss leise, aber nachdrücklich die Tür. Dann ließ ich die Jalousien herunter und machte mich ans Werk. Nur ein wenig herumstöbern, ein bisschen in seinen Papieren blättern ... Vielleicht stieß ich zufällig auf seine Achillesferse.

Der Raum war zwar nicht sehr groß, doch ein ganz der Magie und dem Außergewöhnlichen gewidmetes Refugium. Nach Ansicht des Meisters konnte man sich die Welt der Zauberei nur durch das erobern, dem seine wahre Leidenschaft galt – dem Studium universale. Der beste Beweis für diese seltsame Fixierung war sein Studierzimmer, dessen Wände mit lackierten Bücherregalen aus Eichenholz vollgestellt waren. In ihnen standen nach Themen geordnet nummerierte Bände, die auf einen Mann mit einer schier unvorstellbaren Bandbreite an Interessen schließen ließen. Unter den Titeln fanden sich Kuriositäten wie: *Auserlesene Köstlichkeiten aus Papua-Neuguinea; Vulkanologie für Fortgeschrittene; Kannibalismus: eine Frage der ethischen Normen; und Grundtechniken der kosmetischen Chirurgie.*

Den Platz zwischen den Regalen füllte ein Mosaik aus Medaillen, gerahmten Diplomen, Fotografien und Auszeichnungen. In der Mitte des Arrangements prangte hinter dickem Glas ein goldener, zwölfzackiger Stern, auf rosa Seide befestigt – ein Ehrenorden des Sudan, an der Brust zu tragen. Daneben hing, ebenfalls gerahmt, ein emaillierter Orden an einem dreifarbigen Seidenband, um den Hals zu tragen – der Ehrenorden des Niger, 3. Klasse. Darunter, zwischen einer militärischen Auszeichnung der Fidschi-Inseln und dem Ritterkreuz von Malawi, glänzte eine Medaille aus Silber und Gold, der Stern der Salomonen. Unterhalb dieser metallenen Ehrenzeichen hing in einem schlichten Rahmen ein Dankschreiben von Juan Perón aus Argentinien, daneben ein Diplom der renommierten Kochschule Le Cordon Bleu in Paris. Wiederum darunter, nach einem Paar prachtvoll ziselier-

ter *jambiyas,* arabischer Krummdolche, ein Atelierfoto eines älteren Schwarzen, der eine Trompete an die Lippen hielt. Das Foto trug die Widmung: »Meinem lieben Freund Feroze, alles Gute, Louis«.
Eine Vitrine mit Glasfront, halb verdeckt von dem Chesterfield-Sofa, gab weiteren Aufschluss über des Meisters bewegte Vergangenheit. Mehr als ein Dutzend silberner Trophäen dokumentierte seine hervorragenden Leistungen in so unterschiedlichen Sportarten wie Bogenschießen, Rudern und Degenfechten. Neben der Vitrine stand eine Langkastenuhr von Prescot aus Mahagoni, die Ferozes zwanghaftes Verhältnis zur Zeit dokumentierte.
Die Schubladen des Schreibtisches aus Nussbaumholz enthielten die Korrespondenz mit bekannten Schriftstellern, Politikern und Wissenschaftlern. Einige der Briefe las ich flüchtig durch. In ihnen wurde dem Meister vor allem für seinen klugen Rat gedankt.
Dass mich ein solch außergewöhnlicher Mann als Schüler angenommen hatte, war erstaunlich. Feroze genoss einen hervorragenden Ruf als Magier, doch seine Fähigkeiten gingen weit über das Reich der Illusion hinaus. Er war ein Universalgelehrter mit einer ungeheuren Bandbreite; seine Begabungen schienen grenzenlos. Meisterkoch der berühmten Schule Le Cordon Bleu, hervorragender Kartograph, Linguist und Wissenschaftler; eine Autorität auf den Gebieten der Chiffrierkunst und der theoretischen Physik; Vermittler auf der Bühne internationaler Beziehungen; ausgezeichneter Musiker; großer Kenner von Ballett, Oper und Kino; leidenschaftlicher Philatelist – dieser Mann besaß unendlich viele Fähigkeiten. Er bedeutete sehr vielen Menschen sehr viel. Für mich war er ein blutrünstiger Sklaventreiber. Doch darüber hinaus, mahnte ich mich im Stillen, war er mein Lehrer.

Respekt war eine Sache, Überleben eine andere. Ich musste darauf achten, meine Prioritäten in der richtigen Reihenfolge zu setzen.
Nachdem ich eine Stunde lang herumgestöbert hatte, gab ich auf. Nirgendwo der geringste Hinweis auf eine Phobie. Dann kam

mir eine Idee. Wenn Feroze eine Achillesferse hatte, dann kannte ein Mann sie ganz gewiss – Gokul.

Ich begab mich augenblicklich in die Küche. Der alte Diener schnippelte gerade Gemüse.

»Gokul, ich habe mir ein lustiges Spiel ausgedacht!«

Der Diener blickte auf und grinste.

»Was für Spiel?«

»Nun, du musst mir verraten, was dir am meisten Angst macht. Ich zum Beispiel hasse Kakerlaken; wenn ich eine sehe, bin ich fort wie der Blitz.«

»Oh, und ich hasse Schlange«, gestand Gokul strahlend seine eigene Phobie.

»Und was ist mit dem Meister?«, fragte ich mit einem Lachen. »Was verabscheut er am meisten?«

Gokul rammte das Messer in das Holzbrett, auf dem er arbeitete, und blickte mich abweisend an; sein Gesicht war zu einer ängstlichen Maske erstarrt.

»Etwas gibt es, das Meister nicht mag«, erwiderte er.

Ich beugte mich zu ihm und täuschte ein freundliches Lächeln vor.

»Sag mir, was es ist, dann können wir weiterspielen!«

Gokuls Mundwinkel krümmten sich abwärts.

»Kann nicht sagen.«

»Ach komm, es ist doch nur ein Spiel!«

Nachdem ich ihm zehn Minuten lang zugeredet hatte, rückte Gokul endlich mit der Sprache heraus, doch nur aus Gründen sportlicher Fairness, wie er betonte. Den Mund fast an meinem Ohr, flüsterte er:

»Gummibänder. Der Meister hasst Gummibänder sehr, sehr, sehr viel.«

Wer nicht jahrelang gewissenhaft Buch geführt hat über zwanghafte Verhaltensweisen und Phobien von Menschen, den mag Gokuls Information überraschen. Ich jedoch hatte von der Gummiband-Phobie schon gehört. Eine Freundin hatte mir einmal erzählt, wie sie als kleines Mädchen dem verstorbenen Industriellen Sir James Goldsmith vorgestellt wurde. Alles ging gut, doch dann ließ sie aus purem Übermut ein Gummiband quer durch den Raum schnalzen; es landete vor Sir James' Füßen. Der Milliardär, erzählt man sich, sei höchst irritiert gewesen.

Ich dankte Gokul, dass er bei dem Spiel so schön mitgemacht hatte, und trabte wieder ins Studierzimmer. Ich sah in den Bücherregalen nach, auf dem Schreibtisch, in den Schubladen, auf den Ablagetischchen und dem Fensterbrett. Es fand sich nicht ein einziges Gummiband. Hämisch grinsend kehrte ich in das Besuchszimmer und zu meinen Büchern zurück. Jetzt hatte ich nichts mehr zu befürchten. Ferozes Achillesferse war entdeckt.

Der Druck, dem ich mich durch des Meisters strenges Regiment ausgesetzt fühlte, wurde schier unerträglich. Plötzlich bildete sich auf meiner linken Schulter ein rätselhafter, starker Ausschlag, der sich innerhalb von drei Tagen bis zum Ellenbogen ausbreitete. Als ich ihn meinem Lehrer zeigte, erklärte er mir, es handle sich um ein *dhobi*-Exanthem – einen unangenehmen Hautausschlag, der häufiger auf der Innenseite der Oberschenkel zu finden sei, in seltenen Fällen jedoch auch an anderen Stellen. Feroze wies mich an, den betroffenen Bereich morgens und abends mit einer Kaliumpermanganat-Lösung zu waschen. Wenige Tage später war der Ausschlag verschwunden.

Als ich wieder gesund war, verkündete der Meister, es sei nun fast Zeit für die nächste Stufe – das eigentliche Studium der Zauberkunst. Diese Ankündigung schien mir längst überfällig.

»Und wann beginnen wir?«

»Wenn du die Abschlussprüfung bestanden hast!«

Diese letzte Prüfung sollte zwar in der üblichen »Examensposition« stattfinden, aber dennoch in einer neuen Form. Anstatt eine Reihe spezieller Fragen möglichst perfekt zu beantworten, würde ich über ein einziges Thema meiner Wahl referieren. Sollten meine Überlegungen unbefriedigend ausfallen, würde ich wieder von vorne beginnen müssen. Mit »unbefriedigend« meinte der Meister einen einzigen Patzer, eine einzige Ungenauigkeit. Die Prüfung war für den nächsten Morgen um fünf Minuten nach fünf angesetzt.

Allein bei dem Gedanken, noch einmal die Torturen der vergangenen drei Wochen durchzumachen, wäre es jedem eiskalt über den Rücken gelaufen. Ehe ich mich an diesem Abend schlafen legte, bereitete ich mich mit dem exotischsten Thema, das mir einfiel, auf die Prüfung vor. Feroze schätzte das Ungewöhnliche – also würde ich ihm das Allerausgefallenste präsentieren. Mein Kopf lag bleischwer auf dem Kissen in jener Nacht, meine Augen waren blutunterlaufen und ziegelrot gerändert. Am nächsten Morgen würde sich zeigen, was wirklich in mir steckte.

Der verschärfte Stress machte sich bemerkbar, noch ehe die Nacht vorbei war. Kurz nach zwei Uhr morgens fand mich Gokul zusammengekauert draußen unter dem Mangobaum. Inspiriert von einem rätselhaften Traum, hatte ich mich schlafwandelnd in den Hof begeben. Der Baum hatte mich gerufen. Ich solle in seine Krone hinaufklettern, hatte er gesagt, er würde mich vor dem tyrannischen Meister verstecken. Auch er sei einmal sein Schüler gewesen, habe jedoch die Abschlussprüfung nicht bestanden, und deshalb habe ihn der Magier in einen Mangobaum verwandelt. »Es gibt eine Möglichkeit, dem Zauber zu entgehen und ihn zu lösen«, hatte der Baum in meinem Traum gesagt. »Finde ein Gummiband!«

Gokul nahm meine Hand so behutsam in die seine, als wäre sie ein Schmetterling, und führte mich zurück zu meiner Schlafstatt.

Drei Stunden später stand ich mit verbundenen Augen breitbeinig auf zwei Stühlen in Ferozes Studierzimmer.

»War es vergnüglich, das Somnambulieren?«, fragte er und rollte die Silben im Mund wie Murmeln.

»Es ist der fürchterliche Druck«, stieß ich hervor. »Er schafft mich allmählich.«

»Können wir mit der kleinen Prüfung beginnen?«

»Ja.«

»Welches Thema hast du gewählt?«

»Ich habe mich für die seltsame Geschichte des Mannes in der eisernen Maske entschieden.«
Feroze zog die linke Augenbraue hoch.
»Ah, Dumas!«
»Nein, ich meine die andere.«
»Welche *andere?*«
»Von Harry Bensley, dem weniger bekannten ›Mann in der eisernen Maske‹.«
»Gut!«, knurrte Feroze und legte seine Taschenuhr vor sich auf den Schreibtisch. »Du hast vier Minuten Zeit, um über deinen Mann in der eisernen Maske zu sprechen, ab ... jetzt!«
»Im Jahr 1907«, begann ich und lockerte die Augenbinde ein wenig, »entspannten sich Lord Lonsdale und John Pierpont Morgan nach einem reichhaltigen Mittagessen in ihrem Klub. Die beiden Millionäre unterhielten sich zuerst über Angelegenheiten von nationaler Bedeutung und wandten sich dann trivialeren Dingen zu – nämlich ob ein Mann um die ganze Welt reisen könne, ohne sein Gesicht zu zeigen. Der amerikanische Industrielle J.P. Morgan war überzeugt, dass dies unmöglich sei. Sein Begleiter, der draufgängerische Peer Lord Lonsdale, widersprach entschieden, und jeder setzte kurzerhand hunderttausend Dollar darauf, dass er Recht hatte. Nun brauchten die beiden Millionäre noch jemanden, der verrückt genug war, sich auf die Sache einzulassen. Zu ihrem Glück saß auch ein junger Mann namens Harry Bensley im Rauchsalon.
Der 31-jährige Bensley, von Beruf Playboy, sprang sofort darauf an. Investitionen in Russland brachten ihm stattliche Einkünfte, so dass er dem Müßiggang frönen konnte. Doch er hatte das langweilige Klubleben satt, und deshalb bot er sich für die Wette an. Lonsdale und Morgan stellten strenge Regeln für das Unternehmen auf: Bensley würde die ganze Zeit über eine eiserne Maske tragen und sich mit nur einem Pfund in der Tasche auf seine Weltreise begeben, die er durch den Verkauf von Postkarten – er sollte sie in einem Kinderwagen transportieren – selbst finanzierte. Außer einmal Unterwäsche zum Wechseln war kein Gepäck

erlaubt. Bensley würde eine festgelegte Anzahl von Städten in England besuchen müssen und anschließend mindestens hundertfünfundzwanzig Städte in achtzehn oder mehr anderen Ländern. Eine weitere Bedingung war, dass er auf seiner Reise eine Frau finden musste, die sich bereit erklärte, ihn zu heiraten, ohne sein Gesicht gesehen zu haben. Um sicherzugehen, dass Bensley sich strikt an die Regeln hielt, engagierten die beiden Millionäre einen Aufpasser, der ihn begleitete.

Am 1. Januar 1908 brach Bensley mit einem eisernen Helm auf dem Kopf, einen neunzig Kilo schweren Kinderwagen mit eisernem Gestell vor sich her schiebend, am Trafalgar Square zu seiner großen Reise auf.

In den folgenden sechs Jahren schob er seinen Kinderwagen durch zwölf Länder, darunter die Vereinigten Staaten, Kanada und Australien. Mehr als zweihundert Frauen wollten ihn heiraten, doch er wies alle zurück. Im August 1914 kam Bensley in Genua an; es blieben nur noch sechs Länder zu bereisen. Durch den Ausbruch des Ersten Weltkriegs musste er sein Unternehmen jedoch vorzeitig abbrechen. Bei seiner Ankunft in England erhielt er von Morgan und Lonsdale 4000 Pfund als Trostpreis, die er für karitative Zwecke spendete. Kurz darauf meldete er sich zum Militär. Unglücklicherweise wurden seine russischen Kapitalanlagen 1917 im Zuge der Revolution verstaatlicht. 1956 starb Harry Bensley verarmt in einem möblierten Zimmer in Brighton.«

Als ich mit der Geschichte zu Ende war, wies Feroze mich an, von den Stühlen herunterzusteigen und die Augenbinde abzunehmen. Draußen im Hof schälte Gokul gerade Kartoffeln. Es war noch nicht sechs Uhr.

Der Meister erhob sich, ging zu dem Regal hinüber, in dem seine Werke über Magie standen, und griff ohne zu zögern nach einem Buch seiner Houdini-Sammlung. Es hatte einen zerfledderten violetten Schutzumschlag.

»Das ist für dich«, sagte er und überreichte mir das Buch mit beiden Händen.

Ich las laut den Titel.

»Houdini's Magic.«
Feroze nickte.
»Der Unübertreffliche Houdini«, sagte er mit düsterer Miene. »Mach dir seinen Blick für das Detail zu Eigen, entwickle sein Gefühl für den richtigen Zeitpunkt, perfektioniere seine Fertigkeiten, lerne seine Tricks beherrschen und ...«
Der Magier verstummte. Seine Nase zuckte, die Nasenflügel weiteten sich heftig.
»Und ... und was?«
Feroze strich gedankenvoll seinen Schnurrbart glatt.
»Das wirst du wissen, wenn du so weit bist«, erwiderte er.

9

Steine zum Frühstück

Das Morgenlicht floss honiggelb in Ferozes Studierzimmer. Es ließ die vergoldeten Rahmen aufleuchten und verlieh den gelackten Bücherregalen einen warmen Glanz. Draußen hatte ein streunender Hund seinen Weg in den Hof gefunden und markierte sein neues Revier mit melancholischem Gejaule. Hunde wagten sich selten in die Nähe des Hauses. Ein Mann, der hin und wieder kam, um die Messer zu schleifen, erzählte mir in gebrochenem Englisch, dass sie sich, wie alle Tiere, vor der Zauberkraft des Meisters fürchteten. Vor langer Zeit, sagte er, habe Feroze einen Dieb verhext und ihn in einen räudigen Köter verwandelt.

Rublu, der bucklige Freund des Meisters, war auf eine Tasse Tee und ein Zwölf-Minuten-Mittagessen vorbeigekommen. Nur ein wirklich guter Freund nahm es hin, dass das Mittagsmahl um fünf Minuten nach zehn hinuntergeschlungen werden musste.

Feroze saß im Schneidersitz auf dem Boden des Studierzimmers. Er hatte seine Schuhe ausgezogen und die obersten drei Knöpfe seines Leinenhemds geöffnet. Nun rollte er den linken Ärmel ein Stück hoch und forderte mich auf, ihm den Puls zu fühlen. Ich legte Zeige- und Mittelfinger an sein Handgelenk. Der Puls schien mir normal.

»Lass deine Finger dort«, wies mich der Magier an.

Ich rückte ein wenig näher. Feroze straffte die Schultern und begann, die Handflächen nach oben gekehrt, den Mund geschlossen, zu meditieren; seine Augen starrten geradeaus wie die eines Zombies. Bald darauf fing sein Körper an zu zittern. Er war innerhalb von Sekunden in Trance gefallen, einen Zustand, den indische Mystiker als *dhyaan* – wörtlich: Konzentration – kennen. Seine Augäpfel kippten nach hinten, aus dem rechten Mundwinkel floss ein dünner Faden schaumigen Speichels. Ich kauerte nur wenige Zentimeter vom Meister entfernt auf dem Boden und beobachtete ehrfürchtig, was vor sich ging, als etwas Erstaunliches geschah. Ferozes Puls wurde langsamer. Und noch langsamer. Und hörte ganz auf.

Zutiefst erschrocken darüber, dass mein Lehrer offenbar im Begriff war, das Zeitliche zu segnen, rief ich nach dem Buckligen. Sein Kopf schnellte von der Zeitung hoch.

»Sein Puls, er ist weg!«, schrie ich.

»Immer mit der Ruhe«, entgegnete Rublu und wandte sich wieder dem Kreuzworträtsel zu. »Ich würde mir keine allzu großen Sorgen machen.«

»Wie können Sie so gleichgültig sein! Ich glaube, er ist tot!«

»Ach wirklich?«, bemerkte Rublu hinter seiner Zeitung spöttisch. »Dann hol lieber einen Leichenwäscher.«

Eine resolute schottische Krankenschwester hatte mir einmal, während sie einem afghanischen *mujahed* das brandige Bein verband, einen Trick, sozusagen ein Berufsgeheimnis, verraten. Um nachzuprüfen, ob jemand tot ist, musst du zweimal so fest wie möglich an seinen Ohrläppchen ziehen. Wenn er noch lebt, wacht er auf. Bis zu diesem Augenblick hatte ich nie eine Gelegenheit ge-

habt, ihren Tipp praktisch zu testen. Doch viel verlockender, als den Trick der Krankenschwester auszuprobieren, war die Aussicht, Feroze richtig schön fest an den Ohren zu ziehen. Sollte er doch noch am Leben sein, wäre das wenigstens eine kleine Revanche für all die Qualen, die er mich hatte erleiden lassen.
Ich reckte mich, packte des Meisters Ohrläppchen und zog zweimal kräftig daran, als würde ich eine Kuh melken.
Die Reaktion folgte unmittelbar. Ferozes Augen drehten sich wieder in die normale Stellung, sein Körper hörte auf zu zittern, und sein Puls schlug sofort wieder, wie er sollte.
»Ich habe Sie ins Leben zurückgeholt!«, rief ich begeistert aus, seine Ohren noch immer fest im Griff. »Sogar Rublu hat gedacht, Sie würden es nicht mehr lange machen!«
»Nichts dergleichen habe ich gedacht«, schnaubte der Bucklige.
»Unsinn«, erklärte der Meister und rieb sich die schmerzenden Ohrläppchen. »Es war nicht mehr als eine schlichte Illusion. Und das nächste Mal lässt du meine Ohren in Ruhe!«
»Aber Ihr Puls war verschwunden, Sie lagen im Sterben! Ich habe Sie zurückgeholt! Ich bin doch unglaublich!«, stieß ich aufgeregt hervor und starrte verblüfft auf meine wunderkräftigen Hände.
»Nicht *du* bist unglaublich«, korrigierte Feroze, »sondern es. Was du gesehen hast, ist unglaublich. Zuerst bin ich gestorben, dann aus der Vorhölle zurückgekehrt. Wäre ich ein heiliger Mann, wärst du vielleicht auf die Knie gefallen und hättest mich verehrt. Aber leider bin ich ein Illusionist, und es war nur ein simpler Trick.
»Jeder kann von den Toten zurückkehren, dazu muss man kein Zombie sein«, erklärte der Magier. »Das ist der erste Zaubertrick, den du lernen wirst.«
Feroze griff mit der rechten Hand in sein Hemd und zog einen kleinen Gegenstand unter der Achselhöhle hervor.
»Dies«, sagte er und hielt eine Walnuss in die Höhe, »ist das Geheimnis für die Wiederkehr von den Toten.«
Ich hätte fragen können, welche Rolle eine bescheidene Walnuss dabei spielte, doch es war mir peinlich, dass ich mich hatte herein-

legen lassen mit etwas, das mir nun als bloßer Trick verkauft wurde. Ich war froh, dass meine praktische Ausbildung endlich begonnen hatte, und deshalb hörte ich aufmerksam zu.
»Es ist ein ganz simpler Trick«, erklärte Feroze, nachdem er sein Hemd zugeknöpft hatte. »Zuerst klemmst du die Walnuss in die Achselhöhle und tust so, als würdest du dich in einen *samadhi*-Zustand versetzen. Dann presst du langsam den Arm gegen die Nuss; durch das Zittern des Körpers wie in Trance fällt nicht auf, dass sich die Schultermuskeln zusammenziehen. Kurz darauf verlangsamt sich der Puls, weil die Nuss auf die Achselarterie drückt.«

Auf Anweisung des Meisters räumte ich alle meine bisherigen Aufzeichnungen fort. Die Torturen unter dem Mangobaum waren eine Vorbereitung für meinen Körper gewesen, die willkürlich gewählten Lernaufgaben für meinen Geist. Nun war die Vorarbeit getan, und der richtige Unterricht konnte beginnen.
Ich trat mit einiger Beklommenheit in diese neue Phase meiner Ausbildung ein. Doch die Aussicht, mich nach der langen Vorbereitung endlich konkret mit Magie beschäftigen zu können, erfüllte mich mit gespannter Erregung. Ich war derart begeistert, dass ich alle erlittenen Qualen ausblendete. Es gab sogar einen Moment der Verblendung, in dem ich mir vornahm, alles zu vergeben und zu vergessen, auf eine Entspannung zwischen den Beteiligten hinzuarbeiten. Nun herrschte ein anderes Regiment. Ich war schon dabei, die Magie der heiligen Männer zu erlernen.

Der Meister wechselte die Manschettenknöpfe, denn die silbernen waren angelaufen. Ihr vertrautes Dekor – Winkel und Zirkel – bestätigte meinen Verdacht: Feroze war Freimaurer. Zwar hatte ich im Haus keine solchen Symbole gesehen, doch ich war mir schon bei unserer ersten Begegnung im Café Albert Hall ziemlich sicher gewesen. Damals hatte Feroze, als wir uns die Hände schüttelten, seinen rechten Daumen zwischen die Knöchel meines Mittel- und Ringfingers gedrückt – das Geheimzeichen eines Meisters der Freimaurer.

»Rublu«, bemerkte er trocken, »entschuldige mich einen Augenblick.«
Er öffnete die Vitrine, griff in einen der Pokale und nahm einen viereckigen Schlüssel heraus. Dann führte er mich zu der Tür neben dem Abstellraum, schob den Schlüssel ins Schloss, ließ ihn entgegen dem Uhrzeigersinn einrasten und presste zweimal seinen Daumen auf den Türknauf.
»Komm mit«, flüsterte er und zog die Tür auf. »Hier wirst du von nun an studieren.«
Der Raum, den wir betraten, war ein wissenschaftliches Labor. Er hatte keine Fenster, einen Steinboden und pastellblau gestrichene Wände; es stank nach ätzenden Substanzen und vergammeltem Fleisch. Den meisten Platz nahm ein breiter Arbeitstisch ein, auf dem alle möglichen Apparate standen: Destillierkolben, Teströhrchen, Bechergläser, Bunsenbrenner, ein Van-de-Graaff-Generator und verschiedenste Chemikalien. Alles war von einer dicken Schicht olivenschwarzer Schmiere bedeckt. Spinnweben hingen wie silbrige Fallschirme von der Decke, und auf dem Boden lag überall hagelkorngroßer Rattenkot. Ich äußerte mein Erstaunen darüber, dass der Arbeitsraum offensichtlich schon sehr lange nicht mehr benutzt worden war.
»Nun«, erwiderte Feroze schroff, »ich habe dir doch gesagt, dass ich mich zur Ruhe gesetzt habe.«
Gokul wurde gerufen, und er machte sich, mit einer Bürste in der einen und einem Wischmop in der anderen Hand, sofort an den Frühjahrsputz. Der Magier führte mich zurück in sein Studierzimmer. Mit der Arbeit im Labor würden wir zu gegebener Zeit beginnen, erklärte er und setzte zu einem seiner vielen leidenschaftlichen, jedoch theoretischen Vorträge über die Kunst der Magie an. Ob ich wohl endlich Gelegenheit bekommen würde, mich praktisch in Zaubertricks zu üben?
»Zuerst einmal«, sagte Feroze, während nebenan ein Glaskolben auf dem Boden zersplitterte, »denk über das Wort ›Illusion‹ nach. Was bedeutet es wirklich?«
Ich grübelte.

»Es bedeutet ›die Wirkung von …‹«
»Es bedeutet Täuschung durch Erzeugung eines falschen oder irreführenden Eindrucks der Realität«, unterbrach mich Feroze.
Ich wiederholte seine Definition, doch der Magier war schon beim nächsten Gedanken.
»Wie ich dir bereits sagte«, fuhr er fort, »musst du alle großen Meister der Illusion studieren. Achte darauf, was sie wichtig finden; lerne, wie sie bei ihren Tricks vorgehen; beobachte, wie sie eine Menschenmenge manipulieren; hinterfrage alles, was die Zuschauer unkritisch hinnehmen. Und dann«, befahl der Meister, »heißt es üben, üben, üben!«
Gokul schlurfte in seinen Schlappen durchs Studierzimmer, um eine Kehrschaufel voller Rattenkot nach draußen zu befördern.
»Doch vor allem«, knurrte Feroze, ohne sich davon stören zu lassen, »musst du auf die Details achten. Von nun an ist das Detail – jedes Detail – von äußerster Wichtigkeit. Werde ein Kenner des Details, und du wirst ein hervorragender Illusionist.«
»Ist das Detail wichtiger als die eigentlichen Zaubertricks?«
»Natürlich sind die Tricks entscheidend«, antwortete der Meister, »aber eines Tages kannst du dir auch eigene Zauberkunststücke ausdenken. Ich werde nicht immer an deiner Seite sein. Ehe du mich verlässt, müssen deine Augen an die richtigen Stellen schauen, deine Ohren auf die richtigen Frequenzen eingestellt sein.«
Die Standuhr schlug Mittag.
Als wäre soeben ein Fanfarensignal erklungen, streckte sich Rublu auf dem Chesterfield-Sofa aus und schlief sofort ein. Er muss ein hartes Leben gehabt haben. Seine Kleidung war ramponiert und stank nach kaltem Rauch, seine Schuhe waren abgetreten, sein Rücken für alle Zeit krumm – wahrscheinlich von jahrelanger Schreibtischarbeit in einem stickigen Büro.
Feroze bemerkte, dass ich zu seinem Freund hinübersah.
»Schließ die Augen«, befahl er. »Und nun sag mir: Wie ist Rublu angezogen? Nenne mir alle Details, an die du dich erinnerst.«
Ich rief mir die schlampig wirkende Gestalt ins Gedächtnis.

»Er trägt braune Schnürschuhe«, berichtete ich, »ein weißes Hemd und eine Strickjacke in einer Art staubigem Grün; seine Hose hat einen uneinheitlichen Blauton, glaube ich.«
Den Magier beeindruckte meine Beschreibung nicht sonderlich.
»Und was ist mit den Details?«, kritisierte er.
Feroze schloss die Augen und begann zu sprechen.
»Rublu trägt eines meiner alten Baumwollhemden, und ich glaube, der Schneider bezeichnete den Farbton des Stoffs als weizenfarben. Es hat einen Kentkragen, eine Schulterpasse, einfache Manschetten, zwei seitlich verbreiterte Brusttaschen, eine Rückenfalte und Perlmuttknöpfe. Über dem Hemd trägt er eine farngrüne Strickjacke im Perlmuster mit V-Ausschnitt und einer aufgesetzten Tasche auf der linken Seite, die mit sechs ulmengrünen Ösenknöpfen geschlossen wird; die Ärmel haben schmale Rippenbündchen. Die Hose besteht aus einem leichten Polyester-Rayon-Gewebe.« Feroze verstummte für ein paar Sekunden, und unter den geschlossenen Augenlidern zuckte es verräterisch. »Ach ja, sie hat Aufschläge«, fuhr er fort, »und einen geknöpften Hosenschlitz, eine einfache Falte und, was die Farbe angeht … es ist ein helles Preußischblau.«
»Sehr gut«, bemerkte ich missmutig. Doch Feroze war noch nicht zu Ende.
»Seine Schuhe«, fuhr er fort, »sind von ziemlich schlechter Qualität, Budapesterschuhe aus Büffelleder, in der Region Kalkutta hergestellt, wenn ich mich nicht irre, im chinesischen Bezirk von Tangra. Das Leder ist recht ungleichmäßig in einem Graugrün wie von Schwertlilienblättern eingefärbt. Die Schuhe sind sehr abgetreten, die Löcher für die Schnürsenkel stark ausgefranst, das Oberleder wirft Falten – eine Folge davon, dass der arme Rublu so krumm geht. Ich glaube, das wär's dann …« Der Magier öffnete die Augen und lächelte. »Ach nein«, sagte er dann, »ich habe seine Uhr ganz vergessen: Es ist ein Titan-Chronometer mit Edelstahlgehäuse und Vinylband. Sie geht täglich zwischen drei und sechs Minuten nach.«

Feroze setzte Maßstäbe, denen man nur schwer – wenn überhaupt – gerecht werden konnte. Für ihn war die Detailbeobachtung das wichtigste Element der ganzen Ausbildung. »Lerne das kleinste, belangloseste Detail wahrnehmen«, sagte er immer wieder, »und der Rest kommt von allein.« Diese Vorgehensweise hatte, wie ich bald erfuhr, der berühmteste Illusionist des Jahrhunderts, Harry Houdini, stets gepredigt.
Als ich mich eingehender mit Houdinis Methoden beschäftigte, wurde mir allmählich die charakterliche Ähnlichkeit zwischen ihm und Feroze deutlich.
Beide Männer wussten um die unbegrenzte Macht der Zauberkunst und Illusion – insbesondere in den nichtindustrialisierten Ländern. Beide waren über die Maßen arrogant. Beide verlangten von ihren Schülern nichts Geringeres als Wunder. Beide waren Meister darin, Menschenmassen zu manipulieren und sich in Szene zu setzen. Und beide waren ausgesprochen pedantisch. Doch die bedeutsamste Gemeinsamkeit war: Beide litten an Zwangsstörungen.

Nun, da sozusagen mein Hauptstudium begonnen hatte, ging Feroze in rascher Folge eine Illusion nach der anderen mit mir durch. Zuerst führte er den Trick vor, dann musste ich erläutern, wie er funktionierte, und ihn anschließend selbst wiederholen. Gerade die elementaren Illusionen basieren überwiegend auf Fingerfertigkeit. Solche Tricks sind zwar leicht zu entschlüsseln, doch man muss stundenlang üben, bis man sie beherrscht.
Eine bestimmte Illusion wird in Indien von den Sadhus und Pandits häufiger als jede andere vorgeführt, nämlich die Materialisation silbergrauer heiliger Asche, *vibhuti* genannt. Sie zaubern den kalkartigen Staub aus dem Nichts herbei und streuen ihn auf die Handflächen der Gläubigen, die dann die Asche normalerweise mit der Zunge auflecken. Wer *vibhuti* produzieren kann, dem werden übernatürliche Kräfte zugeschrieben.
Ich wandte ein, dass diese Illusion für mich kaum von Nutzen sei, denn ich hätte nicht die Absicht, ein heiliger Mann zu werden,

doch Feroze behauptete, es käme meiner Fingerfertigkeit sehr zugute, wenn ich sie beherrschen lernte. Geschickte Magier, sagte er, könnten eines oder zwei von diesen Kügelchen in der Hautfalte zwischen Daumen und Zeigefinger verborgen halten und dabei essen, Tee trinken und schreiben. Bei Bedarf hätten sie das Kügelchen mit einer einzigen Drehbewegung der Hand zur Verfügung und könnten es mit den Fingerspitzen zerdrücken.

Feroze zeigte mir, wie die winzigen Kügelchen hergestellt werden. Man gibt eine bestimmte Menge an Duftstoff und Asche in einen Topf, vermischt sie mit einigen Tropfen *kanji* – dem stärkehaltigen Wasser, in dem Reis gewaschen wurde – und fügt unter Rühren so lange Asche hinzu, bis eine Art Teig entsteht. Daraus werden erbsengroße Kügelchen geformt und gebrauchsfertig getrocknet.

Wie ich bereits befürchtet hatte, erwies sich auch das praktische Übungsprogramm als gnadenlos hart. Feroze präsentierte jeden Tag zehn neue Illusionen und erwartete von mir, dass ich alle bis zum nächsten Morgen beherrschte und ihm vorführen konnte. Anschließend fragte er mich über Leben und Werk irgendeines berühmten Illusionisten aus, und danach musste ich einen Gegenstand seiner Wahl bis ins allerletzte Detail beschreiben.

Obwohl Feroze seinen Unterricht nach Art eines Arbeitslagers gestaltete, fand ich das Studium der Illusionen überaus befriedigend. Noch immer waren die strengen Regeln und Vorschriften, die für jeden Aspekt des Lebens in seinem Haus galten, schier unerträglich. Mein einziger Trost war, dass ich mich zum ersten Mal auf die Zauberkunst selbst statt auf das bloße Überleben konzentrieren konnte. Endlich konnte ich lernen, was ich hier hatte lernen wollen.

Wenn ich in der Stille von Ferozes Labor meine Tricks übte, fühlte ich mich zwanzig Jahre zurückversetzt. Fast konnte ich Hafiz Jans Atem in meinem Nacken spüren, wenn er sich in meinem Dachkämmerchen neben mir über den Schreibtisch gebeugt hatte. Dass ich bei dem Mann lernen durfte, der den Paschtunen unterwiesen hatte, erfüllte mich mit unbändiger Freude. Ich war überzeugt, Hafiz Jan wäre stolz darauf, dass sein Lehrer mich als Schüler angenommen hatte.

Eines Morgens erschien Feroze mit einem ausgeblichenen Schuhkarton unter dem Arm im Labor, in dessen Deckel mit einem Kugelschreiber mehrere Löcher gebohrt waren. Er stellte den Karton am Ende des Arbeitstisches ab und ließ sich von mir die Tricks vorführen, die wir am Vortag behandelt hatten.

Als Erstes demonstrierte ich den Trick mit den »rauchenden Fingern«. Dafür wird im Verhältnis eins zu sechs eine Mischung aus gelbem Phosphor und Schwefelkohlenstoff hergestellt, von der zwei Tropfen auf Daumen und Zeigefinger aufgetragen werden. Reibt man die Fingerspitzen dann aneinander, steigt eine Rauchfahne auf.

Anschließend musste ich mit zwei in der Hand verborgenen *vibhuti*-Kügelchen eine Tasse Tee trinken und ein Diktat aufnehmen. Ich bestand den Test einigermaßen erfolgreich. Als Nächstes befahl er mir, ein Bröckchen Kampfer, etwas kleiner als ein Stück Würfelzucker, in Brand zu setzen und es auf meine Zunge zu legen – ein trotz aller Übung immer etwas riskantes Unterfangen. Sobald Flammen emporzüngeln, wirft man das Kampferbröckchen schnell auf die Zunge und macht den Mund zu; zwei oder drei Sekunden wird es im Mund glutheiß. Viele Inder glauben, dass Kampfer nur brennt, wenn er vor einer Götterstatue dargebracht wird. Der Trick macht auf Zuschauer zwar großen Eindruck, ist aber nicht besonders gefährlich. Selbst wenn das Kampferstückchen brennt, bleibt die Unterseite, die auf der Zunge ruht, relativ kühl, und das aus der Lunge abgeatmete Kohlendioxyd erstickt die Flamme, ehe das Feuer die mit Speichel bedeckte Zunge verbrennen kann.

Ich fuhr mit meinen Demonstrationen fort. Feroze gab Punkte für die technische und stilistische Durchführung und war, wie man sich denken kann, recht geizig mit höheren Noten. Ich bekam nie mehr als drei von zehn möglichen Punkten.

Als ich fragte, was in dem Schuhkarton sei, forderte der Magier mich auf, das Klavier im Besuchszimmer zu beschreiben. Er schätzte es nicht, wenn jemand sein Programm durcheinander brachte. Endlich konnte ich mich entspannen; das Klavier war meine Trumpfkarte.

»Es ist ein Steinway-Klavier«, begann ich selbstsicher, »hergestellt in Hamburg, mit einer Standardklaviatur von achtundachtzig Tasten. Sie sind aus Elfenbein und vom Alter vergilbt, die am häufigsten gespielten sind am Ende etwas abgegriffen. Die mittlere C-Taste hat einen Sprung, den jemand irgendwann mit Fensterkitt repariert hat. Das Gehäuse ist mit nachgedunkeltem Nussholz furniert, der Resonanzboden aus Mahagoni. Auf dem Deckel ist ein runder, abgewetzter Fleck, dort könnte einmal eine Jardiniere gestanden haben. Die Messingpedale sind schön poliert, doch die Holzverkleidung um sie herum hat Flecken von Politurspritzern. An einem Bein ist die Laufrolle abgebrochen und stattdessen ein Buch untergelegt. Ich glaube, es ist *The Land of the Peaks and Pampas* von Jesse Page, die Ausgabe von 1913, in geranienrotes Leinen gebunden.«

Als ich geendet hatte, griff Feroze nach seiner Taschenuhr und zog sie auf.

»Ist das alles, was dir dazu einfällt?«

Ich nickte demütig.

»Was ist mit seinem Klang, seinem Geruch ... oder wie es sich anfühlt? Was ist mit seinem Innenleben? Wie kannst du die wichtigsten Details einfach übergehen?«

Der Lehrberuf, erinnerte ich mich, zieht zwei Typen von Sadisten an. Die einen sind zwar gnadenlos, hoffen aber insgeheim, dass ihre Schüler Fortschritte machen. Den anderen, die sich brutaler, schikanöser Methoden um ihrer selbst willen bedienen, sind ihre bedauernswerten Schüler vollkommen gleichgültig. Feroze gehörte offenkundig zur zweiten Sorte.

»Lassen wir das Klavier«, sagte er leise schmunzelnd, was nichts Gutes verhieß. »Es ist Zeit für etwas ganz Besonderes.«

Er ging ans andere Ende des Arbeitstisches, nahm den Deckel von dem Schuhkarton und hob mit einiger Vorsicht eine zusammengerollte Viper heraus. Den Kopf der Schlange in der linken,

die Schwanzspitze fest in der rechten Hand, zog Feroze das Reptil in die Länge.
»Heute«, erklärte er, »lehre ich dich einen der ältesten und wichtigsten aller Zaubertricks. Wir werden einen Stab in eine Schlange verwandeln. Diese geheimnisumwobene Illusion zieht Könige wie Bauern seit mehr als dreitausend Jahren in ihren Bann. Sie spielt in der Zauberkunst eine ebenso bedeutsame Rolle wie der Seiltrick, das Nagelbrett oder selbst die Levitation. Lerne diesen Trick beherrschen, und du kannst ein Kunststück vorführen, das der Schlüssel für die Entwicklung der gesamten Zauberkunst war.«
»Wann wurde der Trick zum ersten Mal gemacht?«
Der Magier betrachtete prüfend den Kopf der Schlange.
»In der Bibel steht, dass Aaron dieses ›Wunder‹ vollbracht hat. Du kannst es im zweiten Buch Mose, Kapitel sieben, Vers zehn, nachlesen. Aber«, fuhr Feroze fort, »diese Illusion geht sogar auf noch frühere Zeit zurück. Schon altägyptische Texte berichten von der wundersamen Verwandlung eines Stabes in eine Schlange. Derwische und *avatars* in ganz Asien führen sie vor, um zu demonstrieren, was – für die Zuschauer – wahre Zauberei ist.«
»Wenn das die Schlange ist, wo ist dann der Stab?«
»Das ist der Punkt«, erwiderte Feroze. »Es gibt keinen Stab. Das ist Illusion in ihrer reinsten Form. Wir machen uns den Instinkt des Reptils zunutze, um eine Illusion zu schaffen.«
»Was hat der Instinkt der Schlange damit zu tun?«
»Vorab sollte ich dir sagen, dass die Viper drei Stunden lang der Kälte ausgesetzt war und deshalb etwas träger ist als gewöhnlich. Und nun sieh her, wie ich mit dem Daumen fest auf die Mitte des Kopfes drücke. Mit dem Zeigefinger übe ich auf der Unterseite einen Gegendruck aus.«
Der Meister hielt mir den Kopf der Viper vor die Nase, damit ich alles genau sah.
»Der Magier«, erläuterte er weiter, »hält diesen Druck mehrere Minuten und bewirkt damit eine Betäubung der Schlange – sie glaubt, dass ein riesiges Raubtier sie gepackt hat. Da sie sich nicht

wehren kann, verfällt sie in einen Schockzustand. Selbst wenn man ihren Schwanz auf den Boden hinunterlässt, ist sie unfähig, sich zu bewegen.«
Feroze führte es vor, und er hatte Recht. Die Schlange war vollständig paralysiert.
»Und jetzt schau, was geschieht, wenn ich sie auf den Boden lege.«
Behutsam, um dem zartgliedrigen Reptil keinen Schaden zuzufügen, ließ Feroze die Schlange zu Boden gleiten. Es vergingen zwei oder drei Minuten, und dann begann die Viper hin und her zu schlängeln.
»*Wir* wissen, dass die Schlange aus ihrem Schockzustand herauskommt, weil sie spürt, dass sie frei ist. Aber«, sagte Feroze und nahm die Viper wieder hoch, »mit der richtigen Beleuchtung und so weiter sind alle Zuschauer überzeugt, ein Wunder gesehen zu haben.«

Am Nachmittag holte Feroze, nachdem er mein Wissen über Harry Kellar, einen amerikanischen Zauberkünstler und engen Freund von Houdini, geprüft hatte, aus einer der hohen Teakholzvitrinen, die die Rückwand des Labors einnahmen, ein großes Glasbehältnis. Es hatte ungefähr die Größe einer Bonbonniere, wie man sie früher verwendete, und enthielt lauter Steine.
Feroze schraubte den Deckel ab und fischte sieben Steine in der Größe von Wachteleiern heraus. Er wischte sie mit einem Lappen sauber, trank dann einen Becher Wasser und schluckte sie schließlich, einen nach dem anderen. Sie rutschten hinunter wie Vanilleeis.
»Jetzt bist du an der Reihe«, verkündete er, als der siebte Stein in seinem Hals verschwunden war.
»Ich schlucke keine Steine!«, protestierte ich. »Die gehen nicht durch mein Verdauungssystem! Außerdem habe ich gerade zu Abend gegessen. Ich bin nicht hungrig.«
»Sie sind auch nicht als Dessert gedacht«, gab der Meister spöttisch zurück. »Abgesehen davon gehen sie auch nicht *durch* dein System.«

Er drehte sich um, so dass er mit dem Gesicht zur Tür stand. Zwei Minuten später knallte er die sieben Steine auf den Arbeitstisch; seine Augen waren blutunterlaufen und blinzelten stark.
»Da hast du sie!«, rief er. »Sie sind nicht einmal in die Nähe meines Verdauungssystems gekommen!«
Einige von des Meisters Illusionen waren ausgesprochen unangenehm, doch bislang war keine von ihnen ernsthaft lebensbedrohlich gewesen.
»Ich schlucke keine Steine!«, wiederholte ich. »Tut mir Leid, aber irgendwo muss Schluss sein. Schimpfen Sie mich ruhig einen Schlappschwanz, aber irgendwo muss einfach Schluss sein!«
Feroze sagte nichts darauf, hielt seine kostbaren Steine kurz unter fließendes Wasser und gab sie wieder in das Glasbehältnis. Dann rieb er sich nachdenklich das Kinn und sah mich forschend an.
»Die Steine sind dir zu groß, was?«
»Viel zu groß«, stammelte ich.
»Dann beginnen wir mit etwas, das ein wenig kleiner ist.«
Feroze zog einen Teelöffel aus der linken Tasche und schlug an den Emailbecher, der stets an seinem Gürtel hing. Eine Sekunde später stand Gokul wie aus dem Boden gewachsen da. Wo immer sich der alte Diener gerade befand, der Ruf von des Meisters Gong erreichte ihn überall.
»Gokul«, dröhnte er, »bring uns ein paar neue Kartoffeln.«
»Ja, Sahib. Wie viele soll ich bringen?«
»Ach, ein Dutzend wird reichen«, erwiderte der Meister.
Zwanzig Minuten später hatte ich meine erste rohe Kartoffel hinuntergewürgt. Zugegeben, es war kein dickes, fettes Exemplar, sondern eine Babykartoffel aus dem hauseigenen Küchengarten, aber dennoch erfüllte mich meine Leistung mit großer Befriedigung. Während ich tief Luft holte und hoffte, dass meine aus den Höhlen getretenen Augen sich möglichst bald wieder in ihre normale Lage begaben, warf mir Feroze schon die nächste Kartoffel zu.
»Los«, sagte er energisch, »wir haben noch reichlich da!«

»Ich möchte nicht egoistisch sein. Nehmen Sie sich doch bitte auch ein paar, ich komme mir sonst so gefräßig vor.«
Doch der Magier wollte nichts davon wissen. Eine nach der anderen polterten die Miniaturkartoffeln meine Speiseröhre hinunter wie Kugeln auf der Bowlingbahn.
»Wie viele waren es bis jetzt?«, half er meinem Gedächtnis auf die Sprünge, sichtlich angetan von dem Experiment.
»Fünf«, stieß ich würgend hervor. »Ich will ja kein Spielverderber sein, aber ich glaube, es passt wirklich nichts mehr in meinen Bauch. Sie können ihn doch schon grummeln hören.«
Der Magier goss mir einen Becher Wasser ein; ich stürzte ihn hinunter. Das Wasser floss wohltuend kühl durch meine Kehle, erreichte plätschernd die Kartoffeln. Doch mein Magen war in Aufruhr und informierte mein Nervensystem, dass ich einen Satz Billardkugeln verschluckt hätte. Mein Gehirn signalisierte der Speiseröhre, keine der unwillkommenen Feldfrüchte mehr passieren zu lassen.
Feroze betrachtete prüfend seinen rechten Daumen, zupfte an einem Stückchen Nagelhaut und goss dann aus einem anderen Krug noch einen Becher voll.
»Ich glaube, ich bekomme keinen Tropfen mehr hinunter«, stotterte ich. »Mein Magen macht dicht – da haben Sie's.«
»Du *musst* das trinken.«
Da ich mich einer Auseinandersetzung im Moment nicht gewachsen fühlte, kam ich seiner Forderung nach, und begriff erst beim zweiten Schluck – ich hatte den Mund noch voll –, dass ich gar kein Wasser trank. Die Flüssigkeit vermittelte nicht seine kühle, wohltuende Frische, vielmehr begannen Mund, Speiseröhre und jedes Eckchen meines Magens ob des Gebräus, das ich zu mir genommen hatte, empört zu revoltieren.
Im nächsten Augenblick krampfte sich mein Bauch zu einem Brechanfall nie dagewesenen Ausmaßes zusammen. Ein Schwall von halbverdautem *daal* und Reis, Mangopüree und *mattar-paneer,* Kokosnuss und Joghurt brach – mit folgenschwerer Geschwindigkeit – aus den tiefsten Tiefen meines Thorax hervor.

Wie der Pfropfen vor der Schrapnellladung einer Kanone kündigte der Speisebrei das nachfolgende Sperrfeuer vegetabiler Geschosse an.
Als dem eigentlich Schuldigen – schließlich hatte Feroze mir das potente Brechmittel aufgezwungen – geschah es ihm nun gerade recht, dass er von oben bis unten bekleckert wurde. Die Hoffnung auf eine Entente cordiale allerdings konnte ich wohl endgültig abschreiben. Übrigens wird Ipecacuanha, das man aus den Wurzeln der gleichnamigen, in Brasilien beheimateten Pflanze gewinnt, in Sirup- oder anderer Form vorzugsweise in Notfallambulanzen zur Behandlung von Patienten mit Überdosis eingesetzt.
Der Anblick des allmächtigen Magiers, dem curryfarbener Mageninhalt von Gesicht und Hemd tropfte, entschädigte mich für vieles, doch gleichzeitig machte ich mir Vorwürfe. Wie hatte ich so kurzsichtig sein und mich nach allem, was ich durchgemacht hatte, erneut vertrauensvoll in seine teuflischen Hände geben können?

Feroze wusste sehr gut, dass mein Magen einfach reflexhaft reagiert hatte, doch er war nicht der Mensch, der ein solch unfreiwilliges Missgeschick stillschweigend überging.
Die Strafe folgte auf dem Fuße. Sie war an mein Unterbewusstsein gerichtet und dazu gedacht, meinen Magen zu disziplinieren. Er sollte den Ipecacuanha-Sirup in Zukunft, wenn ich übte, wie man Verschlucktes wieder von sich gibt, widerspruchslos aufnehmen.

Im Laufe der folgenden sechs Tage führte der Meister barbarische Maßnahmen ein. Als Erstes strich er das zwölfminütige Mittagessen mit der Begründung, es wirke sich störend auf den Unterricht aus. Dann erhöhte er die Zahl der Hochwürgübungen auf drei Sitzungen täglich. Außerdem wurden zusätzliche Illusionen in den Stundenplan eingeschoben. Doch jetzt waren sie von der besonders unangenehmen Sorte. Hinzu kamen noch, manchmal mitten in der Nacht, Vorträge über Zauberkunst und die großen Meister. Unmittelbar danach musste ich in einem Aufsatz meine eigenen Gedanken zu dem jeweiligen Thema darlegen. Wie bei einem Räumungsverkauf, der aus dem Ruder gelaufen ist, die Preise, so wurden auch die Noten, die ich dafür bekam, immer niedriger.

Nach drei Tagen fing mein Magen an, höllisch wehzutun. Mit fester Nahrung konnte er, wie der eines Neugeborenen, nichts mehr anfangen. Es war, als würde er mir verzweifelt Rauchzeichen senden, um mich wissen zu lassen, dass nun der Countdown zum Magengeschwür begann. Ich brachte Feroze zur Kenntnis, dass sich der Zustand meines Magens zusehends verschlechterte. Doch er, der sich noch immer nicht von der – wie er meinte – erlittenen Schmach erholt hatte, wischte meine Bitten beiseite.

»Du musst lernen, deinen Magen zu beherrschen«, fertigte er mich barsch ab. »Houdini konnte jeden willkürlichen Muskel einzeln bewegen. Das musst du auch lernen. Eine *kleine* Unannehmlichkeit kannst du dafür schon in Kauf nehmen!«

Feroze war sich dessen nicht bewusst, doch diesmal hatte er den Bogen endgültig überspannt. Ich griff meinen alten Racheplan wieder auf. Es gab nur einen Weg, den Magier zu treffen. Ich musste unverzüglich einen Angriff auf seinen Schwachpunkt starten, auf seine Phobie. Doch dazu brauchte es Munition – Gummibänder mussten her.

Ich durchkämmte das Haus von oben bis unten; kein einziges Gummiband war zu finden. Hinzu kam, dass ich kaum Gelegenheit hatte, das Grundstück ungesehen zu verlassen. Hätte Feroze mich ertappt, wie ich mich nächtens hinausschlich, um Gummibänder zu kaufen, er wäre außer sich gewesen vor Zorn. Gokul und Rublu gingen nach Belieben ein und aus, doch keinem von beiden konnte ich vertrauen. Erst nach langem Nachdenken fiel mir ein, wie ich mir diese unerlässlichen Requisiten gefahrlos beschaffen konnte. Ich fragte Gokul, ob er mir bei seinem nächsten Gang zum Markt einen Packen Neem-Stöckchen besorgen kön-

ne; ich wolle mir damit die Zähne reinigen. Jedermann weiß, dass Neem-Stöckchen immer bündelweise, mit farbigen Gummibändern zusammengehalten, verkauft werden. Erfreut, dass ich mich von meiner Zahnbürste trennen und mich einer natürlicheren Reinigungsmethode bedienen wollte, versprach der alte Diener, mir das Gewünschte mitzubringen. Ehe er wieder davoneilte, schwor er mir hoch und heilig, dem Meister, der alles, was die persönliche Hygiene anging, unter Kontrolle haben wollte, nichts zu verraten.
Der Drill ging unterdessen weiter.

Am vierten Tag förderte ich meinen ersten Stein wieder zutage. Diese Leistung war umso erstaunlicher, da ich kein Brechmittel eingenommen hatte. Als wären mein Bauch und ich zu einer stillschweigenden Übereinkunft gekommen, gelang es mir auf einmal allein durch Beherrschung der Muskeln in meinem Innern. Magen, Speiseröhre und Mund schienen bereitwillig mithelfen zu wollen – wenn ihnen nur der Ipecacuanha-Sirup erspart blieb.
Natürlich betrachtete Feroze meine Leistung allein als sein Verdienst. Ich solle den Stein wieder in das Glasbehältnis geben, bedeutete er mir, wir würden später mit den Übungen weitermachen. Ich legte den Stein jedoch nicht zurück, sondern wickelte ihn in ein Taschentuch. Er war etwas ganz Besonderes, wie ein erstgeborenes Kind. Ich würde ihn als Glücksbringer behalten.
Ohne weiter Zeit darauf zu verschwenden, klopfte der Magier einmal gegen seinen schartigen Emailbecher, und wie ein Phantom tauchte Gokul aus dem Nichts auf. Er schlurfte, den Oberkörper nach vorne gebeugt, noch langsamer daher als sonst, und seine Arme zitterten. Als er sich umdrehte, sah ich, dass er einen Kessel trug. Er hatte offensichtlich ein enormes Gewicht.
»Stell ihn hier drauf«, befahl Feroze und deutete auf einen großen eisernen Dreifuß.
»Jawohl, Sahib«, erwiderte der alte Diener keuchend, während er das schwere Gefäß hochhievte. Ich warf ihm einen fragenden

Blick zu, als er den Raum verließ, doch er schüttelte kaum merklich den Kopf. Noch keine Neem-Stöckchen.

Als der Kessel auf dem Dreifuß stand, entzündete der Meister darunter einen Bunsenbrenner. Ich spähte hinein. Kein Wunder, dass Gokul so gekeucht hatte. Der Kessel enthielt geschmolzenes Blei.

»Mit diesem Zeug«, sagte Feroze und hob seine Stimme, um das Getöse des Bunsenbrenners zu übertönen, »musst du vorsichtig sein. Geschmolzenes Blei kann ziemlich gefährlich werden, wenn man nicht sorgsam damit umgeht.«

»Ich verstehe«, erwiderte ich und überlegte ängstlich, welche Rolle dem Kessel mit kochendem Blei wohl zugedacht war.

Der Meister holte eine Keksdose von Fortnum & Mason aus der Vitrine an der Wand und öffnete sie. Sie enthielt gewöhnlichen Sand.

»Ich werde dir beibringen, wie du deine Hand gefahrlos in kochendes Blei stecken kannst«, erklärte Feroze. »Doch bevor wir den Trick ausführen, musst du dich vorbereiten. Ohne ausreichende Vorbereitung passieren Fehler, und dann werden Menschen verletzt.«

»Verstehe«, brummte ich. »Wir wollen keine Verletzungen mehr riskieren. Zumindest *ich* nicht.«

»Ehe du deine Hand in das Blei tauchst«, belehrte mich der Magier, »musst du dir die Hände in trockenem Sand ›waschen‹. Er saugt alle Feuchtigkeit auf. Und dann musst du sofort den Trick versuchen. Wenn du eine Sekunde wartest, beginnen die Hände zu schwitzen. Geschmolzenes Blei und schwitzige Hände vertragen sich nicht. Verstanden?«

»Jawohl.«

»Gut. Und jetzt sieh zu.«

Feroze kratzte den dünnen Film ab, der sich an der Oberfläche des Bleis gebildet hatte. Darunter kam eine silbrige, verführerisch glänzende Masse zum Vorschein. Mit einer raschen Bewegung, die seine Erfahrung zeigte, tauchte der Magier die Finger seiner rechten Hand in das geschmolzene Metall. Er zählte bis drei, so

schnell er konnte, warf mir einen kurzen Blick zu und zog die Hand wieder heraus.
»Und jetzt du«, sagte er.
Nachdem ich meine Hände in dem feinen, fasanenbraunen Sand gewaschen hatte, ging ich vor dem Kessel mit dem rauchenden Blei startbereit in Stellung.
»Ich mache den Countdown«, sagte Feroze und lockerte seine Krawatte. An Countdowns hatte er immer besonders viel Freude.
»Moment! Ich muss mich noch vorbereiten!«
»Du hast dich genug vorbereitet!«, blaffte der Meister. »Deine Finger beginnen gleich zu schwitzen. Eins, zwei, drei – jetzt!«
»Aaaah!«, kreischte ich, als meine linke Hand bis zu den Knöcheln in das silbrige Metall tauchte. Den Bruchteil einer Sekunde später zog ich sie wieder heraus.
»Was machst du für ein Theater?«, sagte Feroze. »Man könnte meinen, du hättest ein Wunder vollbracht.«

Feroze griff nach seinem Emailbecher, um Gokul herbeizurufen. Noch ehe er mit dem Löffel dagegengeklopft hatte, stand der Diener schon neben uns. Er drehte den Bunsenbrenner ab und schlurfte dann mit seinem Kessel voller Blei davon.
»Und nun«, verkündete Feroze feierlich, »möchte ich dir etwas über Houdini erzählen.«
»Aber wir reden doch ständig über Houdini!«
Der Meister erwiderte meinen Einwand mit einem zornigen Blick. Seine Augen zuckten dreimal. Ich kannte den Code. Bei dreimaligem Zucken drohte zur Strafe eine Übung im Steineschlucken. Mein Magen krampfte sich schon ahnungsvoll zusammen.
»Entschuldigen Sie meinen ungebührlichen Ton.«
Feroze verzog den linken Mundwinkel zu einer Art Lächeln.
»Nun denn«, sagte er und führte mich ins Studierzimmer hinüber. »Beschäftigen wir uns mit dem Genie Harry Houdinis.«
In der Erwartung, anschließend einen detaillierten Aufsatz über das Thema schreiben zu müssen, hörte ich aufmerksam zu.

»Harry Houdini«, begann Feroze und ließ den Namen pathetisch über seine Zunge rollen, »wurde im Jahr 1874 als Erich Weiss geboren. Den Künstlernamen ›Houdini‹ wählte er zu Ehren des großen Illusionisten des 19. Jahrhunderts, Robert-Houdin, und ›Harry‹ wegen der Alliteration. Seine Verehrung für Houdin schwand jedoch in späteren Jahren; er war sogar unermüdlich bemüht, sein früheres Idol in Misskredit zu bringen.«
Der Magier hielt inne und warf mir einen grimmigen Blick zu. Ob er dachte, dass auch ich mich eines Tages gegen ihn wenden würde? Ich erwiderte seinen Blick mit einem unterwürfigen Lächeln.
»Welche Gründe er auch gehabt haben mag, sein großes Vorbild zu diffamieren«, fuhr Feroze fort, »als Illusionist war Houdini außergewöhlich, denn er vereinte die Begabungen vieler Magier in seiner Person. Er beherrschte alle Tricks, war ein brillanter Entfesselungskünstler, ein Schauspieler, dazu mutig, von schneller Auffassung, kampflustig, ein Meister der Esoterik und großer Kenner des Details. Und wir wissen, wie wichtig das Detail ist.«
Ich nickte zweimal. Dann noch einmal.
»Ja, das Detail ist sehr wichtig«, bekräftigte ich.
»Houdini hatte erkannt«, fuhr Feroze fort, sehr angetan von meiner Aufmerksamkeit, »dass die Magie das Geheimnis braucht. Und dass man ohne Publicity nicht berühmt wird. Houdini hat sich eine Aura des Geheimnisvollen geschaffen. Er ließ das Publikum warten. Wenn er dann erschien, waren die Leute in Hochspannung. Er spickte seine Illusionen mit Ablenkungsmanövern, um die Zuschauer auf eine falsche Spur zu locken. Zur Legende wurde Houdini natürlich durch seine Geschicklichkeit als Entfesselungskünstler. Dieser Bereich interessiert uns zwar nicht so sehr, aber wir können von seinen Methoden lernen.
Wenn er auf Tournee war, forderte er die Safehersteller am Ort auf, ihm einen Tag vor der Show ihr sicherstes Modell zu bringen. Für die Darbietung selbst ließ er sich, in eine Zwangsjacke geschnürt, im Safe einsperren, um den herum ein Vorhang gezogen

wurde. Etwa eine Stunde später tauchte Houdini dann vor dem Vorhang auf, und das Publikum war hingerissen. Doch Houdini achtete immer darauf, dass er nicht zu gut war.«

»Wie meinen Sie das? Zu gut gibt's doch gar nicht!«

»Selbstverständlich gibt es das!«, gab Feroze scharf zurück. »Houdini konnte sich in fünf Minuten aus dem Safe befreien. Die restliche Zeit verbrachte er mit Lesen, oder er übte irgendeinen Trick. Wäre er schon nach fünf Minuten erschienen, hätte jeder gedacht, es stecke Manipulation dahinter.«

»Hat er denn manipuliert?«

Ferozes Augen schleuderten Blitze.

»Natürlich! Wenn der Safe geliefert wurde, entfernten Houdini und seine Mitarbeiter alle Verschlussteile und ersetzten sie durch Schlösser aus ihrem eigenen Vorrat. Manchmal arbeiteten sie die ganze Nacht. Doch niemand kam auf den Gedanken, dass sie sich so viel Mühe machen würden. Bevor der Safe zurückgegeben wurde, schraubten sie wieder die originalen Schlösser daran.«

»Hat Houdini bei seinen Tricks oft manipuliert?«

»Was für eine Frage!«, rief Feroze aus und blickte mich fassungslos an. »Hast du denn gar nichts gelernt? Natürlich hat er manipuliert! Er war *Illusionist.* Er führte *Illusionen* vor!«

Feroze ging zum Bücherregal und zog ein gebundenes Buch hervor, das schon recht zerlesen war.

»*The Secrets of Houdini*«, las ich laut. »Von J. C. Cannell.«

»Du liest es am besten gleich«, meinte Feroze spöttisch und zog seine Taschenuhr heraus. »Ich gebe dir eine Stunde.«

Viele von Houdinis teuflischen Tricks werden von Cannell ausführlich beschrieben. Wer Houdini als »unbestechlichen Meister der Magie« verehrt, sollte dieses Buch nicht lesen. Der große Zauberkünstler mag ja stark, geschickt und ein heller Kopf gewesen sein, dachte ich, aber er bediente sich der simpelsten Täuschungsmanöver, die man sich vorstellen kann. Er verwendete Attrappen von Handschellen. Seine Helfer mischten sich als gewöhnliche Zuschauer unter das Publikum. Die Schrankkoffer, aus denen er sich befreite, hatten Schiebetürchen, die gepanzerten Wägen falsche Böden und die riesigen, mit Wasser gefüllten Milchkübel sogar vorgetäuschte Nieten. Doch schließlich war Houdini, wie Feroze mir zu Recht klar gemacht hatte, ein Meister der Illusion.

»Vergiss nicht«, sagte der Meister am nächsten Morgen zu mir, während er meinen Aufsatz über Houdini durchsah, »das Spektakel drumherum macht bei einer Illusion den halben Erfolg aus. Je unglaublicher die Darbietung, umso mehr werden die Zuschauer darüber reden. Je geheimnisvoller das Ganze erscheint, umso schneller sprechen sich die Fähigkeiten des Magiers herum. Die Menschen in Indien sind genauso. Wenn ein heiliger Mann sie in seinen Bann ziehen kann, laufen sie fort, um es anderen zu erzählen.

Houdini war zweifellos ein großer Magier«, fuhr Feroze fort, »aber ein noch viel größeres Showtalent. Er verhexte die Menschen. Er ließ sie seine Requisiten und seine Ausrüstung inspizieren. Er lockte sie so lange mit Ködern, bis sie seine Zauberkunst brauchten wie das tägliche Brot.«

Der Meister hielt inne und bückte sich, um eine Welle im Teppich glatt zu streichen.

»Es ist ein herrlicher Morgen heute«, sagte er unvermittelt.

»Ja, das stimmt. Der erste kühle, sonnige Morgen seit einer Woche. Beginnen wir den Unterricht wieder mit Steineschlucken?«

»Heute nicht«, erwiderte er knapp. »Es ist so ein schöner Tag, so schön, dass etwas Besonderes angebracht wäre.«

»Was, noch besonderer als Steineschlucken?«

»O ja«, gab Feroze zurück, »ganz entschieden.«

Um halb zehn erschien Rublu in Erwartung eines schnellen Mittagessens. Mir fiel auf, dass er neue Sachen trug. Sie kamen mir ziemlich bekannt vor. Die Baumwollhose war von einem dunklen Olivgrün, das ebenfalls baumwollene Hemd pfirsichfarben. Eine eigenwillige Kombination, doch trotzdem nicht ganz neu. Vor fünf Tagen hatte Feroze die gleichen Farben getragen. Dann fiel der Groschen. Es waren die Sachen, auf denen kürzlich mein

Mageninhalt gelandet war. Der Meister hatte den Gedanken, sie noch einmal anzuziehen, offenbar so entsetzlich gefunden, dass er sie verschenkt hatte.
»Sagt mir Bescheid, wenn ihr essen wollt«, murmelte Rublu und griff nach der Zeitung.
»Oh, wir haben heute keine Zeit zum Essen, Rublu«, erwiderte Feroze munter, »aber ich bin sicher, Gokul hat etwas für dich vorbereitet.«
Die Strafe für mein ungebührliches Benehmen nach dem Schluck Brechmittel hing noch immer wie eine Gewitterwolke über dem Haus.
»Wir werden uns mit einer Tasse Darjeeling begnügen«, sagte Feroze geistesabwesend, während er mich ins Labor führte. Wie durch Zauberei erschien Gokul mit einem Tablett in den Händen. Er besaß die gleiche unheimliche Fähigkeit wie Feroze, sich aus dem Nichts zu materialisieren. Ob der Magier den alten Diener verhext hatte, überlegte ich, oder war er selbst ein Zauberer? Als er mir Tee eingoss, sah Gokul mich an und zwinkerte. Das musste ein Zeichen sein, ein geheimes Signal, das nur eines bedeuten konnte – er hatte die Neem-Stöckchen mitgebracht.
»Nun zu dem versprochenen besonderen Bonbon«, verkündete Feroze mit einer Heiterkeit, die mich gleich bedenklich stimmte. In der Regel waren Experimente, denen er das Prädikat »besonders« verlieh, ausgesprochen unangenehm.
»Zuerst eine kleine Aufwärmübung«, sagte er und rollte die Ärmel auf. »Gerade diese schätzt der israelische Löffelverbieger sehr.«
»Sie meinen doch nicht Uri Geller?«
»Natürlich! Uri Geller, der führende Illusionist der westlichen Welt und«, fügte Feroze hinzu, »der berühmteste Zauberkünstler, der behauptet, seine Illusionen seien wahre Magie.«
»Vielleicht hat er tatsächlich eine besondere Begabung?«
»Dass er eine solche Begabung hat, daran zweifle ich nicht«, gab Feroze zurück, »aber sie hat nichts mit Magie zu tun. Alle Kunststücke Gellers lassen sich erklären, wenn du dich erinnerst, ob es

um das Verbiegen von Löffeln oder das Lesen versiegelter Dokumente geht. Wir können später darüber sprechen. Aber jetzt an die Arbeit!«

Feroze wandte mir den Rücken zu, drehte sich kurz darauf wieder um und hielt mir eine Kugel aus zusammengeknüllter Alufolie hin.

»Nimm das in die Hand«, befahl er. »Wenn ich es sage, und nur wenn *ich* es sage, wird die Folie wärmer. Bist du bereit?«

»Ja«, antwortete ich und schloss fest meine Finger um das metallen glitzernde Bällchen.

»Gut«, sagte Feroze und räusperte sich. »Ich konzentriere mich jetzt ganz auf die Kugel.«

Er legte die Fingerspitzen an die Schläfen und begann sich zu konzentrieren.

»Sag mir, wenn du spürst, dass die Folie wärmer wird.«

Es verging eine Minute. Und eine weitere. Nichts. Die Metallfolie hatte Zimmertemperatur. Doch dann, während ich auf den Steinfußboden starrte, geschah es.

»Ich spüre es, sie wird wärmer!«, stieß ich hervor. »Ja, sogar viel wärmer!«

»Gut«, sagte Feroze leise, die Fingerspitzen immer noch an die Schläfen gepresst. »Und nun wird die Folie, wenn ich es dir sage, so heiß, dass du sie fallen lassen musst.«

Rublu störte meine Konzentration, indem er aus dem Studierzimmer rief, wir sollten essen kommen.

»Rublu!«, gab der Meister in scharfem Ton zurück. »Ich habe dir doch gesagt, dass wir heute nicht zu Mittag essen. Wir haben zu arbeiten. Iss allein!«

Schritte entfernten sich in Richtung Esszimmer.

»Wo war ich stehen geblieben?«, murmelte Feroze. »Ach ja, wenn ich bis drei zähle, wird die Folie so heiß, dass du sie kaum noch in der Hand halten kannst. Eins, zwei, drei!«

Die Aluminiumfolie war bereits sehr warm, und während ich noch über dieses Phänomen nachdachte, wurde sie derart heiß, dass ich sie schnell auf den Arbeitstisch warf.

»Ausgezeichnet!«, bemerkte Feroze. »Meine konzentrierten Kräfte haben Wirkung gezeigt!«
»Was meinen Sie damit? Haben Sie *wirklich* übersinnliche Kräfte eingesetzt?«
»Du solltest es eigentlich besser wissen«, gab Feroze amüsiert zurück. »Es war Magie, aber Bühnenmagie!«
»Und wie funktioniert es?«
»Das ist der Heiße-Folie-Trick«, erklärte der Meister. »Es wird dir vielleicht aufgefallen sein, dass ich dir den Rücken zugewandt habe, ehe ich dir die Folienkugel gab.«
»Ja, das habe ich bemerkt.«
»Nun, du solltest nicht sehen, dass ich mit der Rückseite eines Löffels eine Seite der Alufolie mit einer Quecksilbernitrat-Lösung bestrichen und diese dann mit einem Lappen in das Metall gerieben habe.«
»Quecksilbernitrat?«, sagte ich. »Ist das nicht fürchterlich giftig?«
»Ja, das ist es in der Tat«, gab Feroze trocken zurück. »Es ist tödlich, das ist der Nachteil bei dem Trick. Aber das ist im Moment unerheblich. Entscheidend ist«, fuhr er fort, »dass diese Substanz das Metall sehr schnell oxidieren lässt. Es kommt zu einer exothermen Reaktion; durch sie wird Wärme freigesetzt – nicht durch geistige Kräfte!«
»Und das ist einer von Gellers Tricks?«
»Einer seiner liebsten. Er eignet sich hervorragend für ein nicht allzu anspruchsvolles Publikum und Fernsehauftritte. Aber«, fügte Feroze hinzu, »auch heilige Männer arbeiten gerne damit. Sie haben den Trick ein wenig weiterentwickelt und stecken oft ein Amulett oder einen Ring in die Folienkugel. Wenn die Leute dann den Talisman entdecken, glauben sie, es wäre echte Magie am Werk gewesen.«
Während ich mir alle Spuren des tödlichen Quecksilbernitrats von den Fingern wusch, klatschte Feroze voller Vorfreude in die Hände.
»So, das war die Aufwärmübung«, rief er aus. »Nun zur Hauptsache!«

»Und das wäre?«
Ferozes Begeisterung wurde stets von einem angefacht – Schmerz, dem Schmerz eines anderen Menschen.
»Es ist ein sehr alter Zaubertrick, den du in vielerlei Form in ganz Asien findest, aber im Kern ist es immer dasselbe.«
»Und worum geht es dabei?«
»Ich werde dir zeigen, wie du deine Körpertemperatur extrem erhöhen kannst.«
»Wozu soll das gut sein?«
Feroze schien überrascht, dass ich den Nutzen solchen Tuns nicht sofort erkannte.
»Die Fähigkeit, deine Körpertemperatur willentlich auf 40 Grad zu erhöhen«, sagte er, »ist Beweis genug für übermenschliche Kräfte.«
»Tibetische Lamas können das, nicht wahr?«, fragte ich, denn mir fiel ein, dass ich einmal ein Foto von nackten Lamas im Schnee gesehen hatte.
»Lamas können ihre Körperwärme sogar bei großer Kälte halten«, erwiderte der Magier, »aber dazu schmieren sie sich mit Yakfett ein.«
Seine Antwort beruhigte mich; ich schloss daraus, dass wir unsere nackten Körper nicht mit Yakfett einschmieren würden.
»Wenn wir kein Yakfett verwenden«, fragte ich weiter, »wie erreichen wir dann eine Erhöhung der Körpertemperatur?«
Mit ernstem Gesicht – wie immer, wenn es um ein besonderes Kunststück ging – schritt der Meister zur Tür des Labors und überprüfte, ob sie auch wirklich fest verschlossen war.
»Heute«, verkündete Feroze, »wirst du die Probe aufs Exempel machen. Ich werde dich anleiten.«
Ich wusste aus leidvoller Erfahrung, dass der Magier nur bei den unangenehmsten, besonders strapaziösen Übungen eine ausweichende Antwort gab.
»Aber es wird nicht schrecklich wehtun, oder?«
»Nein, nein«, erwiderte Feroze leichthin. »Keineswegs. Nein, wirklich nicht.«

»Na gut. Bringen wir's hinter uns. Was soll ich tun?«

»Nun, zuerst musst du das hier essen«, sagte er. »Und gut kauen.« Er reichte mir einen kalkweißen, rechteckigen Brocken, etwa doppelt so groß wie der Radiergummi eines Schulkinds. Er fühlte sich weich und dennoch fest an, wie Seife. Ich legte ihn auf die Zunge und begann zu kauen. Mein anfänglicher Verdacht bestätigte sich. Es war Seife, genauer gesagt Teerseife.

»Wie können Sie mich bloß Seife essen lassen?«

»Was? Sagt sie dir nicht zu?«

»Sie schmeckt widerlich. Haben Sie jemals Seife gegessen?«, fragte ich, und mein Mund füllte sich wie mit Rasierschaum.

»O ja«, murmelte der Meister träumerisch. »Ich habe viele, viele Male Seife gegessen.«

Als ich fertig gekaut hatte, schluckte ich kräftig. Die Seife glitt durch meine Speiseröhre, als wäre es Muschelfleisch. Mein Magen, immer noch misstrauisch und entzündet, krampfte sich empört zusammen, während er notgedrungen begann, den an sich zur Körperpflege gedachten Stoff zu verdauen.

»Gut gemacht«, bemerkte der Meister, als ich getan hatte wie befohlen. »Jetzt kannst du deinen Tee trinken.«

Er goss eine randvolle Tasse Darjeeling ein und schob sie mir zu.

»Du musst die Tasse ganz austrinken. Es darf kein Tröpfchen übrig bleiben.«

Der Tee war kochend heiß, doch mein Mund empfand ihn als wohltuend. Erst als er meinen Magen erreichte, spürte ich den vertrauten Würgereiz. Mir traten Tränen in die Augen.

»Ist das wieder ein Brechmittel?«, fragte ich heftig schluckend. »Muss ich mich jetzt gleich übergeben?«

»Nein«, erwiderte Feroze im Befehlston, brachte sich aber vorsichtshalber in der gegenüberliegenden Ecke des Raumes in Sicherheit. »Sieh zu, dass du es bei dir behältst!«

In meinem Magen musste sich Schaum entwickelt haben wie in einer Geschirrspülmaschine, in die jemand zu viel Seifenpulver gegeben hat. Einzelne Seifenblasen drückten sogar in Speiseröhre und Mund herauf.

»Was hat das alles mit der Körpertemperatur zu tun?«
Feroze sah auf seine Taschenuhr und klopfte zweimal dagegen.
»In fünf oder zehn Minuten wirst du es wissen«, antwortete er.
Drei Minuten später hatte sich das Gemisch aus Seifenschaum, Tee und Magensäure in meinen Darm weiterbewegt. Mein Kopf begann sich zu drehen, als die höllische Mixtur ihren Weg in meinen Blutkreislauf fand. Mein Mund war trocken, mein Rücken brannte, mein Blick trübte sich. Nacken und Gesicht trieften plötzlich vor Schweiß; so etwas hatte ich noch nie erlebt.
»Dir ist warm, nicht wahr?«, fragte Feroze ein paar Minuten später.
»Ja«, japste ich, »sehr warm.«
»Warte noch ein wenig«, gluckste er. »Es kommt noch besser!«
»Was ist los? Was geschieht mit mir?«
Ehe ich weitersprechen konnte, begann ich zu würgen und hatte ein Stück unverdaute Seife im Mund.
»Du hast feine Teerseife von Crabtree & Evelyn verspeist«, erklärte Feroze, während er mir eine Decke aus dem Studierzimmer holte. »Die Seife ist alkalisch und bewirkt in Verbindung mit dem Tee, der Gerbsäure enthält, eine sonderbare Reaktion, wenn das Gemisch den Magen erreicht.«
»Sonderbar?«, gurgelte ich mit Schaum vor dem Mund.
»Halt eine Minute still«, befahl Feroze und schob mir ein Thermometer unter die Zunge.
»Ausgezeichnet! Du hast schon 38,3!«
»Wie viel höher noch?«
»Nun, warten wir noch fünf Minuten, einverstanden?«
Es vergingen fünf Minuten, die ich mehr oder weniger in einem Zustand der Bewusstlosigkeit verbrachte. Der Meister stocherte mit dem Glasthermometer unter meine Zunge wie der Heizer einer Dampflokomotive, der das Feuer anfachen will.
»Bingo! Du hast fast 40 Grad. Gut gemacht! Wirklich beeindruckend!«
Die schwarz-rot-grüne Decke – ein traditioneller Umhang der Angami Nagas – um mich geschlungen, zitterte ich am ganzen Körper.

Feroze schien bewegt wie nie zuvor, seit ich sein Schüler war. Andererseits hatte er aber noch nie irgendeine Art von lobender Anerkennung gezeigt.
»Rublu! Komm schnell her, sieh dir das an!«, brüllte er. »Gokul – du kommst auch! Das dürft ihr nicht versäumen!«
Mein inzwischen von Krämpfen geschüttelter Körper glühte, als hätte ihn ein unmenschliches Fieber gepackt. Zitternd wie ein Heroinsüchtiger auf Entzug, versuchte ich den Meister, Rublu und die Diener zu fixieren, die alle aufmarschiert waren, um die Sensation mit eigenen Augen zu sehen. Mir hätten in diesem Moment Rachegedanken kommen können – doch ich war viel zu sehr damit beschäftigt, meine Körperfunktionen irgendwie unter Kontrolle zu halten.
»Feroze«, meldete sich Rublu zu Wort. »Ich hoffe, du misshandelst nicht wieder deine Schüler. Du solltest es besser wissen.«
Der Meister hob den Zeigefinger; offenbar wollte er sich gegen den Vorwurf verteidigen.
»Nun«, entgegnete er gleichmütig, »vielleicht habe ich ihm tatsächlich ein wenig mehr Seife verabreicht, als ich hätte sollen. Aber andererseits: Wie sollen uns in der Wissenschaft bahnbrechende Fortschritte gelingen, wenn wir die Grenzen nicht ausloten?«

10

Insiderinformation

Ständig gereizt durch Steine, potente Brechmittel und Teerseife, versagte mein empfindsamer Magen schließlich den Dienst. Der neueste Scherz des Magiers hatte das fein abgestimmte homöostatische Gleichgewicht meines Körpers endgültig zerstört. In meinem Fall war dem Forscher das Experiment eindeutig aus dem Ruder gelaufen. Man hatte drastische Maßnahmen ergreifen müssen, um meine Temperatur von 40 Grad wieder zu senken. Gokul wurde losgeschickt, einen *barafwalla,* einen Eisverkäufer, zu suchen. Er lief hinaus in die von Bäumen gesäumten Straßen Alipores und beschlagnahmte kurzerhand die Eisblöcke, die zwei Burschen gerade zum nahe gelegenen Zoo karrten. Zu Hause übernahm Feroze das Kommando; er wies mit dem Ochsenziemer, den er als Reitgerte verwendete, erst auf die Badewanne für die Diener, dann auf das Eis und, zuletzt, auf mich, worauf die *barafwallas* ihre Last in die Badewanne hievten und mich obendrauf.

Aaah, tat das gut.

Die *barafwallas,* der Meister, Rublu und eine Schar prustender Diener versammelten sich um die Wanne, um das Spektakel hautnah mitzuerleben. Sie starrten mich an wie gebannt, während ich gleichzeitig vor Kälte zitterte und schwitzte, und verfolgten mit Interesse, wie mir eine Flut von seifig trübem Schweiß aus den Poren quoll. Und dann, als das Eis unter mir allmählich schmolz, blieb ihnen vor Staunen der Mund offen – eine tiefgefrorene Kanalratte kam zum Vorschein.

Mit einem Löffelstiel hackte Gokul, als hätte er schon öfter ganze Mammuts ausgegraben, Stücke von dem Eis ab, um das Nagetier freizulegen.

»Gute Arbeit, Gokul«, lobte ihn Feroze, der sich auf meine Kosten königlich amüsierte. »Ein Prachtexemplar, selbst für Kalkutta. Leg sie in den Kühlschrank, wenn du sie herausgemeißelt hast. Wir werden sie später sezieren.«

Es vergingen drei Tage, bis ich wieder Nahrung zu mir nehmen konnte. Dennoch musste ich mich vorerst auf eine Diät aus breiweichem *daal* und zerdrückten Bananen beschränken, die ich mit warmem Wasser hinunterspülte. Hilfsbereit wie immer, bemühte sich Gokul, meinen Verdauungstrakt wieder in Ordnung zu bringen. Doch es war zu spät. Bauchschmerzen, Appetitlosigkeit und schwere Brechanfälle – die klassischen Symptome eines Ma-

gengeschwürs – quälten mich. Mein elender Zustand hätte selbst den abgestumpftesten Arzt mit großer Sorge erfüllt.
Zum Glück gab es etwas, das trotz aller Beschwerden meinen Genesungswillen stärkte – die Aussicht auf Rache.
Am Nachmittag des dritten Tages nach dem Experiment mit der Körpertemperatur griff Gokul mit einer Hand in seinen *lungi* und fischte etwas heraus. Zum Vorschein kam ein hübsches kleines Bündel Neem-Stöckchen. Sie seien in der Nachbarschaft seiner privatesten Teile leider ein wenig feucht geworden, entschuldigte er sich, und blies sie behutsam trocken. Doch seine Lenden waren die einzige Stelle, die den ständigen Kontrollen des Magiers verborgen blieb. Ich riss das Bündelchen an mich, um es genauer anzusehen. Die Neem-Stöckchen wurden von drei türkisfarbenen Gummibändern zusammengehalten. Mit dem kostbaren Schmuggelgut in der Hand lief ich in mein Zimmer und verbarg sie unter der Innensohle meines linken Schuhs. Nun war ich bereit zur Attacke – es musste nur noch der richtige Moment kommen.

Als ich Feroze über den beklagenswerten Zustand meines Magens informierte, blickte er kommentarlos auf den Bürokalender an der Wand.
»So was, wir haben schon Mitte Februar«, bemerkte er trocken. »Wird langsam Zeit, dass du mal aus dem Haus kommst. Ich kann dich hier ja nicht ewig einsperren.«
»Ich weiß nicht, ob Sie mich verstanden haben«, entgegnete ich, und es würgte mich schon wieder. »Ich glaube, ich habe ein Magengeschwür. Es muss schnellstens behandelt werden.«
Feroze holte einen Rezeptblock aus einer Schublade seines Schreibtisches, schraubte die Kappe seines orangenfarbenen Parker Duofold ab und kritzelte etwas aufs Papier.
»Geh zur Swastika-Apotheke in der Shakespeare Sarani«, sagte er und sah kurz hoch. »Mit diesem Rezept bekommst du Pillen, die du nehmen wirst … dreimal täglich.«
Ebenso wie Essen betrachtete Feroze auch Krankheit als Zeitver-

schwendung. Er schätzte es gar nicht, wenn jemand in seiner Nähe menschlichen Unzulänglichkeiten erlag.

»Wenn du deine Medizin hast«, fuhr er fort, »wirst du dieses Haus verlassen und dich auf die Suche nach deinem ersten Beispiel für Insiderinformation machen – die dritte Säule deines Studiums.«

Ich legte schützend die Hände auf meinen Bauch wie eine werdende Mutter.

»Sollte ich nicht ein paar Tage freibekommen?«

»Wozu?«, fauchte Feroze indigniert.

»Um mich zu erholen«, erwiderte ich. »Ich habe einmal einen Roman gelesen, er hieß *Broken Spirit,* in dem der Held unter Qualen an einem Magengeschwür wie meinem gestorben ist.«

Der Meister schwang seine Reitgerte hin und her wie ein zorniges Kamel seinen Schwanz.

»Klingt interessant«, bemerkte er hämisch. »Muss ich mir merken.«

»Was für eine Art ›Insiderinformation‹ soll ich suchen?«

»Du wirst es wissen, wenn du sie gefunden hast«, gab Feroze zurück. »Und jetzt lass mich in Ruhe. Ich habe eine Sektion durchzuführen.«

Die eine Hand auf den Magen gepresst, mit der anderen den Schweiß von der Stirn wischend, machte ich mich auf in die Straßen Kalkuttas.

In meiner Desorientierheit ging ich irrtümlich in Richtung Süden statt nach Nordosten zum Stadtzentrum und fand mich unversehens in der Judge's Court Road wieder, auf deren Schotterbelag ich nun entlangtrottete. In längst vergangener Zeit eine Wohngegend der besseren Kreise, ist die Judge's Court Road eine von Alipores imposanten alten Straßen. Heute beherbergen die einst prachtvollen Häuser Trödelläden, bis unter die Decke voll gestopft mit Rollschreibtischen, Kronleuchtern, Orgeln und Hängeschränkchen, Konsoluhren und Spieltischen. Ihr Angebot zeugt vom veränderten Geschmack der Menschen. Die indo-

barocken Meisterstücke der Vergangenheit werden in Kalkutta nicht mehr geschätzt. Wer möchte schon auf einem Stuhl aus Rosenholz thronen, wenn er sich bequem in einen weichen Sessel aus Kunststoff lümmeln kann?
Während ich auf der Suche nach einer Rikscha die breiten Boulevards von Alipore entlangwanderte, dachte ich an das Rezept des Magiers in meiner Tasche. Wie konnte ich nur von dem Menschen, der für meinen Zustand verantwortlich war, einen medizinischen Rat annehmen?

»Magengeswür sehr smerzhaft«, bemerkte der Verkäufer in der Swastika-Apotheke nachdenklich.
»Ja«, erwiderte ich, »das kann ich bestätigen.«
»Nehmen sechs Tabletten jeden Tag für eine Woche«, erklärte mir der Fachmann.
»Soll ich nicht drei Tabletten täglich nehmen?«
Der Verkäufer schüttelte den Kopf.
»Nein, nein, nein«, entgegnete er, »Spezial-Angebot! Doppelte Dosis, gleicher Preis!«
Ich notierte mir die Adresse der Apotheke. Diesen Laden darf ich nicht vergessen, dachte ich. Ein Paradies für Hypochonder.
»Und meine Schmerzen?«, krächzte ich. »Helfen diese rot-weißen Dinger gegen die Schmerzen?«
»Smerz ...?«, wiederholte der Verkäufer. »Ist Smerz slimm?«
»Ja, ja, ja!«, brüllte ich. »Sehr schlimm!«
Der Verkäufer kniff vielsagend die Augen zusammen, zog zuunterst eine Schublade auf und nahm eine braune Glasflasche mit Tabletten heraus.
»Diese gut für allen Smerz«, krähte er fröhlich und knallte mir die Flasche hin.
»Wie viel schulde ich Ihnen für die Tabletten?«
»Smerz-Blocker«, erwiderte der Verkäufer großspurig und warf den Kopf in den Nacken. »Smerz-Blocker gratis ... Experiment!«
Er legte einen runzligen Zeigefinger an die Lippen und zwinkerte mir zu.

Ich wollte schon die erste Tablette schlucken, als mir ein Gedanke durch den Kopf schoss. Möglicherweise würde ein gefährliches Missverständnis gleich ein neues Opfer fordern. Aus den Abgründen meines Unterbewusstseins tauchte das Bild einer verzweifelten, lippenlosen Frau auf, die mir heftig Zeichen machte. Hatte der gute Mann »brain-blocker« statt »pain-blocker« gemeint? Würde ich mir damit womöglich eine Lobotomie einhandeln? Doch in meiner Not war mir jedes Mittel recht, um meine Magenschmerzen loszuwerden, und so warf ich schwungvoll ein paar der extra großen Tabletten in den Mund und würgte sie hinunter. Der Vorgang hatte eine gewisse Ähnlichkeit mit meinen Steinschluckübungen.

Ich zählte bis zehn. Dann bis zwanzig. Mein Gehirn schien noch intakt. Doch als ich die Shakespeare Sarani hinunterlief, fühlte ich mich wie ein Wattebällchen im Wind. Es war, als gäbe es keine Schwerkraft. Vielleicht musste der Apotheker an seinen Schmerztabletten noch ein wenig arbeiten. Doch als ich, wie auf Wolken schwebend, zum Maidan, dem großen Park im Zentrum Kalkuttas, weiterging, fand ich, dass diese Tabletten im Moment eigentlich genau die richtigen für mich waren.

Ohne zu zögern taumelte ich verwirrt und träge wie ein Faultier auf die Chowringhee Road mit ihrem brodelnden Verkehr. In einem Land, wo kein Mensch mit normalem Tempo fährt, bietet Kalkuttas höllische Durchgangsstraße den maximalen Geschwindigkeitsrausch. Regellos und dem Wahnsinn verfallen, unberechenbar wie eine neunköpfige Hydra, blutrünstig wie zehntausend Vampire, ist Kalkuttas wichtigste Verkehrsader schlimmer als jede Geißel Gottes.

Ochsenkarren und Ambassador-Taxis; Busse, deren Seiten durchlöchert sind, als wären sie unter schweren Beschuss geraten; Ziegenherden, die dahinziehen wie Gnus auf Wanderschaft; Zugmaschinen auf Selbstmordtrip: diese Straße zu überqueren ist, als wäre man in eine reale Version von *Space Invaders* geraten. Kaum ist man den schweren Geschützen ausgewichen, attackieren einen hinterrücks lautlose Fahrradrikschas – hoch beladen mit Überseekoffern und Schulkindern, *hilsa*-Fisch und Urinalen, Ballonreifen und Computerbildschirmen. Wie durch ein Wunder teilte sich der Strom von Autos, Fahrrädern und stampfenden Hufen und ließ mich durch auf die andere Seite.

Am Maidan angelangt, schwebte ich zum Ochterlony Monument hinüber. Der hohe, kannelierte Rundbau, der wie ein Leuchtturm aus Alabaster in die Landschaft blickt, war ein Treffpunkt für Straßenkünstler. Hierher kamen sie sonntags scharenweise, um die Spaziergänger in den langen Schatten des Nachmittags zu unterhalten.

Ein wenig unsicher auf den Beinen, wanderte ich auf der Suche nach Insiderinformation von einem Künstler zum nächsten. Ein etwa zwölfjähriges Mädchen führte vor, wie gut es mit einem Füller schreiben konnte, den es zwischen den Zehen hielt. Für eine Rupie kritzelte sie ein Liebesgedicht oder eine geheimnisvolle astrologische Botschaft aufs Papier. Gegenüber saß mit untergeschlagenen Beinen ein junger *swami.* Er hatte ein bleiches Gesicht, seine Hände waren voller orangefarbener Flecken. Vor sich hatte er auf einem karierten Taschentuch einen rußigen Topf platziert. Das Gefäß enthielt Krokodilfett, anscheinend ein Heilmittel gegen Arthritis, Impotenz und Beschwerden im Bauch. Daneben lag ein Häufchen »Wunder«-Muscheln von den Andamanen-Inseln. Eine Stunde zuvor hätte ich diesen Experten vielleicht um Hilfe angefleht und ihm eine satte Portion Krokodilspeck abgekauft. Doch inzwischen waren meine Magenschmerzen schon vergessen.

Ein Stück weiter, neben einem knochigen Jungen mit einem Straßenköter, der über ein gespanntes Seil laufen konnte, stand ein anderer Bursche mit Ratten, die dasselbe Kunststück beherrschten. Gleich daneben hatte sich noch ein junger Kerl niedergelassen. Auch er war noch keine fünfzehn, wie seine Kollegen, und trotzdem anders. Er hatte ein gewinnendes Charlie-Chaplin-Lächeln, strahlend weiße Zähne und so tiefe Grübchen, dass ein Stück Würfelzucker hineingepasst hätte. Seine Kleidung war

zwar zerlumpt, aber sauber. Doch nicht sein Äußeres weckte mein Interesse, sondern sein Auftreten. Dieser Junge mochte sich seinen Lebensunterhalt als Gaukler im Maidan von Kalkutta verdienen, doch er wirkte unglaublich hochmütig.
Der Bursche wurde von wettlustigen Zuschauern umlagert, die ihm Aufmerksamkeit heischend Geldscheine unter die Nase hielten. Meine Neugier trieb mich näher zum Ort des Geschehens. Ich drängelte mich nach vorne, um alles genau zu sehen.
Jemand aus der Menge reichte dem Burschen einen Hundert-Rupien-Schein (etwa drei Euro), in Indien eine hübsche Summe Geld. Der Schein wurde einmal in der Mitte gefaltet, dann noch einmal, anschließend in einen winzigen braunen Umschlag gesteckt und auf einen Ziegelstein gelegt, hinter dem ein kleiner grüner Papagei saß. Der Vogel packte das Briefchen mit seinem Schnabel und riss eine Ecke ab. Daraufhin warf der Bursche den markierten Umschlag in einen Karton, der identische, jedoch unmarkierte Umschläge enthielt, und schüttelte den Karton kräftig. Dann wurde der Besitzer der Banknote aufgefordert, den Umschlag mit seinem Geldschein herauszusuchen.
Natürlich war der markierte Umschlag verschwunden.
Mir war schwummerig von den Smerz-Blockern, aber trotzdem glaubte ich sicher, den Burschen durchschaut zu haben. Wozu soll meine ganze Ausbildung gut gewesen sein, dachte ich, wenn ich nicht mal einen minderjährigen Trickser entlarven kann?
Als der Bursche nun mich zu diesem Spielchen einlud, willigte ich ein. Mein Hundert-Rupien-Schein wurde einmal gefaltet, dann noch einmal und in einen neuen Umschlag gesteckt. Der Papagei tat seine Pflicht, und der angerissene Umschlag landete im Karton. Als er den Deckel fortgenommen hatte, forderte mich der Junge auf – er musste ein Heidengeld verdienen –, den Umschlag mit meinem Geld herauszusuchen.
Ich schob den Karton beiseite. Die Zuschauer starrten mich verdutzt an. Der junge Magier runzelte die Stirn. Großspurig wie nur irgend möglich riss ich schwungvoll die Decke von dem Tischchen, das der Junge vor sich stehen hatte.

»Hier hast du mein Geld versteckt!«, rief ich laut.
Doch es lag nichts auf dem Tisch.
Die Menge stöhnte entzückt auf. Offenbar rechnete der junge Zauberkünstler damit, dass der Fremde ihm Probleme machen würde, denn er schenkte mir noch ein letztes Charlie-Chaplin-Lächeln, packte seinen Papagei und die restlichen Requisiten und trollte sich davon.

Als ich zum Haus in Alipore zurückkam, lief Feroze wie ein nervöses Rennpferd kurz vor dem Start im Hof auf und ab.
»Ah, auch wieder da?«, schnaubte er.
Offensichtlich hatte sich der Magier ohne seinen Gefangenen entsetzlich gelangweilt.
»Wie war die Ratte?«, erkundigte ich mich, während ich den Hof überquerte.
»Eigentlich sehr interessant«, erwiderte Feroze. »Sie hatte einen Tumor im Darm. Wäre sie nicht eingefroren worden, sie hätte einen frühen Tod gehabt.« Der Meister strich sich mit beiden Händen die Haare zurück. »Da fällt mir ein: Hast du deine Tabletten bekommen?«
»Ja. Und dazu ein paar unglaubliche Schmerzkiller. Die hauen einen glatt um.«
»Oh, kann ich sie mal sehen?«
Feroze untersuchte das etikettenlose Arzneifläschchen, schraubte dann den Deckel auf und schnüffelte zögernd daran. Er zog eine Augenbraue hoch, blickte auf seine Taschenuhr und gab einen Huster von sich.
»Hast du etwas dagegen, wenn ich eine nehme?«, fragte er.
»Bedienen Sie sich. Tut Ihnen etwas weh?«
Der Magier zog es vor, nicht zu antworten. Stattdessen wollte er wissen, was für eine Insiderinformation ich ihm mitgebracht hätte. Als ich erwiderte, dass ich – aus gesundheitlichen Gründen – mit leeren Händen zurückgekommen sei, bekam er einen Wutanfall.
»Komme niemals, niemals zurück«, brüllte er, »wenn du die Aufgabe, die ich dir gestellt habe, nicht erledigt hast!«

Erst als ich mich entschuldigte, wurde mir das wahre Ausmaß von des Meisters Zorn klar. Dass ich ihm nicht das kleinste Bröckchen Information von meinem Ausflug in die Stadt mitgebracht hatte, bedeutete für ihn, dass ich ihm etwas vorenthielt.
In jener Nacht dachte ich im trüben Licht meines Zimmers über Ferozes grundlose Feindseligkeit nach. Grübelnd zog ich die Innensohle meines linken Schuhs hoch und inspizierte die Gummibänder. Die Rache, wenn sie denn kam, würde süß sein.

Als ich am nächsten Morgen die Wendeltreppe hinunterstieg, erwartete mich Feroze bereits. Draußen war es noch dunkel.
»Guten Morgen«, sagte ich und überlegte, warum der Magier wohl am Fuß der Treppe herumstand.
»Tahir«, sprach er mich ungewohnt freundlich an, »erinnerst du dich an die Tabletten, die du gestern mitgebracht hast?«
»Ja, natürlich«, antwortete ich, »die Smerz-Blocker.«
»Ich habe die eine, die du mir gegeben hast, analysiert«, klärte mich Feroze auf. »Sie enthielt Quecksilberchlorid. Wenn du noch eine oder zwei nimmst, bist du tot.«
»Sind Sie sicher?«
»Wenn du mir nicht glaubst«, erwiderte Feroze kühl, »schluck noch ein paar, dann wirst du es schon sehen. Vergiss nicht, wir sind in Indien. Wenn dir ein Quacksalber erzählt, eine Arznei sei ›experimentell‹, dann nimm es als Warnung und sieh zu, dass du fortkommst!«
Ein paar Sekunden lang war ich richtig gerührt, dass der Magier sich offenbar um mich sorgte. Doch als ich mich wieder auf die Suche nach Insiderinformation machte, ging mir durch den Kopf, was alles geschehen war. Ich hatte viel zu viel ertragen müssen, um vergeben und vergessen zu können.

Wohin geht man in einer riesengroßen Stadt wie Kalkutta, um Insiderinformation aufzutun? Ich erinnerte mich an Indiens goldene Regel: Tue das Gegenteil von dem, was überall sonst normal wäre.

Der Subkontinent funktioniert nach einem fein abgestimmten und gut eingespielten System. Dem Außenstehenden mag es plan- oder ziellos erscheinen. Doch was in Indien willkürlich wirkt, ist das Ergebnis von fünftausend Jahren Erfahrung. Schwimm mit dem Strom, mahnte ich mich, stemm dich nicht gegen die natürlichen Kräfte des Volkes, und der Erfolg wird dein sein.

Hätte man mir den Auftrag erteilt, eine westliche Metropole nach Betriebsgeheimnissen zu durchkämmen, wäre ich geradewegs ins Herz der Stadt gegangen. Da ich mich in Indien befand, ließ ich das Zentrum Kalkuttas links liegen und spazierte zum heiteren Ufer des Tolly's-Nullah-Kanal.

Ich setzte mich unter einen Banyanbaum, um den Proviant zu verzehren, den Gokul mir als Imbiss zu Mittag eingepackt hatte. Es war erst fünf nach zehn, aber mein Körper hatte sich an die Essenszeiten des Meisters gewöhnt. Am Rand des Kanals war eine Gruppe von Männern dabei, mit Sicheln Kresse zu schneiden. Andere fischten mit ziehharmonikaähnlichen Gebilden aus Drahtgeflecht und wateten dabei wie Gazellen, die einen Fluss durchqueren, durch das brusthohe Wasser. Ein Stück weiter war eine ganze Familie damit beschäftigt, als Brennmaterial gedachte Ziegel aus Kuhdung in der Wintersonne zu wenden. Vier kleine Jungen sprangen nacheinander in den Kanal, wühlten Schlamm auf und bespritzten sich, wie junge Schakale bei Vollmond quiekend, gegenseitig mit Wasser.

An einen Menschen, mit dem ich keine gemeinsame Sprache habe, würde ich mich in Europa nur im äußersten Notfall um Hilfe wenden. Der goldenen Regel Indiens zufolge ist ein solcher Mensch jedoch genau der Richtige.

Ich schlich mich an einen bärtigen Mann etwa in meinem Alter heran, der Dungziegel groß wie Dinosauriereier umdrehte, und versuchte, ein Gespräch mit ihm anzufangen.

»Können Sie mir sagen, wo ich an eine Insiderinformation kommen könnte?«, fragte ich.

Der Mann sah mich mit leeren, verquollenen Augen an.
»In-sid-er-in-for-ma-tion«, wiederholte ich und unterstrich mein Anliegen mit obskuren Gesten, als wäre ich ein psychotischer Pantomime.
Der Dungziegelwender bemühte sich mit angestrengt gerunzelter Stirn, aus meiner Zeichensprache schlau zu werden, und schüttelte schließlich den Kopf.
»Haa«, murmelte er, als hätte er meine Frage verstanden.
Dann wies er mit einem dungbeschmierten Finger auf ein Gebäude in der Ferne, das von einer Mauer umgeben war.
Als ich ebenfalls auf das Gebäude deutete, nickte er heftig.
Ausgezeichnet, dachte ich, hier bin ich auf einer guten Spur.
Nach zehnminütigem Fußmarsch hatte ich das Gebäude erreicht. Rostrote, zinnenbewehrte Mauern mit cremefarbenen Ecksteinen, vergitterte Fenster, vor dem Tor zwei plattfüßige Wachtposten. Polizeitransporter fuhren hin und her wie wild gewordene Wasserbüffel.
»Gefängnis von Alipore«, zischte mir ein schielender *paan*-Verkäufer zu, der neben dem Tor hockte.
»Oh«, erwiderte ich verlegen. »Ein ungewöhnlicher Ort, um nach Insiderinformation zu suchen, nicht wahr?«
Der *paan*-Verkäufer hatte einen Berg *sopaari,* Betelnüsse, vor sich, die er in kleine Stücke hackte. »Suchst du Bhola Das?«, fragte er.
»Ähm, ich suche nach Insiderinformation«, antwortete ich. »Wer ist Bhola Das?«
Der *paan*-Verkäufer zwinkerte zweimal mit seinem guten Auge.
»Bhola Das, berühmter Henker von Westbengalen!«
»Ah, ja, den suche ich. Ja, genau. Ich suche den Henker!«
Wer könnte bessere Berufsgeheimnisse zu bieten haben als ein Henker?
»Wo muss ich hingehen?«
Der *paan*-Verkäufer zeigte auf eine niedrige Halbtür, die in das mit Nägeln beschlagene Haupttor eingelassen war.
Ich verharrte einen Augenblick, um mir eine passende Geschichte

zurechtzulegen, und klopfte dann zweimal an die Tür. Keine Reaktion. Ich klopfte noch einmal. Nun erst ließ ein Wächter sein Gesicht hinter dem Gitterfenster sehen.

»Bhola Das!«, rief ich laut. »Ich bin gekommen, um mit Bhola Das zu sprechen, dem berühmten Henker von Westbengalen!«

Der Wächter schob die Blende wieder vor das Gitterfensterchen. Ein Schlüsselbund rasselte. Die Halbtür öffnete sich knarrend. Ein Wärter brachte mich zum nächsten. Jedem flüsterte ich das geheime Passwort zu – den Namen des Henkers.

Nach langem Warten saß ich dem Direktor des Gefängnisses gegenüber.

»Ich bin gekommen, um mit Bhola Das zu sprechen«, erklärte ich. »Er wird wahrscheinlich schon auf mich warten.«

»Sehr gut, Sir«, sagte der Direktor und unterzeichnete die für meinen Besuch notwendigen Genehmigungen.

Er drückte auf einen Knopf neben seinem Schreibtisch, und im selben Augenblick tauchte aus dem Dunkel ein Wärter auf, um mich durch das berühmte Gefängnis von Alipore zu geleiten.

Es ging Treppen hinauf und hinunter, um Korridore herum und Durchgänge entlang. Die Sohlen meiner Schuhe knarzten auf dem Steinboden, als wir durch das Labyrinth wanderten. Vor einer massiven Stahltür blieb der uniformierte Wärter stehen.

»Bhola Das?«, erkundigte er sich rückversichernd.

»Richtig, ich will mit dem Henker sprechen.«

»Sehr gut, Sir«, erwiderte der Wärter mit sichtlichem Unbehagen und klopfte an die Tür, die sich gleich darauf nach innen öffnete.

Wir traten in einen schmucklosen, von Tageslicht erhellten Raum mit Steinwänden. In einer Ecke stand ein robuster Holztisch. Auf ihm lag eine Schlinge, aus einem groben Hanfseil geknüpft. Neben dem Tisch, auf einem dreibeinigen Stuhl, saß ein Mann. Seine Haare waren schneeweiß, seine Wangen von einem struppigen Bart bedeckt; die Augen hinter den verkratzten Brillengläsern hatten einen stählernen Blick. Sein Hemd und sein *lungi* waren abgetragen, doch sauber.

»Bhola Das?«, sagte ich fragend.

»Ja«, erwiderte der Mann. »Ich bin Bhola Das.«
»Ich würde mich gerne ein paar Minuten mit Ihnen unterhalten.«
Der Henker sah auf eine Uhr hoch oben an der Wand.
»Müssen Sie zu einer Hinrichtung?«
»Nein«, antwortete Das trübselig. »Ich habe heute keine Arbeit.«
Während Henker in anderen indischen Bundesstaaten nach ihrer Eignung ausgewählt werden, vererbt sich das Amt in Westbengalen innerhalb einer Familie.
»Mein Vater und sein Vater und dessen Vater vor ihm waren alle Henker«, rief Das aus und streckte seine spindeldürren Arme nach hinten wie eine Heuschrecke ihre Flügel. »Mein Vater hat mehr als sechshundert Übeltäter in den Tod geschickt, aber das war zur Zeit der Briten, und damals gab es noch wesentlich mehr zu tun. Mein Vater wurde in der Kolonialzeit nach Glasgow geschickt. Er hat im dortigen Gefängnis Inder aufgehängt. Man könnte sagen«, schloss Das feierlich, »das Handwerk des Henkers liegt mir im Blut.«
»Wie ist es, einen Menschen zu hängen?«
Der Henker starrte auf den Boden und sah mich dann mit Augen kalt wie Schneeregen forschend an.
»Einen Menschen zu töten ist schrecklich«, antwortete er leise. »Das Leben eines Menschen zu beenden ist eine Last, die kaum zu ertragen ist. Ich habe das Amt des Henkers geerbt. Es ist die Arbeit meiner Vorväter. Ich fälle kein Urteil über den Beruf, den sie für meine Familie gewählt haben. Aber ich sorge dafür, dass jeder, den ich hinrichte, in Würde und ohne Schmerzen stirbt. Ich denke, ich bin der beste Henker in ganz Indien, und ich sage das nicht, um mich zu brüsten. Vor einer Hinrichtung kann ich drei Tage lang nicht schlafen. Und nicht essen. Ich ziehe mich zurück und denke über das Leben nach, dem ich bald ein Ende setzen werde. Und dann, ehe ich dem Verurteilten die Schlinge um den Hals lege, bitte ich ihn um Verzeihung. Ich erkläre ihm, dass ich nur tue, was Regierung und Gericht mir aufgetragen haben.
»Wenn ich jemanden hänge«, bekräftigte Bhola Das und rückte seine dicke Brille zurecht, »bleibt er intakt. Kein Tropfen Blut

kommt aus seiner Nase, den Ohren oder dem Mund. Daran sieht man, wer sein Handwerk versteht.«

»Sagen Sie«, fuhr ich mit gedämpfter Stimme fort, denn draußen stapfte gerade ein Wärter vorbei, »haben Ihnen Ihre Vorfahren irgendwelche Berufsgeheimnisse weitergegeben?«

Bhola Das nickte weise und blickte auf ein Taubenpaar, das sich gerade auf dem Fenstersims niedergelassen hatte.

»Ja«, antwortete er dann. »Es gibt solche Geheimnisse ...«

»Können Sie mir Näheres darüber sagen?«

Der Henker warf mir einen Seitenblick zu.

»Die Geheimnisse, die ich meine«, sagte er, »sind nur mir bekannt und dem Mann, den ich hinrichte.«

»Ah«, erwiderte ich schaudernd und lockerte meinen Hemdkragen. »Ich verstehe. Aber könnten Sie mir nicht wenigstens einen kleinen Hinweis geben, sozusagen als Beweis für die Sorgfalt, mit der Sie Ihren Beruf ausüben?«

Bhola Das rieb nachdenklich die Handflächen aneinander.

»Zuerst«, flüsterte er und blickte vorsichtig nach rechts und links, »reibe ich die Schlinge mit einem Stück Seife ein. Ich achte darauf, dass sie auch in alle Vertiefungen gelangt; das verringert die Reibung. Dann reibe ich sie noch einmal ein, und zwar mit einer Banane. Dann erst kann ich sicher sein, dass der Knoten leicht gleitet. Am allerwichtigsten aber ist«, fuhr der Henker mit gesenkter Stimme fort, »eine schwere Messingöse in die Schlinge einzuziehen. Wenn ich dem Verurteilten die Schlinge über den Kopf ziehe, sorge ich dafür, dass sie seitlich am Hals zu liegen kommt. Sobald sich die Falltür öffnet, dreht sie sich zum Genick und bricht es sauber durch.«

»Eine halbe Stunde später«, fuhr der Henker fort, »wenn ich das Seil löse, kommt manchmal ein schauriger Seufzer aus dem Mund des Toten – es ist nur Luft, die aus seiner Lunge entweicht.«

»Ist der Tod durch den Strang die einzige Hinrichtungsmethode in Westbengalen?«

»Leider ja. Kürzlich wurden vier Männer wegen Vergewaltigung eines neunjährigen Mädchens zum Tod verurteilt«, erzählte Bho-

la Das, »und ich musste sie hängen. Man hätte sie hungrigen Löwen vorwerfen sollen! Die Schlinge war viel zu gut für sie!«
Bhola Das nahm seine Brille ab und rieb sich die Augen. Er war ein rechtschaffener Mann, der die Arbeit seiner Vorväter weiterführte.
»Werden Ihre Söhne der Familientradition folgen?«
»Ja«, erwiderte Bhola Das. »Mein älterer Sohn möchte auch diesen Beruf ergreifen. Ich habe ihm beigebracht, wie man ein Seil dreht und eine Schlinge knüpft. Ein paar Mal hat er mir schon geholfen. Aber er meint«, fügte der Henker mit müder Stimme hinzu, »er müsste in dieser Position mehr Geld bekommen, und der Arbeitsplatz müsste sicherer sein. Sonst«, flüsterte er, »hat dieser Beruf keine Zukunft, sagt er.«
Mit wertvoller Insiderinformation ausgestattet, dankte ich dem alternden Henker und rief nach dem Wärter, der mich aus dem Gefängnis hinausgeleiten sollte. Als ich mich zum Gehen wandte, ergriff Bhola Das meine Hand mit seinen schwieligen Händen und neigte sich zu meinem Ohr.
»Sollten Sie einmal meine Dienste benötigen«, murmelte er dunkel, »stehe ich Ihnen jederzeit zur Verfügung.«
Ein rechtschaffener Mann, dachte ich, als ich die Baker Road nach Norden hinaufspazierte, um wieder zum Haus des Magiers zu gelangen. Er besaß innere Stärke und zeigte unter schwierigen Umständen Mitgefühl. Und was Bhola Das' Angebot anging – schwer zu sagen, ob ich jemals in die Lage kommen würde, privat die Dienste eines Henkers in Anspruch zu nehmen. Doch ich würde, überlegte ich, sein großherziges Angebot auf jeden Fall im Hinterkopf behalten – für schlechte Zeiten.

Hochgestimmt kehrte ich in das Haus des Meisters zurück. Es drängte mich, von meiner soeben entdeckten Insiderinformation zu berichten. Doch zuvor wollte ich in mein Zimmer gehen, um zu duschen und mich umzuziehen. Gokuls Gehilfe polierte gerade die messingnen Teppichstangen auf der Treppe. Ich stieg über ihn und ging hinauf in den ersten Stock. Mein Zimmer lag am Ende des Ganges, von dem noch mehrere andere Räume abgingen, die normalerweise verschlossen waren; Feroze achtete streng darauf. Dass die zweite Tür rechter Hand nur angelehnt war, machte mich neugierig. Ich schob sie auf und streckte meinen Kopf hinein.

Was ich ganz zufällig entdeckte, überraschte mich sehr.

Es war das Zimmer eines kleinen Jungen. Von der Decke hing ein selbst gebautes Modellflugzeug, auf dem Bett saß eine Familie von Kuscheltieren, gegen einen Stuhl gelehnt stand ein Schulranzen, die Schnallen geöffnet. An eine Wand waren Kinderzeichnungen geheftet. Der niedrige Schreibtisch war übersät mit den kleinen Schätzen der Kindheit – eine Schleuder, ein Häufchen Murmeln, Garnrollen und ein beschädigter Puppenkopf. Es hätte ein Kinderzimmer wie jedes andere sein können, war es aber nicht. Nur eine nackte rote Glühbirne spendete Helligkeit, die Rollläden waren heruntergelassen und sperrten jedes Tageslicht aus. Über allem lag ein gespenstischer roter Schein.

Erschrocken tat ich einen Schritt zurück und wollte schon die Tür wieder schließen, als ich auf einem niedrigen Hocker eine zusammengesunkene Gestalt mit geschlossenen Augen sitzen sah. Es war Feroze. Erstaunlicherweise hatte er mich nicht gehört. Ich machte mich auf Zehenspitzen davon.

Als ich mich umgezogen hatte, ging ich auf der Suche nach Gokul in den Wirtschaftstrakt hinüber. Des Meisters alter Diener würde mir bestimmt etwas über das geheimnisvolle Zimmer sagen können.

Gokul war damit beschäftigt, in einer Kelle eine Hand voll Gewürze über der Gasflamme zu rösten.

»Hallo, Sahib!«, begrüßte er mich, ohne sich umzudrehen.

»Woher hast du gewusst, dass ich es bin?«

»Gehen sehr laut«, gab er zurück.

»Gokul, ich habe gerade etwas ziemlich Seltsames gesehen.«

»Was für Seltsames?«

»Da oben gibt es ein Zimmer mit rotem Licht. In dem sitzt der Meister und hat die Augen geschlossen.«

Der Diener nahm die Kelle mit den Gewürzen von der Flamme und wandte sich mir zu.
»Vor langer Zeit«, sagte er bedrückt, »Sohn und Frau von Meister umgekommen.«
»Wie? Wie ist es geschehen?«
Gokul rieb sich mit der linken Hand die Augen und schniefte.
»Sie nehmen Fahrradrikscha«, erwiderte er. »Rikscha von Tankwagen überfahren ... Meister Sahib Zimmer von Sohn gelassen wie damals. Heute«, murmelte der Diener, »Jahrtag von Tod.«
Ich überließ Gokul seinen Gewürzen und schlich mit gesenktem Kopf zum Haupthaus zurück. Der Magier mochte mein Peiniger sein, aber dennoch war ich zu einem vorübergehenden Waffenstillstand bereit. Hatte seine schikanöse und gefühllose Art gegenüber Schülern mit dem Tod seiner Frau und seines Sohnes zu tun?
Eine Stunde später traf mich Feroze im Studierzimmer an, wo ich ein Exemplar von *Hobson-Jobson* nach Zauberkunststücken durchforstete. Seine gewohnte Vitalität schien verflogen. Sein Gesicht wirkte zerquält und bleich, die Augen hatten tiefe dunkle Ringe, seine Kleidung war unordentlich.
»Wie ist es dir ergangen?«, erkundigte er sich mit gepresster Stimme.
»Nun ...«, setzte ich an und klappte das Buch euphorisch zu.
»Hast du mir eine Insiderinformation mitgebracht?«
Ich dachte an das Gefängnis und die Geheimnisse von Bhola Das, der das Amt des Henkers von Westbengalen ererbt hatte. Sollte ich zuerst von der Seife, der Banane oder der Messingöse erzählen, die das Genick bricht? Ich sah Feroze an. Er war ganz anders als sonst. Wie konnte ich mit einem Mann, dessen eigene Familie ein schreckliches Ende genommen hatte, über die Berufsgeheimnisse eines Henkers reden?
»Tut mir Leid«, sagte ich, »aber mein Magen hat mir wieder Probleme gemacht. Morgen bringe ich dafür die doppelte Portion an Insiderinformation.«

Am nächsten Tag hatte ich mich, noch bevor Gokul mit einer Kanne Milchtee von der Küche herübergeschlurft kam, aus dem Haus geschlichen. Heute, sagte ich mir, werde ich meinen Ruf wiederherstellen.

Kalkutta ist am frühen Morgen wie verzaubert. Wie in einem Filmstudio in Hollywood wimmelt es entweder von Menschen, oder es ist still wie auf einem Geisterschiff. Kalkutta ist entweder an oder aus. Es ist die einzige Stadt der Welt, bei der es keine Zwischenstufe gibt.

Um sechs Uhr morgens kommen – wie Kulissenschieber und Komparsen beim Film – die ersten Leute auf den Set geschlendert, ausgeruht und für einen weiteren Tag hektischer Aktivität gerüstet. Einige säubern den Rinnstein oder kehren das Kopfsteinpflaster, bereiten wie die Hausmeister eines Studios die Szene für die Ankunft der Schauspieler vor. Andere legen auf selbst gebauten Verkaufsständen eselsohrige Exemplare von *Time* und *National Geographic* aus. Gleich daneben begeben sich Bettler humpelnd zu ihrem Platz und machen sich bereit für den Ansturm der Menschenmenge. Astrologen stellen ihre handgemalten Tafeln mit den Konstellationen der Gestirne auf; Parfümverkäufer stauben ihre Flaschen aus geschliffenem Glas ab; Händler von Zahnstochern arrangieren ihr Angebot; Taschendiebe verschwinden schnell in Eingängen. Obstverkäufer teilen saure grüne Orangen in Portionen zu sechs Schnitzen. Verkehrspolizisten ziehen den Gurt ihres weißen Helms fest und steigen auf ihr Podest. Dann – und erst dann –, als hätte ein unsichtbarer Regisseur »action!« gerufen, kommt Kalkutta in Gang.

Innerhalb weniger Augenblicke sind die Straßen von Autos verstopft, Schwaden von Abgasen wabern durch die Luft. Die Gehsteige sind voller Menschen, aneinander gedrängt wie Lämmer in einem Transporter.

Nichts in Kalkutta ist so wichtig wie der Gehsteig. Weit mehr als bloße Leitwege für Fußgänger, sind die Gehsteige Schlafsaal, Schreibbüro, Markt, Café, Arztsprechzimmer und Laden für Regenschirmreparaturen inmitten brodelnden Großstadtlebens. In

Kalkutta sind die Gehsteige breiter als in den meisten anderen Städten; sie stammen aus der Zeit, als Kalkutta eine prachtvolle Metropole des britischen Empire war. Auf zwanzig Meter Gehsteig in Kalkutta findet man ein größeres Warenangebot als in manchem Land insgesamt. Plastikkämme und Kuscheltiere, Duschhauben in Kamelienpink, hart gekochte Eier auf Tabletts, Austauschmotoren, Bakelittelefone, Mottenkugeln in Beuteln aus Sackleinen, Rote Rüben und Jackfrüchte, Zahnseide und Holzbeine, Laufgestelle und Pogo-Sticks, Turbinen und Theodoliten.

Während ich mich noch von dem Schock der morgendlichen Invasion erholte, fiel mein Blick auf einen Mann, der vor dem Writer's Building hockte. Er hatte keine Hände und keine Füße. Seine Stümpfe waren gut verheilt, die Haut straff und glatt. Dutzende solcher unglücklicher Menschen betteln auf der Lal Bazaar Street – doch dieser Mann hatte eine Alien-Antenne auf dem Kopf, wie sie vor zwanzig Jahren bei Partygängern beliebt war. Als ich mich zu ihm hinunterbeugte, stupste er mit seinem Armstumpf gegen eine der beiden langen Spiralfedern, und der rot geränderte Augapfel am Ende hüpfte wild auf und ab.

»Yes, Sahib!«, rief er eifrig in der Annahme, dass ich als Ortsfremder mir dieses sensationelle Ding bestimmt kaufen würde. »*Panch rupia,* fünf Rupien!«

»Was mache ich mit so einem Gerät?«

»Sehr gute Qualität«, beteuerte er, »guter Preis. Ich bin ein Krüppel. Keine Familie. Kein Geld.«

Ich reichte ihm den Geldschein und nahm die Alien-Antenne in Empfang. Vielleicht ist sie mir doch irgendwann von Nutzen, dachte ich. Schließlich waren wir in Kalkutta.

Ich probierte die Tentakel gleich auf. Kein Mensch drehte sich nach mir um, als ich mich mit den gruseligen, über meinem Kopf auf und ab wippenden Augäpfeln durch die Menge schob. Dann sah ich, wie mir vom anderen Ende der Lal Bazaar Street ein Mann zuwinkte. Da ich annahm, dass mir schon wieder ein Bettler etwas andrehen wollte, machte ich kehrt und ging eilig davon. Doch das Geräusch von Rädern ließ darauf schließen, dass der

Mann mich verfolgte. Ohne mich umzudrehen, schlüpfte ich mit meinen hüpfenden Alien-Augen auf dem Kopf schnell in eine Seitengasse. Die Räder folgten.

»Also gut«, knurrte ich und drehte mich zu meinem Verfolger um. »Was wollen Sie?«

Erst jetzt erkannte ich, dass es kein Invalide auf einem Wägelchen war, sondern ein *rickshawalla.*

»Jadoowalla!«, rief er. »Erinnern? Mister Zauberer …?«

Was brabbelte der Mann da?

Er war schmal wie ein Windhund, barfüßig und extrem mager. Unter seinem zerrissenen, safrangelben Unterhemd sah ein knochiger Rücken hervor, übersät mit verschorften Wunden, und Muskeln, straff wie das Schlagfell einer Trommel. Er schwankte bedenklich, als er vor mir stand; offensichtlich war er sturzbetrunken.

»Was wollen Sie?«

Der Mann wies mit dem Finger auf mich, dann auf die Rikscha und führte schließlich einen kleinen Sketch vor.

Irgendwie kam er mir langsam bekannt vor.

»Bist du nicht der *rickshawalla,* der mich damals zu Ferozes Haus gefahren hat – der Postläufer aus Purulia, stimmt's?«

Der *rickshawalla* kippte den Kopf von einer Seite zur anderen. *»Haa,* Sahib«, erwiderte er. »Läufer. Ich bin Läufer. Name … Venky.«

Der *rickshawalla* ließ die Fingerknöchel knacken, als wollte er demonstrieren, dass er noch immer gut bei Kräften war.

»Wohin Sie wollen?«, fragte er blinzelnd.

»Nun«, erwiderte ich, »vielleicht könntest du mir helfen.«

Er tat mit angestrengt konzentrierter Miene einen Schritt auf mich zu.

»Ich suche nach etwas Besonderem«, erklärte ich. »Ich suche nach *Insiderinformation.«*

Venky der *rickshawalla* zog die Augenbrauen hoch, so weit es ging, und wackelte mit dem Kopf hin und her. Er roch, als hätte er in *chullu* gebadet.

»Hast du mich verstanden? Ich möchte zu jemandem gefahren werden, der Insiderinformation hat.«
Der Mann klopfte mit seiner ledrigen Hand auf die Sitzbank der Rikscha. Ich kletterte hinauf, und wir fuhren los. Er schien zu wissen, wohin es gehen sollte.
Sämtlichen Taxis, Lastwagen und einer Karawane von Musikern – sie legten sich schwer ins Zeug, um neue Kunden zu gewinnen – gekonnt ausweichend, flitzte der *rickshawalla* in Richtung Bow Bazaar. Der Markt ist berühmt für seinen exquisiten Schmuck, der in engen Werkstätten hinter den Läden angefertigt wird. Größere Geschäfte haben eigene Astrologen, die fachmännische Beratung für die Gestaltung anbieten.
Ohne jede Vorwarnung stemmte Venky plötzlich die Fersen in den Staub und zeigte auf eine Kuh. Das Tier war an einem Pfosten festgebunden und hatte einen Blütenkranz um den Hals. Daneben stand eine Frau mittleren Alters in einem einfachen weißen Sari, auf Bengali-Art um den Körper geschlungen.
»Wie kann ein Tier Insiderinformation haben?«
Der *rickshawalla* zögerte.
»Nicht verstehen«, sagte er schließlich.
»Warum hast du mich dann zu dieser Kuh gefahren?«
Venky schob die Unterlippe so weit vor, dass sein Zahnfleisch sichtbar wurde. Wir waren uns zwar erst vor kurzem begegnet, aber irgendwie kam es mir vor, als würde ich ihn schon mein Leben lang kennen.
»Na gut, wenn wir schon mal da sind … Kannst du die Frau fragen, was sie mit ihrer Kuh hier macht?«
Unversehens vom *rickshawalla* zum Dolmetscher befördert, fing Venky ein Gespräch mit der Frau an. Sie hielt ein Büschel hartes Gras in der Hand, und er bombardierte sie nuschelnd mit allen möglichen Fragen.
»Sie sagen«, begann Venky in seinem besten Englisch, »Leute zahlen bisschen Geld für füttern Kuh.«
»Warum zahlen die Leute etwas dafür, die Kuh zu füttern?«
»Füttern Kuh Glück«, antwortete der *rickshawalla.*

»Gehört die Kuh der Frau?«
Wieder schwatzte Venky munter drauflos.
»*Haa*«, sagte er schließlich nach einer Weile, »Kuh nicht ihr gehören. Kuh Milchmann gehören. Sie zahlen Milchmann für Kuh im Tag.«
»Du meinst, die Frau mietet die Kuh jeden Tag, sobald der Milchmann mit ihr fertig ist, und lässt Fremde dafür zahlen, dass sie sie füttern?«
Venky dachte einen Augenblick scharf nach. Dann breitete sich auf seinem Gesicht ein Lächeln aus.
»Ja, Sahib … sehr gut!«
Das Arrangement trug unverkennbar den Stempel Kalkuttas. Wo sonst findet man ein derart geniales System? Der Milchmann melkt die Kuh und dann, anstatt sich den ganzen Tag um sie zu kümmern, gibt er sie an eine Frau weiter, die ihn für das Privileg bezahlt, auf das Tier zu achten. Auch die Frau geht keineswegs leer aus, denn sie verlangt Geld von den Leuten, die der Kuh ein paar Grasstängel füttern wollen. Den gläubigen Hindus wiederum vermittelt ihr gutes Werk Seelenfrieden. Den Dung verkauft die Frau an Hersteller von Dungziegeln – ein profitables Nebengeschäft. Dieses Arrangement war sogar noch besser als die Sache mit den Mietbabys.
»Venky«, sagte ich, während die Mehboob Marching Band uns wie eine gewaltige Meereswoge überrollte, »du bist genial!«

Beflügelt von diesem schnellen Erfolg im Bow Bazaar, sah ich mich nach weiteren Profis um. Wenn schon eine bescheidene Kreatur wie diese Kuh solche verborgenen Wunder offenbaren konnte, was mochte in dieser Straße noch alles auf mich warten?
Ich hatte mein Notizbuch noch nicht weggesteckt, als Venky auf eine Gruppe von Männern zeigte, die den Rinnstein unmittelbar neben seiner Rikscha säuberten.
»*Ghamelawalla!*«, rief er aus.
»Was meinst du? Was bedeutet *ghamelawalla?*«

Der Rikschafahrer war verblüfft, dass ich das Wort nicht verstand.
»*Ghamelawalla*«, wiederholte er, »Goldwäscher.«
»Venky«, sagte ich, »du irrst dich. Diese Männer sind Rinnsteinreiniger. Schau, sie kehren den ganzen Dreck zusammen und befördern ihn auf einen Karren aus Metall.«
Der *rickshawalla* wackelte mit dem Zeigefinger.
»*Ghamelawalla*, suchen Gold«, widersprach er.
Ich fand mich damit ab, dass es mit Venky als Dolmetscher vermutlich eine langwierige und mühselige Sache werden würde, die Tatsachen herauszufinden. Seine Englischkenntnisse waren begrenzt. Es war, als würde man eine verzerrte, unter Wasser gemachte Tonbandaufnahme entschlüsseln. Ich führte seine schwankende Sprachkompetenz auf den mit einer trüben Flüssigkeit gefüllten Flachmann zurück, den er in dem Beutel um seinen Hals verstaut hatte.
Der Bow Bazaar ist eine Straße, in der sich erstaunliche Reichtümer häufen. Deshalb war es eigentlich gar nicht so abwegig, dass die Leute den Kehricht aus dem Rinnstein holten, um darin nach Gold zu suchen. Mit wiedergewonnenem Vertrauen in den Mann, dem ich das Geheimnis der Kuhhüterin verdankte, leckte ich erwartungsvoll meinen Bleistift.
Goldhändler in westlichen Ländern wissen den Schmutz, der auf dem Boden der Werkstätten zusammengekehrt wird, durchaus zu schätzen. Ein alter chassidischer Juwelier in Manhattan hatte mir einmal erzählt, dass er die uralten Holzdielen aus seinem Betrieb verkauft hatte. Die Käufer verbrannten sie, um so den Goldstaub zurückzugewinnen, der sich im Laufe der vielen Jahre in den Ritzen gesammelt hatte. Doch ich erkannte bald, dass der Clan der *ghamelawallas*, Kalkuttas inoffizieller Armee von Goldsuchern, selbst die Recyclingspezialisten von New York in den Schatten stellte.
Die *ghamelawallas* – der Name kommt übrigens von *ghamela*, den schweren Eisenpfannen, die sie verwenden – der Stadt beginnen mit ihrer Arbeit mitten in der Nacht. Lange bevor die Juwe-

liere im Basar ihre Läden öffnen, erscheinen sie auf der Szene, um die Werkstätten auszukehren. Wie die kleinen Vögel, die Krokodilen zwischen den Zähnen herumstochern und Nahrungsreste herausholen, erbringen auch die *ghamelawallas* eine wichtige, wenngleich unspektakuläre Dienstleistung. Jedes Staubkorn wird sorgsam aufgesammelt. Der Ladeninhaber bekommt ein paar Rupien, und der kostbare Schmutz wird zur weiteren Behandlung abtransportiert.

Viele *ghamelawallas* richten sich auf den Straßen Kalkuttas häuslich ein. Fast alle sind Wanderarbeiter und besuchen ihre Frauen und Kinder nur einmal im Jahr. Die meisten beginnen ihre berufliche Laufbahn mit einer Art Lehrzeit; das heißt, sie arbeiten mit sechs oder sieben Jahren an der Seite ihres Vaters. Sie schlafen in irgendwelchen Durchgängen auf *charpoys,* einfachen Pritschen, und waschen sich an Handpumpen. Streift man durch die Nebengässchen des Bow Bazaar, sieht man sie auf dem Gehsteig sitzen und den Kehricht aus den Juwelierläden bearbeiten. In dem Gewühle fallen einem die Grüppchen kauernder Gestalten kaum auf, wenn man nicht genau hinsieht. Doch wie so viele Menschen in Kalkutta sind auch die *ghamelawallas* Meister darin, aus fast nichts ein halbwegs existenzsicherndes Einkommen zu machen. Die zerlumpten Straßenkehrer, die da auf dem Boden hocken, führen ein technisch kompliziertes Verfahren durch.

Zuerst werden Papierfetzen, Strohhalme und größere Stücke Abfall aussortiert. Diese werden später an *ruddiwallas,* an Lumpensammler, verkauft. Dann wird der eigentliche Schmutz in klarem Wasser ausgeschwemmt, und es kommen ein paar Tropfen Salpetersäure hinzu, die alle Metalle außer Gold löst. Der Rückstand wird mit einer Bariumlösung behandelt, die die Goldpartikel miteinander verbindet. Dieses Material wird anschließend auf einem *choolah,* einem kleinen Ofen, in einem Tiegel geschmolzen. Während die Glut mit einem kleinen, handbetriebenen Blasebalg ständig angefacht wird, formt sich am Boden des Tiegels ein winziger Goldklumpen.

Auch in einigen anderen Städten Indiens gibt es *ghamelawallas.*

Allerdings werden sie von den in Kalkutta Ansässigen als Hochstapler betrachtet, denn nirgendwo auf der Welt wird dieses Recycling mit einer derartigen Perfektion betrieben. Während die *ghamelawallas* in, sagen wir, Bombay den gesammelten Kehricht nur einmal behandeln, sind die Kollegen Goldsucher in Kalkutta wesentlich einfallsreicher. Die Gruppe von *ghamelawallas,* die im ersten Bearbeitungsdurchgang Gold aus dem Schmutz der Werkstätten gewonnen hat, verkauft ihn anschließend an eine andere Gruppe von *ghamelawallas.* Diese zweite Gruppe, noch ärmer als die erste, wiederholt die ganze Prozedur und holt noch winzigere Krümel des kostbaren Metalls heraus. Diese *ghamelawallas* nun verkaufen den restlichen Kehricht an eine wieder andere Gruppe von Goldwäschern, die am Ufer des Hoogly in großen Pfannen die letzten Körnchen herausschwemmen. Und diese verhökert den übrig gebliebenen Schlamm an Leute, die daraus Ziegel machen.

Am späten Vormittag, wenn die *ghamelawallas* des ersten Trupps ihre Runde durch die Werkstätten beendet haben, wenden sie ihre Aufmerksamkeit den Rinnsteinen des unvergleichlichen Bow Bazaar zu. Mit harten Bürsten ausgerüstet, schrubben sie den Schmutz von den Straßen und karren ihn zur weiteren Bearbeitung fort. Ehe sie sich in den glühend heißen Nachmittagsstunden zurückziehen, um sich auszuruhen, errichten die *ghamelawallas* ein komplexes Netz aus kleinen Dämmen, damit nichts von dem kostbaren Schmutz in den Abwasserkanälen verschwindet. Doch schon steht – schließlich befinden wir uns in Kalkutta – die nächste Kompanie *ghamelawallas* bereit, um des Nachts die Rinnsteine zu durchkämmen. Kommt so viel Unrat zusammen, dass sie die Weiterverwertung allein nicht schaffen, wird ein Teil einfach an Subunternehmer vergeben.
Venky gab sich große Mühe, mir das verwickelte System der *ghamelawallas* zu übersetzen. Ein *lakh,* also hunderttausend Menschen, arbeiteten in Kalkutta als selbständige *ghamelawallas,* murmelte er. Wenn jeder von ihnen, sagen wir, zwanzig Rupien am Tag macht und elf Monate von zwölfen arbeitet, dann erwirt-

schaften Kalkuttas Goldwäscher allein mehr als zwanzig Millionen Euro im Jahr. Dafür, dass aus nichts Geld gemacht wird, ein ganz hübsches Sümmchen. Wie sagt man in Kalkutta: *»Ak janar chai, annyar sona«* – »Des einen Abfall ist des anderen Gold.«

11

Hochzeit in der Metro

Als ich am nächsten Morgen im Studierzimmer meinen Bericht ablieferte, hörte der Meister regungslos zu. Er hatte seine Taschenuhr auf den Schreibtisch gelegt und stoppte die Zeit. Ich erzählte von verborgenen Schätzen und weitervermieteten heiligen Kühen, und als ich geendet hatte, klappte er die Hacken seiner braunen Budapesterschuhe zusammen.

»Und hast du«, sagte er nach minutenlangem Schweigen, »die Kuh und die *ghamelawallas* allein gefunden?«

Ich ließ mir die Frage durch den Kopf gehen. War er mir womöglich gefolgt? Konnte er Venky gesehen haben? Hatte er mir eine Meute von Spionen hinterhergeschickt, die jeden meiner Schritte beobachteten?

»Ja, ich habe es ganz allein geschafft«, erwiderte ich mit ängstlicher Stimme. »Wie ein Bluthund sein Opfer erschnüffelt, wissen Sie. Das gehört dazu.«

Feroze stand von seinem Stuhl auf und blieb einen Augenblick in der klassischen Freimaurerhaltung – die Füße im rechten Winkel zueinander gestellt – still stehen. Dann kam er über den kostbaren Herizi-Teppich auf mich zugeschlichen wie ein Tiger auf seine Beute. Ungefähr zehn Zentimeter vor mir blieb er stehen, zog eine Halbbrille aus seiner Hemdtasche, setzte sie auf und inspizierte die Schweißperlen auf meiner Stirn.

»Dir ist ein wenig warm, nicht wahr?«, bemerkte er.
»Nein, eigentlich nicht.«
»Dann erklär mir doch bitte«, fuhr der Meister fort, während er zu seinem Stuhl zurückging, »wie du dich mit diesen Leuten verständigt hast. Laut meinen Anweisungen war es verboten, einen Dolmetscher mitzunehmen.«
Nichts hätte mir mehr Vergnügen bereitet, als Hakim Feroze mit einem Breitschwert genüsslich zu durchbohren. Dann fielen mir die Gummibänder ein. Der Waffenstillstand war beendet. Ich wandte meinem Lehrer den Rücken zu und tat so, als würde ich mir die Schnürsenkel zubinden. Meine Finger tasteten nach den Gummibändern unter der Innensohle meines linken Schuhs.
»Na los«, drängte Feroze höhnisch, »wie haben sie dir all diese Details verständlich gemacht? Sprachen sie Oxford-Englisch? Oder hast du über Nacht Bengali gelernt?«
Ich ließ die Gummibänder in meiner Hemdtasche verschwinden. Meine Geheimwaffe Venky würde ich auf keinen Fall preisgeben. Jetzt kam es bloß auf die richtige Strategie an.
»Nun«, erklärte ich hartnäckig, »es gab für mich nur eine Möglichkeit, solche komplexen Zusammenhänge zu ergründen …«
»Gut, und die wäre?«
»Ich benutzte …«
»Also, heraus damit!«
»Ich benutzte die Zeichensprache!«
Feroze befeuchtete einen Zeigefinger mit der Zunge und strich über eine Augenbraue. Ich wartete darauf, dass er endlich einmal wegsah. Schon der Bruchteil einer Sekunde genügte mir, um die Gummibänder ruck, zuck auf den Schreibtisch zu befördern.
Der Magier starrte mir in die Augen, als würde er telepathische Kräfte mobilisieren. Wir wussten beide, dass er meine Gedanken las. Ich schwöre, ich spürte geradezu körperlich, wie er die Bibliothek meiner Erinnerungen durchforstete. Seinen Blick tiefer und tiefer in mich bohrend, holte er die Vergangenheit aus mir heraus, bis ich mich ganz schwach fühlte.
Ich hatte keine andere Wahl, als meine Attacke abzubrechen,

doch während ich tief Luft holte, drehte Feroze sich um und griff nach seiner Teetasse, die auf dem Fenstersims stand. Ich rieb mir die Augen. Dann ergriff ich die Gelegenheit beim Schopf und ließ die drei türkisfarbenen Gummibänder möglichst präzise in Richtung Schreibtisch schnalzen. Es kam mir vor, als würden sie in Zeitlupe durch den Raum fliegen, ehe sie endlich neben der kostbaren Taschenuhr landeten. Mein Magen krampfte sich angstvoll zusammen. Der Meister nahm einen Schluck von seinem Tee. Dann blickte er zur Uhr hinüber. Die Zeit stand still. Sprach Panik aus seinen Augen, als er die Objekte meiner Rache forschend betrachtete? Leider nicht. Hatte er in den hintersten Winkeln meines Gehirns die Wahrheit entdeckt? Ich war geneigt, es anzunehmen, denn er zeigte sich nicht im Geringsten irritiert.
Ohne ein Wort zu sagen, warf Feroze ein gepunktetes Seidentaschentuch über die Gummibänder, als wäre es ein Fischnetz, ging gedankenverloren zum Papierkorb hinüber und ließ meine Geheimwaffen samt kontaminiertem Taschentuch hineinfallen.
»Du unternimmst heute einen Ausflug«, sagte er nach einer langen Pause, »und machst noch ein wenig Gebrauch von deiner ›Zeichensprache‹. Am Nachmittag möchte ich zwei gute Beispiele für Insiderinformation von dir hören. Sobald du zurück bist: ein Dutzend neue Illusionen und eine kleine Prüfung zu allem, was du bisher gelernt hast. Wir werden heute lange arbeiten! Du kannst jetzt gehen.«
Ich stand von meinem Stuhl auf und ging schweigend zur Tür. Als ich mich vorbeugte, um nach dem Knauf zu greifen, sprach der Meister mich noch einmal an.
»Ach, übrigens«, knurrte er, »ich habe meine Aversionen schon vor Jahren abgelegt. Und Scherze auf Kosten anderer missbillige ich sehr. Aber mach dir deshalb keine Sorgen. Es ist Gokul, der eine Strafe verdient hat.«

Tief drinnen hatte ich entgegen aller Hoffnung gewusst, dass der Magier sich nicht mit irgendwelchen Geschichten würde abspeisen lassen. Mir war auch klar gewesen, dass er meinen engagierten

Einsatz vom Vortag als unzureichend beurteilen würde, und deshalb hatte ich vorsorglich ein weiteres Treffen mit Venky vereinbart. Den *rickshawalla* anzuheuern mochte zwar den Anordnungen des Meisters zuwiderlaufen, aber andererseits, rechtfertigte ich mich in Gedanken, war die Kommunikation mit Venky schließlich auch keine leichte Aufgabe.

Als ich am vereinbarten Treffpunkt eintraf, kippte Venky gerade eine Flasche Schwarzgebrannten, eine ziemlich trübe Flüssigkeit. Er verzog heftig das Gesicht, als das scharfe Zeug seine Eingeweide verätzte wie auf Zinkblech tropfende Batteriesäure. Ohne ein Wort über das Tagesprogramm zu verlieren, klopfte er mit der flachen Hand auf den Rikschasitz zum Zeichen, dass ich Platz nehmen solle, und startete mit furiosem Tempo.

Venky fuhr in Richtung Osten, zur Metrostation Bhawanipur, und hielt einmal an, um sich eine Glasscherbe aus der Fußsohle zu ziehen. In wenigen Minuten hatte er die kurze Distanz zurückgelegt. Selbst in betrunkenem Zustand bewies er eine erstaunliche Ausdauer. Die langen Jahre als Postläufer in der Wildnis von Purulia waren ein gutes Training gewesen. Als er wieder zu Atem gekommen war, stierte Venky direkt in die Sonne.

»Früh«, sagte er.

Ich sah auf meine Armbanduhr.

»Es ist neun Uhr vierzig. Früh wofür?«

Venky beugte sich über meinen Arm und glotzte auf das Zifferblatt.

»Uhr nicht gut«, erklärte er entschieden. »Sonne gut, Sonne nie kaputt!«

»Venky, worauf warten wir?«

»Hochzeit-Mann.«

»Was meinst du?«

Der *rickshawalla* spreizte die Finger seiner rechten Hand und stieß sie mir mehrmals energisch vors Gesicht wie ein Irrer, der zu winken versucht. Schau dir das an, Feroze, dachte ich – Zeichensprache in Reinkultur.

Während wir auf den Hochzeitsmann warteten, begann Venky von sich zu erzählen.

»Name Venkatraman … geboren Tamil Nadu. Vater nach Bihar«, sagte er. »Meine Frau in Gomoh, Nähe Dhanbad.«

»Hast du Kinder?«

»Vier Sohn«, erwiderte der *rickshawalla* stolz. »Gehen Haus ein Mal in Jahr. Kinder sehen, Frau sehen. Sehr gut.«

»Wann fährst du wieder nach Bihar?«

»Ostern.«

»Ostern? Dann bist du Christ?«

Venky konzentrierte sich gerade auf eine weitere Glasscherbe, die in seinem Fuß steckte, bestätigte jedoch, dass er tatsächlich Christ sei.

»Und dein Leben hier? Wie ist es, in Kalkutta zu arbeiten?«

»Harte Arbeit«, antwortete Venky und spannte seine Gesichtsmuskeln derart an, dass die Haut über den Wangenknochen wie ein Spiegel glänzte. »Kalkutta harte Stadt. Zahlen fünfzehn *rupia* für Rikscha fahren … Arbeit ganzen Tag macht fünfundvierzig *rupia.* Schicken Geld zu Frau.«

»Kommen dich manchmal Freunde der Familie aus Bihar besuchen?«

Venky rieb sich eine schwielige Stelle an seiner rechten Hand.

»Freunde kommen hier«, sagte er leise. »Aber Freunde mich sehen … machen mich traurig. Freunde lachen über mich … ich nur *rickshawalla.*«

Man kann sehr einsam sein in Kalkutta. Venky hatte nur einen echten Freund hier gefunden. Er hieß *chullu.*

»Gerne trinken *fenny*«, fügte er schüchtern hinzu. »*Fenny* gut. Sie mögen *fenny?*«

»Also, ich trinke eigentlich gar keinen Alkohol. Und du solltest aufpassen – *fenny* ist ein höllisch starkes Zeug«, sagte ich. »Außerdem geht es meinem Magen nicht besonders gut … zu viel Brechmittel. Ich habe ihn mir mit Steineschlucken verkorkst.«

Die Stirn des *rickshawalla* legte sich in tiefe Falten, während er

die Worte »Stein« und »schlucken« ins Bengali übersetzte. Dann warf er mir einen konsternierten Seitenblick zu.
»Mister essen Steine?«, erkundigte er sich besorgt.
»Nur zu besonderen Anlässen«, erwiderte ich, »nicht jeden Tag.«
Venky grinste und sah noch einmal zur Sonne.
»Ist Zeit jetzt«, sagte er. »Wir gehen.«
Nachdem wir die Fahrbahn überquert hatten, um zur Station Bhawanipur zu gelangen, ließ Venky seine Rikscha in der Obhut eines Straßenhändlers zurück und geleitete mich dann zur Metro. Er stieg sehr unsicher die Marmorstufen hinunter, und ich spürte, dass er noch niemals in Indiens einziger Untergrundbahn gewesen war. Ich kaufte zwei Fahrkarten zu drei Rupien, und dann schlenderten wir eine Treppe hinab zum Bahnsteig. Mir kam es dort unten, tief im Bauch von Kalkutta, weit weg vom brodelnden Stadtverkehr, vor wie in einem urbanen Garten Eden.
Kalkuttas eingleisige Untergrundbahn wurde, entgegen allen Erwartungen, im Jahr 1984 fertig gebaut. Die Kosten sollen sich auf rund 450 Millionen Euro belaufen haben – und das in einem Land, in dem schon 450 Euro, ganz zu schweigen vom millionenfachen Betrag, eine monströse Summe sind. Man fragt sich, warum derart viel Geld aufgewendet werden musste. Aber man braucht in dieser Metro, dem Stolz von Westbengalen, nur ein wenig den Blick schweifen zu lassen und erkennt auf Anhieb, dass hier eine Menge investiert worden ist.
Die Metro ist alles, was man nie erwartet hätte. Sie ist kühl, blitzsauber, still wie ein Grab, entspannend für die Sinne und duftet nach Lavendelöl. Die Bahnsteige, von frischer Luft durchströmt, verfügen über Satellitenfernsehen und Hintergrundmusik. In den Waggons, die weder mit Kaugummis noch Graffiti verunreinigt sind, hängen Originalbilder einheimischer Maler.
Am allerwenigsten erwartet man, dass die Metro dermaßen wenig benützt wird. Wann immer ich jemanden gefragt habe, warum der Stolz ihrer Stadt so leer ist, bekam ich ein nervöses Lächeln

zur Antwort. Manche meinten, es liege daran, dass die Bengalen lieber festen Boden unter den Füßen hätten. Andere sagten, in der Metro sei es zu kalt. Wieder andere befürchteten, der Tunnel könnte einstürzen. Nach Venkys Reaktion zu urteilen, war es möglicherweise eine Mischung aus allen drei Gründen. Allein auf dem Bahnsteig zu stehen machte ihn unruhig.

Nachdem wir bereits zwanzig Minuten auf dem Bahnsteig in Richtung Süden herumgestanden hatten, fragte ich mich allmählich, worauf wir eigentlich warteten. Züge fuhren ein und wieder ab. Doch Venky machte mir klar, dass wir nicht zum U-Bahn-Fahren gekommen waren.

Er hob die Hand und bedeutete mir, Geduld zu haben.

»Nicht fahren«, erklärte er. »Warten auf Hochzeit-Mann.«

»Du hast mir immer noch nicht gesagt, wer dieser Hochzeitsmann ist …«

In diesem Augenblick tauchte neben uns eine rundliche Gestalt mit Augen wie geschälte grüne Weintrauben auf. Der Mann trug einen maßgeschneiderten kleiefarbenen Anzug mit breitem Revers und sechs Knöpfen an den Ärmeln.

»Hallo«, sagte er in fehlerlosem Englisch. »Ich bin aufgehalten worden. Musste mich noch um die Hochzeit kümmern.«

Ich stellte mich vor und erklärte, dass Venky mir nicht gesagt habe, warum wir uns hier träfen.

»Ich organisiere Hochzeiten«, erwiderte der Mann leichthin. »Es ist sehr schwierig, einen passenden Ort zu finden, besonders jetzt in der Hochzeitssaison. Die Familien verzweifeln schier. Er soll kühl sein, so dass man sich entspannen kann, sauber, weit weg von Lärm und verpesteter Luft, kein Gedränge. Er muss leicht erreichbar sein und groß genug für die ganze Hochzeitsgesellschaft. Und deshalb«, schloss der Mann munter, »vermiete ich Bahnsteige in der Metro.«

»Ich bin nicht sicher, ob ich Sie richtig verstehe.«

Mit seinen Weintraubenaugen flink nach rechts und links spähend wie ein Leguan, fuhr der Makler fort:

»Was wäre günstiger für eine Hochzeit als ein Bahnsteig in der

Metro? Hier ist es sauber, kühl, und man kommt leicht her. Es gibt Toiletten, Fernseher und rundherum Lautsprecher. Welcher Ort könnte besser geeignet sein?«

»Aber arbeiten Sie denn für die Metro von Kalkutta?«

Der Mann rieb sich den Bauch und lachte.

»Natürlich nicht!«, erwiderte er. »Ich gebe dem Stationsvorsteher ein Trinkgeld, und die Sache ist erledigt.«

»Heute Abend haben wir eine Hochzeit«, erklärte er, »und ich muss noch ein paar Dinge regeln. Die Hochzeitsgesellschaft wird von dort kommen« – er wies auf ein Drehkreuz –, »und hier wird die Trauung stattfinden.«

Es verblüffte mich doch sehr, dass es dem *rickshawalla* gelungen war, einen solch beeindruckenden Unternehmer aufzutreiben, und ich stellte ihm noch eine letzte Frage.

»Gibt es ein Geheimnis, das dies alles möglich macht?«, wollte ich wissen.

Der Mann scharrte mit den Füßen, strich sich selbstgefällig über den schmierigen Schurrbart und beugte sich zum Gleis vor, um einen Blick in den Tunnel zu werfen.

»Ja«, antwortete er freimütig, »es gibt etwas, das gewährleistet, dass ich keinerlei Probleme bekomme.«

»Und was ist das?«

Auf seinem durchtriebenen Gesicht spiegelte sich das Neonlicht, als er mir zuflüsterte:

»Ich prüfe immer nach, ob alle Hochzeitsgäste einen gültigen Fahrschein haben.«

Das Beste an der Suche nach Insiderinformation war, dass ich nach Belieben durch die Stadt streifen konnte. Das Studium der Zauberkunst kam vielleicht ein bisschen zu kurz, aber wenigstens konnte ich essen, was ich wollte und wann ich wollte.

Venky wurde ganz aufgeregt, als ich ihn zu einem Mittagessen mit allem Drum und Dran einlud.

»Wir gehen in ein Restaurant in der Park Street«, sagte ich. »Die machen dort ein ziemlich gutes *tandoori.*«

Der *rickshawalla* wischte sich mit einem Hemdzipfel den Mund ab und anschließend die eitrige Wunde an seiner Fußsohle.

»Gut essen Station Sealdah!«, erwiderte er.

In den Edelschuppen der Park Street hätte Venky sich vielleicht nicht besonders wohl gefühlt.

»Auf zur Station Sealdah!«, sagte ich.

Venky schwang sich in den Sattel seiner Fahrradrikscha und reihte sich schlingernd in den Verkehr der A.J. Chandra Bose Road ein. Die Aussicht auf ein Essen in seinem Lieblingslokal schien ihn richtiggehend zu beflügeln. Während wir uns durch das Gewühle vorwärts schoben – wobei Venky heftig sein *ghanti*, eine kleine Glocke, betätigte –, atmete ich tief ein und füllte meine Lunge mit Kalkuttas einmaliger Mischung aus Monoxiden, Quecksilberdämpfen und giftigen Spurenelementen. Als ich den Giftcocktail wieder ausatmen wollte, verkrampfte sich alles in meiner Brust. Zum ersten Mal in meinem Leben hatte ich einen Asthmaanfall.

Bis wir die Bahnstation Sealdah außerhalb der Stadt erreichten, konnte ich kaum mehr atmen. Als Venky bemerkte, dass ich keine Luft mehr bekam, drückte er mit seinen kräftigen Fingern in das weiche Fleisch auf beiden Seiten meines Unterkiefers. Ich konzentrierte mich auf das Pochen über meinem linken Auge, und allmählich normalisierte sich meine Atmung wieder.

»Woher weißt du, dass das hilft?«, fragte ich nach Luft ringend.

Venky grinste.

»*Rickshawalla*-Trick«, antwortete er.

Das Lokal an der Bahnstation Sealdah hatte nichts gemein mit den Restaurants, die ich sonst besuche. Venky ließ sein Gefährt bei einem anderen *rickshawalla* vor dem Reservierungsbüro des Bahnhofs und eskortierte mich über die kreuz und quer verlaufenden Schienen zum Lokal. Er schien sich sehr auf das Essen zu freuen, während mich, je näher wir kamen, dunkle Ahnungen beschlichen.

Das Gasthaus stand unmittelbar neben einem überwucherten

Weichensignal, und es drängten sich bereits die Stammgäste. Etwa dreißig Bettler lungerten herum und warteten darauf, dass etwas für sie abfiel. Von der Gesellschaft ausgestoßen, wegen ihrer Behinderungen und Krankheiten verachtet, waren sie die Elenden, deren Name ein Synonym für Kalkutta ist.

Das Kommando führte eine korpulente Frau in einem leuchtend pinkfarbenen Sari, die einem halben Dutzend junger Helfer mit schriller Stimme Anweisungen zuschrie. Der eine war damit beschäftigt, Gemüse klein zu schneiden, ein anderer rührte mit einem spatenähnlichen Löffel in einem blubbernden Topf herum, ein Dritter fachte das Kohlenfeuer darunter an. Die herbe Dame sei die Inhaberin, flüsterte Venky mir zu, Sharmila Roy.

Wir setzten uns auf die grasbewachsene Insel zwischen den Weichen, und Venky erzählte mir mehr über sein Lieblingslokal. Was ich erfuhr, dämpfte meinen Appetit leider beträchtlich. Jeden Morgen, berichtete er, schicke Sharmila Roy ihre Kinder zu den Müllbergen rund um die Stadt, um dort nach Essbarem zu suchen. Sie sammeln so viel weggeworfene, teilweise halb vergammelte Zutaten ein, wie sie nur können, und schleppen ihre Beute zu dem Freiluftlokal an der Eisenbahn. Unter Einsatz ihrer beachtlichen Kochkünste zaubert Sharmila Roy daraus ein Büffet mit köstlichen Gerichten. Bettler und *rickshawallas* scheuen nicht einmal kilometerweite Wege, um bei ihr zu speisen.

Ich hatte einmal einen Fernsehbericht über ein ähnliches Lokal in Washington D.C. gesehen. Ein Unternehmer schickte Leute aus, die die Mülltonnen der Reichen nach Essbarem durchsuchten. Das Ergebnis war ein lukullisches Menü aus erlesensten Delikatessen – feinster Kaviar vom Kaspischen Meer, Tournedos mit Ziegenkäse und gerösteten Pinienkernen, eine Terrine von Langostinos, gebratene Wachteln – das Ganze hinuntergespült mit japanischem Pflaumenwein.

Obwohl mich derartige Geschichten von Banketts aus dem Müll faszinierten, machte ich mir doch langsam Gedanken. Ich ahnte, dass eine solche Mahlzeit in Kalkutta möglicherweise nicht den gehobenen Standard der amerikanischen Hauptstadt aufweisen würde. In den USA wird ein Produkt bereits dreißig Sekunden nach dem Verfallsdatum als verdorben angesehen, in Kalkutta ein wenig oberflächlicher Schimmel oder eine faule Stelle jedoch als Geschmacksverbesserung empfunden.

Recycelte Zutaten waren nur das halbe Geheimnis von Sharmila Roys Lokal. Die meisten Gastronomen beschränken sich darauf, diejenigen zu bewirten, die Geld in der Tasche haben. Dieses Problem aller Bedürftigen hatte das Lokal an der Station Sealdah gelöst – auf recht einfache Weise. Die Gäste wurden ermuntert, in Naturalien statt mit Geld zu bezahlen. Selbst für Kalkutta, Heimat der Babyvermieter und Goldwäscher, verdiente dieses System großen Beifall. Wenn du die drei Rupien für ein kräftiges Mittagessen nicht zusammenkratzen kannst, kein Problem. Bring ein Bündel Lumpen, einen wirres Knäuel Telefonkabel, einen alten Schuh, ein Marmeladenglas, eine gebrauchte Zahnbürste, eine aus einem der Pendlerzüge gestohlene Glühbirne oder eine Hand voll rostige Rasierklingen ... und man serviert dir feierlich eine reichliche Portion Fischkopf-Curry.

Venky gehörte offensichtlich zu den Stammgästen, denn er wurde von Sharmila Roy herzlich willkommen geheißen. Während sie uns begrüßte, äußerten einige Gäste Bedenken wegen des Fremden, den er mitgebracht hatte. Der *rickshawalla* reichte mir einen Stoß Lumpen, ein improvisiertes Sitzkissen. Eine von Sharmila Roys Töchtern – sie dürfte höchstens sechs Jahre alt gewesen sein – kam mit drei Bananenblättern als Teller zu uns herübergehuscht. Als die zerfledderten Bananenblätter gebracht wurden, stieg mir der erste Schwall Curryduft in die Nase.

Venkys Augen leuchteten auf wie Kerzen in dunkler Nacht.

»Gut Essen«, sagte er laut, damit auch jeder hörte, wie hervorragend sein Englisch war.

Ehe ich ein Wort sagen konnte, wurde ein Haufen Fischköpfe, gekochte Hühnerbeine und gemischtes Gemüse auf das Bananenblatt vor mir geklatscht. Das Essen roch stark gewürzt. Erst später dämmerte mir, dass die Gewürze den Fäulnisgeschmack überdecken sollten. Trotz des höllisch scharfen Chilis kam der durchdringende Geruch von halb vergammeltem Fisch an die Oberfläche – wie Öl in Wasser. Während man mir noch verlockende Bissen auf mein Bananenblatt häufte, hatte Venky seine Hand schon in sein Essen gegraben, einmal durchgemischt und zu schlemmen begonnen.

Vagabunden aller Art hatten sich eingefunden. Diejenigen, die gehen konnten, hatten sich im Kreis um uns versammelt. Auf der einen Seite stand ein halbes Dutzend Leprakranker, daneben kauerten Opfer von Autounfällen – zwei Männer ohne Beine –, dazu zwei weitere, die durch Kinderlähmung verkrüppelt waren, und einer, der an akuter Elephantiasis litt. Den Kontrast zu ihnen bildete etwa ein Dutzend *rickshawallas*, ebenso wie Venky erstaunlich gesund und kräftig.

Mir kamen fast die Tränen bei dem Gedanken, dass ich mir ein Mahl aus Zutaten einverleiben sollte, die von Kalkuttas Müllbergen stammten. Ich bin ohnehin heikel, was Essen angeht. Trotzdem konnte ich es schlecht stehen lassen, sonst hätte ich den *rickshawalla* und seine Kollegen beleidigt. Wie könnte Venky jemals wieder hocherhobenen Hauptes hier erscheinen, wenn ich – sein Gast – nicht tüchtig zugriff?

Ich senkte Daumen und Zeigefinger der rechten Hand zögernd in den Berg vor mir und fragte mich, wie ich dieses Essen überstehen sollte. Sharmila Roy kam herübergewatschelt, um sich zu vergewissern, dass ich auch genug bekommen hatte. Zuerst hoffte ich, dass ich einfach trödeln könnte, doch dann bemerkte ich, dass die um uns versammelte Gästeschar ständig den Blick zwischen meinen Fingern und meinem Mund hin- und herwandern ließ; alle warteten darauf, dass ich den ersten Bissen zu mir nahm.

Ich griff nach einem Häufchen übel riechender Fischeingeweide, presste den Saft heraus und führte die Hand in Richtung Mund. Sechzig Augen verfolgten jede meiner Bewegungen. In einer Sekunde würde alles vorbei sein. Meine Finger zitterten, so panisch war ich, mein Mund verkrampfte sich in Erwartung des Kommenden. Dann, als das erste Klümpchen Fischinnereien schon beinahe zwischen meinen Lippen verschwunden war, hatte ich eine Eingebung. Es war nicht der genialste Einfall aller Zeiten, aber als rettende Idee in letzter Sekunde durchaus brauchbar. Anstatt das gammelige Fischgedärm in den Mund zu stecken, nahm ich Zuflucht zu einem Taschenspielertrick. Die Innereien erreichten niemals meinen schreckensstarren Verdauungstrakt – sie verschwanden unter meinem Hemd.

»Köstlich!«, rief ich aus, nachdem ich mehrere Hand voll der Atzung auf dieselbe Weise entsorgt hatte. »Ich muss bald wieder mal hierher kommen. Venky, das ist ein tolles Lokal!«

Der *rickshawalla* übersetzte meine enthusiastischen Lobesworte, die von Sharmila Roy wohlwollend aufgenommen wurden. Sie freute sich über meinen gesunden Appetit.

In meinem Überschwang hatte ich zwei ganze Köpfe von *pabda*-Fisch, ein Paar Hühnerfüße, einen Schwung breiiges Gemüse und verschiedenste Innereien unter meinem braunen Cordhemd verschwinden lassen. Nach dem sechsten oder siebten Happen, der denselben Weg nahm, glänzte mein Hemd dunkel vor Fett. Doch ich war nicht verschmierter als die anderen, wie ich mit einem Seitenblick feststellte. Dank des stinkenden Fischöls hob ich mich in der Tat kaum mehr von den Stammgästen ab.

Nachdem wir gespeist hatten, stand ich auf, denn wir wollten uns wieder auf den Weg machen. Mein Bauch befand sich kaum in der Senkrechten, als ich spürte, wie das Gemenge aus Fischköpfen, Eingeweiden und Hühnerfüßen in meine Boxershorts rutschte. Venky geleitete mich über die Eisenbahngeleise zurück. Die Schwerkraft tat weiter ihre Wirkung, und wenig später sah mich der *rickshawalla* entsetzt an – die schleimigen Fischköpfe waren auf meinen Schuhen gelandet.

Als ich im Haus des Magiers eintraf, kam es zu einer äußerst peinlichen Situation. Ein hoher Diplomat aus dem Fernen Osten, auf Stippvisite in Kalkutta, war zu Besuch, begleitet von einem Kollegen aus dem Militär und einem ebenfalls uniformierten Faktotum. Feroze bewirtete die Gäste auf der Veranda. Als er mich in den Hof treten sah, bedeutete er mir mit einem Winken, dass ich zu ihnen kommen solle. Mein Zustand nach unserem Lunch in dem Lokal für Parias war eigentlich nicht für eine Begegnung mit Feroze oder seinen ausländischen Würdenträgern geeignet. Durchnässt von widerlich riechender Currysauce, mit stinkendem Fischgedärm im Hosenaufschlag, war ich nicht gerade eine Empfehlung für den Meister.

Mit zittrigen Händen strich ich noch schnell mein Hemd glatt und knöpfte die Manschetten zu.

»Sie glauben gar nicht, was ich heute erlebt habe!«, posaunte ich betont vergnügt, während ich auf die Veranda zuging.

Leider erreichte mein bestialischer Gestank die Gruppe untadelig gewandeter Gentlemen noch schneller als meine launige Bemerkung. Der Begleitoffizier begann zu würgen, als ihn der Geruch nach vergammeltem Fisch anfiel. Der Diplomat zog blitzschnell ein Taschentuch heraus und stopfte sich die Ecken wie Korken in die Nasenlöcher. Der Meister, bebend vor Zorn und tintenblau angelaufen, winkte mich mit dem Zeigefinger zu sich. Zögernd näherte ich mich dem Korbsessel, in dem er saß.

»Ins Labor, sofort«, flüsterte er mir nach Rache dürstend zu. »Du siehst hungrig aus. Iss doch etwas, mir zuliebe – zehn Steine!«

Es vergingen zwei Tage. Feroze war über alle Maßen verärgert wegen meines tölpelhaften Benehmens, schloss mit lautem Knall die Fensterläden und wanderte übellaunig im dunklen Haus herum. Ausflüge waren vorerst gestrichen. Ich musste simple Illusionen üben, bis ich gelernt hätte, mich besser zu benehmen.

Als ich Feroze flehentlich um Verständnis für die nachgerade lebensbedrohlichen Umstände jenes Essens bat, wischte er meine Entschuldigungen mit einer Handbewegung beiseite. Auch meinen Bericht – eine veritable Orgie an Insiderinformation und obskuren Details – wollte er nicht hören. Ich hatte versagt und Schluss.

»Bitte, hören Sie mir zu!«, flehte ich ihn am dritten Tag an. »Begreifen Sie doch! Ich war nur wegen eines schlauen Tricks so versaut!«

Der Meister schnaubte verächtlich.
»Ich praktiziere Illusionen seit vielen Jahren«, erklärte er in ätzendem Ton, »und habe noch niemals Veranlassung gehabt, stinkenden Fisch in der Hose zu verstauen.«
»Na gut ... Wenn Sie nichts über meine Begegnung mit dem Metro-Makler wissen wollen, oder das Lokal an der Bahnstation Sealdah – geben Sie mir wenigstens noch einmal die Chance, eine Insiderinformation aufzuspüren?«
Mit der Hand nach einer Schmeißfliege haschend, wandte sich der Meister mir zu.
»Sag nicht, ich wäre nicht nachsichtig«, erwiderte er kalt. »Du bekommst noch eine Chance, dich zu beweisen. Ein einziger Ausrutscher, und zur Belohnung wartet das Glas mit Steinen.«

Viel eher als für einen berühmten Magier hätte man Feroze für einen schurkischen Wesir aus Tausendundeiner Nacht halten können. In alten Zeiten hätte ein solcher Mensch Herrscher über ein ganzes Reich sein können. Hafiz Jan hatte schon Recht gehabt, was das tyrannische Wesen des Meisters anging – von einem »Kurs« im üblichen Sinn konnte man wirklich nicht sprechen. Es war vielmehr ein komplexes Terrorregime, gesteuert von einem eingefleischten Sadisten. Obwohl ich nach Rache gierte, wollte ich Hakim Feroze noch immer beeindrucken. Ein einziges Wort der Anerkennung hätte mich für alles Leid entschädigt.
Rückblickend muss ich sagen, dass ich wohl nicht ganz bei Sinnen war, als ich beschloss, in Kalkuttas obskurste Profession einzudringen. Doch der Meister wollte Insiderinformation, sagte ich mir, und er sollte sie haben.
Für Venkys Dienste hatte ich keinen Bedarf, zumindest so lange nicht, bis ich selbst die Lage hinreichend erkundet hatte.
Während der sechseinhalb Wochen, die ich mittlerweile unter Ferozes Aufsicht lebte, hatte mich ein geheimnisvolles Thema immer wieder beschäftigt. Da mein Tag gänzlich mit dem Üben von Zaubertricks und allen möglichen sinnlosen Studien ausgefüllt

war, hatte ich keine Zeit gehabt, mich mit der Sache gründlich zu befassen. Jedenfalls bis jetzt nicht.

Anstatt mich auf die Suche nach konventionellem Material zu machen, um des Meisters Verlangen zu befriedigen, nahm ich eine Rikscha zum Friedhof an der South Park Street. Es war an der Zeit, Kalkuttas finsterste Branche zu erforschen – die Welt der Skeletthändler.

Ich betrat den Friedhof nicht durch das Haupttor, sondern kletterte durch das Loch in der Ostwand. Ich konnte es nicht riskieren, vorzeitig bemerkt zu werden.

Als wäre die Stadt in ein Spinnennetz gehüllt, ist in Kalkutta alles mit allem verbunden. Um seine Beute aufzuspüren, muss ein Jäger seinen Weg durch das Gespinst zarter Fäden finden. Mit genügend Zeit würde einen alles in Kalkutta zu allem anderen führen. Doch Feroze wollte umgehend Resultate sehen, deshalb durfte ich keine Zeit verlieren.

Innerhalb einer Stunde hatte ich Topu aufgespürt, den Jungen, der mit seinen Freunden im Friedhof lebte. Ich erklärte ihm, dass ich mich mit den *konkalwallas* treffen müsse. Topu ließ keine Überraschung erkennen. Für ein kleines Honorar, meinte er, könne er ein solches Treffen arrangieren. Ich solle kurz vor Mitternacht wiederkommen. Es schien alles ganz einfach – fast, als würde Topu jeden Tag Rendezvous mit den Skeletthändlern ausmachen. Doch als ich ihm ein paar Rupien in die Hand drückte, um seine Effizienz zu steigern, überkamen mich plötzlich Zweifel. Was, wenn die *konkalwallas* mir eins über den Kopf gaben? Ehe ich mich versah, würde ich als anatomisches Skelett in einer Kiste per Frachtgut nach Zürich reisen.

Das Risiko war nicht gerade gering, aber ich würde mich nicht von ein paar kleinlichen Zweifeln unterkriegen lassen. Ich würde mich nicht allein in die Schattenwelt vorwagen, sondern eine Vertrauensperson mitnehmen. Ich überdachte die Situation. Wem konnte ich vertrauen? Dem Meister? Gott bewahre. Er würde mit einem solchen Vorhaben nichts zu tun haben wollen. Gokul? Zu alt. Rublu? Zu krumm. Es standen nicht viele Namen auf meiner Auswahlliste. Da alle anderen nicht geeignet waren, blieb nur einer übrig – Venky. Ich kannte ihn noch nicht lange und wusste nicht, wie er reagierte, wenn es brenzlig wurde.

Aber ich hatte keine andere Wahl.

Topu war zuerst nicht ganz damit einverstanden, dass ich einen Begleiter mitbringen wollte. Ein kleines Extrahonorar in Form eines druckfrischen Hundert-Rupien-Scheines beseitigte seine Bedenken. Venky war die Ausgabe wert; er würde gewissermaßen meine Versicherungspolice gegen das Säurebad sein.

Als Nächstes begab ich mich zu einer Trinkbude in Chetla, südlich von Alipore, die häufig von *rickshawallas* besucht wurde.

Venky, der seinen ganzen Lohn in *fenny* umsetzte, hatte mir erzählt, dass ich ihn dort finden könne, wenn er »dienstfrei« habe. Bedauerlicherweise, vor allem für die Familie in Purulia, hatte Venky sehr oft dienstfrei, und diese Zeit verbrachte er nicht nüchtern. In der Bar, einer Holzhütte etwas abseits der Hauptstraße auf freiem Feld, verkehrte eine exklusive Spezies von hartgesottenen Alkoholikern. Von der Atmosphäre her wirkte sie wie eine zeitgenössische Version einer Opiumhöhle des 19. Jahrhunderts. Nur gab es statt Opium schwarzgebrannten Schnaps, der aus einem einzigen Krug ausgeschenkt wurde. In der Luft hing der unangenehme Geruch von alkoholgesättigtem Urin. Auf dem Boden im Schmutz lagen sieben oder acht bereits komatöse Trinker. Einer von ihnen war Venky. Wenn wir das Treffen mit den *konkalwallas* hinter uns hatten, würde ich ihm ein paar Tage zum Austrocknen geben müssen.

»Venky«, sagte ich bittend, »du musst mich heute Abend begleiten.«

Der *rickshawalla* war für ein Gespräch viel zu betrunken. Er sang im Schlaf. Ich schob eines seiner Augenlider zurück; vom Augapfel war nur das Weiße zu sehen. Als ich ihm den Puls fühlte, kam der Besitzer der Pinte herbeigeschlendert, ein Riese von einem Mann, dessen Sechstagebart kaum etwas vom Gesicht sehen ließ. Er deutete fragend auf den bewusstlosen *rickshawalla.* Ich nickte.

Der Wirt packte Venky am Hals und zog ihn hoch. Venky öffnete ein Auge und sah sich um.
»*Haa*, Sahib!«, würgte er hervor, als sein gutes Auge mich erfasste. Die Pupille weitete sich schlagartig.
»Venky, wach auf!«, rief ich. »Diese Trinkerei ist sehr schlimm. Du solltest dich schämen!«
An seinem Hals zeichneten sich noch die Fingerabdrücke des Wirts ab. Venky stellte sich so gerade hin, wie er nur konnte.
»Du musst später mit mir kommen«, sagte ich. »Ich brauche dich heute Abend.«
»Gut«, erwiderte er hustend. »Wohin gehen?«
»Zuerst in die Park Street«, antwortete ich neutral, um meine makabren Pläne nicht gleich zu verraten, »und dann treffen wir ein paar alte Einwohner Kalkuttas.«
»Fein«, sagte Venky. »Ältere Gentlemen?«
»Ja, ältere Gentlemen«, bestätigte ich. »Das könnte man so sagen.«

12

Der Fluch der Skeletthändler

Der Mond stand hoch über unseren Köpfen, und in den Mangobäumen lärmten Scharen von Fledermäusen, als Venky, Topu und ich auf dem Weg zu unserer nächtlichen Verabredung mit den Skeletthändlern das Stadtzentrum verließen. Es war zu weit, um mit der Rikscha zu fahren, deshalb nahmen wir ein verbeultes altes Ambassador-Taxi. Seiner stillen Begeisterung nach zu schließen saß Venky zum ersten Mal in einem derartigen Gefährt. Das Taxi rumpelte von den verlassenen Straßen im Zentrum Kalkuttas über die Vidyasagar Setu Bridge in Richtung

Nordwesten. Venky bemerkte kichernd, wir hätten doch lieber mit seiner Rikscha fahren sollen. Doch dann, ganz plötzlich, kippte er besinnungslos zur Seite. Durch seine Adern strömte noch immer reiner Alkohol.
Zwanzig Minuten nachdem wir den Hoogly überquert hatten, ließ Topu den Fahrer halten. Wir bezahlten und stiegen aus, mitten hinein in dichtes Gestrüpp. Venky wollte nicht aus seinem Betäubungsschlaf aufwachen. Ich befürchtete, er würde sich eher als Belastung erweisen denn als Lebensversicherung. Topu beugte sich über ihn und zwickte ihn hinter dem linken Ohr. Ich weiß zwar nicht, welchen Nerv er dabei aktivierte, aber die Reaktion war verblüffend. Der *rickshawalla* tat nämlich, von Adrenalin aufgeputscht, einen gewaltigen Satz nach vorne.
Wir warteten in einem Entwässerungsgraben neben einer bernsteinfarbenen Lampe, die alle paar Sekunden aufblitzte und uns mit safrangelbem Licht überflutete. Etwa dreißig Meter vor uns versank die Straße in Dunkelheit. Als ich Topu fragte, was wir hier machten, meinte er nur, ich solle mich in Geduld fassen.

Skelette haben mich schon immer fasziniert, seit meine Eltern mich als Kind in die Krypta eines ehemaligen Zisterzienserklosters in Sedlec in der heutigen Tschechischen Republik mitnahmen. Das aus dem 13. Jahrhundert stammende unterirdische Gewölbe war als Ossarium, als Beinhaus, genutzt worden. Von Zeit zu Zeit, wenn die Aufnahmekapazitäten des Friedhofs erschöpft waren, wurden die knöchernen Überreste der Dorfbewohner ausgegraben und in der Krypta wie Brennholz aufeinander geschichtet. In den 1870er Jahren hatten sich im Ossarium von Sedlec mehr als 40 000 Skelette angesammelt.
Ihrem Hang zum Exzentrischen nachgebend, erteilte die Familie Schwartzenberg, in deren Besitz die Kirche war, einem Künstler den Auftrag, aus den Knochen etwas Besonderes zu schaffen. Der Schnitzer Frantisek Rint brannte schon darauf, die Skelette in herrliche Kunstwerke zu verwandeln, machte sich sofort an die Arbeit und gestaltete die Krypta nach seiner Vorstellung aus.

Zu beiden Seiten der Stufen, die zur Gruft hinunterführen, stehen aus Knochen geschnitzte Urnen. Der Raum selbst ist angefüllt mit herrlichen Putten, Kandelabern, mosaikartig in den gepflasterten Boden eingearbeitete Totenschädel mit gekreuzten Knochen und einem gewaltigen Wappen des Hauses Schwartzenberg – alles aus Menschenknochen geschaffen. Sein Meisterwerk ist jedoch der mächtige siebenarmige Kronleuchter, bei dem er jeden Knochen des menschlichen Skeletts mindestens einmal verwendete; die Kerzenhalter sind aus menschlichen Schädeln geschnitzt. Mich hat die Krypta von Sedlec als Kind schwer beeindruckt, und daher kommt wohl auch mein makabres Interesse für das Geschäft mit gebrauchten Knochen.

Eine halbe Stunde verging. Von unserem Kontaktmann keine Spur. Dafür stellte ich entsetzt fest, dass sich in dem Entwässerungsgraben massenhaft Kakerlaken tummelten. Eine weitere halbe Stunde verging. Venky schlummerte friedlich; er hatte keine Ahnung von meinem Plan. Dann, als ich Topu zum hundertsten Mal fragen wollte, was eigentlich los sei, schlüpfte aus dem Gestrüpp hinter uns eine schlanke Gestalt. Sein Gesicht konnte ich nicht erkennen; ich sah nur, dass er einen karierten Lumberjack trug.

Topu und der Mann begrüßten einander, dann wurden Venky und ich ihm vorgestellt. Ich bemühte mich, einen seriösen Eindruck zu machen, als handelte es sich um ein Treffen hochkarätiger Manager. Während ich die Gesichtszüge des Mannes zu erkennen versuchte, blitzte die bernsteinfarbene Lampe wieder auf und tauchte ihn in aprikosenfarbenes Licht.

Ich sah ein wahrhaft abstoßendes Gesicht vor mir. Die erbsenkleinen Augen blickten äußerst unfreundlich, quer über die rechte Wange zog sich eine dicke Narbe, den unteren Teil beherrschte ein knochiges Kinn. Man hätte große Mühe, sich ein Gesicht auszudenken, das besser zu seinem Beruf des Grabräubers passen würde.

Obwohl: Ein Grabräuber interessiert sich für Tote, die man be-

reits begraben hat. Unser Kontaktmann war eher ein schlichter Leichendieb als ein ausgefuchster Grabräuber.
Venky und ich hatten keine Ahnung gehabt, dass es sich bei dem ummauerten Gelände neben der Hauptstraße um Kalkuttas größten Leichensammelplatz handelte. Nun bewegten wir uns im Gänsemarsch zum anderen Ende der Mauer. Der Mann mit der Narbe zog eine selbst gezimmerte Leiter aus dem Straßengraben und lehnte sie dagegen. Wir kletterten nacheinander hinauf und sprangen auf der anderen Seite hinunter.
Seine Lunge mit dem Gestank von verwesendem Fleisch füllend, sah Venky mich an, als fordere er eine Erklärung.
»Ältere Gentlemen«, flüsterte ich.

Auf Kalkuttas Straßen kommen jeden Monat Dutzende von Fußgängern ums Leben. In den meisten Fällen holen Verwandte den Leichnam ab, um ihn zu verbrennen. Doch es gibt auch eine beträchtliche Zahl von Toten, auf die niemand Anspruch erhebt. Manche sind so stark verstümmelt, dass sie nicht mehr eindeutig identifiziert werden können. Andere werden nicht abgeholt, weil die Familie sich eine Verbrennung nicht leisten kann. Da Kalkutta sehr nahe an der Grenze zu Bangladesch liegt, befürchten die Behörden, erneut einen Konflikt zwischen Muslims und Hindus auszulösen, wenn sie diese Toten automatisch entsprechend den hinduistischen Bestattungsregeln verbrennen lassen. Deshalb werden alle namenlosen Leichen zu einem abgelegenen Feld außerhalb der Stadt gebracht – in bester Absicht, denn die Gäste dieses Sammelplatzes sollen begraben werden. Da jedoch widrige Umstände die behördlichen Bemühungen immer wieder vereiteln, kommen inzwischen die Leichendiebe und nehmen mit, was für sie eine wertvolle Ware ist.
Selbst bei kargem Mondlicht war der Sammelplatz ein äußerst unerquicklicher Ort. Dutzende Leichen in unterschiedlichen Verwesungsstadien lagen herum, einige von streunenden Hunden angefressen; ihnen fehlten die Hände, der Kopf oder ganze Gliedmaßen. Andere waren nur teilweise bekleidet. Viele waren

von einem Unkraut mit fleischigen Blättern überwuchert, das wie Lebermoos aussah. Alles faulte vor sich hin. Der Geruch von verwesendem Fleisch ist besonders unangenehm. Er schlägt einem bei jedem Atemzug wie ein Knüppel ins Gesicht.

Ich musste mir ständig in die Faust beißen, während ich dem Narbenmann mit seinen riesigen Füßen hinterhertrottete. Zum Leichendieb war ich eindeutig nicht geeignet. Mir folgte ein schwankender, offensichtlich schwer traumatisierter Venky.

Der Narbenmann stocherte mit einem Stock suchend nach einer Leiche von guter Größe, mit guten Zähnen, herum und wählte schließlich eine relativ frische. Es war der Leichnam einer Frau. Im Licht meiner Mikro-Taschenlampe riskierte ich einen kurzen Blick auf ihr Gesicht. Der Tod ist ein Zustand, den zu begreifen lebenden Vertretern der menschlichen Spezies nicht leicht fällt. Während ich auf diese und andere Leichen starrte, schossen mir alle möglichen Fragen durch den Kopf: Wie kam es, dass sie so schrecklich entstellt waren? Warum waren die Hände aufgequollen und verkrümmt wie Ingwerwurzeln? Würde ich eines Tages auch so aussehen?

Topu beobachtete, wie ich dem Fund des Narbenmannes ins Gesicht starrte, legte mir eine Hand auf die Schulter und zog mich fort. Vielleicht spürte er, dass ich zutiefst verstört war. Während sich Angespanntheit und Erschütterung bei mir innerlich abspielten, äußerten sich Venkys Gefühle unüberhörbar. Der *rickshawalla* betete, so laut er konnte. Als ich ihn zu beruhigen versuchte, wurde er nur noch aufgeregter.

Der Narbenmann befürchtete offenbar, dass Venkys Lamentieren uns verraten könnte. Er zog die Leiche vom Boden hoch, als wäre es eine weggeworfene, sich in ihre Einzelteile auflösende Schaufensterpuppe, und versteckte sie im Gebüsch am Rand des Feldes. Vermutlich würde er sie später holen.

Topu hatte mich schwören lassen, dass ich keinem Menschen etwas erzählen würde. Man würde nämlich ihn zur Rechenschaft ziehen, wenn ich ausplaudern sollte, wo sich der Betrieb der Skelethändler befand. Ich fragte mich allerdings, wieso er annahm,

dass ich mich an irgendwelche Einzelheiten unserer komplizierten Fahrtroute erinnern könnte.
Um drei Uhr morgens schließlich standen wir vor dem fraglichen Gebäude.
Als die Tür aufgestoßen wurde, glitt der Narbenmann geschmeidig wie ein Dieb ins Dunkel hinein. Topu folgte ihm als Erster. Wenige Augenblicke später gab er Venky und mir ein Zeichen, dass wir nachkommen sollten. Die Art und Weise, wie Topu begrüßt wurde, konnte nur bedeuten, dass er irgendwie in das Geschäft verwickelt war. Während die Arbeiter, etwa ein Dutzend, ihn willkommen hießen, dachte ich über seine Motive nach. Hatte er alte englische Skelette vom Friedhof an der Park Street verhökert?
Die zwei Stunden, die Venky und ich in dem Leichenverarbeitungsbetrieb verbrachten, gehörten zu den beklemmendsten meines Lebens; sie ließen sich nicht einmal annähernd mit anderen Erlebnissen vergleichen. Dabei fand ich das Geschäft gar nicht so sehr abstoßend als vielmehr zweckmäßig. Die Produkte – anatomische Skelette – wurden aus einem Rohmaterial hergestellt, das keiner haben wollte – verwesenden Leichen.
Der Betrieb, in einem verlassenen Lagerhaus aus Backsteinen untergebracht, bestand aus einer Reihe kleiner, von drei oder vier schwachen Glühbirnen beleuchteten Räumen, von denen jeder einem bestimmten Zweck diente. Wir im Westen stellen uns einen Fabrikbetrieb meistens als riesige Halle mit unförmigen Maschinen und einheitlich gekleideten Arbeitern vor. Diese naive Vorstellung löste sich bei unserem Rundgang nun in Luft auf.
Der *rickshawalla* und ich fanden uns im bescheidenen Empfangsbereich wieder. Ich klopfte Venky kräftig auf den Rücken, um ihn zu beruhigen, und er schien ein wenig munterer zu werden. Ein verschlissenes Sofa, ein Schreibtisch und beschauliche Himalaya-Poster täuschten über das grausige Geschäft des Unternehmens hinweg. Ein Manager war erschienen, um uns die Räumlichkeiten zu zeigen. Er wurde großspurig als »Leiter der Nachtschicht« vorgestellt. Sein kriecherisches, unterwürfiges

Verhalten ließ darauf schließen, dass er ein saftiges Bakschisch erwartete.
Der Körper des Managers mit den Proportionen eines Whiskyfasses balancierte über Füßen in Kindergröße, und dieses Missverhältnis bewirkte unbeholfene, schwankende Bewegungen wie bei einem Sumo-Ringer in Ballettschühchen. Sich die Fingernägel an seiner fleckigen blaugrünen Küchenschürze polierend, erläuterte mir der Nachtschichtleiter einige Details seines Berufes. Topu dolmetschte.
Bis Mitte der 1980er Jahre, führte er aus, sei Kalkutta Asiens größter Exporteur von menschlichen Skeletten gewesen. In der besten Zeit seien jedes Jahr rund fünfzigtausend Schädel und über zwanzigtausend vollständige Skelette an Kunden in aller Welt verkauft worden. Das meiste wurde via Bangladesch illegal nach Europa exportiert.
Doch das war nur die Spitze des Skelettgeschäft-Eisbergs. Bettelarme Bundesstaaten wie Bihar und Orissa haben nur zwei Dinge im Überfluss: erstens lebendige Menschen, zweitens tote Menschen.
Im Jahr 1988 wurden mindestens siebzigtausend menschliche Skelette ins Ausland geschmuggelt. Viele stammten von Opfern von Verkehrsunfällen, tausende mehr von verwesenden Leichen, die man der Erde wieder entrissen hatte.
In ganz Indien stehlen *doms* – Angehörige der Kaste der Leichenverbrenner – Leichen aus Krankenhäusern, frischen Gräbern und Krematorien. Ein aufgebrachter Angehöriger wandte sich einmal an die Zeitungen, nachdem er im örtlichen Leichenschauhaus einen verdächtig aussehenden Mann dabei beobachtet hatte, wie er Schädel enthäutete und sie anschließend in einer Holzkiste verstaute. Zweifellos wollte der Dieb sie nach Kalkutta schicken und ein schnelles Geschäft machen.
Wir sollten uns etwas vor die Nase halten, empfahl der Nachtschichtleiter, ehe er uns durch seinen Betrieb führte. Sein Geruchssinn musste sich, durch den grässlichen Gestank zunehmend abgestumpft, schon vor Jahren verabschiedet haben.

Die erste Werkstatt hatte die Größe und Form eines Intercity-Waggons. Die Wände waren fast schwarz vor Schmutz, der Boden war verdreckt wie in einem Schweinestall. Der ganze Raum stank nach Tod. Verwesendes menschliches Fleisch verströmt einen durchdringenden, unbeschreiblichen Geruch, der sämtliche Riechzellen in der Nase wie eine Stinkbombe attackiert. Menschen empfinden diesen Geruch ohne Ausnahme als äußerst unangenehm – ein instinktives Warnsignal. Ich war neugierig, wie Venky auf dieses spezielle Aroma reagierte, und sah zu ihm hinüber. Die Muskeln in seinem Gesicht waren vollkommen erstarrt, es wirkte wie versteinert.
»Entspann dich«, scherzte ich mit meinem Taschentuch vor der Nase. »Nimm es als wissenschaftliches Experiment.«
Der *rickshawalla* schloss einmal kurz die Augen. Der Schock hatte ihm offensichtlich die Sprache geraubt. Direkt vor ihm waren zwei Arbeiter gerade dabei, einen männlichen Leichnam mit dem gebotenen Respekt zu entkleiden. Ihre unbefangene Selbstverständlichkeit im Umgang mit der Leiche ließ darauf schließen, dass sie keine Anfänger in ihrem Beruf waren.
Durch zensierte Fernsehbilder der Realität entwöhnt, haben wir im Westen eine falsche Vorstellung davon, wie eine Leiche aussieht. Wir sind an saubere, perfekt zurechtgemachte Leichen auf blanken Seziertischen gewöhnt, wie wir sie in Kriminalfilmen ständig zu sehen bekommen. Am großen Zeh hängt ein ordentliches Schild, die Toten liegen flach auf dem Rücken. Fünf Minuten in einem westbengalischen Leichenverarbeitungsbetrieb revidieren solche adretten Bilder. Die Körper sind von Leichengasen aufgebläht. Die Haut zersetzt sich, löst sich vom Fleisch. Die Glieder sind verdreht, die Finger gekrümmt wie Vogelkrallen. Das Gesicht ist aufgedunsen und verzerrt, der Mund offen, die Nase eingedrückt. Die Haut hat nicht dieses zarte, gleichmäßige Austerngrau wie in den Krimis – sie ist schwarz durch die Verwesung, fleckig oder grünlich verfärbt wie ein verfaulender Fleischbrocken.
Während er uns voran zum nächsten Raum ging, lamentierte der

Nachtschichtleiter, wie schwierig es sei, Leichen in guter Qualität zu bekommen.

»Angeboten werden uns viele«, sagte er munter, »aber die *doms* sind furchtbar geldgierig. Sie achten nicht genug auf den Zustand der Knochen. Was sollen wir mit einer Leiche, wenn sie durch einen Autounfall halb zerfetzt ist? Wie sollen wir so etwas exportieren?«

Ich grunzte einmal, dann noch einmal als Kommentar zu der schwierigen Situation des Managers.

»Wir nehmen nur tadellose Leichen«, fuhr er fort. »Bevor diese ganzen Beschränkungen kamen, haben wir nur den Schädel exportiert, wenn der Körper beschädigt war. Aber inzwischen sind wir wählerischer geworden. Es werden jetzt weniger Skelette aus Kalkutta verkauft, und deshalb achten wir besonders auf gute Qualität. Am meisten Probleme machen uns die Zähne. Welcher Arzt möchte schon ein hübsches weißes Skelett in seiner Praxis haben, dem die Frontzähne fehlen? Die Leichen von älteren Menschen haben meistens fürchterliche Zähne, und die jüngeren stammen oft aus Verkehrsunfällen.«

»Welche sind für Sie dann am besten geeignet?«, wollte ich wissen und schob mein Taschentuch kurz beiseite, um meine Frage loszuwerden.

Der Nachtschichtleiter lächelte; er übte seinen Beruf offenbar wirklich gern aus.

»Nun«, antwortete er, wobei Topu immer noch als Dolmetscher fungierte, »am besten sind junge Männer, die an einer Krankheit gestorben sind.«

»Welche Art von Krankheit?«, fragte ich nach und überlegte ängstlich, welche ansteckenden Keime hier wohl durch die Luft schwirrten.

»Ach, alle möglichen ...«, erwiderte der Manager gelassen. »Wir bekommen viel Tuberkulose, Pocken, Cholera und Geschlechtskrankheiten herein. Solange die Knochen nicht zerfressen oder verbogen sind, nehmen wir sie. Die *doms* werden sehr zornig, wenn wir ihre Ware ablehnen. Aber eine Leiche mit Polio, Rachitis oder Elephantiasis … was sollen wir damit anfangen?« Der Nachtschichtleiter unterbrach sich, um eine Ratte zu verscheuchen. »Manchmal bekommen wir ein schönes Exemplar herein«, fuhr er fort, »einen jungen Mann von guter Größe, mit guten Zähnen. Alles bestens, denkt man, sobald er sauber gemacht ist. Doch dann, wenn das Fleisch entfernt ist, sehen wir, dass die Knochen ganz von Syphilis zerfressen sind. Und wir machen Verlust, denn wir bezahlen die *doms,* bevor wir die Leiche bearbeitet haben.

»Syphilis …«, wiederholte Topu düster. »Sie ist der Fluch der Skeletthändler.«

»Wie alt sind die Leichen, wenn Sie sie bekommen?«

»Das ist oft schwer zu sagen«, erklärte der Manager. »Manchmal bekommen wir ganz frische – ein oder zwei Wochen alt. Dann wieder ganz alte, die schon Monate oder sogar Jahre in der Erde lagen. Wegen der Beschränkungen dauert es inzwischen länger, bis die *doms* sie aus anderen Bundesstaaten wie Orissa beschaffen können.«

Der Manager komplimentierte uns in den nächsten Raum, wesentlich breiter als der vorige, aber niedriger, und mit einer Reihe verbeulter grauer Metalltröge voll gestellt. Sie waren mit einer dunklen, stechend riechenden Flüssigkeit gefüllt.

»Die Leichen werden einen ganzen Tag in das Säurebad gelegt«, erklärte der Nachtschichtleiter. »Die Säure löst das Fleisch zum größten Teil auf, darf aber nicht die Knochen angreifen, sonst ist die Leiche nicht mehr zu gebrauchen. Wir achten sehr darauf, dass die Säure nicht zu stark ist.«

Wir gingen weiter in die nächste Werkstatt.

Unser Führer zündete sich ein *biri,* eine handgerollte indische Zigarette, an und fuhr mit seinen Erläuterungen zum Arbeitsablauf fort.

»Nach einem Tag in der Säure«, sagte er, »wird die Leiche herausgenommen, und die Arbeiter entfernen alles noch übrig gebliebene Fleisch. Besonders die Wirbelknochen, die Füße, Zehen und Gelenke machen viel Arbeit. Aber am schwierigsten zu präparieren ist der Schädel. Was vom Gehirn noch da ist, wird entfernt, selbst die winzigsten Reste, und auch die Haut. Nur sehr geschickte Arbeiter dürfen die Schädel säubern.«

Auf dem Betonboden hockten vier Männer. Ohne uns zu beachten, fuhren sie, vor sich ein Puzzle aus allen möglichen Knochen, mit ihrer Arbeit fort. Einer hielt einen Schädel in der Hand wie einen Ball und schabte sorgfältig die Augenhöhlen aus. Ein anderer bearbeitete Wirbelknochen mit einer Zahnbürste.

»Schauen Sie nur, wie viel Mühe sie sich geben!«, rief der Nachtschichtleiter aus. »Unseren Arbeitern gefällt es hier sehr gut. Natürlich hatten wir vor dem Verbot eine viel größere Belegschaft. Wir haben in die ganze Welt exportiert und eine Menge Devisen ins Land gebracht.«

Unser Führer war verbittert – wie jeder Manager eines Kleinbetriebes, dem eine strikte Gesetzgebung empfindliche Einbußen beschert.

»Nachdem alles verbliebene Fleisch von den Knochen entfernt ist«, fuhr er fort, »werden sie in verschiedene andere Bäder gelegt. Zuerst in eine starke Säure, anschließend in eine Bleichlösung.«

»Und was geschieht dann, nach dem Bleichen?«

»Dann kommt der zeitaufwendigste Teil der Arbeit, der besonderes Geschick erfordert«, erklärte der Manager. »Die Knochen werden auf Beschädigungen geprüft, dann an den jeweiligen Enden durchbohrt und miteinander verbunden. Zwischen die Rückenwirbel und an den Rippen werden synthetische Knorpel eingefügt. Aber das wird alles in einem anderen Betrieb gemacht.«

Der Nachtdienstleiter brach ab, denn plötzlich drang ein irritierendes Geräusch zu uns, ein hoher Heulton wie von einer nahenden Rakete. Er, Topu und ich drehten uns wie auf Kommando um. Hinter uns, in der Ecke mit dem Schädelhaufen, kniete, den Körper vor und zurück wiegend, die Hände vors Gesicht geschlagen, ein zitternder Venky.

Als ich wieder in Alipore zurück war und dem Meister von den grausigen Beobachtungen in dieser Nacht erzählte, tat er so, als würde ihn mein Erlebnis nicht sonderlich interessieren. Meine allgemeine Beschreibung des Leichenverarbeitungsbetriebs wischte er gelangweilt beiseite; er wollte ganz spezielle Details hören. Welche Farbe hatte das Fleisch, das von den Wirbelknochen geschabt wurde? Waren die Metalltröge mit dem Säurebad an den Rändern korrodiert? Hatte ich einzelne Zähne auf dem Boden herumliegen sehen?

Auch diesmal stellte ich mich stur, als Feroze mich nach Helfern fragte. Es hätte ihm gar nicht gefallen zu erfahren, dass sein eigener, ehemaliger Spion das Treffen arrangiert hatte. Der Meister tat so, als hätte er von dem Geschäft mit den Leichen noch nie etwas gehört, doch offenbar wusste er alles darüber. Nach kurzer Suche in den Schubladen seines Schreibtisches förderte er einen Metakarpus, einen menschlichen Mittelhandknochen, zutage. Ehe wir gegangen waren, hatte ich dem Nachtschichtleiter ein irrwitzig hohes Bakschisch gegeben. Und er hatte sich revanchiert, indem er Venky und mir ein Andenken an unseren Besuch überreichte – eine Hand voll Fingerknochen.

»Das hast du fein gemacht!«, bemerkte Feroze sarkastisch, als ich mit meinem Bericht zu Ende war.

»Danke.«

Der Magier blickte auf seine Uhr.

»Den Rest des Vormittags hast du frei«, fügte er spöttisch hinzu.

Es war Viertel vor zwölf. Ich konnte mich also volle fünfzehn Minuten dem süßen Nichtstun hingeben und spazierte zum Wirtschaftstrakt hinüber, um ein wenig mit Gokul zu plaudern. Der Diener stand auf einem Stuhl und hängte einen neuen Fliegenfänger an die Decke.

»Ihre Brust nicht gut klingt«, sagte er, als ich eintrat.

»Das macht die verpestete Luft hier«, erwiderte ich. »Ich habe noch nie Asthma gehabt. Kalkutta müsste für seine Luft eigentlich eine Gesundheitswarnung herausgeben.«

»Wissen Sie«, sagte Gokul mit gedämpfter Stimme, »jemand mir

erzählt von spezieller Kur für Asthma. In Hyderabad. Gowd-Familie gibt gratis Wunderkur an einem Tag immer Anfang Juni.«
»Wunderkur?«, fragte ich. »Und wie sieht die aus?«
Gokul zog bedauernd die Schultern hoch.
»Weiß nicht«, antwortete er. »Aber immer ich wollte hin. Ich auch dieses Asthma.«
Er keuchte heftig, um zu demonstrieren, in welch fortgeschrittenem Krankheitsstadium er sich bereits befand.
»Klingt interessant. Ich werde dort vorbeischauen, wenn ich zufällig mal im Juni in Hyderabad sein sollte.«

Als die Standuhr im Studierzimmer des Meisters um zwölf den letzten Schlag ertönen ließ, war ich zur Stelle.
Feroze sah von seinem Schreibtisch auf. Er deutete auf einen Stapel von etwa vierzig Büchern, größtenteils über Zauberei.
»Hast du diese Bücher gelesen?«
»Ja, alle. Soll ich sie wieder ins Regal stellen?«
»Hast du alle Illusionen geübt, die wir letzte Woche durchgenommen haben?«
»Ja.«
»Hast du dir nach deinem kleinen Ausflug gestern Nacht die Finger mit Scheuerpulver geschrubbt, auch unter den Nägeln?«
»Ja, zweimal.«
»Gut«, erwiderte der Meister und erhob sich. »Dann kommst du jetzt mit mir.«

Feroze ging mir voran auf die Straße hinaus, wo er ein Taxi anhielt. Er verließ zwar häufig das Haus, um sich mit Rublu im Albert Hall zu treffen, aber mich hatte er nur höchst selten aufgefordert, ihn irgendwohin zu begleiten.
»Gehen wir ins Albert Hall auf einen Kaffee?«, fragte ich optimistisch.
Der Meister antwortete nicht. Er war mit anderen Dingen beschäftigt.

»Sind deine Schuhe wasserdicht?«, fragte er nach einer Weile.
»Na ja, nicht besonders«, erwiderte ich. »Sie sind aus Wildleder. Aber schlechter als Ihre Slipper sind sie auch nicht, denke ich.«
»Das lass nur meine Sorge sein«, gab er barsch zurück.
Das Taxi umfuhr das Stadtzentrum und steuerte in Richtung Nordosten, nach Tangra, dem etwas außerhalb gelegenen Chinesenviertel. Bis vor kurzer Zeit gab es um Kalkutta herum noch zahlreiche Seen, manche mit Salz-, andere mit Süßwasser. Da man jedoch möglichst schnell neue Wohnblöcke hochziehen wollte, wurden die reizvollen Gewässer illegal abgelassen, was zur Folge hatte, dass sich Kalkuttas Klima veränderte. Ich fragte Feroze, was er von dieser Umweltzerstörung halte. Ich solle still sein, entgegnete er. Ihn beschäftigten andere Probleme.
Der Taxifahrer kämpfte sich mit zusammengebissenen Zähnen durch die Schwärme von Fahrzeugen und die nicht enden wollenden Straßenbaustellen. Als wir Tangra hinter uns gelassen hatten, bog er in einen halb überwucherten Treidelpfad ein, dem er eine halbe Stunde lang folgte. Der Weg wurde immer schmaler; das Dickicht war kaum noch zu durchdringen. Der Meister starrte, noch immer in Gedanken versunken, vor sich hin.
Fünf Minuten später musste das Taxi scharf ausscheren, um einem unerwarteten Hindernis auszuweichen. Während wir uns noch von dem Schrecken erholten, klopfte Feroze dem Fahrer leicht auf die Schulter zum Zeichen, dass er anhalten solle, worauf dieser mit voller Kraft auf die Bremse trat. Der Wagen rutschte noch ein Stück, dann kam er zum Stehen.
»Folge mir«, befahl Feroze mit strenger Miene. »Willkommen in den Sümpfen Ost-Kalkuttas.«
Wir gingen zum Wasser hinunter, wo ein altersschwaches Boot wartete, dessen Besitzer uns einsteigen half. Der Magier gab ihm mit barscher Stimme eine Reihe von Anweisungen. Der Mann nickte, stieß das Boot vom Ufer ab, und schon glitten wir in die Sümpfe hinein.

Tagtäglich versickert ein Drittel von Kalkuttas Abwässern in diesem Feuchtgebiet. Mit ein wenig harter Arbeit und reichlich Unterstützung der Natur wird das Gemisch aus Schlamm und Jauche abgebaut. Sind die Toxine verschwunden, gedeihen hier Fische und Gemüse.

Die Sümpfe liegen unmittelbar östlich von den stinkenden Gerbereien Chinatowns und den Müllbergen von Dhapa. Sie nehmen Tag für Tag mehr als 23 Millionen Liter Abwässer aus Haushalten und Industrie auf und revanchieren sich dennoch mit hunderten von Tonnen an Nahrung.

Zum Teil ist diese wundersame Verwandlung der Effizienz von Kalkuttas Lumpensammlern zu verdanken. Sie picken jedes noch so kleine Stückchen wiederverwertbaren Materials heraus – von Metall- und Essensresten bis zu Kleiderfetzen, Glasscherben und Plastikteilen. Alles andere erledigt die außergewöhnliche Pflanzenwelt dieses Sumpflandes. Die Wasserhyazinthe filtert die Schwermetalle einschließlich des Quecksilbers heraus, wieder andere Pflanzen kümmern sich um Öle, Fette und sonstige Giftstoffe. Man braucht nur seinen Blick ein wenig wandern zu lassen, und es werden einem inmitten von Schilf und hohen Sumpfgräsern dutzende kleiner Reis- und Gemüsefelder auffallen.

Die Politiker wollen dieses Gebiet unbedingt trockenlegen, um dort zusätzlichen preiswerten Wohnraum für möglichst viele Menschen zu schaffen. Für sie hat eine ökologische Recycling-Anlage keinen Nutzen. Ihnen schweben anstelle eines 20 000 Morgen großen botanischen Paradieses Miethäuser für ihre Wähler vor.

Feroze hatte kein Interesse an einer Diskussion über die ökologischen Verflechtungen des Sumpflandes. Irgendetwas beschäftigte ihn. Als ich ihn fragte, wohin wir in dem lecken Boot fuhren, meinte er, ich solle den Mund halten.

Erst als ich langsam eindöste, beliebte er sich zu äußern.

»Die heiligen Männer Indiens haben jetzt ihre große Zeit!«, verkündete er.

»Aber die sind doch nichts Neues, die gibt es hier doch schon seit tausenden von Jahren.«

»Mag sein«, erwiderte der Meister, »aber zurzeit findet bei ihnen ein tief greifender Wandel statt. Und sie gewinnen in jedem Weiler, in jedem Dorf, in jeder kleinen und großen Stadt immer mehr an Einfluss. Bald werden sie das ganze Land in der Hand haben!«

Solche überspitzten Aussagen passten eigentlich nicht zu Ferozes Stil. Ich hatte das Gefühl, dass er gleich mit einer seiner grässlichen Tiraden beginnen würde; offenbar wollte er auf etwas Bestimmtes hinaus.

»Aber Sie selbst haben heilige Männer doch magische Dinge gelehrt«, sagte ich.

»Mag sein«, antwortete er. »Ich nehme nicht Anstoß daran, dass die heiligen Männer an Macht gewinnen, sondern stelle es nur fest. Es gibt in Indien heute ungefähr fünftausend, die großen Einfluss haben. Das sind fünftausend Gottheiten in Menschengestalt. Die Berühmtesten unter ihnen haben hunderttausende von Anhängern, vom einfachen Reisbauern bis zum Premierminister.«

»Sind Sie gegen sie?«

»Ganz und gar nicht«, entgegnete der Meister. »Viele von ihnen kenne ich schon den größten Teil ihrer beruflichen Laufbahn. Dutzenden von ihnen habe ich Illusionen beigebracht. Glaubst du vielleicht, sie haben sich diese ›Wunder‹ selbst ausgedacht? Nichts ist einfacher als solche Wunder, das weißt du doch am besten. Aber sie sind nicht alles.«

»Was ist dann das Entscheidende?«

Feroze presste eine Hand an den Mund.

»Die Präsentation«, sagte er. »Erzähle drei Stunden lang wirres Zeug – über *kundalini*, Selbstreinigung, die kosmische Seele oder karmische Kräfte –, und deine Anhänger bleiben dir gewogen. Denk daran: Illusionen sind die Flamme, die die Motten anzieht – der Rest hängt davon ab, wie gut du dein Mundwerk gebrauchen kannst.«

»Und was ist mit den ganzen Westlern, die auf der Suche nach einem Guru herkommen?«

Feroze schüttelte den Kopf.
»All diese Ausländer«, erwiderte er, »suchen etwas ganz anderes als die Inder. Sie haben vollkommen gegensätzliche Wünsche an ihre Gurus. Die Einheimischen, vor allem die Menschen in den Dörfern und kleinen Städten, erhoffen sich Heilung von einer Krankheit oder ein Leben in Wohlstand. Guru bedeutet ›der die Dunkelheit vertreibt‹, aber das ist es nicht, was die Westler suchen. Sie suchen jemanden, der sie lobt – jemanden, der ihr Selbstvertrauen stärkt.«
Der Bootsführer stand auf und fing an, Wasser aus der Mitte seines Kahns zu schöpfen. Mittlerweile stand es nämlich trotz relativ stabiler Lage knöchelhoch. Meine Wildlederschuhe waren ruiniert. Ich blickte zu Feroze, um zu sehen, wie es seinen Slippern ging. Irgendwie hatte er es geschafft, unterwegs die Schuhe zu wechseln, denn inzwischen trug er robuste Goretex-Trekkingstiefel.
»Vergiss nicht«, bemerkte er nach einer Weile, »dass Illusion und Magie in Indien viel ernster genommen werden als im Westen. Ich habe dir das schon einmal gesagt. Der Glaube an das Übersinnliche, wie er im elisabethanischen England, im Europa des 16. Jahrhunderts gang und gäbe war, kennzeichnet das moderne Indien von heute. Heilige Männer, Priester, Sadhus, Heiler und viele andere machen sich die Zauberkunst zunutze. Sie alle wollen damit eine Wirkung erzielen. Das Metaphysische ist hier ein sehr wichtiger Aspekt des Lebens – Inder erklären das Natürliche durch das Übernatürliche.«
Während sich Feroze weiter über das Thema verbreitete, legte unser Kapitän an einer Sandbank an. Als der Meister seinen Fuß auf den Boden setzte, schienen seine Gedanken wieder zur konkreten Situation zurückzukehren.
»Können Sie mir denn nicht sagen, wohin wir gehen?«, jammerte ich, während wir kilometerweit über glitschigen Schlamm in Richtung Osten marschierten.
»Du wirst schon sehen.«

Der Boden war feucht und dicht bewachsen mit einer stacheligen Art von Schilfgras. Es hakte sich immer wieder an meiner Hose fest, während ich mich bemühte, mit Feroze Schritt zu halten. Jede nur denkbare Grünschattierung war vertreten. Ich fragte den Meister, was er zu all diesen Farben denke. Doch wie immer interessierten ihn meine Beobachtungen nicht; er entgegnete lediglich, ich solle mich beeilen.
»Wir haben nicht viel Zeit«, sagte er mit einem Blick auf seine Taschenuhr. »Die Vorstellung fängt gleich an.«
»Welche Vorstellung? Um was geht es überhaupt?«
Auch diese Fragen blieben unbeantwortet, während wir uns den ersten Hütten eines weitläufigen Dorfes näherten. Feroze ging voraus zum Hauptplatz. Offensichtlich kannte er sich hier ziemlich gut aus.
An der Nordseite des Platzes warteten, dicht gedrängt wie Schafe in einem Pferch, bereits etwa dreihundert Menschen und bildeten eine Art Halbkreis. Die meisten standen – Mütter mit Kindern, alte Männer und schlaksige Jungen. Alle blickten gebannt auf die Gestalt vor ihnen.
Wir stellten uns ganz links außen zu der Menge.
Ich flüsterte Feroze zu:
»Wer ist der Mann?«
»Das«, antwortete er hoheitsvoll, »das ist ein Geistheiler.«
»Aber ich dachte, die heiligen Männer in Indien befassen sich nicht mit medizinischen Dingen.«
»Tun sie auch nicht«, entgegnete Feroze.
»Aber er ist doch Inder ...«
»Das ist einer der wenigen Geistheiler in unserem Land«, erklärte Feroze. »Er wurde von einem Filipino in Madras ausgebildet und will sich nun in Kalkutta einen Namen machen. Spricht recht gut Bengali.«
Ehe der Meister mir weitere Einzelheiten verraten konnte, begann schon die Vorstellung.
Der Geistheiler war ein hochgewachsener Mann mit ausgeprägter Stirnglatze, schütterem Haar und schlaffen Gesichtszügen.

Seine Hände waren breit wie Beckenteller. Er trug ein wallendes, aquamarinblaues Gewand, das um die Mitte von einer ausgefransten roten Schärpe zusammengehalten wurde. Vor sich hatte er einen großen Esstisch stehen, auf dem eine Plastikdecke lag; davor war ein kleiner Teppich ausgebreitet. Von der erwartungsvollen Menge trennten ihn etwa sieben Meter.

»Pass gut auf«, zischte mir Feroze zu, als das Ritual seinen Anfang nahm.

Einer der Helfer schritt, ein Räuchergefäß aus Messing in den Händen, aus dessen gitterartig durchbrochenem Deckel dicke Schwaden steingrauen Rauchs stiegen, eilig nach vorne und stellte es in die rechte Ecke des Teppichs. Während sich der Geistheiler mit untergeschlagenen Beinen in der Mitte des Teppichs niederließ, kam der Helfer schon mit einem zweiten, identischen Gefäß, das er in die linke Ecke stellte. Der Heiler schloss die Augen, legte den Kopf in den Nacken wie eine angriffslustige Schildkröte und begann Mantras zu murmeln. Ein leichter Wind aus dem Süden trug den dichten Sandelholzrauch in das Publikum.

Als der Heiler seine endlosen Mantras beendet hatte, warf er die Arme in die Höhe und begann zu den Dörflern zu sprechen.

»Er sagt, dass Gott ihn hergeschickt hat«, flüsterte Feroze mir zu. »Er sagt, seine Hände haben die Kraft, Kranke gesund zu machen. Keine Krankheit, sagt er, ist zu schwer. Für jeden gibt es Hoffnung.«

Erwartungsvolle Unruhe ergriff das Publikum. Ein alter Mann gab Beifallsrufe von sich, ein junger Bursche stimmte Lobeshymnen an. Die dreihundert Dorfbewohner drängten neugierig näher, doch der Heiler gebot ihnen, den gebührenden Abstand zu wahren.

»Jetzt sagt er«, übersetzte mir der Meister, »dass seine magischen Kräfte sich nur entfalten, wenn alle ganz still stehen bleiben. Sobald sich einer bewegt, nur einen Zentimeter, sind diese Kräfte fort, und niemand wird geheilt werden.«

Der Heiler wandte sich an die versammelte Menge. Wer von ihnen eine Krankheit habe? So gut wie alle hoben die Hand.

Der erste Patient, den der Geistheiler auswählte, war eine ältere, anämisch aussehende Frau. Sie habe ein Magengeschwür, behauptete sie. Als sie gebeten wurde, auf die schmerzende Stelle zu zeigen, deutete sie auf die Brust. Nichtsdestoweniger wurde sie, zur Freude des Publikums, auf den Operationstisch gehoben, welchen man auf einer Bodenerhebung aufgestellt hatte, so dass die Zuschauer tiefer standen, ganz am Rand des Platzes – offenbar ein wohl überlegtes Arrangement, denn so konnte niemand genau sehen, was auf dem Tisch vor sich ging.

Der Heiler begann mit einer äußerlichen Untersuchung seiner Patientin. Von dort, wo ich stand, sah es aus, als würde er bestimmte Lymphknoten an ihrem Bauch abtasten. Wie zufällig versperrte er dabei den Zuschauern die Sicht, indem er sich vor den Tisch stellte. Als er die Untersuchung beendet hatte, faltete er die Hände und führte sie an den Mund. Die Dörfler reckten die Hälse, um besser sehen zu können. Einige verfolgten das Geschehen mit ernstem Gesicht, andere schwatzten und kicherten aufgeregt mit ihren Freunden.

Die Menge beobachtete ehrfürchtig, wie der Heiler ein fleckiges Skalpell aus seinem Gürtel zog und es hin und her schwang wie ein Kavallerieoffizier, der das Zeichen zum Angriff gibt. Ein erregtes Aufseufzen ging durch die Zuschauer, die neugierig vorwärts drängten. Der Helfer goss *ghee* in die Räuchergefäße. Sogleich verhüllte eine undurchdringliche Wolke fettigen Rauchs den Tisch.

Während der Heiler mit dem Skalpell wilde Schnittbewegungen vollführte, klopfte einer der Helfer rhythmisch auf ein Tambourin. Das Trommeln, der erstickende Rauch, der Duft des Sandelholzes und das Blinken des Messers versetzten das Publikum in einen hypnotischen Zustand. Die Trommelschläge wurden schneller und schneller. Ein zweiter Helfer kam vor den Tisch gesprungen und drehte Pirouetten wie eine Ballerina. Als das Trommeln sich zu einem wilden Wirbel steigerte, sprang der Tänzer, einen grässlichen Schrei ausstoßend, auf die Zuschauer zu. Der Heiler warf einen Brocken von einem undefinierbaren

Etwas in die Luft, das der Helfer geschickt auffing und den Dörflern präsentierte. Angeblich handelte es sich um das Geschwür der Frau. Es war weißlich und sah verdächtig nach einem Klumpen Hammelfett aus. Ich fragte den Helfer, ob ich mir das Geschwür näher ansehen könne. Doch ich hatte meine Bitte kaum ausgesprochen, als er den Brocken einem hungrigen Straßenköter hinwarf, in dessen Magen das Beweisstück eine Sekunde später verschwunden war.
Der Heiler wischte sich die blutbeschmierten Hände an einem Tuch ab und half der Frau vom Operationstisch herunter. Die Dörfler beobachteten, wie er ihr etwas Blut vom Bauch wischte. Von der Wunde und den Schnitten des Geistheilers war nichts zu sehen; er hatte sie mit Hilfe seiner magischen Kräfte geschlossen. Die Großmutter dankte ihrem Wohltäter und erklärte, dass es ihr jetzt viel besser gehe.
Als die begeistert applaudierenden Zuschauer sich wieder beruhigt hatten, verlangte der Heiler nach einem zweiten Patienten. Ein etwa sieben Jahre alter Junge wurde von seinen Freunden nach vorne geschoben. Er konferierte kurz mit dem Heiler, der anschließend mit lauter Stimme etwas verkündete.
»Er sagt, der Junge hat entzündete Mandeln«, erklärte mir Feroze. »Er wird sie ihm herausschneiden. Achte darauf, wie die Leute wieder mit Rauch und Trommeln abgelenkt werden.«
Wie zuvor lag der Patient regungslos auf dem Operationstisch. Das Skalpell blitzte im Sonnenlicht auf wie das Auge eines Dämons, als es sich dem Mund des Jungen näherte. In jedes Räuchergefäß wurde ein Kelle *ghee* gegossen, Schwaden dichten Rauchs wallten auf. Die Klänge des Tambourins hallten wider wie Donnerschläge. Der Helfer gab einen Schrei von sich, und die Mandeln des Jungen wurden in die Luft geworfen. Der Straßenköter bekam den nächsten Snack. Wenig später stand der Junge auf, spuckte einen Mund voll Blut aus und ging, auf wundersame Weise geheilt, zurück zu seinen Freunden.
In der ersten Zeit hatten die Geistheiler bei der indischen Bevölkerung keinen guten Stand. Als sie Anfang der 1980er Jahre auf-

tauchten, gerieten sie wegen eines einzigen »spirituellen Heilers« gleich in Verruf. Dieser selbst ernannte Arzt behauptete, mittels geistiger Kraft heilen zu können, und hielt nach seiner Ankunft in Indien regelmäßig Sitzungen ab. Doch dann wurde er, nachdem er irgendeine ihm fremde Speise genossen hatte, selbst krank. Er ließ die Ambulanz kommen und wurde schnellstens ins Krankenhaus gebracht. Anstatt froh zu sein, dass man sich dort um den heiligen Mann kümmerte, wandten sich die Leute gegen ihn. »Wenn er ein Wunderheiler ist«, sagten sie, »warum kuriert er sich dann nicht selber?«

Manila, die Hauptstadt der Philippinen, gilt weltweit als das Zentrum der Geistheiler. Wie in dem Dorf in den Sümpfen wird die Operation auch von den Filipinos im Allgemeinen simuliert – sie tun nur so, als würden sie einen Brocken kanzeröses Gewebe herausschneiden. In manchen Fällen führt ein »Arzt« tatsächlich kleinere Eingriffe ohne Narkose durch. Die beim Patienten durch den Zuspruch der Zuschauer verstärkte Adrenalinausschüttung und natürliche Endorphine maskieren die Schmerzen. In Lateinamerika werden Star- und Mandeloperationen häufig von so genannten spirituellen Heilern vorgenommen, doch mit »spirituell« hat das Ganze nicht viel zu tun.

Feroze gab mir mit einem Stoß in die Rippen zu verstehen, dass ich mich auf das aktuelle Geschehen konzentrieren solle. Die nächste Patientin, eine etwa vierzigjährige Frau, die über schlimme Bauchschmerzen geklagt hatte, lag auf dem Tisch. Als der Heiler mit den Fingern auf den Bereich ihres Blinddarms drückte, schrie die Frau wie am Spieß. Der Doktor war sicher, dass sie eine Blinddarmentzündung hatte. Er musste sofort operieren, um ihr Leben zu retten.

Diesmal war die Operation länger und komplizierter. Auf das Gesicht der Frau wurde ein Tuch gelegt, damit sie nicht ihr eigenes Gedärm sehen musste. Dem Heiler wurde ein frisches Skalpell gereicht, die Schneide an einer Haarsträhne geprüft. Sie war scharf wie ein Rasiermesser. *Ghee* wurde in die Räuchergefäße gegossen. Das Tambourin setzte zu einem geheimnisvollen

Rhythmus an. Der Straßenköter leckte sich erwartungsfroh die Lefzen. Die Dörfler stellten sich auf die Zehenspitzen, um alles möglichst gut sehen zu können.

Feroze zog mich am Arm näher zu der Stelle, wo er stand, und deutete auf den Geistheiler. »Achte auf sein Gewand vorne«, flüsterte er mir zu. »Lass dich nicht von dem Brimborium drumherum ablenken.«

Ich heftete meine Augen fest auf die Hände des Heilers und beobachtete verblüfft, wie er einen großen Brocken rohes Fleisch aus den Falten seines Gewands zog, dessen Farbe es gut kaschierte. Während die eine Hand mit dem Skalpell hin und her fuhr, drückte die andere aus einem Schwamm Blut auf den Bauch der Frau. Keiner der Dörfler wunderte sich, dass ein menschlicher Blinddarm wie ein Stück von der Hammelkeule aussehen kann. Sie waren viel zu beeindruckt von der Show, um Fragen zu stellen.

»Nun gut«, sagte Feroze, als der vierte Patient auf den Tisch kam, um sich einen Tumor herausschneiden zu lassen, »wir haben genug gesehen. Fahren wir nach Hause.«

Über glitschigen Schlamm marschierten wir zurück zu der Stelle, wo der Bootsführer auf uns wartete. Er spreizte die Finger der linken Hand zu einer Art Gruß und half uns dann in sein mit Wasser voll gesogenes Fahrzeug.

Wider Erwarten hatte der Taxifahrer daran gedacht, uns an der Uferstraße abzuholen. Es tat gut, wieder auf trockenem Boden zu stehen. Ich war durchgeweicht bis zur Hüfte und zog nun meine Schuhe aus, um nachzusehen, ob ich nicht schon Fußbrand hatte.

»Nun, wie fandest du die Operationen?«, fragte Feroze mit gönnerhaftem Ton.

»Gar nicht schlecht ... besonders die Blinddarmoperation.«

»Freut mich, dass dir die Vorstellung gefallen hat«, meinte der Magier. »Du kannst weiter darüber nachdenken, wenn du fort bist ...«

»Fort?«, fragte ich. »Wohin sollte ich denn gehen?«

»Oh«, rief er mit gespieltem Erstaunen aus, »habe ich es dir nicht gesagt?«

»Was gesagt?«
»Du wirst eine Reise machen.«
»Ach wirklich? Was für eine Reise?«
Der Meister kurbelte das Fenster herunter und sog tief Chinatowns verpestete Luft ein.
»Eine Erkundungsreise!«
»Könnte ich vielleicht ein wenig mehr erfahren?«, fragte ich erschrocken, denn diese Ankündigung kam doch etwas plötzlich.
»Die Reise ist die nächste Stufe deiner Ausbildung«, erklärte Feroze und stocherte mit der Zunge zwischen den Zähnen herum. »Du sollst die Zeit dafür nutzen, Menschen zu beobachten.«
»Menschen? Nur Menschen? Was ist mit der Szenerie? Mit der Landschaft?«
»Unsinn«, erwiderte der Magier. »Kümmere dich nicht um die Landschaft. Menschen verändern sich, sie verändern sich ständig, sie tun Dinge ... die dämliche Landschaft wird immer da sein. Nein – die Menschen musst du beobachten!«
»Welche Art von Menschen?«
»Alle möglichen. Aber ich möchte, dass du insbesondere heilige Männer, Sadhus, Astrologen und *jeden sonst* aufsuchst, der außergewöhnlich ist. Denk an Houdinis Grundsatz: ›Von jedem, auch wenn er dir noch so merkwürdig erscheint, kannst du etwas lernen.‹ Alles, was du beobachtest, wirst du schriftlich festhalten und mir deine Notizen regelmäßig zusenden.«
»Aber wohin soll ich fahren, bei dieser Reise?«
»Wohin du willst!«
»Und wie lange soll die Reise dauern?«
»Einen Tag, einen Monat, ein Jahr, ein Leben lang: So lange es braucht!«
Dass er mir überhaupt keine Anhaltspunkte gab, wurmte mich gewaltig. Feroze wusste, welche Antworten ich auf einfache, klare Fragen erwartete. Offensichtlich hatte er sich das Ganze ausgedacht, um mich zu schikanieren. Oder, was noch wahrscheinlicher war, um mich loszuwerden.

»Wenn Sie mir schon nicht sagen, wohin ich fahren soll, oder für wie lange ... verraten Sie mir wenigstens, wann ich aufbrechen soll?«

Als das Taxi an einer Ampel stehen blieb, warf Feroze einem Bettler eine Münze zu und drehte sich dann zu mir.

»Bei Sonnenaufgang«, erwiderte er.

Das Mausoleum von Jan Fishan Khan in Burhana

Die Verbrennungsghats von Varanasi.

Fruchtbarkeitsritual:
Eine Frau bindet im Kali-Tempel von Kalkutta Blumen an einen Baum.

Ein *rickshawalla* auf einer belebten Straße in Kalkutta

Lebenselixiere für Magier: Giftige chemische Substanzen sind in Kalkutta leicht zu haben.

So genannte *ghamelawallas* waschen Gold aus dem Straßenstaub im Bow Bazaar von Kalkutta.

Eine Perückenmacherin in Tirupati verdient ihren Lebensunterhalt mit dem im »Haartempel« Tirumalas geopferten Haar.

Der prächtige Tempelkomplex Tirumala Tirupati

Mitglieder der Rationalisten-Bewegung entlarven die Tricks »heiliger Männer«, die in der Luft schweben und Feuer schlucken (links unten).

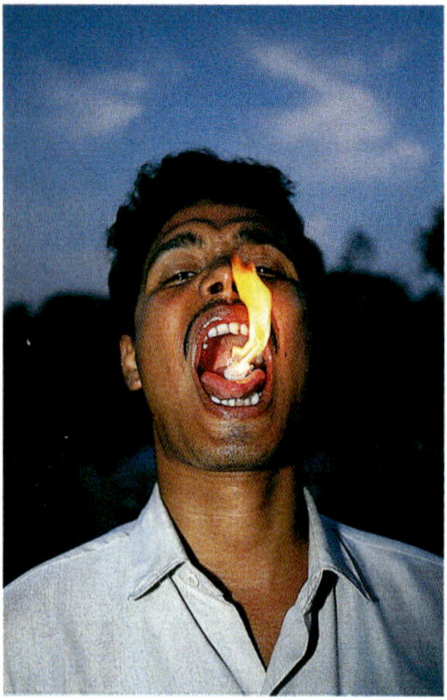

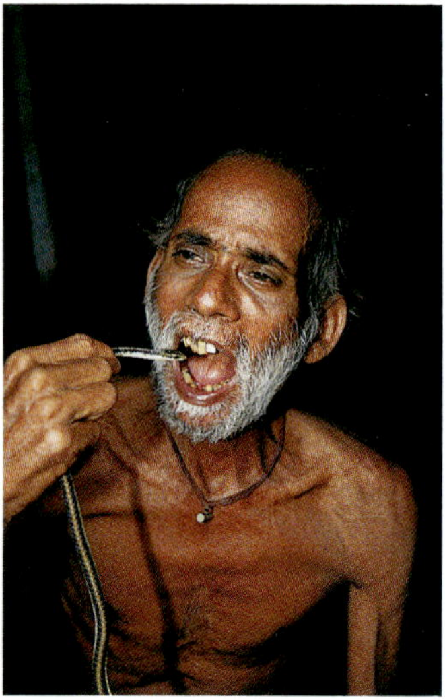

Ein heiliger Schlangenschlucker

Die Brüder Gowd aus Hyderabad verfechten die These, dass Asthma durch das Verschlucken lebender Fische geheilt werden könne.

Ein kleiner Ausschnitt aus der wartenden Menge: Die Heilungssuchenden halten einen lebenden Fisch in der Hand.

Der Autor erhält seine Ration der Fischmedizin gegen Asthma.

Ein typischer indischer Straßenheiler mit Mitteln gegen jede Form von Leid

Dritter Teil

Ein Grünschnabel muss viel reisen,
bis er zum reifen Mann wird.

Sprichwort

13

Dick Whittington und das schwarze Loch

Mitten in der Nacht schlüpfte Gokul in mein Zimmer und packte still und leise wie ein Geheimagent in Aktion meine Sachen. Um halb sechs zog er mich am kleinen Finger der linken Hand.

»Zeit für Dusche«, vermeldete er, während ich mühsam aus einem Alptraum erwachte.

»Gokul ...«, gähnte ich, »ich habe schreckliche Dinge geträumt.«

»Was Sie träumen?«, fragte er mitfühlend.

»Ich habe geträumt, dass Feroze mich wegschickt ...«

Gokul antwortete nicht. Er war zu sehr damit beschäftigt, mein Rasierzeug in einem Seitenfach meiner Reisetasche zu verstauen.

»Dürfen keine Zeit verlieren«, meinte er gleich darauf. »Meister sagt, Sie müssen um sechs gehen. Noch fünfundzwanzig Minuten.«

Mein Magen verknotete sich wie eine Bullenpeitsche. Die Zukunft war auf einmal so unsicher. Wohin sollte ich gehen? Wie kam ich dorthin? War mein Studium der Magie damit vorzeitig beendet?

Ich bat den alten Diener, meine Sachen wieder auszupacken, und stürmte die Treppe hinunter, um den Meister zur Rede zu stellen. Ich war es leid, wie ein Bauer auf dem Schachbrett nach Belieben hin und her geschoben zu werden. Er spielte nur mit mir, wie immer, missbrauchte auf schändliche Weise mein Versprechen, ihm bedingungslos Gehorsam zu leisten. Ich sah im Studierzimmer

nach, im Labor, im Besuchszimmer und sogar im Wirtschaftstrakt. Der Magier war nicht zu finden.
Gokul, der meine Anweisung ignoriert hatte, schleifte meine Reisetasche inzwischen die Treppe hinunter ins Erdgeschoß.
»Weißt du, wo der Meister ist?«
»Er ausgegangen«, erwiderte der Diener. »Er wünschen Ihnen Glück und sagt, in ein paar Monaten wiedersehen.«
»In ein paar Monaten?« Ich schluckte schwer. »So lange soll ich also fortbleiben?«
Gokul hob eine Schulter, dann die andere.
»Ja«, antwortete er treuherzig. »Ich glaube.«
»Wollte er mich nicht persönlich verabschieden?«
»O nein, er zu beschäftigt. Hat in Stadt zu tun.«
»Was, um sechs Uhr morgens?«
Daraufhin zog Gokul aus den Tiefen seines *lungi* ein kleines Päckchen hervor. Es war in grünes Buntpapier eingewickelt.
»Meister sagt, Ihnen das geben. Beinahe vergessen.«
»Ah, hervorragend!«, rief ich aus. »Da sind sicher alle Angaben für meine Reise drin.«
Ich riss das Papier auf. Zum Vorschein kam eine Landkarte, dazu eine handschriftliche Notiz des Magiers. Ich las sie laut vor:
»Wünsche eine fruchtbare Reise. Alles Gute, Feroze.«
Der rechte Mundwinkel des alten Dieners verzog sich zu einem angedeuteten Lächeln. Er schleppte meine Reisetasche weiter in den Hof.
»Ist das alles?«
Gokul nickte.
Ich faltete die leinenverstärkte Landkarte auseinander; es kam mir vor, als würde ich das steife Segel eines Schiffes aufklappen. Die Karte zeigte den ganzen indischen Subkontinent. Ich überflog sie beklommen, suchte nach Bleistiftmarkierungen, einem Pfeil, einem »X«. Irgendetwas. Die Karte, hergestellt von Sifton, Praed & Co. in St. James's, sah trotz ihres hohen Alters aus wie neu. Bis auf einen mit Fettstift gezogenen Kreis um Hyderabad.
»Hyderabad ... Was gibt's in Hyderabad?«

»Gowd-Familie, Asthmakur«, erinnerte mich Gokul.
»Aber – das ist doch erst in der ersten Juniwoche.«
Ich sah nach dem Datum auf meiner Armbanduhr.
»Heute haben wir den dritten März.«
Gokul mahnte, es sei schon eine Minute vor sechs. Der Meister werde sehr erzürnt sein, fügte er hinzu, wenn er mich bei seiner Rückkehr noch vorfinde. Wir überquerten eiligen Schrittes den Innenhof.
»Gute Reise!«, rief Gokul unvermittelt aus, während er mir das Tor öffnete. »Und aufpassen!«
»Worauf?«
Der alte Diener hob die rechte Hand zu einer Art Salut an die Stirn.
»Sie werden sehen, sehr bald«, erwiderte er.

In Ermangelung eines anderen Menschen, den ich hätte um Rat fragen können, machte ich mich zum anderen Ende von Alipore auf in der Hoffnung, Venky in seiner Stammkneipe zu finden. Vermutlich hatte der *rickshawalla* die ganze Nacht gebechert und schlief nun auf dem Boden seinen Rausch aus. Es war Zeit, meine Geheimwaffe wachzurütteln.
Die plötzliche Ankündigung, dass ich Hals über Kopf zu einer langen Erkundungsreise aufbrechen sollte, verstörte mich zutiefst. Feroze beherrschte es wirklich meisterhaft, die Menschen in seiner Umgebung aus dem Gleichgewicht zu bringen. Er musste bemerkt haben, dass ich angefangen hatte, sein unerträglich sadistisches Regiment geradezu zu genießen. Die unzumutbaren Torturen hatten mir zwar schwer zugesetzt, aber offenbar hatte ich masochistische Neigungen entwickelt. Zweifellos ein instinktiver Überlebensmechanismus. Schon der Gedanke, wieder mit einem Teelöffel Löcher zu graben, Formeln oder ausgewählte Werke Platons auswendig zu lernen, meine Körpertemperatur lebensgefährlich zu erhöhen oder sogar Steine zu schlucken, erfüllte mich mit einem bedenklichen Glücksgefühl. All dieser Vergnügungen beraubte mich der Magier mit einem Schlag. Er

setzte dem eigenwilligen Lebensstil der vergangenen zwei Monate von einem Tag auf den anderen ein Ende und verurteilte mich damit zum bisher schlimmsten Martyrium – einem Leben ohne ständige Unterdrückung. Zurückgeworfen in die Welt wie ein Häftling, der seine Strafe abgesessen hatte, konnte ich mir eine Existenz außerhalb des Kerkers kaum mehr vorstellen.

Ich dachte an die Reise und ließ niedergeschlagen den Kopf hängen. Was sollte ich bloß tun? Als ich so dahintrottete, spürte ich plötzlich eine unsichtbare Kraft; es war, als würde mich jemand an der Schulter packen. Ich blieb stehen. Noch immer spürte ich den festen Griff, ein warmes, angenehmes Gefühl. »Lass dich nicht unterkriegen!«, brummte eine vertraute Stimme. »Denk an deinen Vorfahren Nawab Jan Fishan. Selbst als seine Söhne in der Schlacht hingemetzelt wurden, kämpfte er weiter bis zum Sieg!« Im nächsten Augenblick war Hafiz Jans starke Hand von meiner Schulter verschwunden. Doch seine Worte hatten mich tief berührt. Er hatte Recht. Warum mich von Zweifeln verrückt machen lassen? Warum nicht einfach eine Weile durch Indien gondeln, nach heiligen Männern und Illusionen Ausschau halten? Ich hatte nicht viel Geld ausgegeben, als ich bei Feroze wohnte. Wenn ich genügsam lebte, reichte es für ein paar Monate.
Alles klar, dachte ich, ich werde den Auftrag des Magiers erfüllen. Ich werde eine Reise machen – und zwar keinen lächerlichen kleinen Trip, sondern eine richtig große Tour.

Venky lag nicht, wie ich erwartet hatte, besinnungslos in seiner Stammkneipe herum. Vielmehr fand ich ihn damit beschäftigt, seine Rikscha auf Hochglanz zu bringen. Er trug einen makellosen neuen *lungi,* ein Hemd aus Baumwollmischgewebe und auf der Stirn eine große *tikka.*
»Venky, bist du's wirklich?« fragte ich verblüfft, denn er konnte stehen wie eine Eins. »Was ist los? Warum bist du nicht betrunken?«

Der *rickshawalla* wischte die Speichen der Wagenräder mit einem öligen Lappen ab; es war schon sehr lange her, dass sie zum letzten Mal gereinigt worden waren. Er begrüßte mich mit *namaskar* und bot mir sein Tonschälchen mit kaltem Milchtee an. Als ich dankend ablehnte, trank er den Tee mit einem Zug aus und warf das Schälchen dann in den Rinnstein, wo es zerschellte.

In Kalkutta wird alles wiederverwendet, von Teeblättern bis zu Heftpflaster. Nichts wird nach einmaligem Gebrauch weggeworfen – nichts bis auf *bharh,* die winzigen Schälchen aus gebranntem Ton, kaum größer als ein Fingerhut; sie füllen jeden Rinnstein. Einheimische brechen in hysterisches Gelächter aus, wenn ein verrückter Ausländer vorschlägt, sie doch wiederzuverwenden. Für mich waren diese Schälchen zerbrechliche kleine Kunstgegenstände, für Venky und alle anderen das Wertloseste, was es überhaupt gab.

»Sahib«, sagte der *rickshawalla,* »Sie geschickt worden zu mir!«

»Venky, wovon redest du? Ich habe dich ganz allein gefunden. Niemand weiß von dir. Du bist meine Geheimwaffe.«

Doch der *rickshawalla* widersprach energisch.

»Nein, Sahib, Sie nicht verstehen! Sie geschickt worden zu mir von Engel, von Himmel!«

Venky war offenbar doch betrunken.

»Ich dachte, du bist nüchtern«, sagte ich. »Das kannst du doch nicht wirklich glauben!«

»Aber, Sahib«, antwortete er mit ernstem Gesicht, »ich nicht betrunken. Ich nicht mehr trinken. Sie mir geschickt, Sie eine Warnung von Gott. Ich viel trinken, viel Geld ausgeben. Nur wenig an Frau in Purulia schicken. Gott Sie schicken zu mir!«

»Venky«, entgegnete ich, »wenn du nicht betrunken bist, dann bist du verrückt geworden. Wie kommst du nur auf die Idee, mich hätte der Himmel geschickt?«

Er legte sich ausgestreckt auf den Boden, als wollte er einen Leichnam mimen.

»Konkalwallas!«, rief er aus. »Das war Zeichen!«

Venky begann eifrig zu erzählen, wie der alptraumhafte Besuch bei den Skeletthändlern ihn mit einem Schlag geläutert, ihn auf den Weg in ein rechtschaffenes Leben geführt hatte. Er hatte eine Vision gehabt – nicht von Gott oder Engeln, sondern von Skeletthändlern und ihren Leichen. Irgendwie betrachtete er mich nun als seinen Retter. Doch jetzt war nicht die Zeit für Huldigungen.

»Venky«, sagte ich, »ich mache eine Reise. Ich brauche deine Hilfe.«

»Reise? Oh, sehr gut. Wo Sie gehen?«

»Ich weiß es nicht.«

»Wann Sie gehen?«

Ich tippte auf meine Armbanduhr.

»Jetzt gleich«, erwiderte ich.

Der *rickshawalla* warf mir einen besorgten Blick zu.

»Ich bräuchte ein paar Ideen«, sagte ich. »Wenn du überall hinfahren könntest, um einen heiligen Mann zu treffen – wohin würdest du fahren?«

»Heiliger Mann ... Sadhu?«

»Ja, genau.«

Venky dachte lange und intensiv nach, das Gesicht in seinen spindeldürren Fingern verborgen. Eine Minute verging. Fünf Minuten. Der *rickshawalla* schien in Trance verfallen zu sein. Vielleicht hatte sein Körper den plötzlichen Alkoholentzug nicht verkraftet.

»Venky!«, rief ich. »Was tust du?«

»Ich denken, Sahib.«

»Na gut, aber jetzt hör auf zu denken. Was ist dir eingefallen?«

Venky hob einen Finger hoch, als wollte er prüfen, aus welcher Richtung der Wind kam.

»Ich gehen zu Jamshedpur Klinik für Kopf«, erwiderte er mit Nachdruck.

»Wo ist die?«

»Bihar.«

»Aber ich bin nicht verrückt, glaube ich jedenfalls.«

»Ja, Sahib. Sie nicht verrückt. Berühmter Sadhu in Jamshedpur Klinik. Sehr berühmt.«

»Ist er verrückt?«
»O nein, Sahib«, antwortete der *rickshawalla.* »Er nicht verrückt, nur dort leben.«
»Hmm, ein Irrenhaus für normale Leute, eigentlich eine hervorragende Idee.«
Ich zog die Landkarte aus meiner Gesäßtasche und suchte nach Jamshedpur.
»Das ist ja ganz in der Nähe, westlich von Kalkutta«, sagte ich, als ich es gefunden hatte. »Für den Anfang nicht schlecht, denke ich.
Venky klopfte auf die Sitzbank seiner Rikscha und riss die Augen auf.
»Zug gehen von Howrah Bahnhof«, sagte er verschmitzt. »Ich Sie fahren.«

Venky beugte sich so tief über den Lenker seines Fahrrads, dass es aussah, als hätte er sich zwei Hockeyschläger umgedreht unter die Arme geklemmt, und fuhr los in Richtung Norden, zur berühmten Strand Road. Ich fand es furchtbar, dass er immer noch barfuß arbeitete, und hatte schon mehrmals angeboten, ihm ein Paar Schuhe zu kaufen. Doch Venky wiederholte stets hartnäckig, er habe noch niemals Schuhe getragen, nicht einmal als Postläufer in Purulia. In Schuhen würden seine Füße schwitzen und jucken, und dann könne er nicht arbeiten. Also lenkte er an diesem hellen, wenngleich ungewissen Morgen sein Gefährt barfüßig um die Schlaglöcher herum.
Indien ist Chaos im großen Stil gewohnt. Es ist, als würden alle neunhundert Millionen Menschen ständig hin und her rasen, gesteuert von einer selbst entwickelten Form der Brown'schen Bewegung. Wie Sternbilder in einem weit entfernten Kosmos bewegen sie sich auf vorherbestimmten Bahnen. Und im Zentrum einer jeden unendlichen Galaxie befindet sich die indische Variante eines schwarzen Lochs: ein großer Kopfbahnhof.
Im strukturierten Chaos des Subkontinents ist ein besonderer und hoch geachteter Platz für die großen Bahnhöfe reserviert. Wer sie betritt, kann nie sicher sein, wann oder wo er ihn wieder

verlässt. Manche kommen überhaupt nicht mehr zum Vorschein. Sie verbringen den Rest ihres Lebens in einem ewigen Kreislauf als Schuhputzer, Taschendieb und Verkäufer schaumigen Mangosafts.
Das für das Auge spektakulärste schwarze Loch von allen ist der Howrah-Bahnhof. Ihm fehlt vielleicht der architektonische Reiz von Bombays indo-gothischem Victoria-Bahnhof, doch er bietet ein unvergleichliches Abbild prallen Lebens. Das prächtige Bodenmosaik bedeckt wie ein riesengroßer Kelim jeden Zentimeter Fläche. Dicht gedrängt, wie gefrorene Atome an ihrem Platz erstarrt, schob sich die Menge vorwärts. Es war fast unmöglich, sich zu bewegen, und selbst wenn, hätte es niemand gewagt. Als würde unaufhörlich »Reise nach Jerusalem« gespielt – ohne Musik und ohne Stühle –, und man wäre draußen, sobald man aufsteht.
In dem Gewühl fand sich alles, was man sich nur vorstellen kann: Blumenverkäufer mit Bündeln von Lilien; ein Zahnarzt mit seiner mobilen Praxis – einer Zange; eine Gruppe Jain-Pilger mit weißem Mundschutz aus Karton; fünfzig Schuljungen, die nach Zigarettenkippen suchten; ein Wurf kleiner Kätzchen, von der Mutter verlassen; sechzig beturbante Lastträger, jeder einen Ballen Hanf neben sich; ein blinder Bettler mit einem verkrüppelten Affen; ein Kali-Sadhu – mit einer angeklammerten, langen roten Pappzunge, einem zweiten, um die eigenen gebundenen Paar Armen und einer Krone auf dem Kopf –, der ein in rote Farbe getauchtes Schwert in den Händen hält … Für sie alle war ich ein Unberührbarer, für den es keinen Platz gab.

Als der Schalter öffnete, kaufte ich mir eine Fahrkarte zweiter Klasse für den Hatia-Express nach Jamshedpur. Er sollte um einundzwanzig Uhr fünfunddreißig abfahren. Ich musste also genau dreizehn Stunden warten.
Venky bot an, mich wieder in die Stadt zurückzubringen. Doch ich hatte mich schon mit dem unerschütterlichen Phlegma des Lebens im schwarzen Loch infiziert. Als ich ihm das erklärte, fragte mich der *rickshawalla,* ob es dasselbe schwarze Loch sei, in

das die Briten im Zentrum Kalkuttas ihre Gefangenen gesteckt hätten. Sie seien sich zwar nicht ganz unähnlich, erwiderte ich, doch es gebe fundamentale Unterschiede. Beide seien schmutzig, übel riechend und bis zum Bersten voll; beide beraubten diejenigen, die hineingerieten, ihrer Freiheit. Doch soweit ich wisse, fuhr ich fort, gebe es im schwarzen Loch von Kalkutta keine elektrischen Horoskop-Automaten, Teestände oder Eunuchen, die um Almosen betteln.

Ich sagte meiner Geheimwaffe Lebewohl und befahl ihm, mich allein zu lassen. Ich musste mich beeilen, wenn ich mir auf Bahnsteig neun eine gute Warteposition sichern wollte. Noch einmal dankte Venky Gott dafür, dass er mich ihm geschickt hatte. Er würde nie wieder *chullu* trinken, versicherte er. Er sei ein anderer Mensch geworden.

Die ersten fünf Stunden vergingen sehr langsam. Vermutlich hatte der Kiosk am Bahnsteig noch nie ein derart reges Geschäft erlebt. Allein in der ersten Stunde schlürfte ich fünf Frooti-Mangodrinks, blätterte sechs bengalische Filmmagazine durch und begann ein Buch mit dem Titel *How to Breed Reptiles* zu lesen. Als ich alles über Brutboxen für Leguane wusste, vertiefte ich mich in *How to Renovate Dentures* und *How to Draw Cathedrals.* Indische Bahnhofskioske bieten stets ein breites Sortiment solcher Ratgeberbücher. Kluge Reisende wissen, dass es keine bessere Zeit gibt, sich in Selbsthilfe zu perfektionieren, als wenn sie im schwarzen Loch eines Bahnhofs festsitzen.

Nach zehn Stunden hatte das schwarze Loch mich völlig in seiner Gewalt. Die irdischen Vorstellungen von Zeit und Raum waren aufgehoben. Gestärkt durch zahllose Selbsthilfepublikationen und schaumige Obstsäfte, ließ ich mich von einem diensteifrigen kleinen Schuhputzer erweichen. Seltsamerweise waren meine Schuhe auf einmal mit Kuhdung beschmiert. Kaum war der Junge davongeflitzt, um seine fünf Rupien zu verprassen, sah ich mich von einer Horde von Verkäufern umringt. Ob ich einen Satz Billardkugeln kaufen wolle, eine limonengrüne

Sturmhaube aus Mohair, einen Wimpern-Curler, zehn Gallonen Schmieröl für Diesellokomotiven, einen Karton mit lebenden weißen Mäusen, einen grünen Papagei oder eine Lavalampe?
Ich bedeutete ihnen, dass sie sich entfernen sollten. Plötzlich stand wieder ein Schuhputzer vor mir. Er hatte ein kleines Wägelchen dabei.
»Sahib, Schuhe putzen?«
»Nein, danke. Habe ich gerade machen lassen.«
Der Junge verzog skeptisch das Gesicht. Ich sah auf meine Schuhe. Sie waren voller Kuhdung, diesmal eher flüssig. Ich wollte gerade sagen »Wie konnte das passieren?«, als mein Blick auf eine lila Farbdose fiel, die hinten am Wägelchen des Schuhputzers baumelte. Sie enthielt den Kuhdungmix. Der Junge machte sich schleunigst davon; dass ich ihm einen Denkzettel androhte, gefiel ihm offenbar nicht. Dann sah ich mich auf dem Bahnsteig um. Die anderen Reisenden waren viel zu sehr in ihre eben gekauften Selbsthilfebücher vertieft, als dass sie diese Gaunerei bemerkt hätten. Zuerst präparieren die Schuhputzer die Schuhe des potentiellen Kunden heimlich mit Exkrementen, dann bieten sie ihm an, sie zu putzen. Der ewige Kreislauf – Kalkutta Special – garantiert lebenslange Beschäftigung.
Zwei Stunden bevor der Hatia-Express einlaufen sollte, geschah etwas Seltsames auf Bahnsteig neun, dem Zentrum des schwarzen Lochs. Wenige Meter entfernt von dem Platz, wo ich saß, baute ein junger Straßenkünstler sein Tischchen auf. Er führte ein paar einfache Taschenspieler- und Zaubertricks vor, bis sich eine Schar Lastenträger, Weiße-Mäuse-Verkäufer und Reisende, die sich moralisch unter Druck gesetzt fühlten, um ihn sammelte. Dann begann der Junge – er war etwa dreizehn – mit einer neuen Nummer. Er überredete einen Mann aus der Menge, ihm einen Fünfzig-Rupien-Schein zu geben. Der Geldschein wurde zweimal gefaltet und in einen braunen Umschlag gesteckt. Der Besitzer des Geldes schrieb seine Initialen auf den Umschlag, der anschließend in einen Karton mit ähnlichen Umschlägen geworfen wurde. Als der Mann in den Karton griff und nach dem von ihm

markierten Umschlag suchte, war er fort. Der Trick wurde sehr geschickt ausgeführt. Die Zuschauer applaudierten jedes Mal, wenn der Junge wieder einen gutgläubigen Menschen übertölpelt hatte. Als ich den Zauberkünstler eine Weile beobachtet hatte, kam er mir irgendwie bekannt vor. Ich scheuchte einen Schwarm fliegender Händler beiseite und stand auf, um besser sehen zu können. Das Gesicht des Jungen – genau! Das Charlie-Chaplin-Lächeln – na klar! Es war der Bursche, der mir im Maidan einen Hundert-Rupien-Schein abgeluchst hatte.

Ohne eine Sekunde zu zögern, marschierte ich hin und befahl dem Jungen, mein Geld herauszurücken. Ich versuchte es mit einer Reihe leerer Drohungen: dass ich es seinen Eltern erzählen, den Bahnhofsvorsteher rufen, ihn vor allen Leuten als Betrüger bloßstellen würde. Doch der Bursche schnitt eine Grimasse und sagte grinsend irgendetwas zu seinem treuen Publikum, das sich sofort gegen mich wandte. Eine Frau fuhr mich an, ich solle mich gefälligst mit Erwachsenen streiten, und reichte ihm ihre fünfzig Rupien. Ein anderer Zuschauer rief, ich solle besser dahin zurückgehen, wo ich hergekommen sei. Ich hatte noch nie erlebt, dass die Stimmung in einer Menschenmenge so schnell von Begeisterung in Zorn umschlug. Man lechzte nach meinem Blut, weshalb ich lieber zu meinem Platz zurückging und Rache schwor.

Noch eine Stunde bis zur Einfahrt des Zuges. Ich lutschte eine Hand voll Bonbons mit *paan*-Geschmack. Um nicht ständig über eine angemessene Rache nachzugrübeln, holte ich des Meisters Landkarte von Indien aus meiner Reisetasche und breitete sie auf dem Boden aus.

Wo sollte es nach dem Besuch im Irrenhaus hingehen? Welche Städte, welche Landstriche sollte eine Erkundungsreise umfassen? Mit zusammengekniffenen Augen starrte ich auf die zahllosen Namen. Zuerst zog ich einen Kreis um Kalkutta, dann um Jamshedpur. Warum war Hyderabad schon markiert? Wollte der Meister, dass ich dort hinfuhr? Immerhin war es *seine* Karte. Gokuls Asthma-Wunderkur war eigentlich Grund genug. Von Tag zu Tag bekam ich schlechter Luft, und der Inhalator half auch nicht viel. Ein Wunder war fällig. Ein weiterer Grund für einen Abstecher in diese Stadt war, mir das Rock Castle Hotel anzuschauen, in das sich der Forscher Sir Wilfred Thesiger gerne zurückgezogen hatte, um zu schreiben.

Gokuls karger Information zufolge konnte man nur Anfang Juni in den Genuss der Gowd'schen Wunderkur kommen. Bis dahin waren es noch drei Monate. Ich brauchte vor Hyderabad also noch ein anderes Reiseziel. Vielleicht Bangalore? Der dortige Basavanagudi-Tempel aus dem 16. Jahrhundert war zweifellos sehr exotisch. Ich kringelte auch Bangalore ein. Ich würde zuerst in den Süden fahren und mich Ende Mai auf den Weg nach Hyderabad machen.

Genug geplant für den Anfang, dachte ich, und verstaute die Landkarte wieder in meiner Tasche. Eine Erkundungsreise muss so viel Raum wie möglich für den Zufall lassen. Spontane Entscheidungen sind die beste Strategie für eine maximale Ausbeute an Beobachtungen.

Zwanzig Minuten vor der angegebenen Zeit brauste der Hatia-Express in den Bahnhof. Plötzlich kam Bewegung in das schwarze Loch. Tausend Gepäckträger in roten Hemden liefen herum, breitbeinig wie junge Matrosen nach einer Nacht an Land. Jeder balancierte ein mysteriöses, mit Palmblättern umwickeltes Paket auf dem Kopf.

Während die Leute an den Türen schier übereinander kletterten, um möglichst schnell in den Zug zu kommen, entdeckte ich im Gedränge den jungen Trickser wieder, diesmal ohne militantes Publikum, das ihn unterstützte. Ich packte ihn am Kragen.

»Gib mir meine hundert Rupien zurück!«

»Ah, da sind Sie ja!«, sagte der Bursche, beinahe als wäre er erfreut, mich zu sehen. »Hier ist Ihr Geld. Ich habe Sie schon gesucht.«

Er reichte mir zwei Fünfzig-Rupien-Scheine. Seine Nachmittagsvorstellung musste ihm ein hübsches Sümmchen eingebracht haben, wenn er bereit war, seine Opfer zu entschädigen.

»Sie brauchen das Geld bestimmt notwendiger als ich«, sagte er arrogant und in fließendem Englisch. »Sie sind schlechter gekleidet als ein Bettler! Wohin wollen Sie? Die Nacht bei den Kanalratten verbringen?«

»Was fällt dir ein, mich zu beleidigen!«, rief ich empört. »Ich habe keine Zeit, mit dir zu diskutieren, du grässlicher Bursche. Ich bin unterwegs nach Jamshedpur, ich mache eine äußerst wichtige Reise!«

Mit diesen Worten schickte ich mich an, über die schwankende Menschenleiter meiner strampelnden Reisegefährten in den Waggon zu krabbeln, und ließ mich auf einen Sitzplatz am Fenster fallen. Dass ich ihn ganz für mich allein hatte, war fast zu schön, um wahr zu sein. Ich lehnte mich entspannt zurück, streckte und beugte die Arme wie ein Psychotiker, dem man gerade die Zwangsjacke ausgezogen hatte. Leider hielt die herrliche Arm- und Beinfreiheit nicht lange vor. Innerhalb kürzester Zeit quetschten sich hunderte von Menschen in den Waggon und wurden zusammengepresst wie getrocknete Datteln in einer Kiste.

Auf die Minute genau um 21.35 Uhr fuhr der Hatia-Express hinaus aus dem Bahnhof Howrah, hinein ins Unbekannte.

Der Mann neben mir ließ die Schlösser eines zinngrauen Attachékoffers zurückschnappen, den er auf dem Schoß hielt. Ich fühle mich wie Dick Whittington, erzählte ich ihm, auf dem Weg zu Ruhm und Reichtum; jetzt fehle mir nur noch eine Katze. Das Gesicht des Mannes verzog sich zu einem verwirrten Lächeln.

»Es ist mir ein Vergnügen, Sie kennen zu lernen, Mister Whiteting-don«, erwiderte er höflich. »J. P. Kamaraj, zu Ihren Diensten. Sagen Sie einfach J. P.«

»Nein, nein. Ich bin nicht Dick Whittington, ich fühle mich nur so.«

Der Mann rückte sein Toupet zurecht, das ihm verrutscht war. Das bollige Büschel störrischen dunklen Haars erinnerte an einen Topfhandschuh aus Rosshaar.

»Sie haben eine Katze?«

»Nein, leider nicht. Ich bin auf Erkundungsreise«, erwiderte ich und klopfte auf meine Reisetasche. »Kein Platz für Katzen.«
Nachdem er sein Ersatzteil erneut zurechtgeschoben hatte, kramte J. P. in seinem Attachékoffer herum. Die indischen Züge sind voll von Gentlemen mit Toupet und Attachékoffern der Marke VIP Luggage. Die meisten sind Verkäufer, der Rest Wissenschaftler. In Abteilen zweiter Klasse unterwegs durch den Subkontinent, dienen sie dem Zusammenhalt des Landes.
»Ich bin Wissenschaftler«, eröffnete mir J. P., während der Zug beschleunigte, um dem Gravitationsfeld des schwarzen Lochs Howrah-Bahnhof zu entkommen.
»Tatsächlich?«, erwiderte ich eifrig. »In welchem Bereich arbeiten Sie?«
J. P. Kamaraj klappte seinen Attachékoffer unauffällig wieder zu.
»Ein sehr geheimes Projekt«, antwortete er.
»Ah, verstehe. Nun, ich will nicht neugierig sein.«
In diesem Augenblick wurde die Tür des Abteils zurückgeschoben, und im Rahmen stand der dreiste junge Trickbetrüger.
»Ach du lieber Himmel! Nicht schon wieder!«, stöhnte ich laut.
J. P. blickte auf, als erwartete er, dem Unbekannten vorgestellt zu werden.
»Ein Freund von Ihnen?«, fragte er.
Der Bursche ließ sich auf den Sitzplatz neben mir fallen.
»Gott bewahre!«, sagte ich. »Das ist ein Nichtsnutz, ein Schlitzohr übelster Sorte. Er zieht arglosen Menschen das Geld aus der Tasche.«
»Ich habe Ihnen Ihr Geld zurückgegeben«, protestierte der Junge. »Außerdem brauche ich es gar nicht. Was sind schon hundert Rupien.«
»Geh und lass mich in Frieden«, knurrte ich. »Ich führe gerade ein wichtiges Gespräch mit diesem Herrn hier.«
Der Junge zog ein Bündel schmuddeliger Fünfzig-Rupien-Scheine unter seinem Hosenbund hervor, befeuchtete den Daumen und begann sie mit der Fingerfertigkeit eines Croupiers durchzuzählen.

»Fünftausend«, sagte er. »Nicht schlecht!«
»Jeder dieser Geldscheine steht für jemand, den du ausgenommen hast. Du solltest dich schämen!«
Ich kehrte dem Burschen den Rücken zu und erzählte J. P. von meinem Studium bei Feroze und meiner Erkundungsreise. Während mein Gesprächspartner mein Vorhaben mit lobenden Worten bedachte, mischte sich der freche Kerl ein.
»Ich begleite Sie!«
»Ganz gewiss nicht!«
»Doch, und Sie können nichts dagegen tun.«
»Warum verschwindest du nicht und betrügst noch ein paar unschuldige Menschen und lässt mich in Ruhe?«
»Weil ich hier bei Ihnen bleibe.«
»Na gut«, sagte ich. »Mir egal.«
Bestimmt würde er sich in ein paar Minuten trollen. Schließlich war er noch sehr jung.
»Tut mir Leid, J. P.«, sagte ich. »Sie wollten mir von Ihrem Projekt erzählen, bevor wir unterbrochen wurden.«
Offenbar war ihm entfallen, dass sein Projekt strengster Geheimhaltung unterlag, denn nun begann er zu plaudern.
»Wir entwickeln eine Art Habbakuk«, sagte er.
»Habba-was?«
J. P. ließ seinen Attachékoffer auf den Boden gleiten und beugte sich zu mir herüber.
»Das ist ein Codename für Pykrete«, flüsterte er. »Wir entwickeln eine indische Version …«
»Was ist Pykrete? Eine Art Seife?«
J. P. lachte.
»Aber nein«, erwiderte er. »Ein englischer Wissenschaftler namens Geoffrey Pyke entwickelte im Zweiten Weltkrieg ein Gemisch aus Eis und Holzbrei. Es war zwölfmal fester als Beton, billig herzustellen, und es schwamm. Mountbatten und Churchill verwendeten es für ihr ›Projekt Habbakuk‹.«
»Worum ging es da?«
»Nur Geduld! Ich erzähle es Ihnen gleich«, antwortete J. P. »Wis-

sen Sie, ihr Plan war, riesige Kriegsschiffe aus Pykrete zu bauen, über sechshundert Meter lang, zwei Millionen Tonnen schwer.«

»Und wie ging die Sache weiter?«

Mein Gesprächspartner legte die Stirn in Falten.

»Nach erfolgreichen Geheimtests in Kanada wurde das Pykrete-Projekt seltsamerweise abgebrochen.«

»Aber warum?«

»Es gab Schwierigkeiten«, erzählte J. P. eifrig. »Wissen Sie, sie wollten das Produkt für den Krieg einsetzen.«

»Na ja, schließlich hat man es im Zweiten Weltkrieg getestet!«

»Das ist keine Entschuldigung!«, erwiderte J. P. scharf und hob tadelnd den Zeigefinger.

»Nun, wenn das Material nicht für militärische Zwecke eingesetzt werden soll, wofür entwickeln Sie dann Ihre Variante von Pykrete?«

Über das Gesicht meines Gegenübers huschte ein zuversichtliches Lächeln.

»Wir«, erklärte er würdevoll, »bauen einen Tempel aus Pykrete. Er wird Krishna geweiht sein und an Indiens Küste entlangfahren. Das Schiff wird bei den Städten unterwegs anlegen, und die Menschen werden an Bord kommen, um Krishna zu huldigen!«

»So ein Schwachsinn!«, warf der junge Trickser ein, der mitgehört hatte.

»Halt den Mund!«, fuhr ich ihn giftig an. Aber im Grunde musste ich ihm zustimmen – die Idee war absurd.

Angespornt durch sein skeptisches Publikum, schwadronierte J. P. zwei Stunden lang von seinem Projekt. Er hatte hochfliegende Pläne für seinen schwimmenden *mandir* aus Pykrete. Zu der Anlage sollten Eisgärten und Springbrunnen gehören, ein Meditationszentrum, ein Hospital, Unterkünfte für das Personal, ein Badehaus, eine Bibliothek und ein Speisesaal, ein großer Versammlungsraum und eine stattliche Zahl Milchkühe.

»Meinen Sie nicht, dass es den Kühen ein bisschen kalt wird?«, fragte ich. »Schließlich wären sie ständig auf einem riesigen Schiff aus Eis unterwegs.«

J. P. Kamaraj ließ ein kurzes, schrilles Lachen hören.
»Aber nein!«, rief er aus. »Die Kühe werden sich bestimmt nicht verkühlen. Sie werden es warm und gemütlich haben.«
»Aber es muss doch schweinekalt sein auf dem Schiff!«
Mein Gegenüber schüttelte den Kopf; es war alles wohl durchdacht. Er presste seinen Mund an mein Ohr und flüsterte hinter vorgehaltener Hand: »Zentralheizung! Jede Kuh bekommt einen Heizkörper.«

14

Die Geheimarmee

Kurz vor sieben Uhr morgens zerrte der kleine Trickbetrüger an meinem Hemdkragen und riss mich aus dem Tiefschlaf. Der Zug habe in der Nacht fünf Stunden Aufenthalt gehabt, sagte er, und Tatanagar, der Bahnhof von Jamshedpur, sei noch einen guten Kilometer entfernt.
»Ich brauche deine Hilfe nicht, vielen Dank«, knurrte ich.
Die Verspätung war ein glücklicher Zufall, denn sonst hätte ich die Station Jamshedpur zweifellos verpasst. Mitten auf der Strecke war eine junge Kuh überfahren worden, und der Lokführer, offensichtlich ein frommer Hindu, war ausgestiegen, um für die Seele des armen Tiers zu beten.
Während ich meine Siebensachen zusammensuchte, wünschte mir J. P. Kamaraj, der Pykrete-Experte, viel Glück für meine Erkundungsreise. Er selbst würde mit einem Anschlusszug weiterfahren; er wollte Holzbrei für seinen schwimmenden Pykrete-Tempel kaufen. Ehe ich zum Ausgang ging, blickte ich noch einmal zu dem Platz, auf dem der kleine Betrüger gesessen hatte. Er war fort.

Jamshedpur hatte nichts von dem verblichenen Prunk und Glanz Kalkuttas. Obwohl hier fast eine Million Menschen lebten, wirkte die Stadt seltsam öde und verlassen. Keine Paläste aus der Kolonialzeit, keine lärmenden Menschenmassen. Keine eisenschwarze, alles zerfressende Luft wie in Kalkutta; die hiesige Atmosphäre war etwas weniger verschmutzt.
Jamshedpur gehört zu den wenigen modernen Städten Indiens, die auf dem Reißbrett geplant wurden. Gewissermaßen ihr Vater war der Parse Jamshedji Tata, ein Industrieller und Pionier der indischen Stahlproduktion. Er erkannte, dass die Gegend mit ihren reichen Kohle- und Kalksteinvorkommen sich hervorragend als Standort für die Schwerindustrie eignete. Im Jahr 1908 wurde mit dem Bau der Stadt begonnen, vier Jahre später kam der erste Tata-Stahl auf den Markt.
Während in den meisten Städten Indiens ein buntes Gemisch aus Handel und Handwerk nebeneinander existiert, ist Tatas Metropole dem Ruhm des Metalls geweiht. Hier kann man sich nur niederlassen, wenn man eine ausgeprägte Leidenschaft für Gusseisen hat. Für die tausenden von Arbeiter, die in den adretten Reihenbungalows mit weißen Dächern leben, ist Eisen der wunderbarste Stoff der Welt.

Ehe ich mich auf die Suche nach der Nervenklinik machte, in der der heilige Mann residierte, spazierte ich in die Stadt, um erst einmal zu frühstücken. Als ich im Quality Restaurant an der Hauptstraße einen Milchkaffee schlürfte und dabei mit dem Stuhl kippelte, hörte ich plötzlich eine helle Stimme wohl bekannte Sprüche plappern. Sie kam vom anderen Ende des Raumes, wo das Kuchenbüfett stand. Die Gäste des Restaurants wurden eingeladen, ihr Glück bei einem einfachen Zaubertrick zu versuchen. Der große Preis bestand aus einem Brocken feuersteinähnlichen Materials von der Größe eines Eishockeypucks, der angeblich Gold enthielt.
Ein oder zwei Gäste hatten bereits hoffnungsvoll ihr Geld investiert. Offenbar war die Drohung des Burschen, mich zu beglei-

ten, mehr als eine beiläufige Bemerkung gewesen. Ich wickelte mir schnell die Landkarte des Magiers um den Kopf, so dass sie aussah wie eine tief in die Stirn gezogene Mütze, um dergestalt verkleidet abzuwarten, bis die Gefahr vorüber war. Fünf Minuten vergingen, und ich spürte, dass das Schlitzohr sich einen anderen Platz gesucht hatte. Vorsichtig lupfte ich meine Tarnkappe vor dem linken Auge. Der Kerl schien fort zu sein. Doch da klopfte mir jemand auf die Schulter.

»Haben Sie sich verirrt?«

»Himmel, nein! Warum lässt du mich nicht endlich in Ruhe?«

»Ich habe Ihnen doch gesagt«, grinste der Junge und glitt geschmeidig auf einen Stuhl an meinem Tisch, »dass ich Sie auf Ihrer Reise begleite. Meine Entscheidung steht.«

»Wenn du mich nicht in Ruhe lässt, rufe ich die Polizei«, drohte ich mit fester Stimme.

»Aber gern«, gab er zurück. »Die Polizisten sind dermaßen dumm. Ihnen ziehe ich das meiste Geld aus der Tasche! Ich heiße übrigens Bhalu.«

»Wie du heißt, ist mir piepegal. Du bist ein abscheulicher kleiner Trickser, der eigentlich in der Schule sein sollte.«

»Trickser, das gefällt mir!«, rief der Junge aus. »Ich bin ein Trickser. Von jetzt an heiße ich Trickser!«

Ich bezahlte und verließ das Lokal. Welches andere Motiv könnte ein junger Trickbetrüger haben, als mich meiner ohnehin schon knappen Barschaft zu erleichtern? Das Erlebnis im Farakka-Express war mir eine Lehre gewesen. Ich war nicht mehr der leichtgläubige, naive Tourist wie noch vor so kurzer Zeit.

Der Junge folgte mir nach draußen. Ehe er noch einmal hartnäckig wiederholte, dass er mich begleiten würde, warf er den kostbaren Golderzstein in die Büsche.

»War der nicht ein wenig zu wertvoll, um ihn einfach wegzuwerfen?«, fragte ich.

Der Junge lachte schallend.

»Aber nein!«, prustete er. »Ich habe ihn irgendwo aufgehoben,

bevor ich in das Lokal gegangen bin. Diese Leute waren wirklich dumm, finden Sie nicht?«
Als ein klappriges Taxi neben mir hielt, fuhr ich damit zur Nervenklinik am westlichen Stadtrand – allein.

Ich hatte noch nie eine psychiatrische Klinik betreten, und so war mir, das muss ich zugeben, ziemlich beklommen zumute. Der Zweck meines Besuches verschärfte die Situation. Da wir in Indien waren, konnte alles Mögliche passieren; im schlimmsten Fall würde man mich für einen Irren halten und mich in eine Gummizelle stecken.
Nicht weit vom Eingang der Klinik hatte sich auf einem Grasstreifen eine Gruppe respektabel aussehender, gut gekleideter Pilger niedergelassen. Sie blickten peinlich berührt zu Boden, als mein Taxi an ihnen vorbeifuhr.
Zwanzig Minuten nach meiner Ankunft hatte ich es endlich geschafft, dass man mich einließ. Das vordringlichste Problem war, dass kein Mensch ein Wort Englisch sprach. Ich begann mit den Mitteln der Pantomime einen Erleuchteten darzustellen, ließ meine Bemühungen jedoch bald sein aus Angst, man könnte mich für verrückt halten. Viermal wiederholte ich den Namen des heiligen Mannes – Gupta – einem Angestellten, der auf eine alte Triumph-Schreibmaschine einhackte. Er zuckte mit den Schultern und rollte die Unterlippe nach unten, so dass ich eine Reihe verfaulter Zähne zu sehen bekam.
Wie hatte ich nur so dumm sein können, keinen Dolmetscher mitzunehmen! Ich drehte mich um und wollte gehen. Doch da stand jemand in der Eingangstür. Es war der Trickser.
»Was zum Teufel machst du hier?«, brüllte ich. »Warum spionierst du mir hinterher?«
»Brauchen Sie jemanden, der mit den Leuten redet?«
»Schon ...«
Bhalu der Trickser grüßte den Schreiber respektvoll und erklärte, nach wem ich suchte. Der Mann sah mich an, dann an die Decke und auf den Boden. Und begann zu lachen.

»Guptaji!«, rief er aus.
»Ja, er kennt den heiligen Mann«, sagte der Trickser. »Ich kann für Sie dolmetschen, wenn Sie wollen.«
Ehe ich protestieren konnte, ging der junge Straßenkünstler mir voran, um den Asketen aufzusuchen. Es kam mir vor, als kenne er sich gut aus. Vielleicht, überlegte ich, hat er hier schon einmal längere Zeit logiert.
Das Sanatorium war voll mit Männern mittleren Alters. Auf den weiß getünchten Korridoren roch es durchdringend nach extrastarkem Desinfektionsmittel und so etwas wie Aftershave mit Moschusduft. Links und rechts lagen Schlafräume, enge Zimmer mit sechs oder sieben Betten, einem einzigen, vergitterten Fenster und einer nackten Glühbirne an der Decke. Die meisten Türen standen zwar weit offen, hatten jedoch doppelte Schlösser. Wächter waren keine zu sehen. Die Patienten starrten mich an, wenn ich an ihnen vorbeiging, kicherten und lachten laut. Manche wirkten niedergeschlagen und mutlos, andere schienen ihre Situation stumm hinzunehmen.
Der heilige Mann saß mit untergeschlagenen Beinen auf einem schattigen, kiesbedeckten Platz in der Mitte des Kreuzes, das vier der Schlaftrakte bildeten. In seiner Nähe hatten sich in kleinen Grüppchen etwa ein Dutzend Patienten niedergelassen. Einige lasen, andere sprachen miteinander oder mit sich selbst.
Ich betrachtete den Swami aufmerksam. Er war unglaublich alt, sein Gesicht knorrig und verformt wie das Gipsmodell eines modernen Bildhauers. Er trug einen einfachen weißen *lungi,* ein schäbiges Netzhemd und um den Hals ein Lederamulett. Venkys Information war, wie mir schien, nicht mehr ganz aktuell.
Der Schreiber, der uns gefolgt war, beugte sich zu dem alten Mann hinunter und tippte ihm auf die Schulter. Der Mystiker bewegte sich nicht.
»Ist er tot?«
»Nein, er ist in Trance«, erklärte Bhalu.
Der Schreiber versuchte es ein zweites Mal, und diesmal rührte sich der Alte.

»Besucher?«, schnaubte er. »Du weißt, dass ich keine Besuche mag!«
»Aber, Swami, dieser Mann kommt aus *Englezabad,* der Stadt der Engländer!«
»Den ganzen Weg von der Stadt der Engländer?«
Der Schreiber nickte.
»Von der Grenze zu Bangladesch?«
»Ja«, bestätigte der Schreiber, »den ganzen Weg von der Grenze zu Bangladesch.«
Ein kleines Missverständnis. Ich kam aus einem Land, das England hieß, nicht von dem ehemaligen britischen Handelsposten namens Englezabad – englischer Basar – nahe Malda in Westbengalen. Es war doch eigentlich offensichtlich, dass ich kein Bengale war. Ich korrigierte den Schreiber, der wiederum den Pandit informierte.
Der weise Mann fuhr mit den Fingern, als wären es die Zinken eines Rechens, durch den Kies neben sich und bedeutete mir auf diese Weise, mich an seiner Seite niederzulassen.
»O großer Swami«, begann ich ehrfurchtsvoll, »ich befinde mich auf einer Erkundungsreise, auf die mich mein verehrter Lehrer Hakim Feroze geschickt hat.«
Der heilige Mann reagierte nicht. Er gab einen schwachen Huster von sich und ließ den Kopf auf die Brust sinken. Es war nicht mehr viel Leben in ihm.
»Erhabener Swami«, sagte ich zu Bhalu in der Erwartung, er würde für mich übersetzen, »ich komme auf der Suche nach Wundern. Sie sind ein Mystiker von hohem Ansehen, ich habe von den wundersamen Dingen gehört, die Sie vollbringen. Könnten Sie mir ein Wunder demonstrieren?«
Die Augen nur einen winzigen Spalt öffnend, würgte der Guru einen Schwall von Worten hervor.
»Er fragt, ob Sie an seinen Fähigkeiten zweifeln«, übersetzte der Trickser.
»Nein, nein«, erwiderte ich, »aber ich habe einen weiten Weg gemacht, um seine Wunder zu sehen.«

»Ja«, sagte der Swami bedächtig, »du bist aus Englezabad gekommen. Das ist ein weiter Weg.«
Ohne weitere Worte zu verlieren, zog er etwas aus seinem *lungi* hervor. Es war ein Nagel, jedoch kein gewöhnlicher, sondern aus gedrehtem Stahl, etwa dreizehn Zentimeter lang und dick wie ein Bleistift. Der Swami legte den Kopf in den Nacken und schob den silbrigen Metallstift langsam das rechte Nasenloch hinauf. Zentimeter für Zentimeter verschwand. Vier oder fünf Zentimeter wären noch keine Sensation; jeder Schuljunge hat sich schon mal zu Versuchszwecken eine Haarklammer in die Nase geschoben. Sechs Zentimeter, vielleicht sieben, sind die maximale Leistung eines Kindes. Doch der heilige Mann schaffte wesentlich mehr. Dreizehn Zentimeter. Wohin verschwand der Nagel? Wie kam es, dass er nicht das Gehirn anbohrte? Mit den Fingerspitzen zog der Swami ihn wieder heraus.
»Das ist kein Wunder«, flüsterte mir der Trickser ins Ohr. »Ich habe das schon hundertmal gemacht. Der Nagel geht in die Nebenhöhle hoch. Ein simpler Trick!«
Vermutlich hatte Bhalu Recht. Es war eine schlichte Illusion.
Der weise Mann schien erfreut, als ich enthusiastisch meine Bewunderung kundtat. Es sei tatsächlich ein Wunder von beträchtlicher Potenz, bestätigte er, dass der Nagel ihn nicht auf der Stelle umgebracht habe.
Ich war mit meinen Lobeshymnen noch nicht zu Ende, als der heilige Mann sich schon anschickte, mir den nächsten Trick vorzuführen.
»Und nun«, sagte er bedächtig, »lasse ich mein Herz stillstehen.«
Er befahl dem Schreiber, ihm aus der Krankenstation der Anstalt ein Stethoskop zu holen. Der Mann, dem diese Demonstrationen offenbar Spaß machten, ging eilig davon und kehrte wenige Minuten später mit einem reichlich abgenutzten Apparat zurück.
Der *avatar* zog das Netzhemd hoch; tiefe waagrechte Furchen durchzogen seine Brust. Dann presste er den Daumen auf die Stelle über seinem Herzen, an der die Membran angelegt werden

sollte. Der Schreiber reichte mir das Stethoskop. Ich steckte mir die beiden Teile zum Abhören in die Ohren und drückte dem Guru die kalte Metallscheibe mit dem Schallaufnehmer auf die Brust. So kauerten wir im gekiesten Innenhof der Irrenanstalt, unter den angenehm schattigen Champa-Bäumen, und mir wurde bewusst, dass der Mann, den ich gerade abhörte, eigentlich tot sein müsste.

»Ich höre überhaupt keinen Herzschlag.«

Der Swami hatte wieder die Augen geschlossen und schien in tiefe Bewusstlosigkeit gefallen zu sein. Sein Herz schien stillzustehen. Steckte hinter diesem Wunder Ferozes Walnusstrick? Ich schaute nach Walnüssen, entdeckte aber keine.

»Ich glaube, er ist tatsächlich gestorben«, sagte ich ängstlich. Schließlich war ich hierher gekommen, um Wunder zu erleben, und nicht, um jemanden umzubringen.

Den Schreiber schien der Zustand des heiligen Mannes nicht sonderlich zu beunruhigen.

»Er wird immer wieder wach«, bemerkte er lakonisch.

»Wollen Sie damit sagen, dass er dieses Wunder oft vollführt?«

»O ja, sehr oft.«

In diesem Augenblick erwachte der Swami aus seinem Koma. Zuerst hörte ich sein Herz nur ganz schwach schlagen, dann pochte es wieder so kräftig wie bei einem gesunden Menschen.

Der *avatar* starrte auf den kiesbedeckten Erdboden, auf dem wir saßen.

»Ich war noch ein kleiner Junge, als ich die ersten Wunder machte«, erklärte er.

»Das war kein Wunder«, sagte der Trickser in Englisch.

»Aber da war wirklich kein Herzschlag«, entgegnete ich. »Ich weiß, wie man den Puls am Oberarm mit einer Walnuss stoppt, aber in diesem Fall war es ganz anders.«

Bhalu der Zauberkünstler sah mich voller Verachtung an.

»Achten Sie auf die Illusion«, sagte er.

»Welche Illusion? Was habe ich übersehen?«

Der Trickser fragte: »Als Sie dem alten Mann das Stethoskop an

die Brust legten, haben Sie da bemerkt, wie er seine Lunge mit Luft voll gepumpt hat?«
»Ja, das habe ich bemerkt.«
»Nun«, fuhr Bhalu fort, »die Luft wirkt wie ein Kissen, sie schluckt das Geräusch des Herzschlags. Außerdem ist er ein alter Mann, und sein Herz schlägt nicht mehr so stark.«
Der Trickser war ein guter Beobachter, das musste ich zugeben. Aber eigentlich war ich es, der auf Erkundungsreise war.

Es interessierte mich, wieso Guptaji überhaupt in der Klinik gelandet war.
»O großer Meister«, hub ich schmeichlerisch an, »warum hält man Sie hier fest? Welche Verhaltensauffälligkeit wirft man Ihnen vor?«
Der heilige Mann drehte mir langsam wie eine Schildkröte das Gesicht zu.
»Niemand hält mich hier fest«, erwiderte er. »Ich bin nicht verrückt, weißt du.«
Ich knuffte den Trickser in die Seite, und er blickte den Schreiber fragend an.
»Natürlich ist er nicht verrückt«, antwortete der Mann. »Die Hälfte der Patienten hier sind vollkommen normal, sie sind geheilt. Sie haben sogar eine Bescheinigung, auf der es steht.«
»Aber warum verlassen sie die Klinik dann nicht?«
Der Schreiber schüttelte den Kopf.
»Sie können nirgendwo hin«, erwiderte er. »Die meisten sind von ihren Familien verstoßen worden. Viele wissen nicht einmal, wo ihre Familie lebt. Die Angehörigen informieren uns nicht, wenn sie umziehen. Die Leute empfinden es als Fluch, wenn sie einen Verrückten in der Familie haben.«
»Und seit wann ist der Guru geheilt und dürfte nach Hause gehen?«
Der Schreiber kratzte sich am Kopf und überlegte eine Weile.
»Seit 1969«, antwortete er.

Die Begegnung mit dem alten Swami fand ein vorzeitiges Ende. Vollkommen erschöpft nach nur zwei Wundern, übermannte ihn der Schlaf. Es koste den Mystiker, nun schon jenseits der Neunzig, sehr viel Kraft, die Wunder zu vollbringen, die ihm einst so großen Ruhm eingebracht hatten, erklärte mir der Schreiber.
Der Trickser geleitete mich durch die Korridore der Klinik zurück zum Eingangstor. Mein Gefühl sagte mir, dass er immer noch hoffte, mich auf meiner Reise begleiten zu können. Doch ich traute ihm nicht, ganz und gar nicht. Ich war überzeugt, dass er – wie die Thugs – lediglich so viel Zeit wie nötig investierte, um mein Vertrauen zu gewinnen und mich dann, wenn ich am wenigsten damit rechnete, um meine bescheidenen Habseligkeiten zu erleichtern. Mein Verstand warnte mich vor der Gefahr. Er mochte wie ein Kind aussehen, doch ein braver Schuljunge war er nicht, eher eine wandelnde Verbrechenswelle.
Vor den Toren der Klinik dankte ich Bhalu für seine Hilfe als Dolmetscher und sagte, ich betrachtete diesen Service als Wiedergutmachung dafür, dass er mich in Kalkutta hereingelegt hatte. Damit seien wir quitt. Vielen Dank, und tschüss.
Da es ein schöner Nachmittag war, die warme Luft von würzigem Tannengeruch erfüllt, griff ich nach meiner Reisetasche und machte mich auf, die fünf oder sechs Kilometer nach Jamshedpur zu Fuß zurückzugehen. Einen Taxistand gab es nicht, denn die Irrenanstalt zog wenig Besucher an.
Bhalu fragte wieder, ob er mich auf meiner Reise begleiten dürfe; er würde für sich selbst bezahlen und bestimmt keine Probleme machen. Ich lehnte erneut entschieden ab und marschierte die lange, staubige Straße weiter in Richtung Osten. Mir auf dem Fuße folgte der Trickser.
Nach einer halben Stunde näherten wir uns Jamshedpur. Ich bereute bereits, dass ich mich für einen Fußmarsch entschieden hatte, denn meine Reisetasche war ziemlich schwer. Mit etwa zehn Schritten Abstand trottete immer noch Bhalu hinter mir her.

Kurz vor einer Kurve legte er plötzlich einen Spurt ein, packte mich von hinten und stieß mich in den Straßengraben, so dass ich kopfüber in faulenden Unrat stürzte.
»Zum Teufel mit dir, du nichtsnutziger Bursche!«, schimpfte ich, während ich aus dem Graben kletterte. »Jetzt bin ich von oben bis unten voller Dreck. Ich dreh dir den Hals um, wenn ich dich zu fassen kriege!«
Man sollte denken, dass der Kerl sich nach dieser vollkommen grundlosen Attacke sofort aus dem Staub gemacht hätte. Doch Bhalu blieb gelassen stehen und deutete auf etwas, das am Straßenrand lag. Es war ein großer, toffeebrauner Skorpion. Mit der einen Hand hob er das Schwanzende hoch, mit der anderen den restlichen Körper, in dem ein plumpes Jagdmesser steckte.
»Sie wären gleich auf den Skorpion getreten«, sagte er. »Es gab keine Zeit für Erklärungen.«
»Aber ich habe doch Schuhe an, der Stachel wäre nicht durch die Sohle gedrungen!«
»Haben Sie noch nie von den springenden Bihari-Skorpionen gehört?«, fragte er.
Ich blickte auf den Jungen, das Messer und die beiden Skorpionteile. Er hatte sicher aus einem besonders ausgeprägten Reflex heraus gehandelt. Wer weiß, was geschehen wäre, wenn mich unversehens ein Skorpion angesprungen hätte? Der Trickser warf das Schwanzende des Spinnentiers in den Straßengraben und stellte sich dann abwartend hinter mich, die Augen niedergeschlagen, das Gesicht in einem Ausdruck vollkommener Sanftmut erstarrt.
»Na gut«, sagte ich kühl, »du darfst mich eine Weile begleiten. Aber wenn du irgendwie Ärger machst, sind wir geschiedene Leute.«
Mein Verhalten mag schroff erscheinen, aber ich war fest entschlossen, nicht noch einmal Opfer meiner gewohnten Kurzsichtigkeit zu werden. Selbst als ich einwilligte, dass er mich begleiten durfte, hatte ich noch schwere Bedenken.

Am nächsten Tag beim Frühstück erzählte ich Bhalu, wie oft ich schon Pech gehabt hatte. Zuerst berichtete ich ihm, wie ich als Student in Südspanien hereingelegt worden war. Dann, wie man mir in Brasilien meine ganzen Habseligkeiten gestohlen hatte. Und wie ich im berüchtigten Farakka-Express betäubt und ausgeraubt worden war. In aller Welt reisten Leute mit meinen Pässen herum, fuhren mit meinen Führerscheinen, gaben mein Geld aus; ganze Dörfer mussten mit meinen Sachen ausgestattet sein. Mir reichte es.

»Ah, *chakotra*«, kommentierte der Trickser begeistert, »ein super Zeug, verwende ich oft.«

»Du meinst, du hast Leute in Zügen unter Drogen gesetzt und sie dann ausgeraubt?«

»Hundertmal«, erwiderte der Bursche leichthin und zündete sich ein *biri* an.

»Mach den Glimmstängel sofort aus! Du bist viel zu jung, um zu rauchen. Wie alt bist du überhaupt?«

Bhalu kniff die Augen zusammen.

»Siebzehn.«

»Von wegen! Du steckst doch noch mitten in der Pubertät!«

»Na ja«, meinte er und überdachte seine Antwort kurz. »Man hält mich oft für siebzehn.«

»Seit wann legst du die Leute herein, seit wann lebst du auf der Straße?«

»Seit ungefähr sechs Jahren. Ich bin aus dem blöden Waisenhaus weggelaufen, als ich sechs war.«

»Du hast dein halbes Leben auf den Straßen Kalkuttas verbracht?«

»Scheint so, und ich mache ganz schön Kohle.«

Es gibt nichts Lächerlicheres als einen kleinen Schwindler aus Kalkutta, der mit seinem Erfolg protzt. Eine nach der anderen schilderte mir Bhalu seine Betrügereien und gab an wie ein Großmaul auf dem Schulhof. Meistens waren es Illusionen irgendwelcher Art, aber Illusionen, mit denen er ahnungslosen Menschen Geld abluchste.

Von Karten- und simplen Taschenspielertricks bis zu Entfesselungskunststückchen und Gedankenlesen – der Trickser verfügte über ein erstaunliches Repertoire.

Doch Bhalu war nicht nur als Betrüger erfolgreich, er war auch ein begnadeter Verkäufer. Man bräuchte ihm nur irgendetwas in die Hand zu drücken, und er würde versuchen, es zu verhökern.

»Lassen Sie mich überlegen«, sagte er und beschattete seine jungen Augen, damit ihn die Morgensonne nicht blendete. »Ich habe Flaschen mit schmutzigem Wasser verkauft – wenn man das voller Überzeugung behauptet, glauben alle, dass es Wasser vom Ganges ist. Einmal habe ich am Howrah-Bahnhof bei zwanzig Telefonen die Mikrofonkapseln herausgenommen und sie in Zügen verkauft. Alte Männer nehmen es mir immer ab, dass es ganz spezielle Hilfsmittel für den Sex sind. Man muss sie unter das Kissen legen, und sie senden unsichtbare Strahlen aus, die jede Frau leidenschaftlich machen!«

Bhalu lachte, und ich vergrub mein Gesicht in den Händen.

»Dann habe ich«, erzählte er weiter, »Rattenschwänze als Glücksbringer verkauft, Zigarettenasche als ›Wundermittel‹ für die Schönheitspflege und kleine Kügelchen aus Seife als Aphrodisiakum. Frauen …«, fuhr er fort und schüttelte ungläubig den Kopf, »… kaufen einfach alles. Man braucht sich nur in das für Frauen reservierte Abteil von Pendlerzügen zu schmuggeln und den Hässlichsten irgendwelches Zeug als Schönheitsmittel anzubieten – und man macht ein Vermögen. Sie reißen einem das Zeug geradezu aus den Händen!«

Der Trickser hatte amüsante Geschichten auf Lager und war mir auch keineswegs unsympathisch, wenn er nicht gerade leichtgläubige Menschen ausnahm. Trotzdem war ich auf der Hut, denn ich hatte das sichere Gefühl, dass er jederzeit, wenn ich am wenigsten damit rechnete, angreifen würde wie eine im hohen Gras aufgestörte Viper, dass er nur auf den richtigen Moment wartete. Warum hatte er sich von all den Menschen, die in Howrah auf Bahnsteig neun standen, mich ausgesucht? Warum

mich? Unsere Begegnung, ebenso wie diese Reise, sei Schicksal, antwortete Bhalu, wenn ich ihn danach fragte.
»Wollen Sie nicht den ›Benzinmann‹ kennen lernen?«, wechselte er plötzlich das Thema.
»Wer ist das?«
Bhalu verdrehte die Augen.
»Er verwandelt natürlich Wasser in Benzin. Er lebt ganz in der Nähe, südlich von hier, in Rourkela.«

Ein Mann, der gewöhnliches Wasser in Benzin verwandeln kann, war einen Besuch allemal wert. Also gingen wir zur Station Tatanagar zurück und stiegen in einen Bummelzug, der in Richtung Süden fuhr. Der Trickser hatte bereits meine größte Schwäche erkannt – dass ich für eine kuriose Sache alles stehen und liegen lasse. Wir nahmen die Fensterplätze in Beschlag, die noch frei waren. Neben mich quetschte sich ein beleibter Herr mittleren Alters. Eigentlich gab es keinen Grund, sich so schnell so nah zu kommen, denn das Abteil war noch fast leer. Deshalb sah ich den Mann streng an und brummte unwillig in der Hoffnung, ihn loszuwerden. Es schien ihn nicht zu kümmern. Ich sah noch einmal zu ihm hin. Auf seiner Nase balancierte eine Sehhilfe vom Format einer Schweißerbrille, die einen Großteil seines Gesichts einnahm. Seine Augen waren vierfach vergrößert, was ihm einen sanftmütigen, vertrauenswürdigen Ausdruck verlieh. Auf seinem Schoß ruhte ein brandneuer Attachékoffer von VIP Luggage aus Plastik. Noch einer von der Geheimarmee.
Wenig später stellte er sich vor.
»P. D. Roy ist erfreut, Sie kennen zu lernen«, sagte er und fuhr sich mit den Fingern lässig durch das buschige Toupet, als wären es seine eigenen Haare.
»Ganz meinerseits! Sind Sie aus Jamshedpur?«
»Nein, nein«, antwortete er. »Ich bin Verkäufer. Ich mache in Haaren.«
»Verzeihung, aber ich habe nicht richtig verstanden, in welcher Branche Sie tätig sind.«

»Haare.«
»Haare?« Ich sah den Trickser fragend an.
»Er verkauft Haarteile, Toupets!«, kicherte der Junge. »Für *taklu,* Glatzköpfe!«
Da der Verlust des Haupthaars in jedem Land ein sensibles Thema ist, hätte ich mich lieber über etwas anderes unterhalten. Bhalu jedoch stürzte sich mit Begeisterung auf das Thema und erkundigte sich gleich nach Details.
Unser Mitreisender war mit allen Insignien eines Mitglieds der Geheimarmee ausgestattet – dem VIP-Attachékoffer, dem Ring mit der roten Koralle am kleinen Finger der linken Hand, dem Kugelschreiber mit rostfreiem Stahlgehäuse in der Hemdtasche. Doch P. D. war ein Verkäufer anderer Art.
Früher, erzählte er, sei er durch ganz Indien gereist und habe in den Nahverkehrszügen Bremsvorrichtungen für Motorrikschas verkauft. Jedes Jahr habe er Monate fern von daheim verbracht – Monate in Zügen mit allmählich kahl werdenden, Attachékoffer schwenkenden Verkäufern. Bremsvorrichtungen seien ein Produktbereich bar jeder Emotion. Entweder man brauche eine, oder eben nicht. P. D. hatte es satt, über Bremsen zu reden. Er sehnte sich nach einem Produkt, für das die Leute sich wirklich begeistern konnten. Und dann hatte er eine wundervolle Idee.
Warum nicht ein Produkt speziell für die Geheimarmee von Verkäufern kreieren, die ihre Waren in Indiens Bummelzügen feilboten? Schließlich hatte VIP Luggage es vorgemacht. Kein Verkaufsmanager, der etwas auf sich hielt, würde sich jemals ohne ein feines Köfferchen von VIP sehen lassen. Und so kam P. D. auf sein Toupet »Marke Direktor«.
Das Geniale an diesem Produkt ist nicht, dass es eine kahl werdende Stelle am Kopf bedeckt – die Sache ist viel raffinierter. P.D.s Toupets für Geschäftsleute haben alle die gleiche Form und Farbe. Seine Kunden tragen ihre prächtigen Haarteile Marke Direktor mit Stolz, eher wie eine Auszeichnung als wie ein Accessoire für Haarfollikel-Geschädigte, und sie genießen es, etwas zu

besitzen, was sie als eine Art Mitgliedsausweis für Indiens exklusivsten Club betrachten.
Ich fragte den Toupethändler, wann er denn kahl geworden sei. Eine delikate Frage, mit der ich das Gespräch in eine andere Richtung lenken wollte, weg vom merkantilen Aspekt des Geschäfts mit gebrauchtem Haar.
P. D. zog das Toupet Marke Direktor vom Kopf und streckte es mir hin. Es erinnerte mich stark an ein Dreizehenfaultier en miniature. Ich strich ihm mit der Hand behutsam über den Rücken, um seinen Besitzer nicht zu kränken.
»Sie verstehen nicht«, sagte P. D. Roy, als ich sein Haarteil gebührend liebkost hatte. »Ich habe keine Naturglatze.«
Ein genauer Blick auf sein Haupt bestätigte diese Aussage.
»Ich rasiere mir den Kopf«, fuhr er fort. »Wissen Sie, das Beste, was ein Verkäufer machen kann, ist, sein Produkt selbst zu benutzen. Ich hätte es nicht nötig, aber das ist unerheblich. Wenn die Kunden sehen, dass ich voller Stolz ein Toupet Marke Direktor trage, auch wenn ich keines bräuchte, sind sie noch gieriger darauf, sich eines oder zwei zuzulegen!«
»Sie hätten eine Auszeichnung verdient!«, rief ich aus. »Das ist geradezu brillant!«
Selbst der Trickser musste zugeben, dass P. D. Roy in Sachen Verkaufspsychologie ein Genie war.
»Woher bekommen Sie das viele Haar?«
P. D.s Antwort bestand aus einem Wort.
»Tirupati.«
»Wo ist das?«
»In Tamil Nadu, gleich nordwestlich von Madras. Dort steht der Venkateshvara-Tempel.«
»Und was hat er mit Toupets zu tun?«
P. D. Roy, der unvergleichliche Verkäufer, grinste breit.
»Tirupati ist Indiens einziger ›Haartempel‹.«
Während der Bummelzug in Richtung Rourkela eine Station ungewissen Namens verließ, begann der Verkaufsmanager von Toupets Marke Direktor die Legende zu erzählen.

»Die Menschen in Tirupati, in Südindien, waren immer unzufrieden«, fing er an. »Sie hatten keine Goldminen wie andere Ortschaften in der Nähe; sie konnten keinen Weizen anbauen, weil der Boden zu steinig war; und das Trinkwasser war von Natur aus salzig. In ihrer Not beriefen die Bewohner von Tirupati eine Versammlung ein, verglichen ihre elende Situation mit dem Wohlstand der Nachbarn. Tirupati, befanden sie schließlich, musste von einem bösen Geist verflucht sein. Sie konnten nichts anderes tun, als in Tirumala, in den Hügeln über ihrem Dorf, einen großen Tempel zu errichten und die Götter um Hilfe anzuflehen. Und so geschah es.
Der Tempel«, fuhr P. D. Roy fort, »wurde ein überaus imposanter Bau. Seine Wände waren mit glänzendem weißem Marmor verkleidet, die Böden mit Rosenblättern bestreut. Die Menschen waren so froh, dass sie jede freie Minute dort verbrachten, um den Göttern zu huldigen. Doch ihr Schicksal wendete sich nicht zum Besseren. Das Wasser war salziger denn je, die Erde schien steiniger als zuvor, und eine Goldmine wollte sich auch nicht zeigen. Dann hatte jemand eine Idee.
Die Leute von Tirupati würden überall erzählen, dass Gebete in ihrem schönen Tempel in Tirumala selbst die schlimmsten Krankheiten heilten. Wer immer in ihrem Tempel göttliche Hilfe suchte, würde wieder gesund werden. Die Neuigkeit verbreitete sich wie ein Lauffeuer. Bald wand sich eine Schlange von zehntausend Krüppeln zum Tempel hinauf. Als der erste Lahme vor der Schwelle des Schreins stand, gebot ihm der Priester Einhalt. Jeder Pilger, befahl er, müsse sich zu Ehren von Gott Venkateshvara zuerst den Kopf scheren lassen. Die leidgeplagten Menschen willigten ein, und Barbiere machten sich daran, zehntausend Köpfe von ihrem Haar zu befreien. Jeden Tag fanden sich zehntausend Pilger ein; jedem wurde der Kopf geschoren. Als einige Wochen vergangen waren, versammelten sich die Bewohner von Tirupati erneut. Sie beglückwünschten sich, denn ihr Tempel war sehr berühmt geworden. Doch einer wandte ein, dass ihre Gemeinde immer noch sehr arm sei, da die Kranken nichts be-

zahlen müssten, um ihre Gebete zu verrichten. Dann hatte ein Kind einen glänzenden Einfall. Warum man das viele Haar der Pilger nicht bündelweise für Perücken verkaufe?

Haar aus Tirumala wurde sehr gefragt«, fuhr P.D. Roy fort. »Inzwischen werden die meisten dunkelhaarigen Perücken in der Welt aus Haar gemacht, das dort am Tempel geschoren wird. Das früher so arme Dorf ist heute eine blühende Stadt, und die Menschen in Tirumala sind reicher, als sie sich je hätten träumen lassen. Nur durch die Perücken.«

»Das muss ich sehen«, sagte ich und markierte Tirupati auf der Karte des Meisters. »Ich werde direkt dorthin fahren.«

Bhalu und ich stiegen in Rourkela aus, um uns auf die Suche nach dem Mann zu machen, der Wasser in Benzin verwandelte, und überließen das Verkaufsgenie seinem Attachékoffer voller Toupets. Als wir auf dem Bahnsteig standen, knuffte mich der Trickser in die Seite.

»Tirumala ist berühmt für das viele Haar, das den Pilgern dort abgeschnitten wird«, sagte er, »und es werden tatsächlich Perücken daraus gemacht. Aber die Geschichte, die er erzählt hat – das meiste ist erfunden. Glauben Sie mir, reines Verkäufergeschwätz.«

Sogar im Geschäft mit gebrauchten Haaren, sinnierte ich, als wir uns in Richtung Innenstadt aufmachten, arbeiten die Verkäufer heutzutage mit allen Tricks. Wo soll das noch hinführen?

Nach einer schlaflosen Nacht im Hotel Aspara, während deren wir Myriaden von Moskitos ermordeten, führte mich der Trickser in das Labyrinth von Rourkelas Gassen und Gässchen. Rourkela ist, wie alle Industriestädte, eine Welt im Kleinen, eine Welt nie endender Betriebsamkeit. Hier kann man sich rund um die Uhr eine Büchse des hiesigen Düngemittels kaufen, seine Uhr reparieren lassen oder sich an einem Stand auf der Straße ein üppiges Mahl einverleiben. Barbiere schnippelten emsig an Haaren herum oder fuhren mit Eiswürfeln über frisch rasierte Gesichter. Ihre Frauen hängten Wäsche auf, ihre Kinder siebten Erde mit ihren kleinen Fingern, als wäre es Goldstaub. Ein Mann mit einem Handkarren voller gelber Plastiksandalen pries lauthals seine Ware an. Ein altes Weib schlurfte vorüber, in einer rituellen Übung einen getrockneten Mangokern auf dem Kopf balancierend. Ihr folgte in einigem Abstand eine Schar gewerkschaftlich organisierter Arbeiter, die wie ein Trupp Janitscharenkrieger auf dem Weg in die Schlacht mit schreiend bunten Transparenten für ihr Recht zu protestieren protestierten.

In einem Laden, eigentlich mehr eine Marktbude als ein richtiges Geschäft, herrschte besonders großer Andrang. Friseure außer Dienst, Sandalenverkäufer und alte Frauen schoben und drängelten, um zum Ladentisch zu gelangen. Diejenigen, denen es gelungen war, eilten davon, blaue und weiße Dosen fest umklammernd.

»Sieht nach einer Apotheke aus«, sagte ich zu Bhalu. »Decken wir uns lieber auch ein, solange noch etwas vorrätig ist. Egal, was es ist.«

Bhalu kämpfte sich durch, indem er die Scharen von Friseuren und alten Frauen energisch zur Seite schob, und kaufte zwei Dosen, ohne zu fragen, was sie enthielten. Das Stück kostete nur zehn Rupien. Ich riss ihm eine aus der Hand und studierte das Etikett.

»›Schellack‹«, las ich, »›Reiner Schellack in Flocken‹ ... nie gehört. Muss ein neues Lebertonikum sein oder so was. Wir können es später probieren.«

Bhalu warf mir einen nervösen Blick zu.

»Ein Löffel von dem Zeug, und Sie haben gar keine Leber mehr«, sagte er.

»Quatsch! Schau dir doch die ganzen Frauen an. Schon der Gedanke daran hat ihnen neuen Schwung gegeben!«

»Sie haben keine Ahnung, was Schellack ist, oder?«

Ich streckte beleidigt die Nase in die Luft. Normalerweise war ich es, der medizinische Informationen gab.

»Und was ist es, bitte schön?«

»Es wird aus dem klebrigen Zeug gemacht, das weibliche Lackschildläuse ausscheiden.«

»Das klingt nicht gerade nach Lebertonikum …«
»Seien Sie nicht albern«, sagte der Trickser. »Es ist keine Medizin, sondern eine Art Firnis. Was meinen Sie, woher das Wort ›Lack‹ kommt?«
Ehe ich etwas sagen konnte, ging Bhalu schon weiter die Gasse hinunter. Wenige Minuten später standen wir vor der Werkstatt des Benzinmachers. Es war verblüffend, wie leicht Bhalu seine Behausung gefunden hatte. Ich fragte ihn, woher er wisse, wo der Mann wohnte, doch er weigerte sich, seine Quelle preiszugeben.

Die Tür der Werkstatt bestand aus einer mit Grünspan überzogenen Kupferplatte, in die verschiedene religiöse Symbole geritzt waren. Unter denen, die ich erkannte, waren eine Swastika, ein Kreuz, ein Halbmond und ein Davidstern. Vor der Tür lag ein Haufen von vielleicht zehn zerbrochenen Bierflaschen. Mitten in die Glasscherben hatte jemand ein Dutzend Hühnerfüße gelegt. War das ein geheimnisvolles Opfer an die Götter? Es gab nur einen Weg, das herauszufinden.
Ich klopfte zweimal. Die Tür schwang nach innen auf, und ich fragte mich, ob diese heruntergekommene Behausung tatsächlich die Wirkungsstätte eines Mannes sein konnte, der behauptete, über Wunderkräfte zu verfügen. Wer auf ehrliche Weise Wasser in Benzin verwandelte, arbeitete doch sicherlich in einem modernen Hightech-Labor.
Ein einziger greller Sonnenstrahl drang in die Kammer und schnitt sie in zwei Teile. An der rückwärtigen Wand sah ich drei oder vier Vierzig-Gallonen-Fässer stehen; den meisten Platz nahmen jedoch schmutzige Teekisten ein. In die in einem kräftigen Fuchsienrot getünchten Wände waren ebenfalls ungelenke Zeichen eingeritzt, die fast wie pharaonische Hieroglyphen aussahen. In der Mitte der Hütte, im gleißend hellen Lichtkeil, stand Mr. Jafar.
Krummbeinig, die Haut schwarz wie Ebenholz, bedeutete uns Mr. Jafar beflissen, wir sollten doch näher treten. Sein Atem roch stark nach Knoblauch. Er schien nicht überrascht von unserem

Besuch, fast als hätte er uns erwartet. Ich überreichte ihm als kleines Mitbringsel eine Dose Schellack. Er bedankte sich höflich und bat mich, auf einem umgedrehten Ölfass Platz zu nehmen. Dann berichtete er von seiner erstaunlichen Entdeckung.

»Sie meinen vielleicht, dass ich Ihnen Lügen erzähle«, begann er mit einer Stimme so schrill wie eine Pikkoloflöte. »Skeptiker machen sich immer über mich lustig, aber ich verstehe ihr Misstrauen. Ich habe ein hochwissenschaftliches chemisches Verfahren entwickelt. Wie sollten unwissende Menschen fähig sein, es zu begreifen?«

Mr. Jafar sah mich mit seinen durchdringenden Augen scharf an, als wollte er mich warnen, bloß nicht an ihm zu zweifeln, und erzählte weiter.

»Fünfzehn Jahre habe ich in diesem Raum gesessen und experimentiert«, sagte er. »Jeden Tag bin ich meinem Ziel, gewöhnliches Trinkwasser in Benzin zu verwandeln, ein Stück näher gekommen. Erst als ich mit meinem Wissen am Ende war, habe ich die Lösung gefunden – den richtigen Schlüssel, um das Schloss der Natur aufzuschließen.«

»Und was ist die Lösung?«, fragte ich und bat Bhalu, meine Frage zu übersetzen.

»Die Lösung!«, rief der Forscher. »Alle Welt will die Lösung wissen! Natürlich kann ich die Formel nicht preisgeben!«

»Nun, können Sie vielleicht Ihr Verfahren erläutern?«

Mr. Jafar nahm ein Becherglas, ließ es am Wasserhahn voll laufen und hielt es dann gegen das Licht. Das Wasser war milchig trüb, mit einem Stich ins Neongrün. Vermutlich verhalfen schon die Abwässer der örtlichen Stahlfabriken dem Trinkwasser von Rourkela zu einer gewissen Oktanzahl.

»Das ist der Grundstoff«, erklärte er. »Reines Wasser.«

»Was machen Sie damit?«

»Zuerst«, erwiderte er, »wird das Wasser durch einen Heuballen gefiltert, dann mit einem Extrakt aus Rinde und Beeren vermischt, so etwa ... Die Mischung wird einige Minuten gerührt und anschließend mit einer Gasflamme erwärmt.«

Jafar unterbrach sich, um einen Gasbrenner anzuzünden. Innerhalb von Sekunden schäumte die Flüssigkeit auf.

»Jetzt kommt die Magie!«, sagte Jafar und strahlte übers ganze Gesicht. »Sehen Sie? Ich gebe die spezielle Zutat hinein, eine Mischung aus weiteren fünfzehn Kräutern und Gewürzen.«

Langsam hörte es sich an wie ein Werbespot für Kentucky Fried Chicken.

»Ist das jetzt Benzin?«

»Aber nein! Bevor man die Flüssigkeit als Kraftstoff für Fahrzeuge verwenden kann, muss sie dreißig Tage gekühlt in einem Aluminiumbehälter lagern.«

»Dreißig Tage? Aber ich kann nicht einen ganzen Monat herumsitzen, bis das Zeug durchgezogen hat!«

»Nun«, gab Jafar barsch zurück, »zum Glück habe ich etwas hier, das schon über einen Monat gelagert hat.«

Er ging zu einem der Vierzig-Gallonen-Fässer und füllte fünf Gallonen in einen handlicheren Benzinkanister ab.

»Hier«, sagte er und reichte mir den Plastikbehälter. »Das macht sechshundert Rupien.«

»Sechshundert Rupien? Das ist ja viel teurer als gewöhnliches Benzin. Außerdem habe ich gar kein Auto.«

Mr. Jafar schien sehr verstimmt.

»Fünfzehn Jahre habe ich in dieser Kammer im Schweiße meines Angesichts gearbeitet«, donnerte er. »Mir ist gelungen, wovon die Wissenschaftler in Ihrem Land nur träumen! Wollen Sie wirklich die Chance ausschlagen, etwas zu erwerben, das pure Magie ist?«

Äußerst widerstrebend holte ich sechshundert Rupien aus meinem Schuh und reichte sie dem großen Forscher.

»Hier ist das Geld.«

Mr. Jafar riss mir das Bündel Geldscheine aus der Hand und untersuchte sie auf Mängel. Als er die Scheine in seine Hemdtasche stopfte, kam es mir vor, als kicherte er leise in sich hinein. Er öffnete uns die Tür. Das Gespräch war beendet.

»Gehen Sie schnell«, flüsterte er, »sonst kommen die Hunde herein.«

»Welche Hunde?«
»Hunde! Hunde! Alle möglichen Hunde! Der Geruch meiner Zutaten zieht sie an. Er macht sie verrückt! Sie stehen vor der Tür und warten darauf, sich hereinschleichen zu können. Und dann treten sie in meine Falle.«
»Falle?«
»Die Hühnerfüße. Dieser Verlockung können sie nicht widerstehen, und dann zerschneidet ihnen das Glas die Läufe.«
Mr. Jafar stieß ein widerliches, lautes Lachen aus.
»Gute Reise! Ach, und seien Sie vorsichtig«, murmelte er durch den Türspalt. »Mein Spezialbenzin reagiert sehr empfindlich auf Erschütterungen.«

Nicht lange nachdem Bhalu und ich mit Mr. Jafars magischem Gebräu in dem leckenden Plastikkanister unsere Reise fortgesetzt hatten, eroberte ein anderer Benzinmacher die Schlagzeilen. Wissenschaftler aus ganz Indien meldeten sich zu Wort und erklärten, den Erfinder und sein Verfahren zu unterstützen.
Der Mann, ein Bauer namens Poonaiah Pillai aus einem Dorf in Tamil Nadu, behauptete, er habe in den 1970er Jahren einmal beobachtet, wie ein Funke aus einem Spirituskocher einen niedrig wachsenden Busch in Brand setzte, während er auf dem Feld einen kleinen Imbiss zu sich nahm. Nach jahrelangen einfachen Versuchen hatte er schließlich ein chemisches Verfahren entwickelt, wodurch dieses Gewächs in Benzin verwandelt werden konnte.
Zuerst wurden die Blätter der geheimnisvollen Pflanze etwa zehn Minuten in Wasser gekocht, dann Salz und Zitronensaft zugefügt. Anschließend musste das Gemisch – eine Art gewürzte Brühe – eine Weile durchziehen. Während es abkühlte, wurden bestimmte Chemikalien untergemischt. Wenig später setzte sich der Kräuterkraftstoff an der Oberfläche ab und konnte abgeschöpft werden.
Trotz der Ähnlichkeiten mit Mr. Jafars Verfahren stieß Pillais Produkt – es kostete in der Herstellung nur etwa eine Rupie – auf

großes Interesse. Derart großes Interesse, dass Pillai von Räubern gekidnapped und gefoltert wurde. Doch obwohl die Banditen ihm glühende Zigaretten auf die Haut drückten und ihn an einen Deckenventilator hängten, gab der Bauer die Geheimformel nicht preis.

In seiner Heimat Tamil Nadu wurde Pillai über Nacht zum Volkshelden. Vom *rickshawalla* bis zum Minister sprach jeder über das mysteriöse Verfahren und stellte Vermutungen an, um welches geheimnisvolle Gewächs es sich handeln könnte. Die Regierung des Bundesstaates versah ihn mit großzügiger finanzieller Unterstützung, damit er seine Forschungsarbeit fortführen konnte. Petrochemie-Multis entsandten Repräsentanten nach Indien, die Genaueres in Erfahrung bringen sollten. Diplomaten wurden von ihren Regierungen instruiert, dem Geheimnis auf der Spur zu bleiben. Die Nobelstiftung wurde auf einen möglichen Kandidaten für den nächsten Chemiepreis aufmerksam gemacht.

Dann kam der Tag der großen Demonstration. In einem Saal in Delhi fanden sich Indiens renommierteste Wissenschaftler ein. Erwartungsvolle Spannung lag in der Luft. Wenn der Bauer noch einmal den Nachweis führen konnte, dass sein Verfahren tatsächlich funktionierte, würde Indien vielleicht bald zu einer wirtschaftlichen Supermacht aufsteigen.

Poonaiah Pillai stellte den Apparat zurecht. Das Publikum verfolgte die Vorgänge mit angehaltenem Atem. Dass der erste Versuch misslang, schob man auf den neuen Apparat. Vor dem zweiten Versuch fragte Pillai, ob er seinen eigenen Rührstab verwenden könne. Es wurde ihm erlaubt. Wenige Augenblicke später verwandelte er ein Gemisch aus Kräutern und Wasser in eine verdünnte Form von Benzin.

Doch während das Publikum begeistert applaudierte, erkannte jemand ein entscheidendes Detail, das alle anderen übersehen hatten. Pillais langer Rührstab war hohl. Es stellte sich heraus, dass er mit Benzin gefüllt und dann mit einem Stöpsel aus Bienenwachs verschlossen worden war. Wurde er in den heißen Kräutersud gehalten, schmolz das Wachs, und das Benzin floss heraus.

Während die Experten mit hochroten Gesichtern in ihre Labors enteilten, erklärten die Skeptiker lauthals, der Betrug habe von vornherein auf der Hand gelegen; das deutlichste Indiz sei doch, dass Pillai das Publikum gefragt habe, ob er Diesel oder normales Benzin machen solle. Er habe dafür ja nur den entsprechenden Rührstab nehmen müssen.

Bhalu und ich blieben noch zwei Tage in Rourkela. Wir bummelten bei den Stahlfabriken herum, und ich schrieb Feroze einen ausführlichen Brief. Ich erzählte ihm von dem heiligen Mann in Jamshedpur, von dem Pykrete und den Toupets aus Tirumala, und von Mr. Jafars besonderen Fähigkeiten. Selbst der Meister wird nicht umhinkönnen, dachte ich bei mir, von diesen Beobachtungen beeindruckt zu sein.
Am nächsten Morgen, noch bevor die Sonne über den Schornsteinen stand, weckte mich Bhalu mit lautem Geschrei.
»Lass mich in Ruhe!«, protestierte ich. »Ich will endlich mal richtig ausschlafen!«
»Aber wir müssen gehen«, drängte der Trickser. »Der Lastwagen fährt in zwanzig Minuten ab.«
»Welcher Lastwagen?«
Das Schlitzohr war schon seit dem Morgengrauen geschäftlich unterwegs gewesen, hatte vermutlich auch ein paar Taschen geleert und nebenbei eine Mitfahrgelegenheit in Richtung Süden, nach Tirupati, aufgetan. Meine Entscheidung, mit dem Zug zu fahren, war damit hinfällig. Bhalu hatte nämlich die geniale Idee gehabt, dass wir die fünf Gallonen kostbares Kräuterbenzin von Mr. Jafar als Anzahlung für die Fahrt bis nach Sambalpur, ungefähr hundertfünfzig Kilometer südwestlich von Rourkela, verwenden könnten.
Während ich noch verschlafen mit meinen Schnürsenkeln kämpfte, hörte ich vor dem Hotel Bremsen kreischen. Ich spähte aus dem Fenster. Vor der Tür wartete ein orangefarbener Ashok-Leyland-Laster, hochauf beladen mit Zuckerrohr.
Der Fahrer schnappte sich den Fünf-Gallonen-Kanister und ver-

staute ihn erst einmal. Er schien sehr erfreut über das Geschäft. Auch Bhalu wirkte zufrieden. Ein glücklicher Zufall hatte uns einen Ashok Leyland besorgt, der mit Benzin lief und nicht, wie üblicherweise, mit Diesel.

Wir machten uns auf die gefahrvolle Zickzackfahrt über die Schlaglochpiste. Die schwer beladene Klapperkiste schnaufte wie ein Bluthund, der eine Spur verfolgt. Nach drei Stunden hatten wir es immerhin bis Sundagarh geschafft, etwa die Hälfte der Strecke.

Bhalu suchte sich ein Stück Zuckerrohr aus und begann darauf herumzukauen. In diesem Moment kam der Ashok Leyland stotternd zum Stehen. Das Benzin war alle. Der Fahrer kletterte aus seiner Kabine und füllte flugs das Kräuterbenzin in den Tank. Bhalu nuckelte an seinem süßen Stängel. Ich streckte mich auf dem Bett aus Zuckerrohr aus und tankte Sonne. Alles bestens, dank Mr. Jafar und seinem Wunderstoff.

Der Fahrer ließ den Wagen an. Doch der schnaufte nicht mehr munter. Der Motor brüllte auf wie ein Elefantenbulle, dem man eine Lanze in den Leib gerammt hat. Das war kein belangloses Grollen aufgrund normalen Verschleißes, das war der letzte Schmerzenslaut eines sterbenden Tieres. Der Fahrer sprang schreiend aus seinem Cockpit. Halb unter Schock, strich er seinem geliebten Ashok Leyland beruhigend über die Kühlerhaube. Als das Gefährt einen letzten grausigen Seufzer getan hatte, wandte der Fahrer seine Aufmerksamkeit Bhalu und mir zu. Wir hätten seinem geliebten Brummer ein tödliches Gift gegeben, beschuldigte er uns wutentbrannt, kam auf den Berg aus Zuckerrohr geklettert und jagte uns schimpfend vom Rücken des Kadavers.

15

Der Hexenprozess

Bhalu und ich standen wie ausgesetzte Kinder an der Straße und warteten auf einen neuen orangefarbenen Ashok-Leyland-Laster, doch keiner kam. Der Fahrer des verblichenen Zuckerrohrtransporters hatte uns weggejagt und gedroht, er würde uns die Ohren abschneiden, wenn er uns erwische. Wir wanderten ein paar Kilometer in Richtung Süden und warteten. Wir haben zwar einen hohen Preis bezahlt, dachte ich bei mir, als wir es uns am Straßenrand bequem machten, aber immerhin wissen wir jetzt, dass Mr. Jafars Gebräu eine teure Imitation des echten Stoffs ist.

Zwei Stunden vergingen. Hin und wieder ratterte eine alte Klapperkiste in der Gegenrichtung vorbei. In Richtung Süden fuhr kein Mensch. Es vergingen weitere drei Stunden.

Bhalu knüpfte Kontakt zu einem Mädchen seines Alters, das an der Straße Strohkörbe verkaufte. Sie hatte ein kindliches, unschuldiges Gesicht und eine Haut von zartem Bernsteinbraun. Um das geflochtene Haar war ein bestickter Schal geschlungen. An Armen und Fußknöcheln glänzten schwere silberne Reifen und Spangen. Noch war der Schmuck für sie nicht viel mehr als hinderliches Beiwerk, doch eines nicht allzu fernen Tages würde er ihre Mitgift sein.

Was das Anbändeln mit den schönen Töchtern eines Ortes anging, war der Trickser Experte. Er brauchte nur einmal mit den Wimpern zu klimpern, und die Mädchen waren Wachs in seinen Händen. Ich sah, wie er dem Mädchen den Rücken zuwandte, einen dunklen Gegenstand aus der Hosentasche zog und ihn in seinem linken Ärmel verschwinden ließ. Mittlerweile hatte die Kleine einen näher kommenden Wagen erspäht. Sie griff nach einem ihrer Körbe und ging auf die Straße zu. Diesen Moment, in dem sie abgelenkt war, nutzte Bhalu und warf das hennafarbene Ding zwischen sich und der Straße auf den Boden. Als der Wagen in der Ferne verschwunden war, hatte das Mädchen gerade einige anmutige Schritte auf uns zu getan, da rief Bhalu ihr zu, sie solle sofort stehen bleiben. Er zog das Jagdmesser aus der Scheide an seinem Gürtel, ging zu seiner Schönen und stieß das Messer mit theatralischer Geste in den Rücken des toffeebraunen Skorpions, der vor ihren Füßen lag. Das Mädchen mochte überglücklich gewesen sein, dass ihr junges Leben so galant gerettet wurde, ich hingegen war wütend. Im Gegensatz zu ihr hatte ich die Nummer schon mal gesehen. Nur der hinterlistigste Trickbetrüger würde sich dazu hergeben, einen toten Skorpion mit sich herumzutragen, um sich damit bei nächstbester Gelegenheit bei jemandem einzuschmeicheln. Nachdem ich Bhalu für seine Hinterlist scharf getadelt hatte, klärte ich das Mädchen mit den Körben über seinen Trick auf. Da sie kein Englisch sprach, blieb ihr jedoch verborgen, was ich ihr da lang und breit erzählte.

Fünfzehn Minuten nachdem er sie vor dem sicheren Tod gerettet hatte, brachte Bhalu seiner Schönen ein Ständchen in Form einer eigenwilligen Interpretation von Elton Johns Song *Goodbye Yellow Brick Road.* Sie begann zu kichern, hielt sich aber schnell die Hand vor den Mund, um ihre Erheiterung zu verbergen.
Bhalu ging langsam auf sie zu, nahm ihre Hand und küsste ihre Fingerknöchel, so sanft er konnte. Der Trickser mochte nicht älter sein als zwölf, aber er ging recht forsch ran. Mit der Zielstrebigkeit einer beutegierigen Python schlängelte sich seine rechte Hand am Körper des gut entwickelten Mädchens empor, dessen Kichern plötzlich einen erstaunten Unterton bekam, als ihm bewusst wurde, dass der Fremde aufs Ganze gehen wollte. Die Kleine sprang auf und erklärte, sie müsse nach Hause, ihre Eltern machten sich bestimmt schon Sorgen, wo sie bleibe. Bhalu bot an, sie zu begleiten, und sagte, er würde zusehen, dass er etwas zum Essen und Trinken auftreibe. Mir war nicht wohl bei der Sache,

denn eine überstürzte Liaison mit einem Mädchen vom Lande konnte eigentlich nur zu einer Katastrophe führen.
Als das letzte Tageslicht verblasste, drang das Rumpeln eines Lastwagens an mein Ohr. Wenn ich die misstönenden Geräusche von maroder Karosserie und Chassis richtig deutete, musste es ein guter alter Ashok Leyland sein. Und tatsächlich – ein großer kürbisfarbener Laster bog um die Kurve und fuhr direkt auf uns zu. Bhalu und ich sprangen auf, wedelten mit den Armen und schrien, so laut wir konnten. Der Laster bremste auf Schrittgeschwindigkeit ab. Dann hielt er. Wir liefen hin. Doch just in dem Augenblick, als wir hinaufklettern wollten, fuhr er blitzartig wieder los. Es war kein gewöhnlicher Laster. Es war ein Gefährt, das von den Toten auferstanden war. Der rachsüchtige Fahrer hinter dem Steuer fletschte die Zähne. Er hatte seinen Brummer wieder zum Leben erweckt.

Falls der Trickser mich umbringen und ausplündern wollte, hätte er es in jener unglückseligen Nacht in dem Straßengraben in Orissa getan. Selbst ein altgedienter Thug hätte seine Frontzähne hingegeben für die Chance, mit seinem Opfer an einem derart entlegenen Ort allein zu sein. Bhalu brannte darauf, das Dorf des Mädchens mit den Körben zu finden. Er weckte in mir Fantasien von Essen, seidenen Bettlaken … und freizügigen Frauen.
»Kommen Sie mit mir ins Dorf«, quengelte er, »und ich verrate Ihnen das Geheimnis, wie man die Mädchen von Orissa herumkriegt.«
»Indem man ihnen die Fingerknöchel küsst und ein paar alte Songs von Elton John jault?«
»Aber nein, das war nur das Vorspiel …«
»Was kommt anschließend?«
»Warum sollte ich Ihnen das sagen?«
»Du musst nicht. Ich würde deinem heißen Tipp ohnehin nicht trauen!«
»Na gut«, gab der Trickser zurück. »Ich sage es Ihnen, aber nur wenn Sie versprechen, es niemandem zu erzählen.«

»Abgemacht. Ich werde schweigen wie ein Grab.«
»Eine Frau herumzukriegen ist ganz einfach. Sie müssen ihr bloß Honig zwischen die Zehen schmieren.«

Nachdem ich die halbe Nacht gegen rote Ameisen und Skorpione gekämpft hatte, weckte mich der Geruch von geröstetem Maniok, ein Geruch, der mir von meiner Reise durch das östliche Zaire vertraut war. Maniok – oder Kassawa, wie es in Afrika genannt wird – ist dort ein Grundnahrungsmittel. Bhalu hatte etliche dieser Knollen ausgegraben und sie geröstet, bis sie fast schwarz waren. Wenigstens dachte er nicht mehr nur an die Korbflechterstochter. Ich war überrascht, wie gut sich der Junge auf dem Land durchzuschlagen wusste. Bis jetzt hatte ich ihn für eine typische Stadtpflanze gehalten.
Um halb sieben musste ein Angestellter des nahe gelegenen Hirakud-Staudamms eine Vollbremsung einlegen, als Bhalu sich auf die Kühlerhaube seines Wagens warf. Als er sich von dem Schock einigermaßen erholt hatte, willigte der Fahrer widerstrebend ein, uns bis nach Sambalpur mitzunehmen, das am südlichen Ende des Hirakud-Stausees liegt.
Einige Kilometer vor unserem Ziel erhaschten wir einen kurzen Blick auf den See, einen der größten seiner Art, entstanden durch Aufstauung des Mahanadi. Von der Morgensonne beleuchtet, erstreckte er sich wie eine endlose silberne Fläche in Richtung Westen. Ich schloss die Augen und füllte meine Lunge mit der wunderbaren reinen Luft, die durch die weit geöffneten Wagenfenster hereinströmte. In jenem Augenblick kam mir Orissa vor wie die reichste, fruchtbarste Gegend in ganz Indien. Nichts konnte weiter von der Realität entfernt sein, wie wir bald feststellten.
In Sambalpur stieg ich im luxuriösen Hotel Uphar ab. Da die letzte Übernachtung sehr preiswert gewesen war, konnte ich jetzt ruhig etwas tiefer in die Tasche greifen. Ich machte mich gleich auf den Weg in den Basar, um mich nach den berühmten Ikat-Webereien umzusehen. Bhalu hatte irgendwelche Geschichten gehört, dass im Mahanadi Diamanten angeschwemmt würden,

und begab sich eilig auf die Suche nach Falschspielern. Als um Mitternacht keine Spur von ihm zu sehen war, ging ich zu Bett. Eine Stunde später wurde das Fenster von außen aufgezogen, und ein Schwall kühler Nachtluft drang ins Zimmer.

»Wer ist da?«, rief ich, als die Vorhänge sich bewegten.

»Ich bin's, Bhalu. Ich bin wieder da!«

Schon in Rourkela war der Trickser heimlich in mein Einzelzimmer geklettert, um sich Ausgaben zu sparen. Er schlief sowieso lieber auf dem Boden des Badezimmers. Die kühlen Fliesen erinnerten ihn an den Schlafsaal im Waisenhaus, sagte er.

»Geh schlafen, Bhalu. Ich will morgen weiter nach Tirupati.«

»Keine Chance«, erwiderte der Trickser laut flüsternd.

»Ich fahre, wohin ich will«, entgegnete ich in scharfem Ton.

»In der Nähe von Bolangir gibt es einen Prozess gegen eine Hexe.«

»Wo ist Bolangir?«

»Drei Stunden entfernt mit dem Zug«, antwortete Bhalu und schlurfte durch das dunkle Zimmer in Richtung Bad. »Kein Problem. Überlassen Sie alles mir.«

Das Zweite-Klasse-Abteil im Zug nach Süden war voll gestopft mit Hühnern, Hühnern und nochmal Hühnern. An den Füßen zusammengebunden, gefesselt wie Strafgefangene, lagen sie dicht an dicht in jedem Gepäckträger, in den Gängen im und vor dem Abteil. Der Trickser beobachtete mich, wie ich Houdinis *Miracle Mongers and their Methods* durchblätterte. Er wirkte sehr nervös. An der Korbverkäuferin konnte es nicht mehr liegen. Im Grunde bedeuteten ihm Mädchen nichts, er amüsierte sich einfach gern mit ihnen. Nur eines konnte bewirken, dass ein Trickbetrüger ein solches Gesicht machte, sauer wie Rhabarber. Geld. Ich vermutete, er war auf der falschen Seite von Sambalpur gelandet und in einer zwielichtigen Spielhölle tüchtig ausgenommen worden.

»Und, wie ist es gelaufen?«, erkundigte ich mich, ohne das Buch zu senken. »Lass mich deinen Beutel mit Diamanten sehen!«

Bhalu blieb stumm. Er brauchte auch nichts zu sagen, sein klägliches Gesicht sprach Bände. Die Diamanten hatten nicht kommen wollen, ebenso wenig die guten Karten, auf die er gehofft hatte. Der Trickser war ausgenommen worden. Man sagt, es gebe keine tragischere Gestalt als einen bankrotten Millionär. Das mag stimmen. Doch man luchse einem bengalischen Trickbetrüger seine gesamte Barschaft ab, und er wird sich trotzdem nicht unterkriegen lassen. Wer in Kalkutta überleben will, muss wieder auf die Füße kommen – und zwar schnell.

Als ich mich wieder Houdinis Weisheiten zuwandte, sprang Bhalu auf und verschwand eilig im nächsten Waggon. Für ihn war eine Zugfahrt nicht die Zeit, sich zu entspannen oder in ein gutes Buch zu vertiefen – es hieß, ans Geschäft zu denken.

Fünfzehn Minuten später glitt die Tür meines Abteils auf, und der Trickser lud die Fahrgäste mit lauter Stimme ein, sein bemerkenswertes Warensortiment zu besichtigen; mich würdigte er keines Blickes. Ich reckte den Hals, um zu sehen, was er alles zu bieten hatte. Offensichtlich hatte Bhalu, während ich meine Rechnung beglichen hatte, mein Hotelzimmer geplündert. Im Angebot waren Gardinenringe und Sprungfedern aus dem Bett, kleine Seifenstückchen, Mottenkugeln und Briefpapier mit der Adresse des Hotels – alles zu einem sensationell günstigen Preis.

In Bolangir hielten wir uns nicht lange auf. Bhalu hatte gehört, dass der Hexenprozess in einem Dorf abseits der westlich zwischen Bolangir und Patnagarh verlaufenden Überlandstraße stattfand. Während wir uns in verschiedenen Fahrzeugen auf unser Ziel zubewegten, fragte ich mich, ob wir das Dorf der Hexe wirklich finden würden. Es kam mir sehr unwahrscheinlich vor. Erst ungefähr dreißig Kilometer außerhalb von Bolangir sahen Bhalu und ich, welch schreckliche Dürre Orissa heimsuchte. Die Ernte war fast gänzlich vernichtet, auf den Feldern lag nichts als verwelkte Pflanzen, von der erbarmungslosen Sonne gebleicht. Die Menschen hatten die Gegend zum größten Teil verlassen und waren nach Bolangir und in andere Städte der Region gegangen.

Die Kinder, die wir sahen, wirkten schwach und kränklich. Die Mütter, in leuchtende Batiksaris gehüllt, für die Orissa berühmt ist, stillten ihre Babys so teilnahmslos, als würden sie nur noch auf das Ende warten.

Die Behörden hatten versucht, etwas gegen die Massenflucht zu tun. Da ihre Bemühungen jedoch kaum eine sichtbare Verbesserung brachten, war es einfacher zu leugnen, dass es überhaupt eine Dürre gab. Den panischen Fluchttrieb verängstigter, vom Durst gepeinigter Menschen zu bremsen ist schlicht aussichtslos.

Während wir auf das nächste der nicht allzu häufigen Fahrzeuge warteten, das uns wieder ein Stück näher an Patnagarh heranbrachte, überlegte ich laut, ob wir es nicht wie die Flüchtlinge machen sollten – und in die Stadt zurückkehren.

Bhalu entdeckte eine Gruppe von Menschen, die einen guten Kilometer nördlich der Straße auf freiem Feld arbeiteten. Ich vermutete, es seien übereifrige Bauern, die sich geweigert hatten, ihren Grund und Boden zu verlassen. Der Trickser meinte, sie hätten bestimmt Wasser, das sie mit uns teilen würden, und marschierte voran. Doch die Leute – drei Männer, zwei Frauen und ein Kind – waren nicht mit Feldfrüchten zugange, sondern machten Ziegel aus der chutneybraunen Erde.

Bhalu entbot ihnen einen Gruß. Als sie ihn erwiderten und er ihre Stimmen hörte, wirkte er plötzlich bekümmert.

»Was ist los?«

»Das sind keine Bauern«, sagte er. »Das sind Leibeigene.«

Bhalu fragte den jüngsten der Männer, wo denn alle hingegangen seien, und hatte offensichtlich Mühe, den wohl mit dem Orija verwandten Dialekt zu verstehen.

»Sie sind vor ungefähr zwei Monaten fort«, war die Antwort. »Es gibt kein Wasser hier, die Ernte ist verdorrt, die Tiere sterben. Wir wären auch fortgegangen, aber wir wissen nicht, wohin. Wir haben weder Geld noch Essen.«

»Was ist mit deinem Herrn?«

»Er ist fort«, gab der Mann zurück und verscheuchte eine Fliege, die sich auf einer schwärenden Wunde neben seinem Auge niederlassen wollte. »Er sagte, wir müssen hier bleiben. Also arbeiten wir weiter.«

»Seit wann arbeitest du für den Herrn?«

Um den Mund des Mannes zuckte es, und einen Augenblick lang dachte ich, er würde gleich lächeln. Er war es offensichtlich nicht gewöhnt, mit Fremden über diese Dinge zu sprechen.

»Mein Vater …«, begann er mit leiser Stimme, »es war mein Vater, der sich verschuldet hat. Er lieh sich fünfhundert Rupien für die Mitgift seiner Schwester. Als er starb, musste ich anfangen zu arbeiten, um den Kredit zurückzuzahlen.«

»Wann hat er sich das Geld geliehen?«

Der Mann schüttelte den Kopf.

»Ich weiß nicht«, sagte er verzweifelt. »Vor langer Zeit.«

»Sind die anderen auch Leibeigene?«

»Ja, alle.«

»Warum lauft ihr nicht weg? Der Herr ist fort, das ist eure Chance.«

Die Menschen hoben müde den Blick. In ihren Augen stand Angst, eine unsagbar große Angst. Aus ihren Gesichtern sprach blanke Panik, dass ihr Herr Jagd auf sie machen würde und unbeschreibliches Leid sie erwartete, wenn er sie einfing. Sobald er an ihnen ein Exempel statuiert hätte, würde er sie sicherlich an einen noch schlimmeren Herrn verkaufen.

»Warum musst du für den Herrn arbeiten?«, fragte Bhalu das Kind, das vielleicht zehn oder elf Jahre alt war.

Der Junge zwinkerte nervös.

»Mich haben sie im Zug ohne Fahrkarte erwischt«, erzählte er. »Ein Polizist hat mich vom Bahnhof mit nach Hause genommen, damit ich für ihn arbeite. Er sagte, er steckt mich ins Gefängnis, wenn ich ihm nicht gehorche.«

»Und dann?«

»Der Bruder von dem Polizisten hatte große Schulden bei einem Geldverleiher«, fuhr der Junge fort. »Er hatte kein Geld, um sie zurückzuzahlen, deshalb hat er mich ihm dafür gegeben. Dann hat mich der Geldverleiher an den Ziegelmacher verkauft.«

Ich fand diese Geschichte geradezu unfassbar. Als ich Bhalu sagte, dass die Leute im Westen keine Ahnung hätten, dass es heutzutage noch Leibeigenschaft gibt, verschwand seine gewohnte Heiterkeit.
»Das ist Sklaverei!«, sagte er. »Für diese Leute gibt es keine Hoffnung. Keiner von ihnen wird je die Zinsen dessen bezahlen können, was er seinem Herrn schuldet. Am Ende verkaufen sie eine Niere oder ein Auge, um die ursprünglich winzige Kreditsumme zurückzuzahlen.«
Dem Trickser ging das Schicksal dieser Menschen an der Straße nach Patnagarh zu Herzen, ebenso wie mir. Ich nötigte ihnen etwas Geld auf, und Bhalu schenkte jedem eine Miniaturseife aus dem Hotel. An einem Ort, wo es kaum Wasser zum Trinken, geschweige denn zum Waschen gab, ein etwas merkwürdiges Geschenk. Aber es war als freundliche Geste gemeint, und das zählte.

Nachdem wir eine weitere Nacht im Freien geschlafen und Seifenstückchen für Essen eingetauscht hatten, kamen wir schließlich ins Hexendorf. Unser Weg hatte uns durch ein halbes Dutzend anderer Dörfer und Weiler geführt, von denen die meisten wie ausgestorben waren. Während wir nördlich der Straße nach Patnagarh zu Fuß weitermarschierten, erkundigte sich der Trickser bei Bauern, Arbeitern und Holz sammelnden Mädchen, die wir unterwegs trafen, ob sie von der Hexe gehört hätten. Sie reagierten sichtlich verwundert und wiesen gestikulierend geradeaus.
Mit jedem Kilometer, den wir zurücklegten, begegneten wir neuen Zeichen von Not und Elend. Keiner der Flüsse in diesem einst üppig grünen Becken führte mehr Wasser. Die verdorrten Bäume wurden von den wenigen Menschen, die das Land ihrer Vorväter noch nicht verlassen hatten, einer nach dem anderen gefällt. Sobald sie die Stämme zu Brennholz gehackt hätten, würden auch sie fort sein, und es in Bündeln nach Bolangir schleppen, wo sich bestimmt Abnehmer dafür fanden. Orissa ist bekannt für seine

Hungersnöte. Achtzig Prozent der Bevölkerung leben unter der Armutsgrenze. Wird ihre ohnehin ständig bedrohte Existenz geringfügig aus dem Gleichgewicht gebracht, können sie nicht mehr überleben.
Keiner, mit dem Bhalu sprach, konnte sich erinnern, dass es jemals eine solch schlimme Dürre gegeben hätte. In einem Weiler trafen wir eine Witwe, deren gesamte Familie in die Stadt geflohen war; sie jedoch hatte sich geweigert zu gehen. Ihre Haut war runzlig und aufgesprungen. Seit ihrer Heirat vor Jahrzehnten hatte sie ihr Heimatdorf nicht verlassen. Selbst jetzt, im Angesicht des sicheren Todes, hatte sie es vorgezogen zu bleiben.
In einem anderen Dorf hörten wir, dass eine junge Mutter ihre kleine Tochter verkauft hatte. Sie hatte noch sechs weitere hungrige Mäuler zu stopfen und keinen anderen Ausweg mehr gesehen als diese extremste aller vorstellbaren Lösungen. Da sie vor lauter Scham ihr Gesicht nicht zeigen wollte, traten vier andere Frauen als Fürsprecherinnen auf und erklärten, sie würden ihre Töchter ebenfalls weggeben, wenn sie die Möglichkeit hätten. Wir gingen wieder unserer Wege, mit jedem Schritt noch ein wenig deprimierter. Und als ich auf Bhalu einredete, dass es besser wäre, die Suche aufzugeben, und er mich zur Straße zurückbringen solle, kamen wir zu dem Hexendorf.

In dem Dorf, umgeben von den staubtrockenen Feldern der Vorfahren, konnten allerhöchstens fünfzig Bauernfamilien gelebt haben. Die meisten der einfachen Lehmhütten standen leer; ihre Besitzer waren fortgegangen. Manche Hütten waren schon halb eingestürzt, die Mauern bröckelten wie alte Brühwürfel. Die wenigen Dorfbewohner, die geblieben waren, gaben nur sehr ungern zu, dass eine Hexe unter ihnen lebte, doch nach langem Hin und Her zeigte man uns die Hütte, in der die Frau, eine betagte Witwe, festgehalten wurde.
Der selbst ernannte Dorfvorsteher schilderte uns den Fall, wenn auch äußerst widerstrebend.
Die Kinder der Frau waren etwa zwei Monate zuvor aus dem

Dorf geflohen und nach Cuttack gegangen, wo sie eine feste Arbeit zu finden hofften. Die alte Frau war schon immer ein wenig seltsam gewesen, hatte sich aber erst auf die Hexerei verlegt, als ihre Söhne fortgegangen waren. Zwei Jahre hintereinander hatte das Dorf bei Jute und Erdnüssen eine Missernte erlebt. Man hatte gesehen, wie die Witwe des Nachts die Felder abschritt und die Mächte der Finsternis anrief. Eine Nachbarin wollte beobachtet haben, wie sie sich in einen wilden Hund verwandelte. Einer anderen war aufgefallen, dass ein paar Samenkörner, die sie in die ausgedörrte Erde gelegt hatte, tatsächlich aufgegangen waren. Wieder ein anderer Dorfbewohner berichtete, die Alte habe einen Wassertank einmal sonderbar angesehen, und danach sei das Wasser ungenießbar gewesen. Ein Vierter behauptete, sie habe drei Eier im Handumdrehen spurlos verschwinden lassen. Daraufhin hatten sich die übrig gebliebenen Dorfbewohner versammelt, um zu entscheiden, was man unternehmen solle.

Die Witwe hatte Glück, dass viele ihrer Nachbarn in nahe gelegene Städte abgewandert waren. Wären die Dorfbewohner vollzählig gewesen, hätte man sie in der allgemeinen Hysterie sicherlich für schuldig befunden, ohne dieses Urteil auch nur im Geringsten in Frage zu stellen. In Orissa wird eine Frau, die man für eine Hexe hält, normalerweise auf der Stelle gesteinigt. Ein Mann – oder sogar eine jüngere Frau –, der der Hexerei beschuldigt wird, könnte diesen Vorwurf zu seinem Vorteil nutzen und behaupten, er sei ein heiliger Mann, wohingegen eine Witwe mit magischen Kräften immer als böse Hexe gilt.

Zu ihrem Glück waren sich die wenigen übrig gebliebenen Dorfbewohner unschlüssig, was man mit der Hexe tun sollte, die man nun in Gewahrsam genommen hatte. Dieses Zögern zeigte, welch außerordentliche Macht eine Massenhysterie besitzt. Ein aufgebrachter Mob von Amateur-Hexenjägern findet sehr spontan zu einer Lösung.

Ohne dass ich ein Wort hätte sagen müssen, erklärte Bhalu dem Dorfvorsteher, wir seien geschickt worden, um über das Schicksal der Hexe zu entscheiden. Dass ein zwölfjähriger Junge und ein

Ausländer in dieser Sache ein Urteil fällen sollten, muss ziemlich unglaubwürdig gewirkt haben. Zu unserer Überraschung nickte der Dorfvorsteher jedoch und öffnete die Tür zum Lagerraum der Gemeinde, wo man die Hexe eingesperrt hatte.

Vom Tageslicht geblendet und sich verzweifelt windend, als würde sie zum Schafott geführt, wurde die Witwe aus dem Raum gezerrt und auf die Erde geworfen. Ihr Kopf war kahl geschoren, ihre Lippen waren mit getrocknetem weißem Schaum verkrustet, ihre Arme von eiternden Wunden bedeckt, ihr Sari blutbefleckt. Die Frau hatte ebenso viel Angst vor mir wie der Dorfvorsteher. Offensichtlich hatte sie in ihrem Leben noch nie einen Fremden gesehen. Bhalu versuchte ihr zu erklären, dass wir gekommen seien, über ihren Fall zu verhandeln. Wir würden uns einen nach dem anderen die gegen sie vorgebrachten Anschuldigungen anhören.

Der erste Zeuge wurde aufgerufen.

Es war ein Mann in den Fünfzigern. Er hatte beobachtet, wie die Hexe bei Vollmond über die Felder gegangen war und mit versteckten Geistern gesprochen hatte.

»Bhalu«, sagte ich, »bitte frag die Witwe, warum sie nachts auf dem Feld war und Selbstgespräche geführt hat.«

Der Trickser übersetzte meine Frage und – mit erheblichen Schwierigkeiten – ihre Antwort.

»Sie sagt, sie konnte nicht schlafen. Ihre Söhne hatten sie im Stich gelassen. Sie war verzweifelt, weil die Jutepflanzen nicht wachsen wollten. Deshalb ist sie auf das Feld gegangen und hat *Varuna* um Regen gebeten.«

»Mit Hexerei hat das nichts zu tun«, sagte ich. »Gehen wir zum nächsten Punkt. Frag sie, ob sie sich in einen wilden Hund verwandelt hat.«

Der Trickser gab die Frage weiter und wollte wissen, ob sie sich tatsächlich in einen »Werwolf« verwandelt habe. Die Frau duckte sich ängstlich, verhüllte ihre Gesicht mit dem Saum ihres weißen Saris und stammelte gestikulierend eine Antwort.

»Bhalu, verstehst du, was sie sagt?«

»Ja. Sie sagt, das ganze Dorf kennt das Problem mit den wilden Hunden. Letztes Jahr sind zwei Kinder von ihnen zu Tode gebissen und gefressen worden. Aber beide Male war sie bei ihren Nachbarn.«

»Frag den Dorfvorsteher, ob das stimmt.«

Bhalu übersetzte die Frage, und der Mann nickte widerstrebend.

»Nächster Punkt. Sag ihr, sie soll uns zu der Stelle führen, wo ihre Samen aufgegangen sind.«

Bhalu half der Witwe auf die Füße. Mühsam vorwärts stolpernd, die aufgebrachte Menge hinterdrein, führte sie uns zum östlichen Rand des Dorfes. Als ihr Schatten auf eine Reihe schwächlicher grüner Schösslinge fiel, deutete die Frau auf das kleine Beet, das sie angelegt hatte. Seltsamerweise schien der Boden dort feucht, obwohl die Erde rundherum knochentrocken und rissig war. Ich wollte Bhalu gerade fragen, was er davon hielt, als er auf zwei Wasserfässer deutete, die hinter einer Hütte in der Nähe standen. Ohne ein Wort zu sagen, ging der Trickser hin und hob eines der Fässer ein Stück hoch. Der Boden darunter glänzte dunkel vor Feuchtigkeit.

»Es hat ein kleines Leck«, rief er und bedeutete uns hinüberzukommen. »Der Boden bei dem Beet ist feucht, weil aus diesem Fass ständig Wasser sickert.«

Dem Dorfvorsteher erschien diese Erklärung plausibel, und er fragte die anderen, was sie dazu meinten. Die meisten blieben stumm. Ihr Hass auf die Witwe entsprang offenbar dem Neid, dass es ihr gelungen war, ein paar Samen zum Keimen zu bringen, während die gesamte Ernte des Dorfes durch die Dürre vernichtet war.

»Wenn sie eine Hexe ist«, sagte ich, »warum hat sie dann nicht das große Feld ihrer Familie gedeihen lassen statt dieses jämmerliche Fleckchen Brachland?«

Die Dörfler blickten starr auf ihren Anführer und scharrten ungeduldig mit den Füßen. Sie hatten die Hexe zur Strecke gebracht und wollten sich nun die Befriedigung, sie bestrafen zu können, nicht entgehen lassen.

Ein Mann, der hinten in der Gruppe stand, schrie etwas nach vorne.

»Was sagt er, Bhalu?«

Der Trickser hörte sich an, was der Mann zu sagen hatte. Es klang nach wütendem Protest, und er schien sich mehrmals zu wiederholen.

»Er sagt, Sie können vielleicht erklären, warum die Samen gekeimt haben, aber er will wissen, warum das Wasser des Dorfes ungenießbar geworden ist, nachdem die Hexe den Tank so seltsam angesehen hat.«

»Man soll uns zu dem Tank mit dem schlechten Wasser führen.«

Die Inquisition durchquerte schweigend das Dorf.

Auf der anderen Seite des Dorfes war eine Gruppe junger Mädchen, jede mit schweren Silberreifen an den Armen, damit beschäftigt, einen Brunnenschacht zu graben. Sie seien mit ihrem schmalen Körper am besten geeignet, sagte man uns, um in den engen Schacht hinunterzuklettern. Während die Mädchen Körbe voller staubtrockener Erde auf dem Kopf fortschafften, näherten wir uns einem großen Wassertank, der unmittelbar neben dem Brunnen stand.

»Ist das der Tank mit dem ungenießbaren Wasser?«

Das sei er, bestätigten der Dorfchef wie auch der Zwischenrufer.

Bhalu räumte den Haufen Ziegelbrocken fort, mit denen man den Deckel des Wassertanks beschwert hatte, und bedeutete drei Männern aus der Menge, ihn den schweren Stahldeckel herunterheben zu helfen. Als ich einen Blick in das brackige Wasser warf, war mir sofort klar, warum die Leute krank wurden, wenn sie es tranken. An der Oberfläche trieben sieben mausetote, aufgedunsene Bandikutratten.

In diesem Augenblick kam ein Mann mit einem Klumpfuß zum Tank herübergehumpelt, neben dem Bhalu, der Dorfvorsteher und ich standen. Mit der einen Hand hielt er eine Krücke umklammert, in der anderen einen bis zum Rand mit Wasser gefüllten Emailbecher. Der angeschlagene Becher sah genauso aus wie der, der immer an Ferozes Gürtel hing; das Wasser war kristall-

klar, als käme es aus einem Bergbach. Der Trickser lehnte höflich ab, als ihm das Wasser angeboten wurde. Mich rührte die freundliche Geste des klumpfüßigen Mannes, und da ich fürchterlichen Durst hatte, nahm ich einen langen, wohltuenden Schluck.
Bhalu erklärte der aufgebrachten Menge, dass die Ratten das Wasser verdorben hatten und nicht der Blick der Witwe. Das waren die Fakten, schön und gut, aber den Dörflern stand der Sinn nach einem weniger wissenschaftlichen Prozess. Der Zwischenrufer forderte, man müsse die alte Frau den traditionellen Prüfungen unterziehen, die ihre Schuld gewiss beweisen würden.
Dass in Orissa Hexenprozesse stattfinden, ist allgemein bekannt. Der Ablauf ist in der Regel immer gleich. Es wird ein *Jan-guru* – ein Hexenjäger und Amateur-Exorzist – aus der Gegend gerufen. Meistens schert er der Hexe zuerst den Kopf kahl, um ihre bösen Kräfte zu eliminieren. Dann, wenn das ganze Dorf sich versammelt hat, beginnt die Prüfung.
Vertreter der Staatsgewalt sehen so gut wie keine Möglichkeit, in diese Hexenprozesse regelnd einzugreifen. Ohnehin betrachten die Behörden solche Gottesurteile als eine primitive Form der Unterhaltung und ein Ventil für aufgestaute Gefühle in isoliert lebenden, von der Außenwelt abgeschnittenen Gemeinschaften.
Bevor der *Jan-guru* mit seinem ausgeklügelten Verhör beginnt, peitscht er den Mob auf, bis die Leute im wahrsten Sinn des Wortes Blut sehen wollen. Dann brüllt er einen Befehl, und die der Hexerei verdächtigte Frau wird herbeigeschafft.
Es folgen beliebig viele Prüfungen, von denen die Hexe jede einzelne bestehen muss, ehe sie freigesprochen wird. Als Erstes gibt man ihr vielleicht ein *talwaar,* ein Schwert, in die Hand, das sie ausgestreckt halten muss. Zittert die Schneide, ist sie eindeutig eine Hexe. Als Nächstes stopft man ihr vielleicht trockenen weißen Reis in den Mund. Ist er immer noch trocken, wenn sie ihn ausspuckt, ist sie schuldig. Dass einem im Angesicht des Todes der Mund leicht trocken wird, scheinen die Leute zu übersehen.

Als wir im Dorf zurück waren, begann der Zwischenrufer von zuvor wieder zu sticheln. Wie es denn sein könne, dass Eier einfach verschwänden, fragte er höhnisch.

Ich bat Bhalu, eine Abstimmung durchzuführen. Wenn ich beweisen konnte, dass drei gewöhnliche Eier einfach verschwinden können, würden die Dorfbewohner dann feierlich schwören, die Witwe ein für alle Mal in Ruhe zu lassen? Der Mob verfiel in Schweigen. Zuerst schien ihnen nicht ganz wohl bei dem Vorschlag. Was, wenn auch ich ein Hexer war und gekommen, um meine Verbündete zu retten? Dieser schier unvorstellbare Gedanke wurde schnell verworfen. Dann ging ein Raunen und Flüstern durch die Menge. Der Dorfvorsteher bat die Versammelten um ihre Entscheidung. Begeistert von der Aussicht, mich auf die Probe stellen zu können, stimmten sie meinem Vorschlag zu.

Ein kleines Kind brachte drei frische Hühnereier herbei. Das Publikum drängte sich im Halbkreis um mich, um mir genau auf die Finger zu schauen. Einige setzten sich auf den Boden, andere beschatteten ihre Augen mit der Hand, um besser sehen zu können. Der Zwischenrufer schob sich rücksichtslos nach vorne und stellte sich neben den Trickser, der mir viel Glück wünschte. Dann schwieg er, ebenso wie die versammelten Dorfbewohner. Ich wartete auf den richtigen Moment. Fünfzig Augenpaare starrten mich an, während ich an die unzähligen Stunden im Studierzimmer des Meisters dachte, in denen wir Taschenspielertricks geübt hatten. Drei Eier waren ein Klacks für jemanden, der schon x-mal Steine von fast der gleichen Größe geschluckt hatte. Ich spürte, wie Feroze hoch über mir das Spektakel verfolgte, und neben ihm Hafiz Jan, der auf mich mitten in diesem staubigen Dorf in Orissa herunterblickte. Der Meister wettete mit dem Paschtunen, dass ich versagen würde. »Los, versuch's!«, meinte ich Hafiz Jan mich anfeuern zu hören. »Tu es für Jan Fishan Khan!«

Aus dem Schatten einer der Hütten kam ein streunender Hund herangehumpelt. Offenbar wunderte er sich, warum sich das Dorf hier vollzählig versammelt hatte, und nutzte die Gelegenheit, um sich an ein Kind heranzupirschen, das ganz links außen an dem Halbkreis stand, und ihm seine Fänge in den Arm zu schlagen. Der kleine Junge stieß einen gellenden Schrei aus, worauf die mordgierige Menge ihre Aufmerksamkeit sofort dem verletzten Kind zuwandte. Das war meine Chance. Ich hob blitzschnell die Arme und ließ die Eier hinten in meinem Hemd verschwinden. Den Bruchteil einer Sekunde später sahen alle Augen wieder auf mich. Doch die Eier waren spurlos verschwunden.

16

Land ohne Mädchen

Nur ein Verrückter konnte so naiv sein, in einem von der Dürre geplagten Dorf in Orissa einen Becher Trinkwasser anzunehmen. Ich hatte das durstlöschende Nass hinuntergestürzt, ohne einen Gedanken daran zu verschwenden, woher es kam. Im Nachhinein meine ich doch, dass es einen gewissen *je ne sais quoi* hatte, einen starken Beigeschmack nach Bandikutratte. Doch als mein Alarmsystem wieder funktionierte, war es schon zu spät.

Bhalu und ich warteten auf einen Ashok Leyland, der uns zurück nach Bolangir bringen sollte, als mich die Kräfte verließen. Irgendwie schaffte es der Trickser, mich dort in eines der eher schäbigen Rasthäuser am Ende einer dunklen Gasse zu verfrachten. Zehn Tage lang lag ich kraftlos und ausgetrocknet auf einem *charpoy.* Ich muss in diesen Tagen jeden Traum der Welt geträumt haben, kann mich jedoch nur an Träume von Elefanten erinnern. Allerdings schlürften die Dickhäuter keinen Tequila mehr. Dieses Mal tummelten sie sich im alten Ägypten.

Von einem grausamen Aufseher mit der Peitsche angetrieben,

musste eine Schar Elefantensklaven große Steinblöcke transportieren. Einer nach dem anderen wurden die massiven honigfarbenen Blöcke aufeinander gesetzt, bis sie eine mächtige Pyramide bildeten. Nicht weit entfernt, in einem prächtigen Palast, dessen Wände mit Hieroglyphen bedeckt waren, lag die Königin aller Elefanten auf ihrem Ruhebett, und eine junge Elefantendienerin ließ ihr gehäutete Weintrauben in das geöffnete Maul fallen. Am Tor standen zwei Elefantenbullen Wache. Ein Dutzend Elefantenkälber trabte mit Kesseln voller frischer Büffelmilch für das königliche Bad umher. Während die Dienerschar eilig ihrer Arbeit nachging, sang ein einsamer Elefanten-Minnesänger, hinter einem filigranen Wandschirm verborgen, eine liebliche Melodie.

Immer wenn ich aus meinem Betäubungszustand auftauchte, konnte ich das Gesicht des Straßenjungen vor mir sehen. Er entfernte sich nur von meinem Krankenlager, um Medizin und Mineralwasser zu holen, damit ich wieder gesund wurde.

Am elften Tag, nachdem ich in der Nacht geschwitzt hatte wie noch nie im Leben, war ich plötzlich hellwach und konnte wieder aufrecht sitzen. Ich wusste, die Krankheit war überstanden. Auf der Kante des *charpoy* hockte Bhalu und sah mich mit seinem Charlie-Chaplin-Lächeln an, in der Hand eine Flasche sterilisiertes Wasser.

»Warum hast du mich gepflegt?«, krächzte ich, als ich mich wieder in der Lage fühlte zu sprechen. »Aus welchem Grund? Bist du vielleicht mein Schutzengel?«

Der Trickser grinste breit und sagte, ich solle stillliegen und mich ausruhen.

Eine Woche später waren wir wieder unterwegs, in Richtung Süden, nach Tirupati. Ich fühlte mich fast gesund, nur ab und zu hatte ich noch Magenkrämpfe. Unser Weg führte uns durch eine der spektakulärsten Landschaften, die ich im Osten Indiens je gesehen habe. Dichte Wälder gaben unvermittelt den Blick auf ein weites Panorama frei. Doch es war weiterhin alles trocken wie

Zunder. Ein achtlos weggeworfenes Streichholz hätte sicherlich die ganze Region in Brand gesteckt.
Am frühen Nachmittag legten wir in dem verschlafenen Städtchen Titlagarth eine Pause ein, um abzuwarten, bis es wieder kühler wurde. Ich sei immer noch etwas wackelig auf den Beinen, meinte Bhalu, und dürfe kein Risiko eingehen. Wir kamen nur noch im Schneckentempo voran. Durch meine lange Rekonvaleszenz in Bolangir war es sogar fraglich, ob ich noch rechtzeitig zur Asthmakur nach Hyderabad kommen würde.

Bhalu bemerkte das zwischen zwei Sal-Bäumen gespannte, in der Mitte durchhängende Sonnendach als Erster, machte mich auf die provisorische Zeltkonstruktion aufmerksam und überlegte laut, was die vielen Leute wohl hier wollten. Zu Dutzenden strömten Frauen und Männer herbei, drückten einem schmuddelig aussehenden Mann, der vor dem Zelt Wache stand, eine Rupie in die Hand und verschwanden hinter den Bahnen aus Sackleinwand. Das eine Bein des Türstehers war kürzer als das andere, so dass er stark hinkte. In seinem Gesicht stand ein höhnisches, verächtliches Grinsen, sein langer Hals erinnerte fatal an den eines Geiers.
Zuerst dachte ich, es müsse sich um ein Wanderkino handeln. Dem Zustrom erwartungsfroher Zuschauer nach zu schließen musste das Programm ausgezeichnet sein. Doch als wir uns dem schmierigen Kerl am Eingang näherten und unseren Obolus entrichteten, erkannte ich, dass es keineswegs ein Kino war.
In dem Zelt waren an die hundert Leute zusammengepfercht wie Schafe, die gleich ins Tauchbad sollen. Einige saßen, andere standen, aber alle blickten gebannt auf eine geheimnisvolle Apparatur im vorderen Teil des Zeltes.
Die Geräte – ein Rechner, ein Wandler, eine kleine QUERTY-Tastatur und ein Bildschirm – standen auf einem Klapptisch, daneben war eine billige Krankenhausliege aufgestellt. Als ich mich umsah, fielen mir einige Frauen auf, sieben oder acht, die nebeneinander auf dem Boden hockten. Zwei waren sichtbar schwanger. Ich vermutete, dass auch die anderen ein Kind erwarteten.

Nun hinkte der schmuddelige Mann, der das Eintrittsgeld kassiert hatte, zu der Hightech-Apparatur. Er drückte ein paar Schalter, drehte an einem Knopf und zog an der Schnur eines kleinen Generators. Während der Motor zu knattern und das Zelt sich mit Dieselabgasen zu füllen begann, gab der Mann mit lauter Stimme etwas von sich.

»Was sagt er, Bhalu?«

»Er hat die Leute begrüßt, und jetzt ruft er die erste Patientin auf.«

»Wieso Patientin?«

Ehe der Trickser antworten konnte, ging schon die erste schwangere Frau nach vorne. Sie grüßte den Mann – offenbar war er eine Art von Arzt – und reichte ihm ein Bündel Rupienscheine. Erst als das Geld durchgezählt und jeder Schein auf Beschädigungen überprüft war, ging es weiter.

Man half der Frau auf die Liege. Dann wurde ein Wandschirm aus geflochtenem Holz davorgeschoben, so dass nur noch ihr Kopf frei zu sehen war, und der Monitor in Richtung Publikum gedreht. Der Doktor erklärte, was nun folgen würde.

»Diese Maschine hat die wunderbare Fähigkeit zu sagen, ob die Patientin einen Jungen oder ein Mädchen bekommt«, erläuterte er. »Ich bringe jetzt eine Elektrode am Bauch an. Achten Sie auf den Bildschirm. Sie werden das ungeborene Kind sehen!«

Bei der geheimnisvollen Apparatur des Doktors handelte es sich um ein kleines Ultraschallgerät, das normalerweise eher in einem Krankenhaus als in einem solchen Wanderbetrieb zu finden ist. Während er redete, wurden auf dem Schwarzweißmonitor die ersten verschwommenen Bilder sichtbar, und die Zuschauer drängten instinktiv nach vorne wie Rinder in einem Pferch. Schließlich hatten sie gutes Geld für diese Vorführung bezahlt. Hinter dem Wandschirm konnte ich als Silhouette den gewölbten Bauch der Schwangeren erkennen.

Der Quacksalber starrte angestrengt in den Monitor, als hätte er eine ultramoderne Wahrsagekugel vor sich, und stieß einen tiefen Seufzer aus. Dann verzog er das Gesicht, schaute ins Publikum und bewegte langsam den Kopf von links nach rechts.

»Bedeutet das, dass das Baby krank ist?«, fragte ich Bhalu.
»Nein«, antwortete er. »Es bedeutet, dass sie ein Mädchen bekommt.«
Eine erwartungsvolle Spannung erfasste die Menge. Die schwangere Frau brach in Tränen aus. Dass sie eine Tochter erwartete, war die schlimmste aller denkbaren Nachrichten.
»Was geschieht jetzt?«
Bhalu schnäuzte sich.
»Sie zahlt dem Doktor nochmal fünfzig Rupien für eine Abtreibung.«
»Diesem Doktor?«
»Natürlich. Aber da sehen die Leute nicht mehr zu. Sie möchten nur hören, ob es ein Junge oder ein Mädchen wird. Schauen Sie mal, die Männer dort drüben, sie schließen beim Gehilfen des Doktors Wetten ab.«
Bhalu hatte Recht. Am anderen Ende des Zeltes waren vier Männer gerade dabei, einem fünften ihren Einsatz in die Hand zu drücken. Auf das Geschlecht eines Fötus zu wetten, das fand sogar Bhalu unter seiner Würde.
Die nächste Schwangere, sie dürfte nicht älter als fünfzehn gewesen sein, übergab ihr Geldbündel und nahm ihren Platz auf der Liege ein. Ohne Zeit zu verschwenden, spritzte der Doktor etwas Kontaktgel auf den Bauch des Mädchens und begann, mit dem Schallkopf darüber zu fahren. Auch diese werdende Mutter wird wohl, wie die vor ihr, ein Stoßgebet zum Himmel geschickt haben, dass das unscharfe Bild auf dem Monitor einen Sohn zeigen möge.
An sich sind Ultraschallgeräte dazu gedacht, Fehlbildungen beim Ungeborenen zu erkennen, doch in Indien ist diesen Geräten eine neue Rolle von weit größerer Tragweite zugewachsen. Zwar ist die Feststellung des Geschlechts eines Fötus inzwischen gesetzlich verboten, doch das Geschäft läuft besser denn je. Ausrangierte Ultraschallgeräte aus westlichen Ländern touren kreuz und quer durch den Subkontinent und bringen ihren ungeschulten Besitzern, die sie bedienen, ein Vermögen ein.

Nur ein erfahrener Gynäkologe kann das Geschlecht eines Fötus per Ultraschall zweifelsfrei feststellen. Oft genug erzählen die Quacksalber den Patientinnen, dass sie eine Tochter erwarten, obwohl das gar nicht der Fall ist. Das erspart ihnen unangenehme Enttäuschungen hinterher und verschafft ihnen ein lukratives Zusatzgeschäft, da sie ja auch die Abtreibung durchführen.

Der Ultraschall ist nur die modernste Waffe im Kampf gegen weibliche Kinder; das Konzept an sich ist nicht neu. Überall in Indien werden seit langem die Methoden perfektioniert, wie man unerwünschte Töchter möglichst geschickt beiseite schafft. Beim Stamm der Kallar in Tamil Nadu zum Beispiel kann man für eine Tochter nur die Mitgift zahlen. Bringt eine Mutter ein zweites, drittes oder viertes Mädchen zur Welt, wird ihm Milch mit etwas Saft von der Krapp-Pflanze gefüttert. Bald darauf stirbt das Baby an Erbrechen und Durchfall. Bei anderen Stämmen werden die weiblichen Babys erstickt, oder man gibt ihnen den Saft von Oleanderbeeren oder den giftigen Blütensaft der *erukkam*-Pflanze zu trinken.

Es war schockierend, wie das in den USA hergestellte Ultraschallgerät in Titlagarth eingesetzt wurde. Sein skrupelloser Besitzer war kein harmloser Illusionist. Er trieb sein Spiel mit einem Instrument von derart großem Einfluss, dass es das ganze Gleichgewicht der Natur beeinträchtigen konnte.

Erst später, als Bhalu und ich in Richtung Bhawanipatna wanderten, zeigte sich der Schrecken der indischen Kindstötungspraxis in aller Deutlichkeit. Ich brachte schnell einen Bericht an Feroze zu Papier, in dem ich meine neuesten Beobachtungen schilderte, und dachte beim Schreiben darüber nach, wie sich der Einsatz solcher Ultraschallgeräte zukünftig auf die Gesellschaft auswirken würde. Ich starrte gedankenverloren auf die ausgedörrten Felder von Kalahandi. Drei kleine Bengel warfen Steine hinter einem Hund her; ein paar andere Jungen ließen ihre Reifen durch den Staub rollen. Ein Vater präsentierte einem Nachbarn stolz seinen neugeborenen Sohn. Dann traf mich die Erkenntnis wie

ein Schlag. Die Zukunft – ein Land ohne Mädchen – hatte bereits begonnen.
Ich sah mich nach Vätern um und bat Bhalu, sie zu fragen, wie viele Töchter jeder habe. Die meisten antworteten, gelassen und zufrieden grinsend, dass sie nur Söhne hätten. Es gab praktisch keine Mädchen im Alter von sechs Jahren oder darunter, bei niemandem. Vielleicht wird der Mangel an Frauen das System mit der Zeit umkehren – so dass Frauen von den Männern Geld dafür bekommen, dass sie einer Heirat zustimmen. Doch wie die Dinge heute stehen, hat das Problem der Mitgift lediglich zu einer Pervertierung des Systems geführt. Die perverse Logik ist klar: Mitgift wird von der Familie der Braut an die Familie des Bräutigams gezahlt – warum nicht, statt die Mitgift abzuschaffen, gleich die weiblichen Wesen beseitigen?

Um mich wieder auf andere Gedanken zu bringen, schlug Bhalu vor, wir sollten ein Dorf in der Nähe von Nandul besuchen. Den Grund dafür wollte er nicht verraten. Aber mir schien, als habe er etwas Bestimmtes vor. Ich hatte keine Ahnung, woher mein Reisegefährte seine wertvollen Informationen bezog. Die Namen von interessanten Orten, Kontakte von entscheidender Bedeutung, kaum bekannte Fakten und faszinierende alte Geschichten – sie flogen ihm einfach zu. Die Lehrjahre auf Kalkuttas Straßen hatten Bhalu mit einem sechsten Sinn fürs Überleben ausgestattet. Sein unglaublicher Orientierungssinn und sein Glück, genau den richtigen Leuten zu begegnen, waren mehr als beeindruckend – sie waren geradezu unheimlich.
Wir fuhren auf Ochsenkarren mit, auf dem Gepäckträger von Fahrrädern, und bei Gelegenheit hielten wir orangefarbene Ashok Leylands an, die jedoch immer seltener vorbeikamen. Die Straßen wurden schlecht und schlechter, bis sie schließlich kaum mehr passierbar waren. Bhalu genoss die Weite des Landes so sehr, dass er schwor, er würde nie mehr nach Kalkutta zurückkehren. Und obwohl mich seine Stadt faszinierte, stimmte ich ihm zu, dass ihre verpestete Luft und ihr hektisches Tem-

po sich mit der wilden Schönheit Orissas nicht messen konnten.

In dem Städtchen Sargigora erzählte uns ein Mann mit einem roten Schuh am linken und einem grünen Schuh am rechten Fuß von einem Seher in Nandul. Die Kleidung des Mannes war eine wilde Mischung aus hippen New Yorker Klamotten und hawaiischer Strandmode. Ihm schien diese Aufmachung sehr zu gefallen. Aus der ungewöhnlichen Kombination ließ sich zweifelsfrei schließen, dass sein Outfit aus der Altkleidersammlung irgendeines westlichen Landes stammte. Er sprach von Nandul, als sei es eine riesengroße Stadt.

Als der Trickser und ich in Nandul ankamen, bestätigte sich unsere Vermutung, dass der Mann mit den zwei verschiedenen Schuhen selbst niemals hier gewesen, sondern vielmehr übertriebenen Gerüchten aufgesessen war. Das an einem kleinen Fluss gelegene Nandul war ein verschlafener, ländlich geprägter Ort, heimgesucht von der gnadenlosen Dürre. In Indiens großen Industriestädten mag das Leben toben, doch die Städte auf dem Land sind das genaue Gegenteil. Zunächst einmal herrscht beinahe klösterliche Stille. Es gibt keine knatternden Motorrikschas, keine lärmenden Generatoren und klapprigen Busse, stattdessen Fahrräder und Paraffinlampen, und die Menschen gehen zu Fuß. Der auffallendste Unterschied jedoch ist der Eindruck von Unschuld. In Nanduls Straßen wimmelte es von unverdorbenen, reinen Seelen. Zum Vergleich eine beliebige Straßenecke in Kalkutta: Dort lauern sicherlich drei oder vier Vertreter der Schattenwelt – eine Bettlerin mit Mietbaby, ein Taschendieb, ein paar Schwarzhändler und ein Dutzend andere, die alles Mögliche vom gebrauchten Skelett bis zu Sirenen von Feuerwehrautos verhökern.

Bhalu nahm die Spur des Sehers auf, der angeblich ganz in der Nähe arbeitete. Einige Leute zeigten nach links, andere nach rechts. Ein Mann zog zur Klärung der Sachlage einen lahmen Freund hinzu, der wiederum einen anderen zur Mithilfe überredete, worauf sich jener Mann und seine Begleiter rege an der Diskussion beteiligten. Dann erschienen sämtliche Freunde von ihnen. Ehe wir uns versahen, waren wir von einer Menge Menschen umringt, die lebhaft über die richtige Richtung debattierten. Teeverkäufer, Obsthändler, ein Handleser, ein Verkäufer von Brokatstoffen und ein Mann mit einem Tablett voller *paan* auf dem Kopf eilten herbei, um sich an der spontanen Konferenz zu beteiligen. Es wurden alle erdenklichen Fragen gestellt. Wo wir denn wohnten? Ob wir Polizisten seien? Wie wir hießen? Ob ich mit Mr. Harshad Shah in der Mohammed Ali Road in Bombay verwandt sei? Wie es uns in Nandul gefalle? Woher wir kämen? Wohin wir gingen? Ob wir ein Taxi bräuchten? Warum wir nicht ein paar Tage in der Stadt blieben? Je mehr Fragen gestellt wurden, umso mehr Leute kamen dazu. Und je mehr Leute dazukamen, umso mehr fühlten sich angezogen. Wie sich ein Schneeball bis ins Tal zur Lawine auswächst, so wurde aus dem Grüppchen von zwei Männern und einem Hund bald eine regelrechte Volksversammlung.

Ein ungefähr achtjähriger Junge mit einem zahmen Mungo in einem Käfig in der Hand drängte sich nach vorne und bot seine Hilfe an. Der Besucher aus Kalkutta schien für ihn eine Art Gott zu sein. Er sah Bhalu ehrfürchtig zu, wie er sich ein *biri* anzündete, und erzählte uns dann, der Seher zöge von einem Ort zum anderen. Zwei Tage zuvor habe er ihn noch in einem Dorf in der Nähe gesehen. Er würde uns sofort hinbringen ... wenn wir seinem Mungo eine Hand voll Fleisch kauften.

Drei Stunden später kauerten Bhalu und ich ganz vorne in einer großen Menschenmenge, die sich im Freien versammelt hatte. Ungefähr zweihundert Dörfler waren gekommen, um die Wunder des heiligen Mannes zu sehen, und das war eine beeindruckende Quote für ein fast entvölkertes Dorf. Bhalus kleiner Freund meinte, die Dürre habe seine Stellung sehr gestärkt, denn er, und nur er, könne das Leid der Menschen lindern – und Regen bringen.

Wie ein Entertainer aus der Bühnenkulisse tauchte aus einer

strohgedeckten Lehmhütte plötzlich der Magier auf. Er verkündete seinen Namen, Narashima, doch jeder der Anwesenden wusste bereits, wer er war und warum er gekommen war. Die Leute wurden schon ungeduldig. Als er seine Position in der Mitte eines abgetretenen Teppichs aus grobem Wollstoff einnahm, konnte ich ihn zum ersten Mal richtig sehen. Mir war sofort klar, warum die Dörfler bedingungslos an ihn glauben wollten. Die Haut des Magiers war, im Gegensatz zu ihrer, nicht dunkelbraun, ja nicht einmal hellbraun. Sie war von einem frostigen Weiß, der Farbe von Kalk. Sein Haar war nicht schwarz, sondern silbrig wie Platin. Und er blinzelte mit wasserhellen Augen, denen jegliches Pigment fehlte, in die Sonne. Der Seher war ein Albino.

Ehe das Publikum in den Genuss der Wunder kam, musste es eine Stunde lang theologische Belehrungen über sich ergehen lassen. Die Leute warteten geduldig darauf, dass er mit seinem Sermon zu Ende kam und die Wunder begannen. Wie Gläubigen überall auf der Welt war ihnen der unnütze Hokuspokus lieber als die eigentliche Botschaft. Schließlich verkündete der heilige Mann – vielleicht spürte er, dass seine Gemeinde von seinen geistlichen Ermahnungen langsam genug hatte –, dass er zum Beweis seiner magischen Kräfte eine Reihe von Wundern vollführen werde. Erwartungsvolle Spannung ergriff das Publikum.

Wunder sind im Hinduismus etwas viel Normaleres als in fast allen anderen Religionen. Mir ist aufgefallen, dass Inder wundersame Dinge im Alltagsleben viel eher akzeptieren. In anderen Religionen, wie im Christentum, glaubt man zwar auch an Unerklärbares, aber Wunder sind dort dünn gesät.

Als Erstes, kündigte der heilige Mann an, werde er mittels Geisteskraft einen Topf Reis zum Kochen bringen. Jede junge Frau, die ein einziges dieser Reiskörner schlucke, werde einen Sohn zur Welt bringen, erklärte er. Im Gegensatz zu uns gewöhnlichen Menschen kam der Albino ohne Herd aus. Auf eine Strohmatte vor ihm wurde ein großer, schwärzlicher Topf gestellt, den er sieben Mal umkreiste, wobei er Zaubersprüche hersagte und mit dem Saum seines Gewandes eine Acht beschrieb. Das Publikum verharrte in düsterem, gespanntem Schweigen. Alle starrten gebannt auf den Topf. Ein paar Minuten vergingen. Auf einmal stieg aus dem Topf ein dünnes Fädchen Dampf spiralförmig in die Höhe. Dann verfiel der heilige Mann plötzlich in Zuckungen. Die Leute ringsum beobachteten voller Staunen, wie ihr Prophet sich krümmte und wand. Je heftiger es ihn schüttelte, umso mehr Dampf stieg aus dem Topf auf. Es vergingen fünfzehn Minuten. Dann erwachte der heilige Mann aus seiner Trance, ging zu dem Topf und schöpfte einen Löffel Reis heraus. Er war vollkommen gar.

Als Nächstes holte der Magier mehrere Kokosnüsse aus seiner Kiste mit Requisiten. Aus dem Publikum wurden fünf Freiwillige aufgerufen. Jeder der Glücklichen bekam eine Kokosnuss in die Hand gedrückt, die er aufbrechen sollte. Sie taten wie ihnen befohlen, zerschlugen die Nüsse auf einem Stein und wollten ihren Augen nicht trauen, als sie geöffnet vor ihnen lagen. Die Kokosnüsse waren mit Jasminblüten gefüllt.

Sichtlich erfreut, dass sein zweites Wunder so großen Eindruck gemacht hatte, ließ der heilige Mann gleich den nächsten Trick folgen. Er bat, einer der Zuschauer solle ihm eine Banknote leihen. Die Leute blickten verlegen zu Boden. Keiner von ihnen hatte Geld. Ohnehin hätten die wenigsten, wie ich vermute, freiwillig ihre kostbare Barschaft herausgerückt, um einem heiligen Mann – selbst einem vom Kaliber des Albinos – einen Gefallen zu tun. Der Magier bat noch einmal um einen Geldschein, gleich welchen Wertes, worauf Bhalu nach vorne trat und ihm einen Zehn-Rupien-Schein gab. Die Zuschauer seufzten erleichtert auf. Den heiligen Mann zu erzürnen war das Letzte, was sie wollten.

Nun las der Guru laut die Seriennummer des Geldscheins vor, und sein Assistent, ein kleiner Junge mit einem schielenden Auge, ritzte die Zahlen mit einem Stecken in die Erde. Dann zündete der heilige Mann die Banknote an, und bald war nur noch Asche von ihr übrig. Theatralisch die Aufmerksamkeit der Zuschauer auf sich lenkend, schüttete er das Häufchen Asche in einen Becher mit Wasser, rührte um und trank das Gemisch aus. Durch die versammelte Menge ging ein erregtes Raunen. Zehn Rupien sind eine Menge Geld, besonders in den unsicheren Zeiten einer Dürre. Doch ehe jemand protestieren konnte, zog der Albino den Magen ein, würgte viermal, und fischte dann die brandneue Banknote aus dem Mund. Die Seriennummer war identisch mit der von Bhalus Zehn-Rupien-Schein.

Offenbar war sein Repertoire an Wundern erschöpft, denn nun fragte der Magier die Dörfler, welche Probleme ihnen Sorgen machten. Sie starrten ihn fassungslos an. Das lag doch wohl auf der Hand. Ihre Felder waren trocken wie Pergament, fast alle ihre Tiere waren verendet, Waldbrände hatten das wenige vorhandene Feuerholz vernichtet. Wenn es nicht bald kräftig regnete, würden sie verhungern. Dem heiligen Mann war dieses Problem sicherlich nicht unbekannt, und genauso gut kannte er die Antwort. Er ließ sich wieder auf seinem Teppich nieder und fiel erneut in Trance. Vierzig Minuten lang murmelte er Mantras. Die Leute, arglos und vertrauensselig, starrten ihn mit offenem Mund an. Sie hofften ernsthaft, er könne ihnen Regen bringen.

Der Assistent des Albinos huschte davon, während sein Meister die Augen öffnete und an das Publikum gewandt zu sprechen begann.

»Ein böser Geist ist in dieses Dorf gekommen!«, rief er. »Dieser Geist hat den Regen verjagt. Ich spüre die Macht des Bösen hier überall! Hat niemand von euch ungewöhnliche Erscheinungen beobachtet?«

Die Dörfler nickten eifrig. Sie hatten in letzter Zeit viele Zeichen des Bösen beobachtet. Einige hatten gesehen, wie gleich hinter dem Dorf Flammen aus der Erde schlugen. Eine Frau sagte, die Wäsche ihrer Nachbarin habe Feuer gefangen, als sie sie zum Trocknen aufgehängt hatte.

Der *avatar* hob die Arme gen Himmel. Sie sollten ihm vertrauen, rief er. Er würde ihnen beweisen, dass er Regen bringen könne. Doch zuerst müssten alle Anwesenden den Blick allein auf ihn richten. Seine Kräfte würden nur aktiviert, wenn alle direkt auf seinen Solarplexus schauten. Vierhundert Augen konzentrierten sich auf den Magier, der erneut Mantras zu murmeln begann. Fünf Minuten vergingen. Die Zuschauer ließen nicht nach in ihrer Konzentration. Und während sie wie hypnotisiert auf die Brust des Sehers glotzten, geschah etwas Erstaunliches. Es fing an zu regnen.

Der Staub unter unseren Füßen roch frisch und sauber, als die winzigen Regentröpfchen auf die Erde trafen. Ich tat einen tiefen Atemzug. Wie herrlich solch ein erster Regen riecht, weiß nur, wer es selbst erlebt hat. Viele Leute brachen in begeisterte Schreie aus, manche leckten sich das Nass von den Armen, andere tanzten ausgelassen herum. Ihr Wunschtraum war wahr geworden. Doch so schnell der Regen gekommen war, so schnell hörte er auch wieder auf.

Der Sadhu verkündete, er könne mehr Regen bringen. Er, und nur er allein, könne ihren ausgedörrten Feldern wieder Wasser geben. Doch die Dörfler müssten auch ihren Teil dazutun ... was, wie die meisten gleich begriffen, nicht billig werden würde.

Während sich der Assistent des heiligen Mannes anschickte, von den Anwesenden eine Spende einzutreiben, löste sich ein hochgewachsener, breitschultriger Mann aus den hinteren Zuschauerreihen, ging auf den Magier zu und stellte sich, ohne die Schuhe auszuziehen, auf den heiligen Teppich. Ängstliches Schaudern ergriff die Menge. Wer war dieser Mann? Wer wagte es, dem Regenmacher so respektlos zu begegnen?

Ehe der Seher, sein Assistent oder die versammelten Dörfler ihn zur Rede stellen konnten, wandte sich der Neuankömmling schon an die Menge. Bhalu lieferte mir eine Simultanübersetzung.

»Dieser Mann ist ein Betrüger!«, rief er. »Ihr dürft ihm nicht vertrauen, und ich werde euch zeigen, warum!«

Er erklärte, er sei ein Mitglied der Rationalisten-Bewegung – sie erfreut sich in Indien zunehmender Popularität –, und befahl dem Sadhu mit einer höhnischen Bemerkung, ihm Platz zu machen. Es überraschte mich, dass die Rationalisten sich um irgendwelche

unwichtigen Gurus im tiefsten Hinterland von Orissa kümmerten.
Im nächsten Augenblick hatten sich drei weitere Rationalisten zu ihm gesellt. Auch sie scheuten sich nicht, sich auf den heiligen Teppich zu stellen. Sie würden jetzt die Wunder des Albinos als Schwindel entlarven, erklärten sie. Er sei nichts weiter als ein Betrüger.
Als Erstes führten sie vor, wie der heilige Mann heimlich eine Tasse ungelöschten Kalk in den Aluminiumtopf mit Reis geschüttet hatte. Beim Kontakt mit Wasser hatte der Kalk – er stammte aus einem Brennofen – eine chemische Reaktion in Gang gesetzt, wodurch so viel Wärme produziert wurde, dass das Wasser zum Kochen gebracht und der Reis gegart wurde. Während der Guru empört protestierte, die Rationalisten seien die Betrüger, nicht er, wurden weitere Wunder aufgedeckt.
Bei den Kokosnüssen hatte man die Milch durch die Augen am oberen Ende abgelassen und durch diese Öffnungen am Abend vor der Vorführung Jasminknospen hineingestopft, die in der feuchtwarmen Atmosphäre bis zum nächsten Tag aufgeblüht waren. Und das Wunder mit dem Zehn-Rupien-Schein war nichts als ein simpler Taschenspielertrick.
Nun begannen sich die Gemüter zu erhitzen. Der Pandit war wütend, dass diese erbarmungslose Rationalistenbande ihm seinen Lebensunterhalt entziehen wollte. Für sie war der Magier lediglich eines der vielen Zielobjekte ihrer Nationalen Wunderenttarnungskampagne. Erstaunlicherweise zeigten die Dörfler wenig Interesse an der öffentlichen Demaskierung. In ihren Augen war der heilige Mann ein Wundertäter von allerhöchstem Format. Er hatte Regen gemacht und würde es ganz bestimmt wieder tun.
Während die Leute weiter auf sie einschimpften, deckten die Rationalisten die restlichen Tricks auf. Die Flammen, die sie nächtens auf den Feldern gesehen hatten, seien keine Geister gewesen, sagten sie. Der Magier selbst habe sie produziert, indem er, in einer Bodenvertiefung liegend, Benzin in eine brennende Fackel spuckte. Und dass sich die zum Trocknen aufgehängte Wäsche

spontan entzündet hatte? Zweifellos hatte sie der Assistent des heiligen Mannes mit einer Lösung aus Phosphor und Schwefelkohlenstoff präpariert.
Einem Westler mag es seltsam vorkommen, dass ein *tantrik* wie Narashima sich problemlos solche potenten Chemikalien beschaffen können soll. Doch man braucht sich nur im Basar einer beliebigen indischen Kleinstadt umzusehen – ätzende Säuren, alle möglichen Gifte, chemischen Grundsubstanzen und Lösungsmittel gehen dort billig über den Ladentisch. Denn Sicherheitsvorschriften wie in Europa gibt es in Indien nicht.

Nun schritten die Rationalisten zum letzten großen Schlag – der Aufdeckung des Regenwunders. Nichts sei einfacher als das, erklärten sie. Der Helfer des heiligen Mannes habe das Publikum von hinten mittels einer umgerüsteten Fahrradpumpe mit einem feinen Wasserstrahl besprüht.
Der Albino war nicht gewillt, sich von ein paar Leuten, die ihn unlauterer Machenschaften bezichtigten, das Geschäft verderben zu lassen. Er packte seine Siebensachen zusammen und machte sich auf, seine mobile Arbeitsstätte am anderen Ende des Dorfes aufzubauen. Er hatte schließlich etwas zu tun – er musste sein Unternehmen, von dem er lebte, wieder in Schwung bringen.
Die heiligen Männer, die in Dörfern und Kleinstädten arbeiten, sind in erster Linie Entertainer. Mit den reichen Gurus des Jet-Set mit ihren Adepten aus dem Westen, ihren Rolls-Royces und Penthouse-Wohnungen haben sie kaum etwas gemeinsam. Heilige Männer wie Narashima sind größtenteils harmlose Künstler, die simple Illusionen vorführen – ungefähr so anspruchsvoll wie zu Zeiten Houdinis. Die meisten der Tricks, die man in Indien regelmäßig zu sehen bekommt, stammten tatsächlich aus jener Ära, wie ich festgestellt habe. Viele der Zaubertricks – alle möglichen Objekte verschlucken, Gegenstände verschwinden lassen und Illusionen mit chemischen Substanzen – wurden von dem großen amerikanischen Magier selbst entwickelt. Natürlich gibt es einen entscheidenden Unterschied: Houdini hat, wie alle westlichen

»Magier«, niemals den Anspruch erhoben, mehr als ein Illusionist zu sein. Die heiligen Männer Indiens jedoch gehen einen Schritt weiter: Sie geben sich als echte Magier aus.

Schon wenige Minuten nach den Enthüllungen der Rationalisten waren die Dörfler alle wieder zur Stelle und drängten sich um ihren Meister, der sich nun den Kranken widmete.
Als Erste trat eine Frau mit einer abstoßenden Hauterkrankung vor. Sie versteckte ihr Gesicht hinter ihrem violetten Ikat-Sari, um die zahlreichen eitrigen Pusteln zu verbergen. Eigentlich mussten alle in diesem kleinen Dorf die Frau gut kennen, doch sie reckten trotzdem neugierig die Hälse, damit ihnen nichts entging.
Die Frau litt offenbar unter einem schweren Vitaminmangel: Bei Behandlung mit den richtigen Medikamenten wären die Pusteln vermutlich bald abgeheilt. Der heilige Mann untersuchte die Frau. Sie habe Yakshi beleidigt, die Göttin der Bäume, denn sie habe von einem Baum außerhalb des Dorfes Äste abgehackt, verkündete er dann mit melodramatischer Miene.
»Aber ich musste Holz machen, zum Verkaufen«, gab die Frau zurück.
»Möchtest du geheilt werden?«, fuhr der Albino sie an.
»Ja, ich werde alles tun.«
Die Medizin wurde abgemessen, die kranke Frau bekam ein zusammengefaltetes *sal*-Blatt in die Hand gedrückt. Es enthielt einen oder zwei Teelöffel Kaliumpermanganat. Sie müsse sich jeden Morgen mit ein paar Körnchen von dem Pulver die Hände und Füße waschen. Wenn nichts mehr übrig sei, solle sie in der Abenddämmerung das Dorf verlassen und die Nacht meditierend unter dem Baum verbringen, von dem sie Holz fortgenommen habe. Die Frau hatte kaum ihre zehn Rupien für das Pulver bezahlt, als schon der nächste Patient vor dem heiligen Mann stand.
»Was fehlt ihm?«, fragte der Magier die halbwüchsige Mutter, die ihr Söhnchen gerade auf dem Boden absetzte.

»Eine Schlange hat ihn gebissen.«
Den Kopf des kleinen Jungen mit einem Fetzen ockerfarbenen Stoffs bedeckend, begann der Albino Beschwörungen zu murmeln.
»Das Kind wird leben«, flüsterte er dann, »aber nur, wenn du meine Anweisungen befolgst.«
Die junge Frau schwor, alles zu tun, was er befahl; die Gegenwart eines lebenden Gottes ließ sie vor Aufregung zittern.
»Nimm diese besonderen Neem-Blätter«, sagte er, »und lege sie in Kuhmilch. Wärme die Milch an, lasse sie über Nacht stehen und gib sie dem Kind am nächsten Tag zu trinken.«
Der jungen Mutter wurde bedeutet, dass sie nun gehen könne.
Ich knuffte Bhalu in die Seite, weil ich wissen wollte, welche Krankheit der nächste Patient habe. Doch er hatte keine Zeit zum Übersetzen. Er stand nämlich gerade auf, um selbst zu dem magischen Teppich zu gehen und sich behandeln zu lassen.
»Bhalu!«, rief ich. »Was hast du vor? Bist du verrückt geworden?«
Der Trickser drehte sich zu mir um.
»Er hat noch immer meine zehn Rupien«, erwiderte er. »Ich gehe mein Guthaben einlösen!«

17

Disneyland der Seele

Beinahe sechs Wochen waren vergangen, seit Feroze mich fortgeschickt hatte. Die mir gestellte Aufgabe erschien mir zwar immer noch beängstigend, doch in gewisser Weise kam ich voran. Ich hatte eine ganze Reihe seltsamer Gestalten getroffen, darunter eine angebliche Hexe und einen heiligen Mann, der ein

Albino war, nicht zu vergessen die vielen unerschrockenen Fußsoldaten der Geheimarmee. Jeden Abend, ehe ich mich schlafen legte, fasste ich mit ein paar hingekritzelten Worten die Begegnungen des Tages zusammen. Am nächsten Tag schickte ich meine Notizen dann an den Meister nach Kalkutta. Da ich keine Ahnung hatte, wie er meine Berichte aufnahm, beschloss ich, einmal telefonisch nachzufragen.

Der Mann in dem Telefonkiosk in einer versteckten Ecke des Gemüsemarkts von Jagdalpur wischte mit der Hand, die er zuvor gründlich mit Spucke befeuchtet hatte, über den Sitz eines Hockers und bat mich, Platz zu nehmen. Dann enthüllte er, indem er schwungvoll ein Stück abgeschabten samtenen Stoff hochhob, ein schönes altes Bakelittelefon und wählte die Nummer des Meisters. Ich presste den Hörer an mein Ohr.

Es war bereits ein Gespräch in Englisch in der Leitung.

»Gangu«, fragte die erste Stimme, »wie läuft's mit den Vorbereitungen für die Morde?«

»Sehr gut, Sir«, antwortete die zweite, »bestens, wirklich. Alles in Butter.«

»Wer wird es machen?«

»Die Vampire, das war doch Ihr Wunsch, Sir?«

»Gut. Aber haben die Vampire auch ihre Kostüme?«

»Ja, Sir, die sind da. Und sie sehen sehr gut aus!«

»Warum nehmen wir nicht einen Zwergvampir, das wäre doch ein toller Gag.«

Zwergvampire? Was für eine grässliche Idee! Ich musste jemand von dem mörderischen Plan informieren, aber wen? Ich wollte den Bewacher des Telefons gerade um Rat fragen, als das unheimliche Gespräch weiterging.

»Aber sorge dafür, Gangu, dass die Vampire ganz lange, spitze Zähne haben. Unbedingt! Die Leute werden genau darauf achten.«

»Geht klar, Boss, sie bekommen alle einen Satz bester Vampirzähne.«

Vampire ohne eigene Zähne? Ich presste den Hörer noch fester an mein Ohr, um nichts zu überhören und aus der Unterhaltung vielleicht doch noch schlau zu werden.

»Gut gemacht, Gangu. Klingt hervorragend. Wann sollen wir mit dem Drehen beginnen?«

»Die Komparsen kommen um acht, das Beleuchterteam eine Stunde oder so vorher.«

Während ich mir erleichtert den Schweiß von der Stirn wischte, gelang es dem Besitzer des Telefons endlich, die Verbindung zu Ferozes Anschluss herzustellen.

»Hallooo?«

»Gokul, bist du's?«

»Ja, ich bin. Welcher Ihr Name?«

»Hier ist Tahir Shah, Gokul! Schöne Grüße aus Jagdalpur. Kann ich den Meister sprechen?«

Es folgte eine Pause, in der wieder Stimmengewirr an mein Ohr drang.

»Nein, Tahir Shah Sahib«, schrie Gokul in den Hörer. »Meister nicht in Alipore, Meister auf Reisen.«

»Wann ist er fortgefahren?«

»Er lange fort …«

»Und wohin ist er gefahren?«

»Weg von Kalkutta … Meister haben Geschäft weit weg von Westbengalen.«

»Aber hat er meine Briefe bekommen, Gokul, weißt du das?«

»Tahir Shah Sahib«, brüllte mir der alte Diener ins Ohr, »Meister nicht lesen Briefe, er lange fort. Sehr beschäftigt.«

Feroze hatte nicht erwähnt, dass er eine längere Reise plante. Ich blieb noch eine Weile auf dem speichelbedeckten Hocker sitzen und dachte an das behagliche Studierzimmer mit seinem weichen Teppich, dem Sammelsurium an Trophäen und den vielen Büchern. Es kam mir vor, als läge eine Million Kilometer zwischen diesem Zimmer und dem Telefonkiosk in Jagdalpur. Mich befiel heftiges Heimweh nach dem großen Haus und Ferozes tyrannischem Regiment.

Der Telefonbesitzer beobachtete stumm, wie ich gedankenverlo-

ren ins Leere starrte. Er wartete darauf, dass ich ihm ein Bündel Rupienscheine in die Hand drückte, aber es war ihm nicht sonderlich eilig mit der Bezahlung.
»Was werden Sie jetzt tun?«, fragte er schließlich.
»Meine Reise fortsetzen«, antwortete ich. »Ich bin auf einer Erkundungsreise, wissen Sie, auf der Suche nach dem Ungewöhnlichen.«
Der Mann nickte verstehend.
»Der Laxmi Circus ist sehr schön«, sagte er.
»Wo ist der?«
Nachdem er das samtene Tuch wieder sorgfältig über sein kostbares Telefon gebreitet hatte, zog er eine Schublade auf, holte einen Prospekt heraus und reichte ihn mir. *Laxmi's Circus and Popcorn* stand darauf.
»Ist er gut?«
Der Mann leckte sich über die Lippen und gab ein meckerndes, bedrohlich klingendes Lachen von sich.
»Erste Klasse«, sagte er.

Die Empfehlung des Telefonbesitzers war so überzeugend, dass ich einem Besuch des Zirkus nicht widerstehen konnte. Den nächsten Tag verbrachte ich mit dem Maître des Popcorn und der Artistentruppe, die jeden Abend ein volles Haus hatte. Der Zirkus schien weithin einen guten Ruf zu genießen. Und diejenigen, die sich weniger für Zirkuskunst interessierten, wurden von einer anderen Sensation angelockt – kostenlosem Popcorn für alle.
Bhalu begleitete mich, wenn auch widerwillig. Er hatte sich bis zum frühen Morgen in einer von Lastwagenfahrern frequentierten Kneipe mit billigem Schnaps voll laufen lassen, weshalb ihn jetzt ein schlimmer Kater quälte.
Da ich nicht wusste, welchen aufregenden Nummern der Zirkus Laxmi seinen Ruf verdankte, näherte ich mich dem vielfach geflickten, schmuddeligen Zelt mit einem etwas beklommenen Gefühl. Der Trickser ging hinein, um unsere Ankunft anzukündi-

gen. Eine Minute oder zwei vergingen. Dann tauchte Bhalu wieder auf, das Gesicht schreckensbleich. Weitere fünf Minuten vergingen. Dann wurde die Zeltklappe aus Segeltuch langsam beiseite geschoben, und ich erblickte ein hübsches Mädchen. Ich lächelte freundlich und sah mir die unerwartete Erscheinung etwas näher an. Sie war wohl etwa vierzehn Jahre alt und kauerte auf dem Boden. Das war nicht weiter ungewöhnlich. Ich konnte jedoch nicht umhin zu bemerken, dass sie sehr wohl etwas Ungewöhnliches an sich hatte. Die Lippen in dem hübschen Gesichtchen glänzten kirschrot, ihre Augen waren mit *khol* umrahmt, in der Nase glitzerte ein silberner Stecker. Und sie hatte zwei Köpfe. Ich rieb mir die Augen. Sie hatte immer noch zwei Köpfe, vier Augen, zwei Nasen und zwanzig Finger. Bhalu war überzeugt, er leide an katerbedingten Halluzinationen. Als ich ihm einen Stoß ins Kreuz gab, erklärte er stammelnd, wir seien gekommen, um mit den Artisten zu sprechen.

Anila und Amrita waren in einem Dorf in der Nähe von Nagpur in Zentralindien geboren. Sie waren durch ein dickes Band von Haut- und Knorpelgewebe am Brustbein miteinander verbunden. Als die Mutter sah, dass sie siamesische Zwillinge zur Welt gebracht hatte – für sie ein Monsterwesen –, hatte sie Gift getrunken. Ihr Vater hielt die Mädchen für die Inkarnation irgendeines bösen Geistes. Da er den Zorn übernatürlicher Mächte fürchtete, beschloss er, sie nicht zu töten, sondern packte die Neugeborenen stattdessen in einen Sack und brachte sie eilig nach Nagpur. Die Mädchen wurden von einem skrupellosen Kuriositätenhändler an den anderen verkauft.

»Wir sind in Zirkussen in ganz Indien vorgeführt worden«, erzählte Anila und kämmte ihr langes Haar. »Die Besitzer haben oft glühende Zigaretten an unseren Armen ausgedrückt, damit wir uns bewegten.«

»Wenn wir geschrien haben«, fuhr ihre Schwester Amrita fort, »wurden wir geschlagen. Wenn eine weinte, wurde die andere bestraft. Als wir zehn waren, hat uns ein Zirkusbesitzer an ein Bordell verkauft.«

»Wo war das?«
»In Chennai, Madras«, murmelte Anila. »Wir wurden in einen Raum gesperrt, der nicht viel größer war als ein Bett. Die ganze Nacht kamen Männer, die mit uns schlafen wollten. Sie fanden uns komisch. Wir haben jeden Abend geschrien.«
»Wenn die anderen Mädchen sich über unsere Schreie beschwerten «, erzählte Amrita weiter, »holte der Zuhälter ein Messer und drohte, er würde uns auseinander schneiden.«
Amrita hielt inne, um Rouge auf den Wangen zu verreiben. Sie hatte einen zarten, fraulichen Teint, ebenso wie ihre Schwester. Offenbar hatten beide ihn mit Bleichcreme aufgehellt.
»Wie seid ihr aus dem Bordell entkommen?«
»Nach zwei Jahren meinte der Besitzer, dass wir ihm nicht genug Geld einbringen«, antwortete Anila. »Und so warf er uns in Chennai einfach auf die Straße. Wir mussten betteln, um zu überleben. Dann hörte eines Tages Laxmi von uns. Er fragte uns, ob wir mit ihm und den anderen arbeiten wollten.«
»Ist Laxmi heute hier?«
Amrita deutete mit dem Fuß auf einen ganz gewöhnlich aussehenden Mann, der in der Nähe stand.
»Geh und sprich mit ihm«, sagte sie.
Das tat ich.
Laxmi war von durchschnittlicher Statur und sehr stark behaart. Seine Hände waren groß, wenn auch nicht übermäßig. Die linke Seite seines kantigen Kinns zierte ein Leberfleck, aus dem borstige Haare sprossen. Als ich ihn fragte, was er vorführe, erwiderte er, dass er Dinge esse.
Der Mann musste einen einzigartigen Verdauungstrakt haben, denn seine Nummer bestand darin, dass er alles schluckte, was das Publikum ihm zuwarf. Rasierklingen, Nägel, Türknäufe und Schuhlöffel landeten allabendlich in Laxmis Magen. Manche Dinge würgte er nach dem Auftritt wieder hervor, andere kamen auf natürlichem Weg wieder zum Vorschein.
Als Amateur, der sich im Steineschlucken versucht hatte, konnte ich dem wahren Meister nur allergrößten Respekt bezeugen. Lax-

mi hatte zur Kunstform erhoben, was für mich geradezu eine Tortur gewesen war.

»Als kleiner Junge habe ich zum Spaß alle möglichen Dinge geschluckt«, erzählte er. »Zuerst Münzen und Büroklammern, um meine Freunde zum Lachen zu bringen. Dann habe ich es mit Schrauben, Murmeln, Türangeln, Schlüsseln und Gürtelschnallen versucht. Es gefiel mir mit jedem Mal mehr.«

Laxmis Talent im Verschlucken großer oder scharfkantiger Objekte beeindruckte mich schwer. Im Vergleich dazu waren meine glatten Kieselsteine ein Kinderspiel. Ich wollte ihn gerade nach seinem schwierigsten Verschluckobjekt fragen, als er sich ganz plötzlich entschuldigte. Er habe eine leichte Magenverstimmung.

Als sie bemerkten, dass der Schluckkünstler verschwunden war, kamen Anila und Amitra zu uns herübergekrochen und stellten uns zwei altgediente Mitglieder des Zirkus vor.

Der Erste war ein Riese von einem Mann mit Turban auf dem Kopf und einem Walrossbart. Er quetschte mir zur Begrüßung die Hand und führte uns ohne lange Zeit zu verschwenden seine Spezialität vor. Er ließ sich auf allen vieren nieder und machte zwanzig tadellose Liegestütz. Als er sich wieder aufgerichtet hatte, forderte er Bhalu und mich auf, uns seine Stirn anzusehen. Das taten wir. Zwischen den Furchen und Falten bildeten sich winzige Schweißperlen. Doch es war kein gewöhnlicher Schweiß. Er war schwarz. Während sich die tintenschwarzen Tröpfchen sammelten und in den imposanten Schnurrbart liefen, schaute ich mir das Gesicht des Mannes genau an. Ich konnte zwar nicht feststellen, wie er es angestellt hatte, war jedoch überzeugt, dass dieser schwarze Schweiß nichts als eine Illusion war. Vielleicht hatte er eine farblose Chemikalie auf die Haut aufgetragen, die mit Schweiß reagierte. Ich würde bei nächster Gelegenheit Feroze fragen, was er dazu meine.

Dann demonstrierte der zweite Turbanträger – er hieß Vikram Singh – sein Können. Er hielt eine Glühbirne aus einfachem Glas in der linken Hand. Sie leuchtete leicht flackernd, obwohl sie nicht mit einer Steckdose verbunden war. Als er mir die Glühbirne in die Hand gab, erlosch das Licht. Soweit ich sehen konnte, war in der Fassung keine Batterie versteckt. Für sein zweites Kunststück knöpfte sich Vikram Singh das Hemd auf. Er bückte sich und nahm verschiedene Haushaltsgegenstände aus einem zerfledderten Karton – etliche Löffel, ein Küchensieb, einen Topfdeckel und einen Flaschenöffner –, die er einen nach dem anderen an die Brust presste. Die Sachen fielen jedoch nicht herunter, sondern blieben hängen. Ich sah mir jedes einzelne Teil genau an und fand keine Anzeichen eines Klebstoffs. Dennoch war ich überzeugt, dass es sich bei Vikram Singhs Fähigkeiten, ebenso wie bei denen seiner Kollegen, um nichts weiter als gekonnte Zaubertricks handelte.

Als wir schon am Gehen waren, riefen Anila und Amrita Bhalu hinterher, er solle doch am Abend nach der Vorstellung vorbeischauen. Die beiden schienen ein Auge auf ihn geworfen zu haben und flirteten heftig. Und anstatt ihr Interesse zu ignorieren, war Bhalu ganz hingerissen von der Aussicht, sich mit zwei Mädchen gleichzeitig zu amüsieren.

»Wie kannst du nur daran denken, den beiden etwas vorzumachen?«, brummte ich böse, als wir uns ein Stück vom Zelt entfernt hatten.

Der Trickser spuckte in die Hände und strich sich die schmutzigen Haare glatt. Bald würden ihn vier Arme voller Leidenschaft umschlingen. Ich redete ihm ins Gewissen und meinte, dass er auf dem besten Weg in Teufels Küche sei. Eine unehrenhafte Beziehung mit siamesischen Zwillingsschwestern konnte, was wussten wir schon, durchaus einen Gesetzesbruch bedeuten.

Bhalu drehte sich um, um den Mädchen zuzuwinken. Als sie im Zirkuszelt verschwunden waren, wandte er seine Aufmerksamkeit wieder mir zu.

»Was ist denn schon dabei, wenn …?«

»Bhalu, pass auf, was du sagst! Ich will nichts damit zu tun haben!«

»Sie sind doch nur eifersüchtig!«, entgegnete er gelassen.

Am nächsten Morgen brannte Bhalu darauf, mir Details seiner nächtlichen Begegnung mit den siamesischen Zwillingen zu erzählen. Sein zweifelhaftes Liebesleben interessiere mich nicht, gab ich barsch zurück, kleidete mich an und verließ verstimmt das Gästehaus. Ich würde den Mittagsbus nach Kottagudem nehmen. Falls der Trickser nicht an der Bushaltestelle auftauchte, würde ich eben allein fahren, und das wäre mir sogar sehr recht. Mit einem Zwölfjährigen unterwegs zu sein, der sich wie ein abgetakelter alter Rockstar benahm, war wirklich nicht einfach. Wieder einmal fragte ich mich, was den Jungen bewogen haben mochte, meinen Begleiter zu spielen. Es war keineswegs so, dass ich für seinen Lebensunterhalt aufkam. Er bestand immer hartnäckig darauf, selbst für sich zu bezahlen – wenn auch mit Geld unbekannter Herkunft. Und ein besonders umgänglicher Reisegefährte war ich auch nicht. Ich behandelte ihn, wie eine Mutter in den Wechseljahren es vielleicht tun würde. Ich putzte ihn herunter, wenn er seine Meinung äußerte, machte mich vor anderen Leuten über seine Manieren lustig und kommandierte ihn herum, als wäre er mein Leibeigener. Früher oder später, das wusste ich, würde ich dahinter kommen, was sein eigentlicher Beweggrund gewesen war.

Nachdem ich eine Stunde lang an der Haupthaltestelle der Stadt herumgestanden hatte, rollte endlich ein klappriger Tata-Bus heran und hielt. Die beiden Vorderreifen gaben ein nervtötendes Zischen von sich, doch der Fahrer ließ sich von einem oder zwei banalen Löchern nicht weiter stören und fuhr mit beachtlicher Geschwindigkeit los. Bhalu war nicht aufgetaucht. Vielleicht, sinnierte ich, war bei dem Stelldichein in der Nacht zuvor tatsächlich wahre Liebe im Spiel. Und falls die Sache ernst werden sollte: Ob eine Ehe mit siamesischen Zwilligen als Bigamie angesehen wurde?
Der Bus rollte durch das fruchtbare Ackerland des Sabari-Tals in Richtung Süden, überquerte einen Fluss nach dem anderen. Die schreckliche Dürre in Orissa war nur noch eine ferne Erinne-

rung. Alle fünfzehn Minuten legte der Fahrer eine Vollbremsung ein, dann sprang sein Helfer, ein kriecherischer Taugenichts mit einer herrlichen Korallenkette um den Hals hinaus und pumpte Luft in die löchrigen Reifen. Unsere Fahrzeit wurde durch die regelmäßigen Stopps mehr als doppelt so lang.

Wenn der Bus ausnahmsweise einmal längere Zeit schnell dahinfuhr, dachte ich über das Rätsel des schwarzen Schweißes nach. Und fragte mich, was wohl mit dem Trickser sein mochte. Ob ich ihn jemals wiedersehen würde? Vielleicht hatte er beschlossen, nach Kalkutta, in seine Heimatstadt, zurückzukehren.

Kurz vor Einbruch der Dunkelheit hielt der Bus – er hätte die Fahrt in diesem Zustand erst gar nicht machen sollen – mit quietschenden Reifen in dem Städtchen Borgampad, ungefähr fünfunddreißig Kilometer von Kottagudem entfernt. Wir befanden uns nun in Andhra Pradesh. Der Fahrer verkündete, die Passagiere seien herzlich eingeladen, die Nacht im Bus zu verbringen, man habe eine Reifenpanne. Mein Angebot, ihm beim Aufziehen der Reservereifen behilflich zu sein, entlockte ihm nur ein schwaches Lächeln. Er hatte natürlich keine Reservereifen dabei.

Ich stieg aus, um mich im schwindenden Tageslicht auf die Suche nach einer Mahlzeit zu machen, und fand Zuflucht in einem offenen Lokal an der Straße. Paraffinlampen tauchten die Szenerie in ein phosphoreszierendes Licht, Schwärme von Nachtfaltern flatterten herum. Ein Mann mit einem *lungi* um die Hüften und einem T-Shirt mit dem Bild der Mona Lisa kam zu mir herstolziert und klatschte einen dicken, mit *paneer* gefüllten Pfannkuchen vor mich auf den Tisch.

Als ich hungrig in mein fetttriefendes Abendbrot biss, fiel mein Blick auf eine in ein gelbes Tuch gehüllte Gestalt unter einem Banyanbaum gleich neben dem Lokal. Auf der Stirn trug der Mann einen großen, scharlachroten, weiß umrandeten *tilak* und um den Hals einen dicken Kranz welkender Mogra-Blüten. Die Blumen, der rote *tilak* und der gelbe Umhang – all das wies darauf hin, dass es sich um einen Sadhu handelte, der ein Anhänger Ramas war.

Der alte Sadhu in Borgampad hielt etwas in den Händen, das ich

bisher selten gesehen hatte. Sein *kamandal*, das rituelle Wassergefäß, das alle Sadhus bei sich haben, war sehr ungewöhnlich. Normalerweise sind diese traditionellen Gefäße, die selbst als heilig verehrt werden, aus Holz, aus einem Kürbis, aus Messing oder Stahl. Das Wassergefäß des Rama-Sadhu war jedoch aus einer *Coco de mer*, der Frucht der Seychellennusspalme, gemacht.
Die nur auf der Seychellen-Insel Praslin vorkommende Palmenart ist ein äußerst erstaunlicher Baum. Die Nüsse, deren Form sehr an das weibliche Becken erinnert, brauchen sieben Jahre, bis sie reif sind. Dieser Ähnlichkeit verdankt sie wohl auch, dass ihr einige wundersame Eigenschaften zugeschrieben werden. Schon seit Jahrhunderten werden die auffälligen Doppelnüsse, die aufgrund ihrer Schwimmfähigkeit problemlos die stürmischen Gewässer des Indischen Ozeans überwinden, an den Stränden von Indiens Westküste angeschwemmt.
Alte Legenden erzählen, dass die Nüsse an Bäumen auf dem Meeresgrund wachsen. Die Menschen an der Westküste Indiens haben sie zerstampft und daraus Arzneien, Elixiere und potente Aphrodisiaka gemacht. Es entwickelte sich sogar ein Kult um diese Nuss. Als General Gordon im Jahr 1881 Praslin besuchte, erklärte er, die Insel sei der Garten Eden und die mystische *Coco de mer* seine verbotene Frucht.

Nach einer ungemütlichen Nacht in dem geparkten Bus tauchte ziemlich spät am nächsten Vormittag der Fahrer mit einem Sortiment an Schläuchen auf, die er gegen die Korallenkette seines Assistenten eingetauscht hatte. Der Helfer war von diesem Handel offenbar gar nicht begeistert und machte sich mit verdrießlichem Gesicht, Wagenheber und Montiereisen an die Arbeit.
Kaum zwei Stunden später fuhr der Bus schaukelnd in Kottagudem ein. Allen Skeptikern – deren Sprecher ich war – zum Trotz hatte er die restlichen Kilometer ohne eine einzige Panne geschafft.
Nach einer Katzenwäsche an einem Wasserrohr auf dem Marktgelände marschierte ich zum Bahnhof und erwischte mit viel

Glück gerade noch einen Bummelzug nach Vijayawada, der letzten größeren Stadt auf dem Weg nach Tirupati.
Als ich es mir auf meinem Sitzplatz in der zweiten Klasse bequem gemacht hatte, sinnierte ich wieder, was wohl mit Bhalu geschehen war. Wäre er mitgekommen, hätte er sich bestimmt ein kleines Vermögen von den Reisenden erschwindelt. Vielleicht war es doch zu hart von mir gewesen, einfach ohne ihn abzufahren. Aber sein Verhalten ließ in letzter Zeit wirklich zu wünschen übrig. Ein One-Night-Stand mit siamesischen Zwillingen – wo sollte das noch hinführen?
In Khammam, einer der größten der vielen Stationen, an denen wir hielten, schob sich ein korpulenter Mann ins Abteil und ließ sich auf dem Platz mir gegenüber nieder. Sein kahler Kopf und der graue VIP-Attachékoffer wiesen ihn eindeutig als Mitglied der Geheimarmee aus. Ich wollte ihm gerade vorschlagen, er solle doch rasch aussteigen und sich noch ein Toupet Marke Direktor besorgen, als er sein Köfferchen aufschnappen ließ.
Kurz darauf legte sich die Lokomotive unerwartet in eine Kurve, und ich tat so, als würde ich nach vorne kippen, um einen Blick in den Koffer zu erhaschen. Leider erfolglos, ich war zu langsam.
Ob ich anhand äußerlicher Merkmale herausbekommen würde, womit er sein Geld verdiente? Seine Sandalen waren aus gutem Leder, das Hemd aus indigoblauer Seide; am Handgelenk trug er eine Uhr indischer Spitzenqualität, und die Narbe auf seiner linken Wange schien von einem geschickten Chirurgen versorgt worden zu sein. Ich hatte eindeutig einen wichtigen Geschäftsmann vor mir.
Dem Mann wurde meine unverhohlene Neugier offenbar zu viel, denn auf einmal holte er einen großen, glänzenden, ovalen Gegenstand aus seinem Koffer und hielt ihn mir hin.
»Ei?«, fragte er. »Möchten Sie ein Osterei?«
»Vielen Dank«, erwiderte ich. »Ein Osterei zu sehen, damit hätte ich in einem Zug in Andhra Pradesh am wenigsten gerechnet. Sind Sie sicher, dass Sie es entbehren können?«
Der Mann nahm seine Brille ab und rieb sich die Augen.

»Aber ja, natürlich«, antwortete er, »ich habe tausende von diesen Dingern.«
Warum gab sich die Geheimarmee der indischen Verkaufsmanager mit Ostereiern aus Schokolade ab? Eines stand fest – mit Ostern hatten sie bestimmt nichts im Sinn. Ich sah mir das Ei näher an. Das Einwickelpapier lockte mit dem Hinweis zum Kauf, dass Gummibärchen enthalten seien. Außerdem fiel mir auf, dass das Haltbarkeitsdatum des Schokoladeneis, verkauft von Safeway Supermarkets, seit acht Monaten abgelaufen war.
»Verzeihen Sie meine Neugier«, sagte ich, »aber gehören Sie einer christlichen Kirche an?«
Der Mann presste seinen Attachékoffer an die Brust, als hätte ich ihn schwer beleidigt.
»Natürlich nicht!«, gab er zurück. »Ich bin Hindu.«
»Woher dann das ausgeprägte Interesse an Ostereiern?«
Ich musste der Sache auf den Grund gehen.
»Hochzeitseier!«, sagte er und rutschte auf seinem Sitz ein wenig zurück. »Es sind Hochzeitseier!«
»Wie?«
Ich musste irgendetwas Wichtiges überhört haben. Was hatten Schokoladenostereier von Safeway mit indischen Hochzeiten zu tun? Ich fragte mein Gegenüber. Mein Interesse an seinem Produkt schien ihn zu freuen.
»Jeder Hochzeitsgast bekommt von der Familie der Braut eines geschenkt. Es ist ein Symbol … für eine reich gesegnete Zukunft.«
»Sind Sie selbst auf diese Idee gekommen?«
Auf dem Gesicht des Ostereierverkäufers machte sich das zufriedene Lächeln eines Mannes breit, dem ein genialer Coup gelungen ist.
»Ja, ganz allein«, sagte er strahlend.
»Aber woher bekommen Sie die Ostereier?«
»Mein Cousin in Blackburn kauft nach Ostern alle Schokoladeneier mit abgelaufenem Haltbarkeitsdatum auf und verschifft sie an mich. Ich beliefere damit Hochzeiten in ganz Südindien.«

Dieses Geschäft konnte sich mit dem Pykrete-Projekt und den Tirupati-Toupets wahrlich messen. Transmutation eines Symbols von einer Religion in die andere. Ein Ethnologe würde sich alle zehn Finger nach einem solchen Fall lecken. Doch die Geschichte mit den Hochzeitseiern war viel mehr als eine ethnologische Kuriosität. Sie war ein Beispiel indischer Genialität auf höchstem Niveau. In Europa, in Nord- und Südamerika werden Millionen von Ostereiern produziert. Am Tag nach Ostern sind sie praktisch wertlos – und das Händlertalent eines Verkaufsmanagers der indischen Geheimarmee kommt zum Zug.

Vijayawada, eine der ältesten Städte im Osten Indiens, schmiegt sich an das Nordufer des mächtigen Krishna. Nicht weit von der Küste entfernt, auf einer großen Schwemmebene gelegen, reich an historischen Sehenswürdigkeiten – man sollte denken, die Stadt müsse ein bevorzugtes Touristenziel sein. Nachdem ich mir in einer Freiluft-Teestube in der Nähe des Stadtzentrums ein Plätzchen gesucht hatte, wühlte ich meinen Cadogan-Führer für Südindien aus der Reisetasche. Mal sehen, welche Lobeshymnen der Verfasser auf Vijayawada zu singen wusste. Ich schlug die entsprechende Seite auf und begann zu lesen: »*… Vijayawada ist das Paradebeispiel für ein indisches Höllenloch, man sollte sich einen Besuch sparen …*« Unter diesem kritischen Urteil war ein erschöpft daliegender Reisender gezeichnet, der sich mit der Hand matt über die Stirn fuhr.
Ich hielt mir das Buch vors Gesicht und sah unauffällig nach links und rechts, ohne den Kopf zu bewegen. So schlimm war mir die Stadt gar nicht vorgekommen. Zugegeben, es war ziemlich heiß, was die große Masse der Touristen offenbar abgeschreckt hatte, aber dennoch kein Höllenloch. Dann fiel der Groschen. Natürlich! Nicht die Stadt war ein Paradebeispiel für ein Höllenloch, sondern vielmehr die Aussage selbst ein Paradebeispiel dafür, was der Verfasser über seine persönlich bevorzugten Orte preisgibt. Da ich auch schon einen Reiseführer geschrieben hatte, kannte ich den Trick, seine Lieblingsorte schlecht zu machen. Was sonst

kann ein überarbeiteter, unterbezahlter Reiseschriftsteller tun, um den Pöbel von dort fern zu halten? Ich werde ein paar Tage hier bleiben, beschloss ich. Wenn ich den Autor richtig einschätzte, musste es hier phantastisch sein.
Ich lehnte mich entspannt in meinem Stuhl zurück, bestellte noch einen *idli* und ein zweites Glas Tee. Dann holte ich meinen Notizblock heraus und schrieb einen kurzen Bericht für Feroze; die Geschichte mit den Hochzeitseiern würde ihn sicher interessieren. Selbst wenn er irgendwo außerhalb von Kalkutta unterwegs war, würde er sich meine Briefe bestimmt nachschicken lassen.
Während ich mit krakeliger Schrift mein jüngstes Erlebnis festhielt, kam ein riesenhafter Westler auf die Teestube zu, etwas über fünfzig, stark wie eine Eiche, mit Hängebacken und einem Gesicht, das die Narben von Tropenkrankheiten trug. Schon bevor er neben meinem Tisch stand, wusste ich, dass er Australier war. Es gehörte nicht viel dazu, das zu erraten. Dieser Mann war bestimmt durch das ganze Outback gezogen, hatte mit bloßer Hand Krokodile erledigt und unter dem Sternenhimmel mehlige Larven verspeist. Und schließlich verriet ihn seine Kopfbedeckung – ein breitrandiger, fest geflochtener Strohhut, von dessen Rand mit Schnur festgebundene Korken baumelten.
»Tag«, sagte der Mann, offensichtlich neugierig geworden, weil noch ein anderer Ausländer die Warnung des Reiseführers in den Wind geschlagen hatte.
»Guten Tag.«
»Wenig Fremde in dieser Ecke«, sagte er und nahm seinen Hut ab. »Letzten Monat waren ein paar Kiwis da, haben mir den Hut mit Korken dekoriert. Halten die Fliegen ganz gut ab …«
»Es überrascht mich nicht, dass so wenige Touristen herkommen. In den Reiseführern wird potentiellen Besuchern ja eindringlich empfohlen, um Vijayawada einen großen Bogen zu machen.«
Als ich den Australier fragte, was ihn in einen derart abgelegenen Ort geführt hatte, bemerkte ich eine seltsame Narbe an seinem Kopf, wie von Pocken, vielleicht zwei oder drei Zentimeter über

der hohen Stirn. Sie fiel deshalb besonders ins Auge, weil er vorne kaum noch Haare hatte. Es schien, als wäre die Wunde zwar gut verheilt, aber ursprünglich sehr tief gewesen, wesentlich tiefer als eine oberflächliche Schädigung der Haut.

»Ich forsche über Erdesser«, sagte er als Antwort auf meine Frage.

»Erdesser? Was tun die?«

Ich hatte die Worte kaum ausgesprochen, als ich vor Scham über meine dumme Frage knallrot wurde.

»Erdesser …«, antwortete der Mann in einem unheilverkündenden Ton, »essen Erde.«

»Donnerwetter!«, sagte ich und hoffte, mich mit Hilfe von Ironie ein wenig zu rehabilitieren.

Der Australier wusste noch mehr zu sagen.

»Ungewöhnliche Gelüste, sie sind mein Job«, fuhr er fort und stellte sich als Fisher vor, beziehungsweise »Fish«, weil die Antipoden ja alles abkürzen.

»Erdessen klingt mehr nach krankhafter Störung als nach einem schlichten Gelüst«, entgegnete ich.

Meine Einstellung zu der ungewöhnlichen Vorliebe gefiel dem Australier nicht.

»Geophagie, Erdessen, ist selten in Asien«, erwiderte er kühl. »Ich habe hier eine schwangere Frau gefunden, die jeden Tag mehr als ein halbes Pfund Erde isst.«

»Vielleicht hat sie sonst nichts zu essen«, sagte ich.

Meine Hypothese schien Fish, der auf einmal eine pseudowissenschaftliche Attitüde angenommen hatte, nicht sonderlich zu beeindrucken. Er zog eine Bifokalbrille hervor und ließ sie um den Zeigefinger kreisen. Vermutlich hatte er sich nur dazu herabgelassen, sich mit mir zu unterhalten, weil sonst kein Mensch in Vijayawada auch nur das geringste Interesse an Erdessern hatte.

»Also, warum essen die Leute Erde?«, wollte ich wissen und hoffte, unser Gespräch damit zu beenden. »Besonders gut kann sie nicht schmecken, sonst würden sie alles andere stehen lassen.«

Fish lutschte an einem Bügel seiner Brille.

»Es essen mehr Leute Erde, als Sie denken.«
»Tatsächlich?«
»Aber ja«, sagte er und beugte sich nach vorne, damit mir ja nichts entging. »In Ghana werden jedes Jahr fünftausend Tonnen Lehm abgebaut, nicht um daraus Töpfe zu machen oder Häuser zu bauen, sondern zum Essen. Er wird durchgesiebt und mit Wasser zu einer Art Teig vermengt.«
»Na gut, aber in Afrika geschehen die seltsamsten Dinge ...«
»Okay, und was ist mit Mississippi?«
»Was ist damit?«
»Dort gibt es eine regelrechte Tradition des Erdeessens. Die Leute am Fluss sagen, dass ihre Erde wie Brausepulver schmeckt. Und was ist mit den Sklaven in der Neuen Welt? Jeder weiß, dass sie in ihrer Angst Erde gegessen haben, als sie auf den amerikanischen Kontinent kamen. Sie wurden richtig süchtig danach.«
»Lassen sich zwischen den Erdessern in Ghana, Mississippi und Vijayawada Ähnlichkeiten feststellen?«
»Das ist die Vierundsechzigtausend-Dollar-Frage«, antwortete er.
Fish rieb sich auf merkwürdige Art die Hände, und ich spürte, dass er noch mehr wusste als das, was er bis jetzt verraten hatte.
»Beim Erdeessen«, fuhr er nach einigen Minuten des Schweigens fort, »kommt wahrscheinlich irgendwie die primitivste Seite unseres Gehirns ins Spiel. Und wenn man nun diesen Bereich bei jedem aktivieren könnte? Überlegen Sie mal, was das für das Marketing bedeuten könnte!«
»Fish, ich möchte die Erdesser nicht kränken«, sagte ich, »aber ich glaube nicht, dass die Geschäftswelt sich für diese Zielgruppe besonders interessiert.«
Der Australier rief den Kellner und bestellte einen Tee mit Milch.
»Sie verstehen nicht«, entgegnete er unwirsch. »Es hätte ungeheure Implikationen. Man braucht nur herauszufinden, wie diese alten, urzeitlichen Gehirnstrukturen funktionieren – warum manche Menschen von ihren Gelüsten beherrscht werden –, und kann ihr Denken steuern ... und bestimmen, was sie kaufen.«

»Aber wer möchte Essen, das nach Erde schmeckt?«
»Vergessen Sie Weiß-der-Himmel-was mit Erdgeschmack«, sagte Fish. »Darum geht es gar nicht, sondern um die Erdesser selber!«
Hätte Fish mir in einem schicken Büro in Los Angeles gegenübergesessen, angetan mit einem teuren Anzug aus der Savile Row, und von urzeitlichen Essensvorlieben schwadroniert, ich hätte ihm vielleicht mit offenem Mund zugehört. Die Tatsache, dass er in Vijayawada herumhing und seine Pläne mit dem nächstbesten Fremden besprach, machte mich misstrauisch. Vielleicht war er selbst ein verkappter Erdesser. Einen Augenblick lang wünschte ich mir, Bhalu wäre hier. Er hätte Fishs wahre Absichten sofort durchschaut.
Meiner Meinung nach musste jeder, der – ungeachtet seiner Beweggründe – ausgerechnet am Ufer des Krishna über ungewöhnliche Gelüste forschte, ein wenig exzentrisch sein. Je länger der Australier und ich uns unterhielten, umso mehr war ich überzeugt, dass ich einen Irren vor mir hatte.
Die meisten Menschen aus westlichen Ländern, denen man in Indien begegnet, sind auf der Suche. Sie suchen nach Wahrheit, nach Erleuchtung, nach sich selbst oder sind, wie Fish, auf der Jagd nach dem Bizarren. Im Gegensatz zum Westen ist Indien von jeher ein Land, das Menschen auf ihrem spirituellen Weg unterstützt, ihnen Zuspruch gibt und ihre Eigenheiten fördert.

Bis in den frühen Abend hinein unterhielten Fish und ich uns über alle möglichen Dinge und ferne Orte. Er wirkte auf mich wie ein Mann mit beträchtlichem Scharfsinn, dessen wachen Verstand jedoch beunruhigende Untertöne trübten. Er behauptete, sechs Sprachen zu sprechen – darunter auch Tagalog –, umfassend über das japanische Brettspiel Go geschrieben zu haben und Marimba zu spielen. Beeindruckend. Ich zweifelte an keiner seiner Fertigkeiten. Aber mit dem Marimba spielen hätte Fish aufhören sollen.
Beflügelt von des Meisters Auftrag, so viele Beobachtungen wie

möglich zu sammeln, bombardierte ich den Australier mit Fragen. Und er, angespornt von meiner unersättlichen Neugier, gewährte mir Einblick in seine undurchsichtige und eigenartige Vergangenheit.
Ehe er mich auf meine Erkundungsreise schickte, hatte mir Feroze eine wichtige Regel eingeschärft. Gib bei der ersten Begegnung niemals zu viel von dir preis, hatte er gesagt, sondern sieh zu, dass du deinem Gesprächspartner Informationen entlockst. Damals hatte ich mich gefragt, was der Magier genau meinte. Meine stundenlange Unterhaltung mit dem eigenwilligen Australier jedoch war ein gutes Beispiel dafür, wie man sich nicht verhalten sollte.
Nachdem er sich über den Geschmack ghanaischer Erde, die Vorzüge der Marimba und die besten Strategien beim Go ausgelassen hatte, kam Fish auf die *Unheimlichen Geschichten* zu sprechen, eine Fernsehsendung aus seiner Jugendzeit.
Ich fragte ihn, ob er früher schon in Indien gewesen sei.
»Na klar«, antwortete er lässig. »Anfang der Siebziger. Ich war in Goa, in Kaschmir und Westbengalen. Dieses Land ist einfach unglaublich. Zumindest war es das für uns damals.«
»Warum? Was ist so besonders an Indien?«
Fish ballte seine Hände zur Faust und schlug sie gegeneinander. »Weil wir«, rief er, »auf der Suche waren …«
»Auf der Suche nach was?«
»Nach dem dritten Auge. Indien war in den Siebzigern ein Disneyland, wissen Sie, ein Disneyland der Seele.«
Der Kellner umkreiste unseren Tisch wie ein Hai. Wir saßen schon ewig vor leeren Gläsern, und das Management wartete darauf, dass wir endlich gingen. Doch der Aussie wurde gerade gesprächig, deshalb wollte ich Zeit gewinnen. Also fischte ich einen Hundert-Rupien-Schein aus der Tasche und raschelte verheißungsvoll damit.
Fish redete inzwischen wie ein Wasserfall und enthüllte eine ganz besondere Obsession – die Trepanation.
Seine Geschichte fing damit an, dass er sich für die Arbeit des niederländischen Mediziners Bart Huges interessierte. Jener Huges

hatte im Jahr 1962 auf einer Party einen Mann gesehen, der einen Kopfstand machte, und dabei war ihm blitzartig eine Erkenntnis gekommen. Eigentlich müsste man doch, dachte er, ein umso höheres Bewusstsein haben, je mehr Blut man im Gehirn hat. Also begann Huges damit zu experimentieren, dass er Kopfstand machte und die Venen am Hals, durch die das Blut abfließt, zusammendrückte. Die Ergebnisse waren ermutigend. Doch Huges strebte nach einer dauerhafteren Steigerung des Bewusstseins. Er sehnte sich danach, wieder in den Bewusstseinszustand der Kindheit zurückzukehren. Dazu müsste der Schädel eine Öffnung bekommen, überlegte er, wie bei kleinen Kindern. Er meinte, man könnte ein drittes Auge schaffen, indem man ein kleines, rundes Stück Knochen aus dem Schädeldach herausschneidet – mit einem Schlagbohrer.

Huges wurde in eine Irrenanstalt geschafft, als er seine Idee öffentlich machte. Doch ein Engländer namens Mellen griff den Gedanken auf. Er bohrte sich mit einem Hochleistungsbohrer ein Loch in den Kopf. Es geriet ihm etwas schief, deshalb bohrte er ein zweites. Seine Freundin, eine Frau namens Amanda Fielding, stellte daraufhin eine deutliche Verbesserung von Mellens Charakter fest. Überaus angetan von dieser positiven Entwicklung, bohrte sie sich selbst auch ein Loch in den Schädel. Sie begeisterte sich dermaßen für die Sache, dass sie es als ihre Pflicht ansah, für die Trepanation aller Menschen mit nur zwei Augen zu kämpfen. 1979 und 1983 kandidierte sie als Unabhängige bei den Wahlen für das Unterhaus. Kernpunkt ihres Wahlkampfs war die Forderung, dass die Kopfbohrung beim staatlichen Gesundheitsdienst für jedermann kostenlos sein solle.

»Und wo haben Sie's machen lassen?«

Fish tastete mit dem Zeigefinger im Mund herum. Er wirkte auf einmal sehr nachdenklich. Aber schließlich kann man wohl erwarten, dass jemand, der seinen Schädel mit einem Hochleistungsschlagbohrer bearbeitet, die Sache auch wirklich ernst nimmt. Es vergingen drei oder vier Minuten. Fish schwieg. Vielleicht hatte meine Frage schmerzliche Erinnerungen geweckt. Fish starrte ins Leere.

»In Sydney, 1976«, flüsterte er schließlich und sah weiter starr geradeaus. »Wir waren high wie sonstwas und suchten nach Stimulation … auf Dauer.«

»Donnerwetter!«, sagte ich und schluckte.

»Ein paar Leute hatten von Huges und Mellen gehört, und wir dachten, wir probieren es mal. Wissen Sie, wir waren alle nach Indien gegangen, weil wir nach dem dritten Auge suchten, aber abgereist waren wir mit nichts als Dauerdurchfall.«

»Wie hat es sich angefühlt, als der Bohrer eindrang? Haben Sie ein höheres Bewusstsein erreicht? Würden Sie empfehlen, sich ein drittes Auge bohren zu lassen? Wie fühlt es sich jetzt an?«

Fish strich sich mit der Hand über das Kinn und schwieg, während ich ihn mit meinen Fragen bombardierte.

»Darauf gibt es nur eine Antwort«, erwiderte er schließlich leise.

»Ach bitte, sagen Sie es mir!«

»Wenn es Sie so sehr interessiert«, sagte er abwehrend, »müssen Sie sich selber ein Loch in den Kopf bohren …«

18

Des Yogis letzter Atem

Die Raben, die in den Dachbalken des Bahnhofs von Vijayawada hockten, waren wirklich sehr groß. Reisende und Gepäckträger mit roten Hemden hasteten durch das Gebäude, alle mit in schmieriges Zeitungspapier eingewickelten Paketen beladen. Die kohlschwarzen Vögel sahen dem Treiben gelassen zu, als wüssten sie, dass keiner ihnen etwas anhaben konnte. Eine Horde Schuhputzer schlängelte sich durch die Menschenmenge; die Jungen schlugen rhythmisch ihre Bürsten aneinander, um Kunden anzulocken. Ein Verrückter hüpfte auf einem Fuß herum und fluchte gottserbärmlich. Von fünfzehn Uhren zeigte jede eine andere Zeit an. Ein Manager der Geheimarmee mit Toupet spuckte *paan* an eine Wand und hustete. Fliegende Händler wanderten schubsend und drängelnd von einem Bahnsteig zum anderen und versuchten Vorhängeschlösser, Zugketten für Toiletten, Gummihandschuhe und Nudelhölzer an den Mann zu bringen. Ein Morgen wie jeder andere im schwarzen Loch des Bahnhofs.

Irgendetwas von einem Ferngespräch murmelnd, das er führen müsse, hatte Fish sich verabschiedet, um ein Zimmer für die Nacht zu suchen. Ich war im Morgengrauen aufgestanden und hatte mich auf den Weg zum Bahnhof gemacht. Nachdem ich eine Stunde gewartet hatte, bekam ich eine Fahrkarte für den Zug Nr. 0810, der direkt nach Tirupati fuhr. Die Abteile zweiter Klasse waren bereits voll, so dass ich dritter Klasse reisen musste.

Zwanzig Minuten vor Ankunft des Zuges beobachtete ich, wie sich an einem Ende des Bahnsteigs ein Auflauf bildete. Stets neugierig auf unbekannte Dinge, ging ich hin und drängelte mich durch die Menge nach vorne. Doch ich bekam keinen neuen Trick zu sehen, sondern einen, den ich sehr gut kannte. Denn niemand anderer führte ihn vor als Bhalu.

»Ah«, sagte er laut. »Ich war schon gespannt, wann Sie auftauchen würden!«

»Ich dachte, du wärst mit den Zwillingsschwestern auf und davon.«

Der Trickser grinste sein Charlie-Chaplin-Grinsen und folgte mir, als ich mich entfernte.

»Wie sind Sie ohne mich zurechtgekommen?«, flötete er. »Sie müssen mich sehr vermisst haben.«

Hafiz Jan hatte mir einmal erzählt, mein Vorfahr Jan Fishan Khan habe schallend gelacht, als er hörte, Indiens erste Eisenbahn sei gebaut worden. Das war 1853, und die vierunddreißig Kilometer lange Bahnstrecke führte von Bombay nach Thale. Sich aufrichtend wie ein sibirischer Bär, habe der große Kriegsherr über die absurde westliche Erfindung gespottet und prophezeit, in seiner Heimat Afghanistan würden nie und nimmer Eisenbahnschienen verlegt. »Für euch in Europa mögen eure Züge geeignet sein«, donnerte er, »doch Afghanen würden sich niemals an solche festen Wege halten!«. Für sein Heimatland gilt Jan Fishans Prophezeiung noch heute – in Afghanistan gibt es keine Eisenbahn –, in Indien aber fährt inzwischen alle Welt mit dem Zug.

Selbst Bhalu fand die Fahrt in der dritten Klasse nach Nellore im Süden nicht angenehm. Erst machte ich ein Theater wegen des mangelnden Komforts, bis mir klar wurde, dass die wirklich armen Hunde oben auf dem Waggondach saßen. Unser Abteil, voll von dunklen, stummen Gesichtern, hatte harte Holzbänke, den Boden bedeckte eine schmierige Schmutzschicht. Bislang hatte der Trickser seine Opfer unter den Reisenden der Mittelklasse gesucht, aus seiner Sicht die idealen Kunden. Sie besaßen gerade genug Geld, um sich ein bisschen billigen Luxus zu leisten – ein Schönheitspuder aus Zigarettenasche, zum Beispiel –, kannten sich aber mit solchen Dingen zu wenig aus, als dass sie die Wirksamkeit seiner Waren in Zweifel gezogen hätten. Nun, da er sich mit den unteren Einkommensschichten der südindischen Gesellschaft konfrontiert sah, würde er sich neue Sprüche einfallen lassen müssen, um unsere mittellosen Reisegefährten in Versuchung zu führen.

Doch während der Trickser noch in Gedanken sein umfangreiches Repertoire nach einer raffinierten und einträglichen Betrügerei durchforstete, sprang, als wir einen kleinen Bahnhof durchfuhren, ein bulliger Mann auf den Zug auf. Allen physikalischen Gesetzen zum Trotz fand er einen festen Halt und konnte sich schließlich ganz hinaufziehen. Eine beachtliche Kraftleistung, aber auch leichtsinnig. Durch das Abteil stolpernd, begann er einen einzigen Artikel anzupreisen.

Bhalu hatte Sorge, dass ihm ein anderer sein Revier streitig machte. Er wollte gerade auf den Mann zugehen, um ihn zu verscheuchen, als ich ihn zurückpfiff. Mich interessierte, was der Händler anzubieten hatte.

Die dunklen Gesichter verzogen sich ablehnend, eines nach dem anderen. Nach wenigen Minuten stand der Mann vor uns beiden. Er trug einen grob gestrickten Pullover und kanariengelbe lange Hosen. Seine Augen hatten die Farbe von Eigelb, und aus seiner Nase spross ein Büschel dunkler Haare.

»Kannst du ihn fragen, was er zu verkaufen hat, Bhalu?«

Der Trickser übersetzte meine Frage mit zusammengebissenen Zähnen. Der Mann mit den Eigelbaugen zwinkerte einmal und zog eine kleine Wodkaflasche aus der Hosentasche. Die Flasche war leer.

»Er sagt, er ist ein Anhänger von Yogi Radhakrishan und dass er etwas sehr Ungewöhnliches zu verschenken hat … gegen eine Spende.«

»Was ist es? Was versucht er zu verschenken, das niemand in einem Abteil dritter Klasse will?«

Bhalu übersetzte die Frage; die schwerfällige Antwort bereitete ihm offenbar einige Mühe.

»Was verkauft er, sag, Bhalu!«

Der Trickser schien schwer beeindruckt, nicht von der Ware, sondern von der Geschichte, die es dazu gab.

»Dieser Mann hat fünfzehn Jahre zu Füßen von Yogi Radhakrishan verbracht, dem berühmten Sadhu aus Madhya Pradesh«, erklärte Bhalu. »Sein Meister hat sich viele *tapasya,* Entsagungen, auferlegt. Dreißig Jahre lang nahm der Yogi nichts als Milch zu sich. Er war neunzig, als er starb, ist aber niemals von seinen Grundsätzen abgewichen. Zwanzig Jahre lang praktizierte er eine weitere Buße, *ek-bahu,* das heißt einen Arm ständig erhoben, auf eine Krücke gestützt. In seiner Jugend hatte er eine dicke, gusseiserne Kette um seine Genitalien geschlungen, um alle Lustgefühle abzutöten. Und außerdem«, fuhr Bhalu fort, »soll der Sadhu übernatürliche Kräfte gehabt haben. Dieser Mann hier war bei seinem Meister, als er starb.«

»Schön und gut«, sagte ich, »aber was ist in der Flasche? Sieht für meine Begriffe ziemlich leer aus.«

Der Trickser bat den Jünger des verstorbenen Sadhu, die wichtigsten Punkte noch einmal zu wiederholen. Dann klärte er mich über den Inhalt der Flasche auf.

»Sie haben Recht«, meinte er dann, »in der Flasche ist nichts, nur Luft – aber eine *besondere* Luft. Des Yogis letzter Atem.«

Von einem in ein Glasbehältnis abgefüllten Todesatem hatte ich erst einmal gehört. Allerdings war er nicht auf dem freien Markt zum Kauf angeboten worden. Und er war im Vergleich zur voluminösen Abluft des Yogis wesentlich geringer. Der amerikanische Automobilindustrielle Henry Ford war, wie man weiß, ein glühender Bewunderer von Thomas Edison und soll alles gekauft haben, was mit dem Leben des großen Erfinders zu tun hatte. Seine Sammlung umfasste alle möglichen persönlichen und technischen Gegenstände. Den Ehrenplatz jedoch nahm eine kleine Glasphiole ein, auf deren Etikett »Edisons letzter Atem« stand. Ich hätte hundert Rupien für den letzten Atem des heiligen Mannes springen lassen, aber meine Mittel waren, wie immer, zu beschränkt, um mir einen solchen Luxus zu erlauben. Bhalu hätte sich die Flasche und ihren kostbaren Inhalt leicht leisten können, doch er war entsetzt über meine Leichtgläubigkeit. In jeder seiner Taschen, in einem Beutel, den er um den Hals trug, und in seiner Unterwäsche verborgen steckten bündelweise schmuddelige Rupienscheine. Er hatte seit Beginn der Reise eine Menge Geld eingenommen. Nichts war einfacher, als ahnungslose Mitmenschen in der Provinz zu schröpfen. Das hoch profitable Geschäft musste wohl der Grund gewesen sein, sinnierte ich, dass der Trickser so scharf gewesen war auf eine große Tour durch Indien.

Auf der Zugfahrt von Vijayawada in Richtung Süden gab es wenig zu sehen. Nicht, dass die Landschaft langweilig gewesen wäre, keineswegs. Aber ich hatte die meiste Zeit eine Kiste mit überreifen Mangos vor der Nase. Im Abteil dritter Klasse tobte das pralle Leben. Von Verkäufern mit Toupet und VIP-Attachékoffer wie in der zweiten Klasse keine Spur. An ihre Stelle war eine andere Geheimarmee getreten – die Astrologen.

Indien ist die kapitalistischste Nation der Welt. Der Westen mag denken, dass sich hier eben eine reiche Handelstradition zeigt, doch da liegt er leider völlig falsch. Man drücke einem Angestellten aus Frankfurt oder London einen Teelöffel in die Hand und setze ihn mitten in Andhra Pradesh ab – er wäre innerhalb einer Woche verhungert. Ein Inder, mit einem solch simplen Besteckteil ausgestattet, findet garantiert einen Weg, seine Großfamilie damit ein Leben lang zu ernähren.

Den Kapitalismus in Indien fördern noch zwei weitere Faktoren. Erstens: Menschen. Für jedes Produkt gibt es auf dem Subkontinent ein Potenzial von einer Milliarde Kunden. Zweitens: ein blinder Glaube an das Übernatürliche. Man kombiniere beides, und ein Teelöffel ist mehr als genug, wie ich festgestellt habe, um die Früchte der Marktwirtschaft zu ernten.

Als der Zug in Ongole, einen Steinwurf vom Golf von Bengalen entfernt, einen kurzen Aufenthalt hatte, füllte sich das Abteil im Handumdrehen mit Händlern, und es ging zu wie auf einem Basar. Schuhputzer und Erdnussverkäufer stießen sich im Kampf um Kundschaft grob beiseite. Straßenhändler animierten zum Kauf von Rubik-Würfeln, Pfeifchen und Wasserpistolen und führten ihre Ware vor. Die größtenteils älteren Reisenden, durch flaschenglasdicke Brillengläser blinzelnd, schienen verwundert. Sie hatten keinen Bedarf an Wasserpistolen oder Rubik-Würfeln. In ihrem fortgeschrittenen Alter interessierte sie etwas anderes viel mehr – ihr Schicksal im nächsten Leben.

Dann, als der Zug aus dem Bahnhof fuhr, ebbte der Strom der Händler schlagartig ab. Den günstigen Moment nutzend, traten nun die Wahrsager auf den Plan.

Die Astrologen gehörten offenbar alle zu einer einzigen Großfamilie, und jeder hatte eine andere Methode des Blicks ins Unbekannte perfektioniert. Der eine las die Zukunft aus dem Schatten eines Menschen, ein anderer konnte das Muster interpretieren, das auf einer Mango landende Fliegen bildeten; ein Dritter deutete das Schicksal anhand einer Haarsträhne, und wieder ein anderer stellte einem das Horoskop durch bloßes Pulsfühlen.

Ehe ich mich entscheiden konnte, welche Methode der Zukunftsschau mir am meisten zusagte, kam ein Mann mit zerfurchtem Gesicht und einer Augenklappe, einem grauweißen Turban auf dem Kopf und um den Arm ein großes Amulett gebunden, auf mich zu und hielt mir einen Teelöffel vor die Nase. In ihm erblickte ich ein verzerrtes Spiegelbild des Lebens im Zugabteil. Wie kopfstehende Gespenster drängten sich hinter mir Bettler, Kisten voller Mangos und schielende Mitreisende. Der Mann sprach mit belegter, kratziger Stimme. Akzent und äußere Erscheinung waren mir zwar fremd, aber irgendetwas an dem Hellseher kam mir vertraut vor. Es war sein Geruch. Er roch nach Lavendel, dem Duft, den Feroze bevorzugte. Und seine Hände ... sie waren ganz wie die des Magiers. Einen Moment lang überlegte ich tatsächlich, ob mein Lehrer beschlossen hatte, mir auf meiner Reise zu folgen. Nein, entschied ich dann, Feroze hätte sich nicht diese Mühe gemacht. Das Leben eines Bettlers war nichts für ihn. Er hätte weder zerlumpte Kleidung noch eine Fahrt in der dritten Klasse ertragen.

Doch jetzt war nicht die Zeit, über das Aussehen dieses Mannes oder die Pläne des Meisters nachzudenken. Der polierte Teelöffel, der vor meinem Gesicht hin und her gestoßen wurde, drohte mir die Augen auszustechen.

»Was soll das?«, beschwerte ich mich. »Nehmen Sie diesen Löffel weg!«

Doch das Werkzeug verschwand nicht. Vielmehr begann es sich wilder zu bewegen als zuvor, von einer Seite zur anderen. Handelte es sich um eine primitive Form der Hypnose? Hatte der Mann sein Auge eingebüßt, als er diese spezielle Form der Weissagung praktizierte? Ich fragte Bhalu, was das Ganze solle.

»Der Mann sagt, er kann Ihnen wahrsagen«, erklärte er. »Schauen Sie starr in den glänzenden Löffel, und er wird in Ihren Augäpfeln lesen.«

»Ich möchte nicht, dass man in meinen Augäpfeln liest. Sie sind Privateigentum!«

Doch es hatte schon begonnen.

Mantras murmelnd und sein stoppeliges Gesicht dicht an meines rückend, blickte mir der Astrologe tief in die Augen. Er machte eine Pause, um den Löffel abzulecken. Dann klärte er mich in abgehackten Worten über mein Schicksal auf. Bhalu übersetzte.

»Sie sind nach Indien gekommen, um die Zauberkunst zu studieren«, sagte er, die Worte des Hellsehers interpretierend. »Nachdem Sie das Grab Ihres Vorfahren besucht hatten, reisten Sie nach Kalkutta, um bei Hakim Feroze, dem Meister der Illusion, zu lernen. Und jetzt machen Sie eine große Reise ... eine Erkundungsreise.«

»Das ist unmöglich«, warf ich verächtlich ein. »Wie kann er das alles wissen, nur durch einen Blick in meine Augen?«

Der Trickser, den es offenbar ziemlich kalt ließ, was der Mann sagte, fuhr mit seiner Übersetzung fort.

»Jetzt sind Sie unterwegs nach Tirupati, und dann möchten Sie zum Tempel von Tirumala. Danach wollen Sie nach Bangalore fahren und anschließend nach Hyderabad, zu der geheimnisvollen Kur – gegen Ihr Asthma.«

Wieder leckte der Wahrsager mit seiner aalflinken Zunge den Löffel ab. Ohne Speichel funktionierte die Magie offenbar nicht. Dann studierte er wieder äußerst konzentriert meine Augäpfel.

»Na gut«, sagte ich. »Von meiner Vergangenheit und meinen Plänen habe ich genug gehört. Erzählen Sie mir was über meine unmittelbare Zukunft!«

Bhalu beugte sich ein wenig vor, damit nur ja keine Information unterging.

»Die Zukunft«, sagte er, »wird viel Gutes bringen. Doch wenn Sie im Voraus wissen, was Sie erwartet, werden Sie sich vielleicht anders verhalten. Es könnte sein, dass Sie dann einen anderen Weg einschlagen ... der Sie zu einem weniger angenehmen Schicksal führt.«

»Kann er mir nicht eine konkrete Sache sagen, die passieren wird? Er hat nicht die richtige Berufseinstellung. Schließlich ist er doch Wahrsager.«

Der Löffel wurde ein drittes Mal abgeleckt.

»Er will nur sagen, dass Ihre Reise mit einem kolossalen Finale enden wird.«
Ich gab dem Mann eine Rupie für das Vergnügen, mir in die Augen gesehen zu haben. Dann begann ich mit der sorgfältigen Analyse seiner Aussagen. Das Ganze war bestimmt nichts als simpler Betrug, folgerte ich schließlich. Seit ein blinder kleinwüchsiger Wahrsager und sein Komplize in Bombay meine Brieftasche entführt hatten, um an Informationen über mich zu kommen, war ich wesentlich skeptischer geworden, was die Fähigkeiten angeblicher Hellseher anging. Trotzdem war es mir ein Rätsel, woher der nach Lavendel duftende Wahrsager seine Kenntnisse hatte. Der Mann und seine Familie waren schon seit einer Stunde in einen anderen Waggon weitergezogen, als dem Trickser meine Analysiererei langsam zu viel wurde. Er konnte nicht verstehen, warum ich die Geschichte mit dem Löffel so ernst nahm.
»Wir gehen das Ganze jetzt nochmal durch«, forderte ich energisch.
Bhalu, der ein Auge auf ein Mädchen uns gegenüber geworfen hatte, sah mich finster an.
»Wollen Sie nicht wieder normal werden?«, schnauzte er mich an. »Sie verscheuchen mir meine kleine Freundin!«

Zehn Stunden nachdem wir Vijayawada verlassen hatten, fuhr Zug Nr. 8079 keuchend in Tirupati ein. Sehr oft, wenn wir einen Bahnhof erreichten, konnte ich gar nicht erkennen, ob es meine Station war oder nicht. Entweder waren die Schilder in einer mir fremden Schrift, oder sie wurden durch das Gewimmel von Trägern, Sodawasserverkäufern und verloren herumirrenden Reisenden verdeckt. Doch dieses Mal war es anders. Sobald sich die Träger wie ein Heuschreckenschwarm auf den haltenden Zug stürzten, wusste ich, dass wir in Tirupati waren. Zu diesem Schluss zu kommen war nicht weiter schwierig.
Denn alle waren kahlköpfig.
Wir stiegen aus und schoben uns auf dem Bahnsteig durch die Menge von Pilgern vorwärts. Ich ertappte mich dabei, wie ich sie

anstarrte. Ihre geschorenen Köpfe waren milchig weiß, ihre Gesichter sorgenvoll und abgespannt. Sie sahen aus wie menschliche Versuchskaninchen in irgendeinem Lager, die apathisch auf Befehle warteten. Es herrschte eine zutiefst melancholische Atmosphäre; man hätte denken können, die abreisenden Pilger seien traurig – im Gegenteil! Für jeden von ihnen war ein Lebenstraum wahr geworden: im Tempel von Venkateshvara zu beten.
Bei meiner Reise durch Indien hatte ich immer den Eindruck, dass alle wussten, was Sache war – außer mir. Als hätte das ganze Volk einen Packen Spickzettel auswendig gelernt, die ich selbst nie zu Gesicht bekommen hatte. In Tirupati jedoch war es anders. Hier waren alle fremd, alle unsicher. Das heißt alle außer Bhalu. Während alle anderen vor Anspannung zitterten, kreisten seine Gedanken schon wieder ums Geldmachen. Ich betrachtete den nicht enden wollenden Strom kahlköpfiger Pilger und war gerührt von ihrem Opfer, gerührt, dass sie die Reise nach Tirupati auf sich genommen hatten, um hier Gott Venkateshvara anzubeten. Den Blick des Tricksers trübte nicht die rosarote Brille des Mitgefühls. Er sah keine kahl geschorenen Gläubigen, sondern ein grenzenloses Kundenpotenzial.

Am nächsten Morgen, als wir in den klapprigen alten Bus zum Tempelbezirk von Tirumala stiegen, fragte ich Bhalu, wie sein erster Eindruck sei.
»Toll hier, finden Sie nicht?«, erwiderte er.
»Doch. Es freut mich, dass du so munter bist.«
»Ich werde hier eine Menge Geld machen …«
»Bhalu! Wie kannst du jetzt an Geld denken! Wir sind an einem Pilgerort. Schau dir die Leute an. Sie sind so einfach gekleidet, die meisten sogar barfuß.«
Der Trickser war zu sehr mit seinen kommerziellen Plänen beschäftigt, um auf solche Dinge zu achten.
»Hier gibt es reichlich Geld zu holen, täuschen Sie sich da mal nicht« sagte er. »Niemand ist freigebiger als ein Pilger unter vielen anderen Pilgern.«

Was mich nach Tirupati gelockt hatte, waren P. D. Roys Geschichten und seine Toupets Marke Direktor gewesen. Doch jetzt, da wir tatsächlich hier waren, fühlte ich mich, das muss ich zugeben, ziemlich beschämt. Für die anderen Leute im Bus, die die einstündige Fahrt zum Tempel oben auf dem Hügel machten, war das Scheren des Kopfes nur ein kleiner Teil einer zutiefst religiösen Erfahrung. Ich bemühte mich zwar, angemessen ernst zu wirken, aber eigentlich interessierte mich nur die Sache mit den Toupets. Im Gegensatz zu mir strengte sich Bhalu nicht einmal an, den Schein zu wahren. Er war hier, um Geld zu machen, und sonst nichts.

Die Straße von Tirupati nach Tirumala bestand ausschließlich aus Haarnadelkurven. Der Bus fuhr holpernd dahin, einmal nach links, einmal nach rechts geneigt, so dass wir hin und her geworfen wurden wie Astronauten in einer Raumkapsel. Faule Tempelbesucher – wie Bhalu und ich – riskierten bei dieser Busfahrt Leib und Leben. Gläubige Pilger würden sich um nichts in der Welt in den Bus setzen. Sie machten den Weg zu Fuß – barfuß – oder sogar auf den Knien rutschend.

Knirschend und ächzend wie eine schwer mitgenommene Panzerdivision zerstörten die Shuttle-Busse nach Tirumala mit ihrem Lärm, was ein Erlebnis in vollkommener Harmonie hätte sein können. Die barfuß laufenden oder auf Knien rutschenden Gläubigen müssen uns, die wir ihren Frieden störten, auf ihrem Weg durch die Wäldchen mit Mango- und Sandelbäumen heftig verflucht haben.

Tirumala war ein schmucker kleiner Ort, erbaut auf einem Platz, der einmal eine großartige Waldlichtung gewesen sein musste. Die Luft war sauber und warm, alles ordentlich wie in einem Militärquartier. Es gab keinen Abfall, keine streunenden Hunde, keine dröhnende Hindi-Popmusik, keinen Gestank von *biris,* und niemand spuckte *paan* auf den Boden. Ich hatte gar nicht das Gefühl, in Indien zu sein.

Unsere Mitreisenden stiegen aus dem Bus wie Wehrpflichtige, die zum ersten Mal an ihren Standort kommen. Sie brannten darauf, zu dieser Gemeinschaft zu gehören, wussten aber nicht, was sie tun oder wohin sie gehen sollten. Sie hoben sich von der Masse der bereits initiierten Pilger deutlich ab. Denn sie hatten noch Haare.

Anstatt den frisch angekommenen Gläubigen gleich in die Halle mit den Barbieren zu folgen, sollten wir uns zuerst ein wenig orientieren, meinte Bhalu. Ich ließ mich in einem allgemein zugänglichen Bereich unter einem gefleckten Baum nieder und nahm die fast volksfestartige Atmosphäre in mich auf. Alle möglichen Produkte wurden angeboten, die meisten ohne jeden praktischen Nutzen. Luftballons an Bambusstöcken, Kuscheltiere mit Knopfaugen, gelbe und pinkfarbene Zuckerwatte, Plastikblumen, Jo-Jos und bunte Lämpchen – ein wirklich beachtliches Angebot. Bhalu lief von einem Verkaufsstand zum anderen. Man hätte meinen können, er suche nach einem besonderen Schnäppchen. Ich wusste es besser. Er hielt nach einer Marktlücke Ausschau.

»Nun, was wird es sein?«, fragte ich ihn.

»Hübsch hier – und schön warm, finden Sie nicht?«, fragte er zurück.

»Du hast Recht. Es ist erst halb zehn, und wir haben schon eine Gluthitze. Überleg mal, wie das für all diese kahl geschorenen Leute sein muss. Ihre Kopfhaut wird buchstäblich gebraten.«

»Genau«, sagte Bhalu. »Und das heißt …«

»Eine kühlende Lotion, damit es nicht so brennt?«

Bhalu applaudierte mir.

»Geh und tüftle an deiner Lotion herum«, sagte ich. »Wir sehen uns später.«

Vor der Halle der Barbiere, die abseits vom eigentlichen Tempelkomplex stand, hatten sich bereits mehrere tausend Pilger angestellt. Jeden Tag lassen sich bis zu fünfzigtausend Menschen in Tirumala den Kopf scheren. Die meisten lassen die Haare vorher monatelang wachsen. Je länger die Haare, umso größer das Opfer, und umso mehr Rohmaterial gibt es für Toupets und Perücken.

Ich stellte mich in die Schlange der Neuankömmlinge in der Hoffnung, mich mit ihnen in die Scherhalle stehlen zu können. Nach einer Stunde war die Schlange nur zwei, drei Meter vorgerückt. Der Mann hinter mir wollte unbedingt in allen Einzelheiten von seiner merkwürdigen Begeisterung für den Fußballverein Wycombe Wanderers erzählen. Er hatte zehn Jahre lang einen Tante-Emma-Laden in High Wycombe gehabt, war jedoch vor kurzem, von Arthritis geplagt, nach Indien zurückgekehrt. Die Pilgerfahrt nach Tirumala war seine letzte Hoffnung auf Linderung seiner Krankheit. Wir unterhielten uns über Fußball – über spektakuläre Angriffe, Fouls und denkwürdige Tore, die Verhältnisse auf dem dortigen Platz, sogar über die auf den Spielertrikots aufgestickten Embleme. Eine weitere Stunde verging. Jemandem mit einem nicht allzu heftigen Interesse an Fußball kommt eine Stunde derartiger Fachsimpelei vor wie eine Ewigkeit.
Die Schlange hatte sich kaum bewegt. Meiner Einschätzung nach standen mir noch mindestens sechs Stunden Konversation über Fußball bevor. Doch ich hatte das Gefühl, es keine Sekunde länger auszuhalten, und tat deshalb so, als hätte ich mein Geld vergessen. Der Wycombe-Fan erwiderte, eine komplette Kopfschur koste nur zwei Rupien. Er erklärte sich bereit, die Kosten für meinen Haarschnitt zu übernehmen, sozusagen als menschenfreundliche Geste einem anderen Fußballfan gegenüber. Ich konterte sein Angebot mit einem ganzen Katalog wenig überzeugender Ausreden. Ich hätte ganz am Ende der Schlange einen verloren geglaubten Freund entdeckt … ich bekäme gleich Nasenbluten … ich würde an Klaustrophobie leiden. Als ich mich von dem Wycombe-Wanderers-Fan losgeeist hatte, machte ich mich sofort auf die Suche nach einem Hintereingang zur Scherhalle.
Zur rückwärtigen Tür führte eine Treppe hinauf, vor der ein uniformierter *chowkidar*, ein Wächter, stand. Er erwischte mich, wie ich mich gegen den Strom kahlköpfiger Pilger in die Halle schleichen wollte. Ich erklärte ihm, dass ich mich nicht scheren lassen, sondern nur die Haarbündel sehen wolle. Es gehe mir ausschließlich um Kauf und Verkauf von Althaar, betonte ich, um die Be-

deutung des Tempels im Perückengeschäft und nicht um seine religiöse Funktion. Offensichtlich hatte ich das Falsche gesagt, denn der Wächter befahl mir zu verschwinden. Für ihn – und alle anderen – war ich ein abartiger Voyeur.

Ich setzte mich an den Fuß der Treppe und überlegte, wie ich an dem Wachtposten vorbeikommen könnte. Bhalu, der in der Nähe des Ausgangstors mit seinen Betrügereien zugange war, kam herüber, um sich nach meinem Problem zu erkundigen. Er hatte ein Behältnis mit irgendeiner übel riechenden Flüssigkeit dabei, die er zusammengebraut hatte.

»Geh bloß weg mit dem Zeug«, sagte ich.

»Verreiben Sie einen Löffel davon auf der Haut, und Ihr Sonnenbrand verschwindet.«

»Aber ich habe gar keinen Sonnenbrand.«

»Kein Problem, es hilft auch bei alle anderen Hautproblemen.«

»Was hast du da zusammengemischt?«

Bhalu wollte das genaue Rezept seiner Mixtur nicht verraten, denn er befürchtete, dass die Konkurrenz mithörte. Ich starrte in den Topf. Bei Tirumalas Fliegen fand sein Inhalt zweifellos großes Interesse.

»Da ist was Süßes drin, oder? Die Fliegen sind ganz verrückt danach, sogar die dicken blauen Brummer.«

Erst nach langem Zureden gab der Trickser preis, woraus seine Mixtur bestand. Es war eine originelle Mischung, selbst für seine Verhältnisse. Die wichtigsten Zutaten waren ein Kilo Zucker, zwei Teelöffel Salz, ein Stückchen *ghee* und ein Liter Kreosot, das er sich irgendwo organisiert hatte.

Er würde mich am *chowkidar* vorbeischmuggeln, wenn ich versprach, ordentlich Reklame für seine Sonnenbrandlotion zu machen, sagte Bhalu. Ich gelobte, mein Bestes zu tun, und Bhalu schritt sogleich zur Tat. Er wartete, bis wieder ein Schwung frisch geschorener Pilger herauskam, und gab mir in genau diesem Moment das Kommando, mich rückwärts gehend in die Halle zu begeben. Alle würden denken, dass ich herauskäme, meinte er, nicht hineinginge. Er hatte Recht.

Eigentlich bestand die Halle aus mehreren nebeneinander liegenden Räumen, einer so unangenehm wie der andere. Marmorboden, Neonlicht, keine Ventilation, Schwärme von Fliegen, und überall lagen wie Heuhaufen kleine Berge von Haaren – eine Kreuzung zwischen einem Scherschuppen im australischen Hinterland und einem heruntergekommenen türkischen Bad. An einer Wand des Hauptraumes aufgereiht hatten die Barbiere, etwa fünfzig an der Zahl, ihren Platz. Sie hockten auf niedrigen Holzschemeln, plauderten miteinander und fuhrwerkten unterdessen mit ihren Rasiermessern herum wie Pfadfinder mit ihrem Bowiemesser. Vor ihnen auf dem Boden saßen mit untergeschlagenen Beinen, den Kopf nach vorne geneigt, die Arme neben dem Körper, wie festgefroren, fünfzig Pilger, während eine Haarsträhne nach der anderen dem Rasiermesser zum Opfer fiel.

Hier stand nicht zur Debatte, ob nur oben ein klein bisschen weggenommen, die Frisur wieder ein wenig in Form gebracht oder vielleicht hinten und an den Seiten gekürzt werden sollte. Hier gab es nur den Standardschnitt auf null. Man braucht diesen Tempelbarbieren nur ein paar Minuten zuzuschauen, dann wird einem klar, wie nichtig unser ganzes Getue um die Haare ist. Wir putzen uns auf wie Papageien, verwöhnen unsere Mähne mit teuren Shampoos, Conditionern und Pflegeölen. Wir liefern uns in vornehmen Salons der Gnade von Coiffeuren aus. Doch es dauert keine fünfundvierzig Sekunden, bis ein Barbier in Tirumala selbst die ausgefallenste Kreation zerstört hat.

Zuerst wird der Kopf in einen Eimer getaucht. Sobald des Barbiers wachsbleiche Hand das Haar gründlich durchfeuchtet hat, beginnt die Schur. Das Rasiermesser wird oben am Scheitel angesetzt und mit einer einzigen geschickten Bewegung zur Stirn geführt, dann zurück zum Nacken. Weitere vier Striche in schneller Abfolge, und es ist vorbei – der Kopf ist vollkommen kahl.

An einem Ende der Halle trug ein Trupp hagerer Männer die Haare zu einem einzigen Haufen zusammen. Besonders schöne Locken wurden von einem Vorarbeiter aussortiert und für eine der häufig stattfindenden Haarauktionen beiseite gelegt. Vieles davon gelangt jedoch nie auf den internationalen Perückenmarkt, sondern wird umgehend auf dem Schwarzmarkt draußen verhökert. P. D. Roy hatte mir erzählt, dass seine Mitarbeiter regelmäßig nach Tirumala fahren, um sich die beste Ware auszusuchen. Denn nur das Beste, hatte er erklärt, sei für ein Toupet Marke Direktor gut genug.

Mir fiel wieder ein, was ich Bhalu versprochen hatte, und so fing ich gleich eine Gruppe haarloser Pilger ab, die die Halle gerade verlassen wollten. Sie könnten draußen eine Lotion kaufen, die geradezu Wunder wirke, verkündete ich vollmundig, sie sei aber nur in begrenzter Menge verfügbar. Die Leute löcherten mich mit Fragen. Ob sie für empfindliche Haut geeignet sei? Wie viel sie koste? Ob sie aus absolut reinen Zutaten gemacht sei? Ob sie die Kopfhaut auch in der prallen Sonne schütze? Ich blockte die Fragen mit angemessener Phantasie ab und ging wieder zu den Barbieren. Es wäre vielleicht nicht schlecht, dachte ich, wenn ich die Leute schon auf Bhalus Mixtur aufmerksam mache, während sie Schlange stehen.

Ich lief bei meinen Verkaufsbemühungen, die ich mit einem schüchternen »Entschuldigung, …« begonnen hatte, schnell zur Hochform auf. Ehe ich michs versah, schrieb ich der Mixtur alle möglichen Wirkungen zu. Sie sei, erklärte ich, ein Allheilmittel und helfe gegen Sonnenbrand, Schuppen, Krätze, Läuse, Pilzflechte und alle bekannten Erkrankungen des Kopfes. Einmal aufgetragen, werde die Kopfhaut weich wie Wildleder, sei aber vor den Elementen geschützt wie der geteerte Rumpf einer Brigg. Ein unzufriedener Kunde, fuhr ich fort, bekäme sein Geld komplett zurück. Während ich mir im Stillen zu meinem gekonnten Verkaufsgespräch gratulierte – es wäre einem Mitglied der Geheimarmee würdig gewesen –, kam Bhalu in die Halle der Barbiere gestürmt und packte mich am Kragen.

»Wir müssen hier weg, sofort!«, keuchte er.

»Wieso das denn? Hör mal bei mir zu … ich bin wirklich gut im Verkaufen!«

»Na ja, vielleicht sind Sie zu gut«, gab der Trickser zurück. »Alle verlangen ihr Geld zurück ...«
»Was ist denn mit deiner Mixtur? Ich dachte, das sei weit und breit das Beste, was es gibt.«
Zum ersten Mal wirkte Bhalu wirklich nervös.
»Die Fliegen«, sagte er, sobald wir aus der Halle geflüchtet waren. »Sie sind ganz wild auf das Zeug – und bleiben daran kleben, als wäre es Leim.«

19

Wahre Macht

Nur wer einmal in den Sog einer ekstatischen Menschenmenge in Südindien geraten ist, kann das scheußliche Gefühl nachempfinden. Berauscht von Glaubenseifer, fanatisch jenseits jeder Vorstellung, drückten und schoben sich die Anhänger von Swami Sri Gobind, die darauf warteten, den Meister sprechen zu hören, hin und her. Einige lachten gackernd; es klang wie das Lachen von Wahnsinnigen. Andere wehklagten ohne ersichtlichen Grund. Bhalu und ich hatten Mühe, uns aufrecht zu halten, und schnappten ständig nach Luft. Um uns herum drängten dreitausend Bewunderer des heiligen Mannes nach vorne. Da ihr spirituelles Bedürfnis offenkundig größer war als unseres, rief ich den Trickser zurück. Wir würden an einem anderen Tag an der Audienz des berühmten Gurus aus Madras (Chennai) teilnehmen.
Zum Trost schlug ich den Besuch eines besonderen Festes vor, das bei einem der hiesigen Tempel stattfand.
Als ich hörte, dass ein Asyl für misshandelte Rinder einen »Tag der offenen Tür« veranstalte, hielt ich das zuerst für einen Scherz und bekam von Bhalu einen Rüffel, weil ich das lustig fand. Selbst

er betrachtete Kühe als heilige Geschöpfe. In Indien werden Kühe wirklich sehr ernst genommen.

Ein großes handgemaltes Spruchband hieß uns zum jährlichen Tag der offenen Tür bei den Rindern willkommen. Jenseits davon präsentierte das bescheidene Refugium stolz seine Arbeit und lud die Besucher ein, ihrer Zuneigung zu den Kühen Ausdruck zu verleihen. In dem Asyl wurden an die siebzig Rinder betreut. Manche waren auf der Straße angefahren und liegen gelassen worden, weil man sie für tot hielt; andere waren halb verhungert, krank oder einfach vollkommen entkräftet. Doch das Asyl war viel mehr als nur ein Ort zum Ausruhen für leidende Rinder. Für die heiligen Geschöpfe wurde eine Vielzahl ergänzender Therapien angeboten – Massage und Akupunktur, Lichttherapie und Ayurveda, alles auf die Bedürfnisse der tierischen Patienten zugeschnitten.

Bei den meisten Rindern im Asyl handelte es sich um die vertrauten Zebus, Indiens Kraftmaschinen. Zweihundert Millionen dieser langhornigen Rinder mit dem charakteristischen Höcker erledigen in diesem Land die Arbeit von fünfzehn Millionen Zugmaschinen. Doch sie tun viel mehr, als Karren und Pflüge zu ziehen. Sie liefern Milch und Dung als Brennmaterial und spielen eine zentrale Rolle im religiösen Leben der Menschen.

Nachdem sie etliche Rekonvaleszenten liebevoll begrüßt hatte, kam die große, ziemlich ernst dreinblickende junge Dame auf mich zu. Sie hatte sich für das Rinderfest fein gemacht, ihre schlanke Gestalt verhüllte ein mazarinblaues Kleid. Sehr schick, dachte ich und stopfte schnell mein schmuddeliges Hemd in die Hose. Wir tauschten Nettigkeiten aus. Als ich ihr erzählte, dass ich die meiste Zeit meines Lebens in England verbracht hatte, schlug ihre anfängliche Freundlichkeit in Feindseligkeit um.

»Mörder!«, kreischte sie, und die ehrenwerten Mitglieder der Madraser Gesellschaft reckten die Hälse, um zu sehen, was vor sich ging.

»Was meinen Sie damit? Ich habe in meinem Leben nichts und niemanden umgebracht.«

»Bovine spongiforme Enzephalopathie«, fauchte sie wütend. »Ihr Briten geht mit euren Kühen so rücksichtslos um, dass sie an der Seuche sterben!«
Es schien mir ein wenig unfair, mich für den so genannten Rinderwahn verantwortlich zu machen. Immerhin hatte ich seit Jahren kein britisches Rindfleisch mehr gegessen. Lange bevor der Skandal in die Schlagzeilen gekommen war, hatte mir ein befreundeter Journalist ein ziemlich beunruhigendes Dossier zukommen lassen, das eindringlich vor den Risiken warnte. Der vertrauliche Bericht hätte sogar einem Metzger den Appetit auf Rindfleisch verschlagen.
Doch die junge Frau hatte mich ins Visier genommen.
»Jetzt bestrafen die Götter euch verdammte Briten!«, verkündete sie vor dem versammelten Publikum von feiner Gesellschaft und misshandelten Rindern. »Ihr werdet alle krank, weil ihr unser heiliges Tier esst. Das geschieht euch recht!«
Es gab nichts, womit ich den Zorn der jungen Frau hätte beschwichtigen können.
»Wann hört ihr endlich auf, der Natur ins Handwerk zu pfuschen?«, fuhr sie mich an und stieß mir ihren Zeigefinger in den Solarplexus. »Das ist nämlich das eigentliche Problem – ihr mischt euch dauernd ein!
»Bitte verstehen Sie doch. Ich habe nichts damit zu tun. Ich bin unschuldig.«
»Erst misshandelt ihr Kühe, dann testet ihr Kosmetika an Kaninchen. Ihr seid böse! Warum, meinen Sie, verlieren die armen Zebus langsam ihren Höcker?«
Die junge Frau schob ihre knallroten Armreifen aus Glas die Arme hoch, als würde sie gleich handgreiflich werden wollen.
»Die Höcker verlieren? Jetzt hören Sie aber auf!?«
»Der Höcker! Er verschwindet! In ein paar Jahren wird es in Indien keinen einzigen Zebuhöcker mehr geben!«
Von der Geschichte mit dem Zebuhöcker, der verschwindet, hatte ich schon gehört. Das Problem hatte begonnen, als »unheilige« Kühe aus Europa nach Indien gebracht und mit Zeburindern, die

den Hindus heilig sind, gekreuzt wurden. Ziel des Projekts war gewesen, den Milchertrag zu steigern, und es hatte besser geklappt, als man zu hoffen gewagt hatte. Allerdings war keiner der Experten auf den Gedanken gekommen, dass in dem neuen Gencocktail der berühmte Zebuhöcker verloren gehen könnte. Eigentlich klingt es nicht besonders dramatisch, wenn eine Kuh ihren Höcker einbüßt, und doch ist es eine Katastrophe ungeahnten Ausmaßes.

Seit dreitausend Jahren ziehen Zebus in Indien Karren und Pflüge. Standardhilfsmittel von Amritsar bis Alleppey ist die einfachste Form des Jochs – eine gerade, vor den Höcker gelegte Holzstange. Fehlt der Höcker, können die Bauern ihre Äcker nicht mehr pflügen. Bei dreiundachtzig Millionen Pflügen und Karren, die neu konstruiert werden müssten, scheint plötzlich Indiens ganze Zukunft in Gefahr.

Ich entschuldigte mich bei der militanten Rinderfreundin. Offenbar sei ich bislang mit Scheuklappen herumgelaufen. Von nun an, versicherte ich, würde ich mein Leben der Rettung des Zebuhöckers widmen. Ich würde mich in ein Kloster in den Bergen zurückziehen, mich um die lieben Zebus kümmern und nichts als Milch trinken.

Der radikalen Rinderfreundin gefiel meine Spöttelei gar nicht.

»Wie können Sie es wagen, sich über Milch lustig zu machen?«, fauchte sie. »Es ist ein Wunder, das Milchwunder!«

»Wunder? Wovon reden Sie?«

»Der Milch trinkende Ganesha! Ich habe es mit eigenen Augen gesehen!«

Das Milchwunder. Jetzt fiel mir alles wieder ein. In England regnet es Fische vom Himmel, in den Vereinigten Staaten gehen regelmäßig Menschen spontan in Flammen auf. Und in Indien trinken Gottheiten Milch. Nun, um genau zu sein, an einem einzigen Tag im Jahr 1995 nahmen Statuen des vierarmigen Elefantengottes Ganesha in Tempeln und Privathäusern überall auf der Welt Milch zu sich.

Der Tag, an dem Ganesha Milch trank, war ein sonderbarer Tag.

Es begann damit, dass ein Mann in Delhi behauptete, er habe eine Statue der Gottheit im Haus seines Nachbarn einen Löffel Milch trinken sehen. Die Nachricht von dem Wunder verbreitete sich wie ein Lauffeuer – erst in den Gassen von Alt-Delhi, dann in der ganzen Hauptstadt, in Indien und allen anderen Ländern. Bei Tagesanbruch eilten Hindus in der gesamten bekannten Welt zu ihren Statuen, um ihnen Kuhmilch zu geben. Massen von Gläubigen stürmten die Tempel, einen Esslöffel mit Milch fest umklammernd. Millionen von Indern von Kalkutta bis Kalifornien berichteten, das Wunder mit eigenen Augen gesehen zu haben. Am Ende des zweiten Tages hatte Ganesha genug; er wollte nicht mehr trinken.

Rinderwahn, Milchwunder und die Geschichte vom verschwindenden Höcker – es hätte einiger sachlicher Erklärungen bedurft. Doch die kämpferische junge Dame in dem Rinderasyl war nicht in Stimmung für wissenschaftliche Überlegungen. Mit ihrem zarten Händchen herumwedelnd, bedeutete sie mir unmissverständlich, dass ich verschwinden solle. Ich war nicht willkommen. Meine Hände waren mit Rinderblut befleckt.

Den Großteil des Nachmittags verbrachte ich damit, in der hintersten Ecke des Higginbotham Bookshop auf der Anna Salai Road herumzustöbern. Zwischen den Regalen mit dicken Lehrbüchern und Biographien im ersten Stock stieß ich auf ein Buch, das die Freuden des Toilettenbrillensammelns pries. Ich interessiere mich nebenbei für obskure Sammelthemen. In dem Buch wurde über eine Geschichte berichtet, die mich später noch sehr beschäftigen sollte: Ehe Präsident Nixon 1972 zu seiner bahnbrechenden diplomatischen Mission nach China aufbrach, schickte er einen Trupp Undercoveragenten voraus. Solche Erkundungstrupps werden bei allen Reisen eines Präsidenten eingesetzt. Doch das Spezialkommando sollte weder Hotelzimmer nach Wanzen absuchen noch sicherstellen, dass die roten Teppiche nicht von Motten zerfressen waren. Sein Auftrag war, jeden einzelnen Toilettensitz zu überprüfen, den der Präsident benützen

würde. Denn in China werden, was kaum jemand weiß, viele Toilettensitze aus dem Holz des giftigen Sumal-Baums hergestellt. Lässt sich das zarte Gesäß eines Westlers darauf nieder, kann es zu einer allergischen Reaktion kommen.
Man stelle sich nur mal vor: Auf dem Allerwertesten des Präsidenten erblüht plötzlich ein Hautausschlag – wie peinlich, welch eine Demütigung! Eines führt zum anderen. Die CIA schickt Agenten ins Land, um diffamierende Gerüchte über das Gesäß des chinesischen Ministerpräsidenten zu streuen. Zug um Zug werden die jeweiligen Botschafter ausgewiesen. Dann werden Truppen zusammengezogen, Spionage- und AWACS-Flugzeuge und hochseetaugliche U-Boote losgeschickt. Ehe man sich versieht, drückt jemand auf den roten Knopf. Armageddon, nur wegen eines Toilettensitzes.
Während ich noch überlegte, wie es wohl im Kalten Krieg gewesen war, spürte ich eine Hand auf meiner Schulter. Es war Bhalu. Er grinste von einem Ohr zum anderen.
»Ich habe alles geregelt!«, verkündete er stolz und verschränkte die Arme.
»Wie hast du mich hier gefunden? Was hast du geregelt? Hör mal zu, diese Geschichte über Nixons Chinareise …«
»Wir müssen sofort aufbrechen«, beharrte der Trickser.
»Wohin?«
»Zu Sri Gobind. Er erwartet Sie.«

Im Vorhof des Ashrams drängten sich noch mehr Anhänger des großen Meisters als zuvor. Tausende waren durch ganz Indien gereist, nur um einen Blick auf den Mann zu erhaschen, den sie als Gottheit verehrten. Andere suchten nach ihrem Seelenheil. Noch mehr wünschten sich nichts sehnlicher, als geheilt zu werden, ihre Krücken und Bandagen, den Blindenstock oder die Halskrause fortwerfen zu können. Dicht an dicht aneinander gepresst, bildeten sie eine undurchdringliche Barriere zwischen uns und dem Ashram.
»Bhalu«, sagte ich, als wir uns der Menschenmenge näherten, »schau dir das an, da kommen wir nie durch!«

Doch der Trickser schnappte sich einen der Assistenten des Gurus und flüsterte ihm etwas ins Ohr. Auf einmal teilte sich die Mauer aus Kranken und fanatischen Anhängern auf wundersame Weise in der Mitte, wie wenn man mit einem angewärmten Messer in ein Stück Butter fährt. Mit der Aufforderung, ihm zu folgen, ging der Assistent des heiligen Mannes in den eigentlichen Ashram voran.

Die Atmosphäre in einem großen Ashram ist etwas verwirrend. In mancher Hinsicht wirkt er wie ein Militärlager. An den Toren sind Wachen postiert. Mitarbeiter des Gurus beaufsichtigen die Mahlzeiten, die Meditationssitzungen, Seminare und Workshops. Er ist eine in sich geschlossene Gemeinschaft, in der strenge, unverrückbare Regeln gelten. In anderer Hinsicht wiederum ist ein spiritueller Ashram alles andere als ein Militärcamp. Niemand spricht mit normaler Lautstärke; alle flüstern. Niemand runzelt ärgerlich die Stirn, grinst schadenfroh oder jammert, wie es normale Menschen tun. Barfüßig, die Gesichter verzückt oder träumerisch versonnen, wandeln die Leute herum wie Lotosesser. Viel zu verkorkst, um die liebevoll-mitfühlende Atmosphäre wirklich schätzen zu können, wäre ich instinktiv am liebsten geflüchtet. Doch der Assistent winkte uns weiter zu einem privaten Bereich innerhalb der Anlage. Während wir lautlos durch mit gelbem Licht beleuchtete Korridore schritten, vorbei an Büroräumen, in denen Großrechner massenweise Zahlen verschlangen, überlegte ich, wie Bhalu uns so leicht Zugang zum Nervenzentrum des Ashrams hatte verschaffen können. Als ich ihn fragte, welches Märchen er sich diesmal ausgedacht habe, grinste er nur und wies nach vorne.

Ein Sekretär mit kahl geschorenem Kopf führte uns durch einen mit Teppichen ausgelegten Konferenzraum, in dem ein Tisch mit Schildpattfurnier stand, in eine nicht allzu große Bibliothek. An den Wänden reihten sich dutzende prächtiger Bände aneinander, die meisten in türkisfarbenes Leder gebunden und mit fein gepunztem Rücken. An einer Wand hoch oben hing ein Pastellporträt des Yogis; er hatte die Hände gefaltet, sein Gesicht verström-

te Sanftmut. Um das Bild waren doppelte Girlanden aus Ringelblumen gewunden. Der Sekretär dirigierte uns zu einem mit Chintz bezogenen Sofa, dann ging er hinaus.
Als der Mann sich entfernt hatte, um Erfrischungen zu holen, zog ich den Trickser am Hemdzipfel.
»Was hast du ihnen erzählt, Bhalu?«
Dem Jungen blieb keine Zeit, mir zu antworten. Ein amerikanischer Bodyguard, ein riesiger Kerl, öffnete die Tür und baute sich daneben auf. Gleich darauf huschten zwei junge Frauen herein und streuten pinkfarbene Rosenblätter auf den Teppich. Ihnen auf dem Fuße folgte ein weiteres Mädchen, das mit manikürten Fingernägeln auf einer Leier herumzupfte. Alle trugen schlichte, rosafarbene Baumwollkleidung. Nach den Maiden erschien der *avatar* selbst, auf dem Gesicht derselbe entrückte Ausdruck wie bei seinen Bewunderern. Hinter ihm tanzte etwa ein Dutzend Faktotums herein – Jasager, Sekretäre, Träger und Gehilfen –, alle, Männer wie Frauen, in orchideenrote Gewänder gehüllt. Als sich die ganze Entourage eingefunden hatte, war die Kapazität der Bibliothek nahezu erschöpft.
Begleitet vom Duft der Rosenblätter und von süßem Saitenklang kam der Swami gemessenen Schrittes auf das Sofa zu, auf dem Bhalu und ich saßen.
Seine braune Haut hatte einen bläulich roten Ton, den der wallende Umhang aus lavendelfarbener Seide, in den der Guru sich gehüllt hatte, noch unterstrich. Mitten auf der göttlichen Stirn prangte eine große weiße *tikka.* Ich studierte seine Gesichtszüge. Sie hatten eine gewisse Ähnlichkeit mit denen von Bhola Das, dem unermüdlichen Henker von Westbengalen.
Der Guru ließ sich Zeit, ehe er uns begrüßte.
»Tahir Shah«, hieß er mich dann heiter willkommen. »Es ist eine große Ehre, Sie endlich kennen zu lernen.«
Die Ehre liege ganz bei mir, erwiderte ich einigermaßen perplex, dass der heilige Mann offenbar von mir gehört hatte. Schließlich begegnet man einem Gott nicht jeden Tag. Der Guru legte die Fingerspitzen der rechten Hand aneinander. Im nächsten Augen-

blick hatte er mit einer geschickten Drehung des Handgelenks etwas aus dem Nichts materialisiert. Ich zog eine Augenbraue hoch. Diesen Trick hatte mich Feroze bis zum Umfallen üben lassen. Der heilige Mann drückte mir den Gegenstand in die Hand; er war kalt und hart. Ich sah auf meine Hand hinunter. Es war eine winzige silberne Ganesha-Statue.

Ich dankte Sri Gobind für das Geschenk. Meine Dankesbekundung mit einer Handbewegung abwehrend, schnippte er an seine Entourage gewandt einmal leicht mit den Fingern. Er gab keine direkten Anweisungen, und doch führte jeder von ihnen wie ein Roboter ein, zwei Sekunden lang seine Aufgabe aus. Der Bodyguard ließ seine Muskeln spielen, die Blumenmädchen streuten Rosenblätter, die Leierspielerin strich über die Saiten, die Faktotums zogen unterwürfig den Kopf ein, die Jasager nickten, die Sekretäre kritzelten etwas auf ihre Stenoblöcke, und die Träger trugen.

Mann!, dachte ich bei mir, das ist wahre Macht.

»Sie bleiben natürlich ein paar Tage bei uns«, sagte der Guru. »Wenn Sie irgendetwas brauchen, sagen Sie es nur. Und lassen Sie meinen Sekretär wissen, wo Ihr Gepäck abgeholt werden soll. Es wird sofort erledigt.«

Bhalu knetete aufgeregt seine Finger. Die Vorstellung, dass alle seine Wünsche erfüllt würden, gefiel ihm ausgesprochen gut. Kaum war der Swami entschwunden – wobei die Blumenmädchen rückwärts gehend wieder Rosenblätter vor ihm streuten –, begann Bhalu unverblümt eine lange Wunschliste vorzutragen.

Ich wunderte mich immer noch, warum wir eine derartige Vorzugsbehandlung genossen, und drängte Bhalu, mir doch endlich zu verraten, was er dem Assistenten des Gurus vorgeflunkert hatte. Doch er weigerte sich erneut, mir Auskunft zu geben. Ohne Näheres über unser Alibi zu wissen, beschloss ich, die Situation sinnvoll zu nutzen. Immerhin würde ich die Methoden des Gurus aus erster Hand studieren können.

Drei Stunden nach unserer Ankunft begaben sich die Mitglieder des Ashrams im Gänsemarsch in das zentrale, herzförmige Auditorium. Die meisten gingen barfuß, und alle waren in Orchideenrot, der symbolischen Farbe der Gemeinschaft, gekleidet. Die Anhänger des Gurus schienen aus den verschiedensten Schichten und aus allen Teilen Indiens zu stammen. Es waren auch Ausländer darunter. Ich hörte sie in Japanisch, Französisch, Spanisch, Arabisch und Russisch miteinander flüstern. Doch woher sie kamen, war ohne Bedeutung; ihre Verbundenheit mit Sri Gobind überwand alle nationalen Grenzen. Alle trugen ein schmales, rotes Baumwollbändchen um das linke Handgelenk – ein einfaches, doch ernst gemeintes Zeichen ihrer Ergebenheit.

Ich sah mich nach Bhalu um, konnte ihn jedoch nirgends entdecken. Sicherlich testete er gerade das gemischte Badebassin des Ashrams. Für den Trickser war die Vorstellung, sich mit nackten, Rosenblätter streuenden Mädchen im Wasser tummeln zu können, bestimmt wesentlich interessanter als eine öffentliche Audienz bei einem Gott in Menschengestalt.

Bevor der Swami die Halle betrat, stellten sich seine Jünger in einer Reihe auf und begannen rhythmisch in die Hände zu klatschen. Sie sangen ein kurzes, sich ständig wiederholendes Mantra, anfangs langsam und klar artikuliert, doch mit jeder Wiederholung ein wenig schneller und verwaschener, und wiegten sich dazu hin und her. Dann löste sich einer nach dem anderen aus der Kette und tanzte für sich allein. Manche warfen den Kopf vor und zurück, andere streichelten sich lasziv über die Schenkel. Alle schienen sehr geübt in dem obskuren Ritual. Wie jede Gruppe mit eigenen Riten bezogen sie ihre Stärke aus dem, was anderen fremd, für sie selbst jedoch von zentraler Bedeutung ist.

Wieder kündigten die Rosenblätter streuenden Mädchen die Ankunft des Yogis und seines Gefolges an. Als die ersten verwelkenden Blütenblätter den Boden des Podiums in der Mitte berührten, senkte sich eine ominöse Stille über die Versammelten. Der Meister war umringt von seinen Verehrern. Genauer gesagt, er thronte über ihnen auf einem goldenen Sessel, oben auf dem Podium. Von der Gegenwart ihres Meisters besänftigt, ließen die ekstatischen Äußerungen seiner Jünger allmählich nach.

In diesem Moment begriff ich auf einmal, wie eine Sekte im Wesentlichen funktioniert. Gib den Leuten ein Symbol – ein Emblem, eine Handbewegung, ein Geheimwort, eine Farbe oder ein Amulett. Sag ihnen, sie sollen all ihre Sorgen bei dir abgeben, dir absolut vertrauen. Noch besser ist, wenn du das nie ausdrücklich sagst, sondern nur implizierst. Predige eine Lehre, die keiner ganz versteht, und Ideen, die allem widersprechen, was deine Anhänger jemals gelernt haben. Fülle eine Halle mit fünfhundert Menschen, aber lass sie nie vergessen, dass sie nur durch dich miteinander kommunizieren. Ohne dich sind sie blind, taub und stumm. Am allerwichtigsten jedoch ist: Beweise deine okkulten Kräfte auf sichtbare Weise – durch Wunder.
Braue die richtige Mischung an geheimnisvollen Dingen zusammen, und deine Jünger werden dir überallhin folgen. Du kannst lachen, weinen, toben, phantasieren oder einfach stundenlang stumm dasitzen. Balanciere diese Dinge fein aus, und du kannst tun, was du willst – denn die geschickt abgewogene Mischung an Geheimnisvollem hat dich zum Gott gemacht.
An jenem ersten Abend nahm auch ein halbes Dutzend chinesischer Geschäftsleute am *darshan,* der Audienz, teil. Wie ich später erfuhr, hatte sie ein örtlicher Politiker zum Besuch des Ashrams genötigt. Sobald der Yogi, die Pantherköpfe an den Armlehnen streichelnd, bequem auf seinem goldenen Thron saß, lud er die Chinesen und dann mich ein, zu ihm auf das Podium zu kommen. Als Besucher der Kommune fielen wir schon durch unsere Kleidung auf. Nur die wahren Jünger durften die orchideenroten Gewänder des Klans tragen.
Die Chinesen und ich kletterten auf das am spitzen Ende des herzförmigen Auditoriums errichtete Podium. Ich ließ mich auf einem pinkfarbenen Satinkissen auf der linken Seite des heiligen Mannes nieder, etwas zurückgesetzt von seinem Thron.
Als wir alle Platz genommen hatten, ließ die Leierspielerin ein paar Akkorde erklingen, und die Jünger des Gurus warfen sich zu Boden und begannen zu beten. In meiner erhöhten Position konnte ich gut nachempfinden, wie ein Guru sich fühlt, wenn sei-

ne Anhänger ihm huldigen. Fast hätte ich spontan die Hände gehoben und sie gebeten, doch aufzuhören. Ich würde keinen guten Gott abgeben, dachte ich bei mir.
Das Mädchen mit der Leier hob, stehend, erneut an zu spielen, diesmal von einem Sitarspieler begleitet. Während sich der Raum mit sanften, beruhigenden Klängen füllte, begann der Swami mit seinem Vortrag. Er sprach von Liebe, von Wahrheit, Hoffnung und Frieden. Seine Worte waren zuckersüß wie manche Botschaften auf Glückwunschkarten, die einem schier Übelkeit verursachen. Er verbreitete sich über die Vorzüge freier Liebe, unerschütterlichen Glaubens und der Freude. Die Chinesen saßen mit versteinertem Gesicht da und starrten auf die Kissen vor ihnen. Vielleicht spürte Sri Gobind, dass die Konzentration seiner Gäste langsam nachließ, denn er setzte zu einer Reihe formidabler Wunder an.
Es wurde keinerlei Erklärung abgegeben, warum diese Wunder überhaupt vorgeführt wurden. Wenn es ein Gott war, der da vor uns stand, warum sollte er es überhaupt nötig haben, seine Fähigkeiten zu beweisen? Dennoch, auch im ergebensten Jünger liegt ein Körnchen Zweifel verborgen.
Der Yogi ließ dreimal sein Handgelenk kreisen, zauberte wie aus dem Nichts *vibhuti* herbei und streute es den chinesischen Managern und mir in die hohle Hand. Dann griff er mit der linken Hand zum Ohr und zog einen glänzenden, ovalen Gegenstand daraus hervor. Er war ungefähr drei Zentimeter hoch und aus Milchschokolade – ein Osterei. Der Swami überreichte es mir mit den Worten, das Ei sei ein Symbol für Reinheit und neues Leben. Seine Jünger applaudierten frenetisch. Ich als alter Zyniker schaute nach dem Verfallsdatum. Wie ich vermutet hatte, war es seit drei Monaten abgelaufen. Offensichtlich hatte der Verkäufer der Hochzeitseier einen weiteren Abnehmer für seine Ware gefunden.
Nachdem er auch die Chinesen mit Ostereiern beschenkt hatte, wandte sich der heilige Mann dem nächsten Wunder zu. Er bat, jemand aus dem Publikum möge ihm eine Münze bringen, je ge-

ringer im Wert, desto besser. Daraufhin sprang eine üppige, aus den bayerischen Alpen stammende Frau auf. Mit einem Satz war sie auf dem Podium und reichte dem Pandit eine Zehn-Paisa-Münze, der sie herumzeigte wie ein Hobbyzauberer auf einem Kindergeburtstag. Seine Jünger stöhnten verzückt auf. Mantras singend und sich auf dem Podium hin und her drehend wie ein Discotänzer in Zeitlupe, fiel der Guru spontan in Trance. Im nächsten Moment war die Münze verschwunden, tauchte jedoch ebenso schnell wieder auf. Sri Gobind führte sie an die Stirn und gab sie dann seiner Bewunderin zurück. Die Chinesen kniffen die Augen zusammen. Die Jünger des Gurus seufzten auf. Ich reckte den Hals, um mir seine Hände genauer anzusehen.

Plötzlich begann die Dame aus Deutschland zu schreien, die Münze sondere Asche ab. Sie war soeben Zeugin eines Wunders geworden, und alle sollten es wissen.

Feroze hatte mir in Kalkutta mehrmals die Illusion »Asche aus Münzen« demonstriert und erwähnt, dass sie bei den heiligen Männern sehr beliebt sei.

Des Rätsels Lösung ist einfach. Es muss eine Fünf-, Zehn- oder Zwanzig-Paisa-Münze verwendet werden, denn es sind die einzigen indischen Münzen, die aus Aluminium bestehen. Während der Guru seine Anhänger durch Herumgetanze ablenkt, reibt er die Münze an einem in einer Tasche seines Gewandes versteckten Schwamm, der zuvor in eine Lösung von gesättigtem Quecksilberchlorid getaucht wurde. Beim Kontakt mit dem weichen Aluminium kommt es zu einer chemischen Reaktion. Sobald jemand die Münze kurz in seiner warmen Hand hält, schwitzt das Aluminium gewissermaßen Asche aus. Sogar wenn man sie mit Wasser abwäscht, gibt sie noch Wärme und graue Asche ab.

Die üppige Bayerin schwirrte durch die Halle wie ein Kreisel und hielt jedem, den es interessierte, stolz ihre mit Asche bedeckte Münze hin. Der Guru materialisierte noch schnell eine Hand voll Miniatur-Ostereier und warf sie in die Menge, damit niemand neidisch wurde. Im Gegensatz zu den Chinesen und mir, die wir unsere Präsente sogleich verspeist hatten, hielten die Anhänger

des Gurus ihre Schokoladeneier so ehrfürchtig in den Händen, als wären es göttliche Objekte.
Nachdem der Yogi erneut eine ganze Weile doziert hatte, verlangte er wieder nach einem Freiwilligen. Fünfzig Leute sprangen auf und baten, auserwählt zu werden. Mit einem Fingerschnippen rief Sri Gobind einen klein gewachsenen, rundlichen Inder zu sich und forderte ihn auf, irgendein Bild auf eine leere Karte zu zeichnen. Er tat, wie ihm geheißen, die Karte wurde in einen Umschlag gesteckt und sicherheitshalber mit Tesafilm zugeklebt. Über diese Art Siegel kritzelte der Mann seine Unterschrift, dann gab er Sri Gobind den Umschlag zurück. Auf den mit Kissen bedeckten Boden des Podiums starrend, versenkte sich der Guru ganz in sich selbst. Wieder breitete sich in der Halle eine tiefe Stille aus. Konnte er herausfinden, was auf der Karte geschrieben stand, ohne den Umschlag zu öffnen? Die Chinesen und ich – wir hofften auf einen neuen Schwung Ostereier – waren skeptisch. Die Jünger des Gurus waren überzeugt, dass ein weiteres Wunder sich anbahnte.

Schon als ich unter Ferozes Anleitung Zaubertricks übte, hatte ich begriffen, dass ohne Show selbst die verblüffendsten Kunststücke zweidimensional bleiben. Nun erlebte ich zum ersten Mal, wie Illusionen von einem begnadeten Schauspieler vor einem großen Publikum vorgeführt wurden. Hier herrschte keine nüchterne Atmosphäre wie im Studierzimmer des Meisters; ich befand mich in einer Halle, die zum Bersten voll war mit Gläubigen.
Sri Gobind manipulierte sein Publikum wie ein echter Profi. Er formte ihre Gefühle, flößte ihnen seine Magie ein. Ich spürte die erwartungsvolle Spannung, dann die aufwallende Verzückung, als ein zweites Wunder geschah. Diese Vorstellung hätte sogar Feroze nicht unberührt gelassen. Je mehr ich darüber nachdachte, umso klarer erkannte ich, dass die Zauberkunst dieses heiligen Mannes der meines Lehrers sehr ähnlich war.
Während seine ergebenen Brüder und Schwestern sich ekstatisch hin und her wiegten, zog der Guru weiter seine Show ab. Nach

fünf oder sechs Minuten religiösen Singsangs verkündete er, wie die Zeichnung, die er nie gesehen hatte, aussah. Es sei eine Hand Fatimas. Diese Hand – ein machtvolles Symbol, das mehrere Religionen kennen – war auch in der Sekte sehr beliebt.

Der Guru riss den Umschlag auf und zeigte seinen Anhängern die Karte. Auf ihr war tatsächlich eine große, grob gezeichnete Hand Fatimas zu sehen.

Das Publikum war außer sich vor Begeisterung. Im hinteren Teil der Halle raufte sich eine Frau ekstatisch die Haare und kreischte verzückt. Sie riss sich zwei Hand voll mausgraue Haare aus. Der schlaksige Angelsachse neben ihr schien nicht minder ergriffen. Er warf sich zu Boden und verkündete, Sri Gobind sei »der wahre Gott«. Damit rannte er wohl offene Türen ein. Selbst die skeptischen Manager aus China konnten sich der Magie des heiligen Mannes nicht mehr entziehen.

Der einzige Ungläubige war ich. Von meinem Platz aus hatte ich das Wunder aus nächster Nähe beobachtet. Offenbar hatte man die Versammlungshalle nicht nur der Symbolik wegen in Form eines Herzens gebaut. Dass das Podium am spitzen Ende aufgestellt war, hatte nämlich den Vorteil, dass sich niemand hinter Sri Gobind stellen konnte. Von dort, wo ich saß, etwas seitlich, war das zweite Wunder zu einer simplen Illusion geronnen. Doch selbst ich, ein hartgesottener Skeptiker, konnte nicht umhin, dem Yogi für seine meisterhafte Vorstellung zu applaudieren.

Er hatte äußerst flink und geschickt mit der Vorderseite des Umschlags heimlich über eine Ecke seines Umhangs gewischt. Vermutlich hatte er den Stoff mit gewöhnlichem Feuerzeugbenzin getränkt, so dass das Papier des Umschlags beim Kontakt mit der Flüssigkeit transparent wurde – und der Pandit einen Blick auf das Symbol darin erhaschen konnte. Wenige Minuten später war das Benzin verdampft und der Umschlag wieder undurchsichtig wie zuvor.

Als das *darshan* zu Ende war, machte ich mich auf die Suche nach dem Trickser. Er hatte das Vorratslager an Toilettenartikeln für Gäste geplündert und war gerade dabei, die Beute in seinem Zimmer in Kissenbezüge zu stopfen – BIC-Einwegrasierer, Duschhauben, Zahnbürsten und Briefchen mit Eau de Toilette, alles höchst wertvolle Dinge. Wir wurden hier als Ehrengäste behandelt, und ihm fiel nichts Besseres ein, als unseren Gastgeber zu bestehlen. Ob er sich nicht schäme, fragte ich ihn. Er habe keine andere Wahl, erwiderte Bhalu, der gerade noch den Duschvorhang im Bad abnahm. Es liege ihm im Blut, Sachen mitgehen zu lassen.

Am nächsten Morgen hatte der Trickser acht Kissenbezüge mit Beute gefüllt; sie lagen wie Sandsäcke aufgestapelt in seinem Schrank. Wieder machte ich ihm Vorhaltungen. Doch für ihn waren die tausend Briefchen mit Eau de Toilette die Ausbeute einer subversiven Mission. Vermutlich würde er dank diesem Plunder über Nacht zum Star aller Zugverkäufer avancieren.
Während ich zur nächsten öffentlichen Audienz mit Sri Gobind eilte, grübelte Bhalu darüber nach, wie er seine Beute ungesehen vom Gelände schaffen konnte.
Der Ashram selbst war, ebenso wie die Versammlungshalle, in Herzform gebaut. Denn, wie der Guru so gerne zu sagen pflegte, alles, was wir sind, alles, was wir haben, ist aus Liebe geschaffen … inniger Liebe. Das Kernstück der Anlage bildeten fünf herzförmige Gebäude. In ihrem herzförmigen Räumen meditierten und lasen, schliefen und aßen die Jünger. Wenn sie nicht in einem herzförmigen Pool schwammen, waren sie angehalten, sich im herzförmigen Labyrinth zu ergehen oder unter der großen herzförmigen Wasseruhr sitzend über die Lehre des Swamis nachzudenken.
Als ich zum herzförmigen Auditorium hinüberschlenderte, fiel mir auf, dass an den Wegen des Öfteren schlichte steinerne Schreine standen. Sie mussten einem auffallen, denn neben jedem der etwa einen Meter hohen Gebilde saß ein meditierender Jünger. Die Schreine beherbergten keineswegs eine Statue, sondern etwas viel Kostbareres: den Handabdruck des Yogis.
Von heiligen Männern und Frauen erwartet man, dass sie exzentrisch sind. Je mehr Verehrung sie genießen, je reicher sie sind, ein umso extravaganteres Verhalten erwartet man von ihnen. Man-

che religiöse Führer trinken ihren eigenen Urin, andere empfehlen ausgefallenste Sexualpraktiken oder lassen sich grundsätzlich in einem ihrer zahlreichen Rolls-Royces herumkutschieren. Ein Freund von mir, ein Anthropologe, meinte einmal, diese heiligen Männer seien wie Politiker. Wortgewandt und gut angezogen, reisen sie erster Klasse, erfinden neue Regeln, häufen auf Kosten der Allgemeinheit riesige Vermögen an und geben sich bei jeder sich bietenden Gelegenheit hemmungslos den wildesten Ausschweifungen hin.

Was göttliche Exzentrizität anging, war Sri Gobind keine Ausnahme. Seine Anhänger erzählten mit Stolz von den kleinen Eigenheiten ihres Lehrers. Von Zeit zu Zeit pflegte der Guru, von einem unwiderstehlichen Verlangen erfüllt, nackt aus dem Bett zu springen, in den herzförmigen Garten zu laufen und sich in den Büschen zu erleichtern. Oder er riss sich mitten in einem Vortrag sämtliche Kleider vom Leib und rieb sich den Schwabbelbauch mit Büffelmilchbutter ein. Jeden Morgen, behaupteten seine Bewunderer, bade er in Kaliumpermanganat. Dadurch bekam seine Haut den exotischen bläulich-roten Ton. Er frisierte sich die Haare mit einer Pomade aus gut abgelagertem Eiweiß, betupfte sich die Ohrläppchen mit Essenz der Zaubernuss, und für seine untere Körperregion benützte er sein persönliches Eau de Cologne mit Katzenminze.

Als ich in die herzförmige Versammlungshalle trat, saßen dort schon mehrere hundert Jünger mit festgefrorenem Lotosesserlächeln. Zu diesen Hartgesottenen gesellten sich noch hunderte anderer Menschen, die geheilt und gesegnet werden wollten. Die Kranken und Gebrechlichen, hoffnungsvolle Erwartung auf den Gesichtern, erinnerten mich an den Geistheiler in den Sümpfen von Kalkutta. Doch hier, in Madras, ging es um wesentlich mehr. Sri Gobind war kein schäbiger kleiner Betrüger vom Dorf – er war der Steuermann eines gigantischen gewinnbringenden Unternehmens.

Wie ein mächtiger Herrscher, fuhr er nicht im Land umher, um

Gefolgsleute zu finden; er wartete gelassen, dass sie zu ihm kamen. Und sie kamen in Scharen, um sich ihm zu Füßen zu werfen. Politiker und Wissenschaftler, Hollywood-Schauspieler, alternde Hippies und ganz gewöhnliche Menschen – sie alle umarmten Sri Gobind mit derselben Begeisterung und schütteten ihm ihr Herz aus. Ob in Fragen der religiösen Identität, bei Eheproblemen, finanziellen Schwierigkeiten oder Krankheiten – ihr Meister wusste in allen Dingen Rat.

Die Sonne stand schon hoch über dem herzförmigen Auditorium, in dem sich Pilger und Jünger drängten, als leise Leierklänge, von zarter Hand angestimmt, die Ankunft des heiligen Mannes mitsamt seinem Gefolge ankündigten.

Zuerst kamen die Blumenmädchen, hinter ihnen mit geneigtem Haupt die Faktotums, dann die Jasager und notorischen Nicker. Ihnen auf dem Fuße folgte die bunt gemischte Schar der Sekretäre, Träger und Bodyguards, der *punkhawallas* und Musiker. In ihrer Mitte schritt, wobei ihm ein Dutzend herzförmige Fächer Kühlung verschafften, der Yogi.

Die Kolonne zog zum Podium. Als der Guru zu seinem Thron hinaufstieg, geschah das erste Wunder. Die roten Tulpen, die in Kästen zu beiden Seiten des Podiums gepflanzt waren, neigten vor dem allmächtigen Gott ehrfürchtig die Köpfe. Das Wunder zeitigte eine durchschlagende Wirkung. Eine Frau mit türkis lackierten Nägeln warf verzückt die Arme in die Luft und machte ihrer Begeisterung lautstark Luft. Eine Gruppe uruguayischer Beatniks starrte mit offenem Mund und großen Augen auf die Blumen. Ein alter Punjabi, von Ergriffenheit übermannt, kletterte auf das Podium, näherte sich kriechend dem heiligen Mann und begann, ihm die Füße zu lecken. Der riesige amerikanische Bodyguard packte den Alten am Kragen und beförderte ihn wieder hinunter zum gemeinen Volk.

Den Trick mit den »sich neigenden Blumen« hatte mir Feroze im Labor gezeigt. Die Blüten werden durch versteckte Düsen mit Chloroform besprüht. Da sie, ebenso wie Menschen, auf Narkosemittel ansprechen, lassen sie recht schnell die Köpfe hängen.

Wie beim ersten Mal winkte mir Sri Gobind, zu ihm auf das Podium zu kommen. Ich stieg hinauf und begrüßte ihn. Er blickte mir tief in die Augen und wünschte mir grenzenlose, innige Liebe. Als ich diesen Wunsch beklommen erwiderte, fiel mir auf, dass die Augen des heiligen Mannes über Nacht ihre Farbe verändert hatten. Am Tag zuvor waren sie von einem staubigen Braun gewesen, nun hatten sie zu einem satten Königsblau mutiert. Der Farbton passte ausgesprochen gut zu seinen lavendelblau changierenden Gewändern. Ich blickte auf die versammelte Menge hinunter. Die auffallende Augenfarbe ihrer Gottheit schien sie nicht sonderlich zu interessieren. Was bedeutete eine spontane Veränderung der Augenfarbe schon für einen Unsterblichen, der weit größerer Dinge mächtig war? Ich hatte von einem heiligen Mann gehört, der mit spiegelartigen Kontaktlinsen durch die Dörfer Indiens gezogen war. Wer würde behaupten wollen, dass ein Mann mit spiegelnden Augen keine Gottheit ist?

Jeden Donnerstag behandelte Sri Gobind kranke und sterbende Menschen. Diejenigen, die gehen konnten, stellten sich auf einer Seite des Podiums auf. Die anderen, die zu krank waren, wurden daneben auf Tragen aufgereiht. An jenem Tag waren etwa achtzig Patienten in den Ashram gelassen worden. Niemand würde für die Behandlung bezahlen müssen, die ohnehin eher eine PR-Veranstaltung als eine systematische Therapie war. Sri Gobind dürfte es sowieso kaum nötig haben, von den Kranken einen Obolus zu nehmen, dachte ich bei mir; seine Truhen mussten von den Spenden seiner Jünger schon übervoll sein.

Ehe er mit der Heilung selbst begann, vollführte der Yogi eine Reihe von Wundern, um die Kranken zu beruhigen und das Publikum zu stimulieren.

Als Erstes materialisierte er *vibhuti* und streute es den Kranken in die Hand. Dann zauberte er aus dem Nichts einen goldenen Armreif herbei und überreichte ihn der Frau eines reichen Geschäftsmannes. Sie war gekommen, um ihre Angina behandeln zu lassen. Als der Guru sich anschickte, sein nächstes Wunder zu wirken, flammten vier große Wachskerzen – je eine in jeder Ecke des Podiums – plötzlich auf. Nicht er habe ihren Docht entzündet, erklärte Sri Gobind, sondern die innige Liebe. Ich wusste es besser, denn Feroze hatte mir den Trick gezeigt. Die Dochte werden in eine Lösung von gelbem Phosphor, gemischt mit Schwefelkohlenstoff, getaucht. Sobald sich die Lösung verflüchtigt hat, fangen die Dochte Feuer.

Am interessantesten war das letzte Wunder. Trotz meiner Überzeugung, dass es lediglich eine Illusion war, konnte ich nicht erkennen, wie sie vonstatten ging. Der Swami trug eine rostige Blechkiste von der Größe einer Dose für Schulproviant in die Mitte des Podiums. Die Blechkiste schien ziemlich leicht zu sein. Sie war mit herzförmigen Süßigkeiten gefüllt, die an die Kranken verteilt wurden. Als der Swami sie wieder in Empfang genommen und abgestellt hatte, forderte er Leute aus dem Publikum auf, die Kiste wieder fortzutragen. Zwanzig Jünger kletterten eilfertig auf das Podium und versuchten ihr Glück. Kein Einziger konnte die Blechkiste hochheben. Nur wahre innige Liebe könne einem echte Kraft verleihen, erklärte Sri Gobind seinen Anhängern, und hob sie mühelos hoch bis über den Kopf.

In den nächsten drei Stunden heilte Sri Gobind einen Kranken nach dem anderen. Krebs, Lungenemphysem, Darmblutungen, Angina und Tuberkulose – alles wurde ohne Medikamente oder chirurgische Eingriffe gelindert. Solcher Hilfsmittel, erklärte der Guru, bedienten sich nur Quacksalber. Er schwang lediglich eine halbierte Kokosnuss über dem Kopf eines jeden Patienten hin und her. Anschließend band ein Assistent jedem, der behandelt worden war, ein rotes Baumwollbändchen um den linken Fußknöchel. Das Bändchen sei ein Amulett, wurde ihnen gesagt. Es würde sie schützen, während sie sich von der Behandlung des *avatar* erholten.

Am frühen Abend, als Jünger und Pilger sich eilig zu dem herzförmigen Pool begaben, um ein wenig im Wasser herumzutollen, ging ich noch einmal in das herzförmige Auditorium und untersuchte das Podium. Dort, wo die Tulpenkästen gestanden hatten,

entdeckte ich eine Reihe unauffällig angebrachter Düsen, die vermutlich dazu dienten, die Blumen mit Chloroform einzunebeln. Auf der linken Seite des Podiums befand sich eine Falltür. Nachdem ich mich versichert hatte, dass mich niemand beobachtete, stemmte ich sie auf und stieg in die darunter liegende Kammer hinunter. Durch die Spalten zwischen den Holzbohlen drang immerhin so viel Tageslicht, dass ich etwas sehen konnte. In der Mitte des Raumes stand eine elektrische Vorrichtung, die oben mit einer Metallplatte auf dem Podium verbunden war. Die Vorrichtung war an das Stromnetz angeschlossen und bestand aus zwei Magneten, Kabeln und ein paar Drahtspulen. Mit diesem primitiven Elektromagneten musste die Blechkiste am Boden festgehalten worden sein. Wenn der Yogi sich anschickte, die Kiste hochzuheben, hatte ein Helfer offensichtlich die Stromzufuhr unterbrochen und den Magneten außer Kraft gesetzt.
Im Gegensatz zu dem armseligen Sadhu in irgendeinem indischen Dorf verfügte Sri Gobind über eine Bühnenausstattung mit allen technischen Raffinessen, dank deren auch komplexere Illusionen fehlerfrei durchgeführt werden konnten. Sosehr ich versucht war, solche Illusionisten, die ihre Tricks als Wunder verkauften, zu verurteilen – beeindruckend war es doch, das musste ich zugeben.
Später am Abend erzählte ich Bhalu, was ich entdeckt hatte. Er fand es jedoch interessanter, seine erbeutete Ware nachzuzählen, als sich die Details meiner Nachforschungen anzuhören. Während ich in Sachen Wunder ermittelte, hatte er im Transporter eines Handwerkers seine voll gestopften Kissenbezüge aus dem Ashram geschmuggelt. Inzwischen war die Beute außerhalb des Geländes im Gebüsch versteckt. Wir sollten schnellstens verschwinden, drängte Bhalu, ehe jemand etwas bemerkte.
Widerstrebend schrieb ich ein paar Zeilen für den Swami, dankte ihm für seine Gastfreundschaft und seine guten Wünsche. Es gab keinen Grund, ihn noch einmal persönlich zu belästigen. Außerdem war ich mir nicht sicher, ob man nicht doch schon entdeckt hatte, dass die Vorräte an Toilettenartikeln geplündert worden

waren. Am nächsten Tag machten wir uns vor dem Morgengrauen davon. Meinen kurzen Brief übergab ich dem Wächter am Haupttor.
Noch vor dem Frühstück waren wir am Hauptbahnhof von Madras, aber leider fuhr der erste Expresszug nach Bangalore erst um dreizehn Uhr dreißig. Wir verbrachten die siebenstündige Wartezeit damit, abwechselnd auf die prall gefüllten Kissenbezüge aufzupassen. Als der Zug Nr. 6023 einfuhr, kämpften wir uns mitsamt Bhalus Beute an Bord, und ich sicherte mir gleich einen Fensterplatz. Die acht Kissenbezüge wurden in der Gepäckablage über mir verstaut. Bhalu promenierte mit stolzgeschwellter Brust auf dem Gang. Die übliche Bruderschaft von Verkäufern mit ihren Kartoffelschälern und Zickzackscheren hatte kampflos das Feld geräumt. Mit dem Trickser konnte keiner mithalten. Wer würde sich schon einen Kartoffelschäler kaufen, wenn er für sein sauer erspartes Geld ein oder zwei Briefchen mit Givenchy-Aftershave zu einem sensationell günstigen Preis bekommen konnte?

Kurz vor Mitternacht lief der Expresszug mit kreischenden Rädern im Hauptbahnhof von Bangalore ein. So gut wie jeder, der den Zug verließ, hatte ein Sortiment soeben erworbener Sächelchen im Gepäck. Handtücher und Duschhauben, Körperpuder und winzige Reisenecessaires, Schuhlöffel und Sonnenschutzcreme, Feuchtigkeitsmilch und französisches Parfum – keiner hatte Bhalus Verkaufstalent widerstehen können. Ein Vermögen in Münzen und Scheinen in einen Kissenbezug stopfend, grinste der Trickser sein Charlie-Chaplin-Grinsen. Ein derart bombastisches Geschäft hatte selbst er noch nie erlebt.

20

Der mittellose Milliardär

Bhalu, der bis zu diesem Tag kaum etwas besessen hatte, machte schnell die Erfahrung, dass Besitz auch Nachteile mit sich bringt. Mit den Kissenbezügen voller Geld und kostbarer Ware unterwegs zu sein war ein Alptraum. Zum ersten Mal hatte er Angst, dass Diebe uns überfallen könnten. Deshalb – und weil wir so spät angekommen waren – überredete er mich, die Nacht über in den Aufenthaltsräumen des Bahnhofs zu bleiben. Den ganzen nächsten Tag saß der Trickser wie festgewachsen neben seinem Schatz und summte gefühlvolle Lieder. Ich lud ihn ein, mit mir zu kommen und sich die Stadt anzuschauen. Er rümpfte verächtlich die Nase. Warum sollte jemand, der sich gerade zum Monopolisten auf dem Miniaturseifenmarkt gemausert hatte, eine Sightseeingtour machen wollen?

Bangalore wird häufig als das Silicon Valley Indiens bezeichnet. Ein Großteil der aktuellen Computer-Software der Welt wird in klimatisierten Bunkern irgendwo in dieser Stadt geschrieben. In Nachrichtenmagazinen wird ständig berichtet, dass ausländische Unternehmen scharenweise ihren Standort nach Bangalore verlegen. So aufregend das auch war – mich interessierten eher die etwas älteren Sehenswürdigkeiten der Stadt. Ganz oben auf meiner Liste stand der Basavanagudi-Tempel im Südwesten Bangalores. Es ging das Gerücht, dass die graue Granitstatue des Stiers Nandi, Shivas Reittiers, an Größe zunahm.

Ich ging vom Bahnhof aus die Bhashyam Road hinunter und weiter in Richtung Süden. Es war drückend heiß. Nach wenigen Schritten lief mir der Schweiß übers Gesicht, und mir wurde ganz schwach. Ich hole mir am besten ein paar Pillen, dachte ich, und schlenderte in den Gandhi Bazaar auf der Suche nach einer Apotheke.

Eingeklemmt zwischen einem Videoverleih und einem Stoffhändler entdeckte ich eine Apotheke, die recht beeindruckend wirkte. Eine Treppe führte zur Tür hinauf. Ich stieg die Stufen empor und ging hinein. In dem Laden sah es aus wie im Versteck von Piraten, die ein Hospitalschiff geplündert hatten. Neben etlichen Tragen, Rollstühlen und Infusionsständern waren bergeweise Spritzen, Zangen und Klemmen gestapelt. Bei einem derart beeindruckenden Vorrat an medizinischen Accessoires durfte ich sicher auch mit einer reichen Auswahl an Arzneimitteln rechnen. Ich eilte zum Verkaufstresen. Ehe ich mein Anliegen vorbringen konnte, knallte mir der Apotheker eine Kilobüchse Kaliumpermanganat-Kristalle vor die Nase.
»Hier«, sagte er.
»Nein, das ist ein Missverständnis ... Ich hätte gerne ein paar Pillen.«
»Nur haben Kaliumpermanganat.«
Der Ladenbesitzer, der stark nach Alkohol roch, wies mit einer weit ausholenden Armbewegung auf die Vitrinen hinter sich. In ihnen standen dicht an dicht lauter gleiche Büchsen mit Kaliumpermanganat.
»Ich sehe, Sie haben sich spezialisiert.«
Der Apotheker gab, auf den Fußballen vor und zurück schwankend, einen grunzenden Laut von sich. Eine offene Flasche Mohgul-Monarch-Whisky auf dem Tresen ließ ahnen, wie er den Tag bisher verbracht hatte.
Der Gedanke an ein Bad mit Kaliumpermanganat erschien mir aus irgendeinem unerfindlichen Grund plötzlich sehr verlockend. Schließlich schätzte es auch Sri Gobind offenbar sehr. Warum nicht seinem Beispiel folgen? Oder dem meines Großvaters väterlicherseits, Sirdar Ikbal Ali Shah. Auch er war, wie der heilige Mann aus Madras, ein großer Freund von Kaliumpermanganat gewesen. Er verwendete es, um Nahrungsmittel keimfrei zu machen, eine Gewohnheit, die entstand, als er in den 1930er Jahren bei den Beduinen lebte. Alles, was er aß, wurde in reichlich Kaliumpermanganat gewaschen, weil es, sagte er, sowohl seinen

Verdauungstrakt reinige als auch sein Essen desinfiziere. Alles, was er aß – ob Huhn oder Erdbeeren –, nahm dadurch eine schlammbraune Farbe an.
Der Apotheker hatte bereits begonnen, die Büchse in Zeitungspapier einzuwickeln. Seine Bewegungen waren äußerst unkoordiniert.
»Sind Sie betrunken?«, fragte ich.
»Nein, Sahib, nicht bedlunken.«
»Übrigens, wie viel macht es?«
»Macht was?«
Ich wies auf die eingewickelte Büchse.
»Zweihundertzwanzig Rupien«, brachte er mit Mühe heraus.
»Ganz schön viel. Wie wär's mit einem kleinen Rabatt?«
Der Apotheker warf als Geste entschlossener Verneinung heftig den Kopf von einer Seite zur anderen. Dann ergoss er seinen Mageninhalt über den Tresen. Die Bewegung war wohl etwas zu schwungvoll gewesen.
»Igitt! Was ist denn mit Ihnen los?«
»Entschuldigung, Sahib«, keuchte der Apotheker, »fühlen nicht gut.«
»Warum nehmen Sie nicht eine Medizin?«
Wieder schüttelte der Apotheker den Kopf.
»Indische Medizin schlecht«, sagte er. »Nicht helfen. Kaliumpermanganat gut.«
»Sie haben die falsche Einstellung«, erwiderte ich scharf und tippte auf die Reste eines halb verdauten Eis, das auf meinem Hemd gelandet war. »Zufällig bin ich ein großer Anhänger von indischen Arzneien. Mein Problem ist, dass ich ihnen kaum widerstehen kann!«
Ich fischte ein paar verkrumpelte Geldscheine aus der Hosentasche und hielt sie ihm hin.
»Ich habe nicht viel Geld, wie Sie sehen«, sagte ich. »Bin ein bisschen knapp bei Kasse ...«
Der Apotheker, der gerade einen Spritzer Erbrochenes von meinem Einkauf wischte, gab einen lauten Lacher von sich.

»Nicht wie Krishnan!«, gackerte er belustigt.
Ich verstand nicht, was er meinte.
»Wer ist Krishnan?«
Ungläubig starrte mich der Apotheker mit glasigen Augen an.
»Reichster Mann in Welt!«, sagte er.
»Tatsächlich? Wo wohnt er?«
»Um die Ecke, Bugle Rock Lane.«
»Sind Sie sicher?«
»Warum nicht?«, erwiderte der Apotheker. »Alle hier kennen ihn.«
Wenn ich der reichste Mann der Welt wäre, würde ich in einen Palast oben auf dem Felsen von Monte Carlo ziehen oder mich auf einer paradiesischen Insel in der Karibik niederlassen. Deshalb fand ich es merkwürdig, dass der Reichste aller Reichen in einer abgeschiedenen Gasse in Bangalore wohnen sollte.
Der Apotheker schob mir das Telefonbuch zu. Ich schlug es bei »K« auf und ging die Reihen der Einträge durch.
»Hier ist er, *Krishan, B.*, Bugle Rock Lane …«
»Und er hat wirklich mehr Geld als alle anderen?«, fragte ich noch einmal nach, während ich die Nummer wählte.
»Natürlich nicht«, gab der Apotheker zurück und setzte wieder die Whiskyflasche an. »Krishnan hat überhaupt kein Geld!«

Reichtum und Betrug gehen immer Hand in Hand, hatte Feroze einmal gesagt. Wo du das eine findest, ist das andere nicht weit. Mr. Krishnans legendäre Menschenfreundlichkeit rühmend, suchte ich also um einen Besuchstermin an.

Eine halbe Stunde später fand ich mich in aufrechter und korrekter Sitzhaltung an einem geheimen Ort im Zentrum Bangalores wieder. Meine Kleider stanken nach dem alkoholgetränkten Mageninhalt des Apothekers, meine Schuhe waren in Auflösung begriffen, und meine Haare hätten dringend geschnitten werden müssen. Ich war beileibe nicht in dem Zustand, den reichsten Mann der Welt zu treffen. Was, wenn er vorhatte, mich zum

Abendessen in sein Wüstenschloss einzuladen? Vielleicht wurde das Privatflugzeug in diesem Moment schon aufgetankt. Ich bekam ganz glasige Augen bei dem Gedanken an derart unvorstellbaren Reichtum. Dann trat Mr. Krishnan ein.

Demutsvoll seine Hände ergreifend und mich tief verbeugend, begrüßte ich ihn mit dem gebührenden Respekt. Solcherart Ehrerbietung schien mir durchaus angemessen. Schließlich konnte diese Begegnung für mein ganzes restliches Leben entscheidend sein, und der erste Eindruck wird selten revidiert. Krishnan bat mich mit einer Handbewegung, mich wieder zu setzen, und nahm selbst Platz. Er war klein gewachsen, etwas über einssechzig groß. Sein Gesicht, obzwar ansprechend, war von vielen Falten durchzogen – zweifellos eine Folge erdrückender Verpflichtungen. Und seine Kleidung war mehr als bescheiden. Um ehrlich zu sein, fast so schäbig wie meine. Er war in eine verschlissene, beigefarbene Decke gehüllt, seine Füße steckten in Pantoffeln. Dieser Mann, dachte ich bei mir, ist so reich, dass er sich anziehen kann, wie er mag. Er braucht niemanden zu beeindrucken. Er muss also wirklich so reich sein, wie die Gerüchte sagen.

Mr. Krishnan schlürfte ein Glas gesüßten Minztee, strich sich die silbergrauen Haare zurück und begann die seltsame Geschichte zu erzählen, wie er zum reichsten Mann der Welt wurde.

Er wurde vor etwas über sechzig Jahren als Sohn eines Bauern in eine verarmte Familie auf einem Dorf außerhalb von Bangalore hineingeboren. Fest entschlossen, zu Ruhm und Reichtum zu gelangen, kehrte er seiner dörflichen Heimat in der Jugend den Rücken; er war überzeugt, dass er in der großen Stadt sein Glück machen würde.

»Meine Vorfahren waren direkte Nachkommen der alten Könige von Vijayanagaram«, begann Krishnan in langsamem und präzisem Englisch. »Unsere Familie gehörte einmal zur herrschenden Schicht. Erbstücke wurden von Generation zu Generation weitergereicht. Scheinbar wertlose Dinge, aber in unserer Familie dennoch über Jahrhunderte in Ehren gehalten.«

Der alte Mann hielt inne und wischte sich mit der Hand über den Mund.

»In meinem Elternhaus gab es einen Zeremonienraum«, fuhr er schließlich fort, »mit allen möglichen Bildern, Götterstatuen und anderen Gegenständen. Vor ihnen pflegte mein Vater seine Andacht zu verrichten. Unter diesen Gegenständen befanden sich auch vier seltsam geformte schwarze Klumpen. Bei allen feierlichen Anlässen wurden sie heruntergenommen und mit größter Ehrfurcht verehrt.«

Krishnan erzählte, wie eine Generation nach der anderen vor den geheimnisvollen schwarzen Klumpen ihre Rituale vollzog.

»Niemand wusste, was es mit diesen Klumpen auf sich hatte«, erklärte der Milliardär, und seine Augen ließen erkennen, dass ihn die Sache doch aufwühlte. »Man wusste nur, dass sie etwas ganz Besonderes waren und seit je beschützt und verehrt wurden.«

Die Jahre vergingen. Krishnan ging nach Bangalore, wurde Rechtsanwalt. Er bezog eine kleine Wohnung. Er heiratete, bekam vier Kinder und setzte sich nach zweiunddreißig Jahren Berufstätigkeit wegen seiner angeschlagenen Gesundheit zur Ruhe. Sein Leben, das vollkommen normal verlaufen war, bereitete ihn in keiner Weise auf die Dinge vor, die sich noch ereignen sollten.

Krishnan war nie ein religiöser Mensch gewesen. Als jedoch seine Eltern und die anderen Kinder aus seiner Generation starben, erbte er die Bilder, die Statuen und die vier schwarzen Klumpen aus dem Zeremonienraum. Er war viel zu beschäftigt und zu ungeduldig, um die notwendigen *pujas* durchzuführen, damit die Götter zufrieden waren. Deshalb schloss er die Erbstücke in einen Schrank und vergaß sie.

»Meine Frau hat immer an mir herumgenörgelt, weil ich die Sachen einfach weggeschlossen habe«, seufzte Krishnan. »Ihr hat Religion immer viel mehr bedeutet als mir. Ihr zuliebe habe ich dann zugestimmt, sämtliche Artefakte und die vier Klumpen dem Tempel von Nanjundeswara in Nanjangud, südwestlich von Bangalore, als Schenkung zu überlassen.«

Im Tempel wurde Krishnan mit endlosen Formularen und bürokratischen Schwierigkeiten konfrontiert.
»Als Rechtsanwalt wusste ich sehr gut«, erklärte er in entschiedenem Ton, »wie man einen Antrag stellt und dass es nicht der Mühe wert war, sich auf diesen Papierkrieg einzulassen. Ich hatte nicht die Absicht, mir vom Hochkommissar eine Erlaubnis zu holen, nur um ein paar alte Erbstücke verschenken zu dürfen.«
Also machte sich Krishnan mit seiner Familie wieder auf den Heimweg, und die ganze Zeit lag ihm seine Frau erneut in den Ohren. Sie befürchtete, es werde Unglück bringen, wenn man den Sachen nicht die gebotene Verehrung entgegenbringe. Doch in Krishnans Kopf hatte es zu arbeiten begonnen; er hatte bereits andere Pläne.
»Auf der Heimfahrt«, fuhr er fort und sah mich starr an, »fiel mir plötzlich auf, dass die schwarzen Klumpen sehr schwer waren. Vielleicht, dachte ich, enthalten sie Gold. Selbst wenn es nur Spuren von Gold sein sollten, könnte man es extrahieren ... und ich würde ein wenig Geld verdienen. Als ich es meiner Frau erzählte, war sie entsetzt, dass ich daran dachte, die heiligen Gegenstände zu entweihen. Sie beschwor mich, die Klumpen weder einzuschmelzen noch in ihrer Form zu verändern.«
Der Gedanke an das Gold ließ Krishnan keine Ruhe. Er versuchte, nicht daran zu denken, aber es gelang ihm nicht. Immer wieder kamen ihm das möglicherweise edle Erz, das Gold, der schnelle Reichtum in den Sinn. Also schickte Krishnan eines Abends Frau und Töchter ins Kino und machte sich an die Arbeit.
»Und so begann ich mit der Untersuchung«, erzählte er mit leiser Stimme. »Die Klumpen waren von einer dicken, schwarzen Kruste von Ruß und Schmutz bedeckt. Ich nahm eine alte Zahnbürste und ein Stück Seife und fing an sie abzuschrubben. Zuerst dachte ich, es sei Metall. Die Schmutzschicht war so hart, dass sie sich nur teilweise entfernen ließ. Nachdem ich sie lange mit der Zahnbürste bearbeitet hatte, hielt ich die Klumpen gegen das Licht. In einem konnte ich rote Flecken erkennen, in einem anderen blaue. Da wurde mir klar, dass diese Klumpen kein Metall,

sondern Mineralien waren, die vielleicht tatsächlich sehr wertvoll waren.«
Krishnan hielt seine Entdeckung monatelang geheim. Er las alle Bücher und Zeitungsartikel über Edelsteine, deren er in der öffentlichen Bibliothek von Bangalore habhaft wurde. Die Sorge, dass sein Geheimnis bekannt werden könnte, ließ ihn nicht mehr los. Niemandem durfte er von seiner Entdeckung erzählen.
»Ich dachte«, fuhr er fort, »wenn ich sie zu einem Juwelier bringe, könnte ich schlecht beraten oder hereingelegt werden. Solche Leute arbeiten vielleicht lieber in die eigene Tasche. Deshalb befasste ich mich ein oder zwei Jahre intensiv mit Gemmologie.«
Mit der Zeit eignete sich der ehemalige Rechtsanwalt das notwendige Wissen an, um die Tests zur Bestimmung von Edelsteinen selbst durchzuführen. Dann nahm er sich in der Abgeschiedenheit seines mit Büchern voll gepfropften Zimmers die vier Klumpen vor. Schließlich konnte er mit Sicherheit sagen, um welche Steine es sich handelte.
Drei waren enorm große hellrote Doppelstern-Rubine, der vierte ein kolossaler Saphir.

Wie kamen vier der größten Edelsteine der Welt überhaupt in Krishnans Schrank? Sie dürften seit der Zeit seiner Vorfahren, der alten Könige von Vijayanagaram, von Generation zu Generation weitergegeben worden sein. Vermutlich wird man sie zum Schutz vor Dieben schwarz angemalt, in Ruß und Schmutz gewälzt haben. Mit der Zeit werden die Familienmitglieder vergessen haben, um was es sich eigentlich handelte, und sie nur als bedeutende religiöse Artefakte weiter in Ehren gehalten haben.
Die Entdeckung ließ Krishnan um seine Sicherheit fürchten. Und die ständige Angst, die ungezählten Stunden der Beschäftigung mit Edelsteinen und nicht zuletzt seine Diabetes-Erkrankung beeinträchtigten seine Gesundheit. Dennoch wagte er immer noch nicht, sein Geheimnis jemandem zu enthüllen. Als er sich ein wenig mit der Steinschneidekunst vertraut gemacht hatte, kaufte sich der Rechtsanwalt eine handbetriebene Schleifmaschine. Ei-

nes Abends machte er sich in seinem Arbeitszimmer bei heruntergelassenen Jalousien daran, die äußere Schicht behutsam abzutragen.

Krishnan bewahrte sein Geheimnis noch monatelang. Tagsüber ging er seinen Pflichten nach, nachts beschäftigte er sich mit Gemmologie. Nach und nach ließ er die drei Rubine und den Saphir von einem vertrauenswürdigen Fachmann schleifen. Erst im Laufe der nächsten Monate und Jahre ließ er die Welt von ihrer Existenz wissen.

Alle vier Steine wurden in Indien geschliffen. Krishnan bedauerte mittlerweile, dass er sich damit nicht mehr Zeit gelassen hatte. Sein Wissen, welchen Schliff diese zu den größten und allerwertvollsten Edelsteinen der Welt zählenden Stücke bekommen sollten, war in der Tat recht begrenzt.

Krishnan versetzte die gesamte Gemmologenwelt in Erstaunen, als er seinen ersten Rubin, einen kolossalen Stein von 215 Karat, vorstellte. Als Nächster folgte ein Rubin mit 650 Karat – aus einem Stein von ursprünglich 1125 Karat geschnitten.

Zwei Jahre lang hüllte sich Krishnan in Schweigen. Dann ließ er vollkommen unerwartet wissen, dass er einen Rubin von wahrhaft phänomenaler Größe besitze. Er hatte, fertig geschliffen, ein Gewicht von 2475 Karat.

»Er ist ungefähr so groß wie ein Tennisball«, murmelte Krishnan und trank seinen Tee aus.

Hätte das Erbe aus ein paar Goldmünzen oder auch einer Hand voll kleinerer Edelsteine bestanden, wäre es für den alten Advokaten viel einfacher gewesen, es zu Geld zu machen. Rubine und Saphire von Tennisballgröße sind eine Menge wert. So viel, dass niemand auf der Welt es sich leisten kann, sie zu kaufen. Ihren Wert zu berechnen ist für einen Anfänger gar nicht einfach.

Krishnan hielt sich bei der Berechnung des Wertes seiner Steine an die Regel des berühmten französischen Reisenden und Edelsteinhändlers Jean-Baptiste Tavernier. Dieser sagte, der Wert eines Edelsteins sei direkt proportional zu seinem Gewicht im Quadrat. Wenn also 1 Karat eines Rubins £ 2000 wert ist, dann

beträgt der Wert von Krishnans größtem Rubin £ 2000 × 2475 × 2475 – über zwölf Milliarden englische Pfund. Wegen seiner Seltenheit, sagte Krishnan, verdopple sich der Wert des Steins – auf etwa vierundzwanzig Milliarden.
Doch Krishnan besaß nicht nur die Rubine. Zu seiner Sammlung zählte auch einer der größten Saphire der Welt. Mit einem Gewicht von 1370 Karat war er, laut Krishnan, ungefähr drei Milliarden englische Pfund wert.
»Man sagt, ich bin der reichste Mann der Welt!«, rief er aus und zählte die Milliarden an den Fingern ab. »Dann kommen Bill Gates, der Sultan von Brunei und andere. Diese Leute haben Geld. Sie mögen sich also melden und meine Edelsteine kaufen!«
B. Krishnan, der Milliardär, der in einer Mietwohnung für etwa hundertfünfzig Rupien im Monat lebt, war bereit, seine Edelsteine zum Sonderpreis zu verkaufen. Er brauchte Geld. Seine Töchter würden bald heiraten, doch der zum mittellosen Milliardär gewordene Ex-Anwalt machte sich Sorgen wegen ihrer Mitgift.
»Eine indische Hochzeit ist eine kostspielige Sache«, grummelte er. »Sie kostet Geld. Geld, das ich nicht habe.«

Eines Tages bekamen die Zeitungen Wind von den unschätzbar wertvollen Edelsteinen des Advokaten. Und damit begann die Geschichte mit dem *Guinness-Buch der Rekorde,* eine Obsession, die viele Inder zu ergreifen scheint. Nach monatelanger Korrespondenz wurde er endlich in das geheiligte Buch aufgenommen. Nichts hätte ihn glücklicher machen können. Es hatte sogar den Anschein, als würde ihn sein Guinness-Rekord mehr interessieren als der tatsächliche Wert der Edelsteine.
Krishnan war durcheinander. Krank geworden durch Armut, Drohanrufe und die Sorge um die Sicherheit seiner Familie, sah er sich in einem Dilemma gefangen. Er konnte die Steine zerschneiden lassen, so dass sie besser zu verkaufen waren – aber dann wäre der ihm teuerste Besitz, der Eintrag im Guinness-Buch, verloren.
Mit der Zeit fragte er sich, ob die Steine vielleicht eine Prüfung der Götter waren, was nicht einer gewissen Ironie entbehrte. Schließ-

lich hatte ihm gerade die Tatsache, dass er überhaupt nicht religiös war, zu der Entdeckung seiner kostbaren Steine verholfen.
Während unserer Unterhaltung kam Krishnan immer wieder auf Gott und übernatürliche Kräfte zu sprechen. Und er hatte auch guten Grund, an solche Kräfte zu glauben. Ein seltsames Erlebnis, das viele Jahre zurücklag, kam ihm neuerdings immer wieder in den Sinn.
»Als junger Mann«, erinnerte er sich, »nahm mich ein Freund einmal zu einem berühmten Astrologen mit. Der Mann schaute in meine Zukunft und eröffnete mir dann, dass alle irdischen Dinge meines Lebens fehlschlagen würden. Er forderte mich auf, eine in Sanskrit beschriftete Karte zu wählen.
Darauf stand geschrieben, dass die Kräfte der Sonne in mir dominieren. Rubine werden mit Sonnenkraft assoziiert. Diese Sonnenkraft würde mir Ruhm und Reichtum bringen, erklärte der Wahrsager. Zum Schluss prophezeite er mir, dass ich im Alter von Ende fünfzig berühmt und ungeheuer reich sein würde.«
Und wo war dieses Milliarden-Dollar-Vermögen an Edelsteinen? Vielleicht existierten sie gar nicht, vielleicht war das der Betrug? Krishnan wich allen Fragen nach ihrem Verbleib aus.
»Sie sind in Banktresoren verwahrt, aber nicht einmal ich weiß, wo sie sich gerade befinden«, sagte er und holte zwei verkratzte Dias von seinem Schatz hervor. »Sehen Sie nur!«, krächzte er. »Das sind die seltensten aller seltenen gemmologischen Phänomene! Ist es nicht großartig, was mir da gelungen ist?«
Bedächtig den Kopf schüttelnd, stand Mr. Krishnan auf und schlurfte in seinen Pantoffeln davon. Seine Frau wartete auf ihn. Seine Bibel, das *Guinness-Buch der Rekorde,* hatte er unter den Arm geklemmt. In der Hand hielt er die beiden verschwommenen Dias von seinem Schatz, der ihm so viele Sorgen gebracht hatte.
»Ach, übrigens«, rief er über die Schulter zurück, »kennen Sie jemanden, der sich meine Steine leisten könnte? Bitte bringen Sie mir Käufer. Wenn sie seriös sind, würde ich die Steine mit ihnen besichtigen gehen. Über den Preis könnten wir reden.«

21

Man nehme einen lebenden Schlangenkopffisch …

Seit fünfzehn Stunden grübelte der Trickser, wie er Mr. Krishnan um seinen Schatz erleichtern könnte. Er fand es einfach kriminell, dass ein derartiger Reichtum einem Mann mit so wenig Weitblick zugefallen sein sollte.

Wir saßen in einem Bus in Richtung Norden, nach Hyderabad. Bhalu, dessen Säcke mit der restlichen Beute auf dem Dach des Fahrzeugs festgeschnallt waren, schmiedete eifrig Pläne.

»Ich werde mich als Käufer verkleiden, Sie bringen mich zu Krishnan, und dann schnappe ich mir die Steine«, erklärte er mit verschwörerischer Miene.

»Das wirst du nicht tun! Außerdem bist du erst zwölf Jahre alt. Er würde dir den seriösen Käufer niemals abnehmen.«

Dem Trickser erschien die Vorstellung, ein Gentleman-Dieb zu werden, sehr verlockend. Ich erzählte ihm die Geschichte von Raffles, dem berühmt-berüchtigten aristokratischen Juwelendieb. Sie gefiel ihm ausgesprochen gut. Einen in den Straßen Kalkuttas aufgewachsenen Taschendieb strafte die Welt mit Verachtung; einem Dieb mit Stil und Umgangsformen würde sie bestimmt zu Füßen liegen. Und all die schönen Dinge, die diese Beschäftigung mit sich brächte … elegante Kleidung, prachtvolle Häuser und, nicht zu vergessen, die freizügigen Damen am Hof. Bhalus Traum ließ sich mit wenigen Worten beschreiben. Allerdings war Raffles mindestens doppelt so alt gewesen wie er. Und außerdem war Bhalu nun mal kein Gentleman.

Als der Bus in Kurnool am Ufer des Tungabhadra einfuhr, war es schon sehr spät. Bhalu übernahm das Kommando und schnippte zweimal mit den Fingern, worauf wie aus dem Nichts eine klapprige Rikscha auftauchte. Wir hievten zuerst die schmuddeligen Kissenbezugsäcke hinauf und kletterten dann hinterher. Bhalu wechselte mit dem Fahrer ein paar Worte auf Telugu. Der Junge überraschte mich doch immer wieder. Er war ein unglaubliches Sprachentalent. Den Kopf gesenkt haltend, als führte er irgendeine Schurkerei im Schilde, brachte der Fahrer sein Gefährt auf Touren und brauste los.

Anstatt in Richtung Stadtzentrum zu fahren, kutschierte er uns durch düstere Seitenstraßen, eine dunkler und – bis auf die Ratten – verlassener als die andere. Als hätte er gezielt das schmutzigste Haus in der schlimmsten Ecke am Stadtrand ausgesucht, brachte der Mann seine Rikscha plötzlich zum Stehen. Wir luden unsere Säcke mit Beute ab, der *rickshawalla* sagte noch ein paar Dinge, die sich nach Hinweisen anhörten, und fuhr davon.

»Bhalu«, flüsterte ich, »Ich glaube, der Fahrer hat nicht verstanden, was du ihm gesagt hast. Das ist der grässlichste, gottverlassenste Ort, an dem ich je gewesen bin. Schlimmer als das Hotel Bliss in Delhi.«

»Keine Panik«, erwiderte der Trickser und bedeutete mir, still zu sein. »Er hat genau verstanden, was ich gemeint habe.«

»Ist das ein Hotel?«

»Na ja, eine Art von Hotel«, murmelte er.

Unter dem Gewicht der restlichen drei Kissenbezüge voller Beute und meinem eigenen, eher bescheidenen Gepäck schwankend, gingen wir – Bhalu voran – um das baufällige Gebäude herum zur Rückseite. Es stank durchdringend nach altem Urin. Ich hatte zwar keine anderen Gäste zum Hotel gehen sehen, aber der Weg wurde anscheinend häufig begangen. Wahrscheinlich lagen alle schon im Bett, weil es so spät war.

Als wir im Hof angelangt waren, tastete Bhalu in der Dunkelheit auf dem Boden herum. Schließlich fand er eine Fanta-Flasche.

»Was ist los?«, nörgelte ich ungeduldig. »Klopfen wir doch einfach.«

»Haben Sie eine Münze?«

»Für Trinkgeld?«
»Geben Sie mir einfach eine Münze, irgendeine.«
Ich drückte ihm eine Ein-Rupien-Münze in die Hand. Bhalu fuhr mit der Kante quer über die Rillen der Flasche, was ein dunkel tönendes Geräusch ergab.
Dann geschah etwas Seltsames.
Wie von Geisterhand öffnete sich eine ziemlich große Falltür, die zu einem Keller unter dem Gebäude führte. Ein junger Mann winkte uns nach unten. Die Flasche und die Münze waren also gewissermaßen die Türklingel des Hotels. Als meine Augen sich jedoch an das Kerzenlicht in dem unterirdischen Gelass gewöhnt hatten, wurde mir klar, dass dies keineswegs ein Hotel war. Und was ich für eine Art Türklingel gehalten hatte, war in Wirklichkeit ein Geheimzeichen, um eingelassen zu werden.
Der Raum war sehr groß. An den nackten, feuchten Ziegelwänden wuchs überall Schimmelpilz, die Decke war niedrig und vom Kerzenruß geschwärzt. Ungefähr sechzig Männer saßen herum. Ein paar spielten Schach auf selbst gemachten Brettern und mit Kronkorken als Figuren; die anderen hockten einfach stumm da und starrten auf die Reihen der Kerzen.
Der Trickser geleitete mich zu zwei alten Autositzen am anderen Ende des Untergrund-Saloons. In meine Lunge drangen berauschende Gerüche. Ich rüttelte Bhalu am Arm und drängte, wir sollten doch lieber gehen und uns eine vernünftige Unterkunft für die Nacht suchen. Doch der Trickser ging nicht darauf ein. Ihm gefiel es hier. Während er auf mich einredete, ich solle mich ein wenig entspannen, tauchte eine lange Gestalt auf und stellte klirrend zwei Gläser mit einer knallgrünen Flüssigkeit vor uns hin.
Von dem Gebräu stieg wie Dunst im Torfmoor ein derart intensiver Geruch auf, dass meine Augen zu tränen begannen. Ich spürte, wie sich ein Asthmaanfall anbahnte.
»Was geht hier vor, Bhalu? Ich möchte ein warmes Bad und eine anständige Mahlzeit. Diese Leute sollten keinen Alkohol ausschenken! Wissen sie denn nicht, dass das in Andhra Pradesh ver-

boten ist?« (Anmerkung des Autors: Kurz nach unserem Besuch hob die Regierung dieses Bundesstaates die Prohibition auf.)
Bhalu leerte sein Glas in einem Zug und anschließend gleich das meine.
»Guter Stoff«, bemerkte er hustend und bedeutete dem Kellner, Nachschub zu bringen.
»Ich fass es nicht! Du trinkst, obwohl es verboten ist?«
»Na, was erwarten Sie denn?«, entgegnete das Schlitzohr. »Das ist schließlich eine Plauderkneipe.«
»Du meinst Flüsterkneipe.«
In Filmen erscheint die Zeit der Prohibition in Amerika immer heiter und unbeschwert. Zugegeben, es gab auch eine Menge Gangster, die sich gegenseitig massakrierten, aber alle anderen amüsierten sich prächtig in den alten Streifen. In den so genannten Flüsterkneipen herrschte eine tolle Atmosphäre. Es gab immer einen alten Klavierspieler, der am Piano einen Ragtime hämmerte, flotte Tänzerinnen, Zigarre rauchende Croupiers am Roulette, phantasievolle Cocktails, Kristallllüster und elegante Herren mit glatt zurückgekämmten Haaren und Mittelscheitel.
Ich sah mich im Keller um. Kein Mensch rauchte Havannas. Es gab kein Piano, keine Revuetänzerinnen, keine Croupiers, keine Kronleuchter mit geschliffenen Prismen und keine Cocktails.

Ein älterer, kultiviert wirkender Mann mit schräg geschnittenen Augen und heller Haut zog sich einen Stuhl heran und setzte sich zu uns. Er beugte sich zu Bhalu und legte ihm anbiedernd einen Arm um die Schulter.
»Ein Schluck von diesem Stoff, und du bekommst einen unstillbaren Durst!«, sagte er.
Der Trickser fauchte ungehalten.
»Aber Alkohol trinken ist verboten in Andhra Pradesh! Alle hier sind Gesetzesbrecher!«, bemerkte ich selbstgerecht.
»Mein lieber Freund«, erwiderte der Mann und stürzte das Glas Fusel hinunter, als wäre es Orangensaft, »diese Flüssigkeit ist Medizin, Medizin für die Seele.«

»Warum zerstört sie dann den Körper?«
Der Mann warf mir einen kühlen Blick zu.
»Ich kann nichts dafür«, entgegnete er gleichmütig, »wenn ein Elixier für die Seele Gift für das Fleisch ist.«
Während der Kellner die nächste Runde Schwarzgebrannten austeilte, stellte sich Bhalus Zechkumpan vor. Er sei Geschäftsmann, Christ und heiße A. B. Robert. Ich wollte wissen, in welcher Branche er tätig sei. Er ließ die trübe, leuchtende Flüssigkeit im Glas kreisen und hielt es dann hoch, als wolle er einen Toast ausbringen.
»In dieser Branche«, gab er zurück.
»Sie produzieren Schwarzgebrannten?«
»Ich produziere ihn, verkaufe ihn, besitze Kneipen, die ihn ausschenken …«
»Aber was sagt die Polizei dazu?«
A. B. Robert zuckte mit den Schultern.
»Ah, der Polizei schmeckt er!«, erwiderte er mit süffisantem Lächeln. »Das Problem sind die Frauen.«
»Die Polizistinnen?«
»Aber nein«, entgegnete der Mann seufzend. »Ich habe Ihnen doch gesagt, dass es mit der Polizei keine Probleme gibt. Es sind die Frauen, die uns Schwierigkeiten machen. Als die Prohibition kam, dachten sie, ihre Männer würden mit dem Trinken aufhören. Aber die Männer mögen den Stoff – er ist viel stärker als das übliche Zeug.«
»Aber wie machen Ihnen die Frauen denn Schwierigkeiten?«
Wieder stieß A. B. einen tiefen Seufzer aus.
»Sie zerschlagen unsere ganzen Flaschen«, sagte er. »Sie brennen unsere Lagerhäuser nieder und zerstören unsere Destillieranlagen. Sie sind sehr aggressiv geworden. Wir sagen den Männern immer, sie sollen es nicht übertreiben, aber sie wollen einfach nicht hören. Natürlich werden sie ins Gras beißen, wenn sie zu viel trinken. Das ist wirklich starker Stoff!«
»Was ist mit den Leuten, die Ihren *chullu* zu stark finden?«
»Ja, manche haben tatsächlich nicht den Magen dafür«, sagte

A. B. Robert. »Deshalb bekommen sie von uns etwas Besonderes.«
»Softdrinks?«
»Nein! Keine Softdrinks!«, knurrte der Geschäftsmann.
Er sah mich mit säuerlicher Miene an. Für ihn kam ein Getränk ohne Alkohol einem Sakrileg gleich. »Keine Softdrinks!«, wiederholte er.
»Was dann?«
»Cocktails. Den Magenschwachen geben wir Cocktails.«
Cocktails – das hörte sich sehr gepflegt an, nach geeistem Daiquiri mit einer Limettenscheibe. A.B. rief dem Barkeeper etwas zu, der mir eine kleine braune Flasche brachte. Sie war in ein schmutziges Tuch eingewickelt und enthielt eine schlammbraune Flüssigkeit, die leicht nach Pfefferminze roch.
»Ein erfrischender, leichter Cocktail aus heimischer Produktion«, erklärte der Spirituosenkönig.
Ich schob das oben verknotete Tuch herunter, um mir das orange-weiße Etikett anzusehen – MUKUF war mit kraftvollen Buchstaben darauf geschrieben. Und darunter stand: Kräuter-Hustensirup. Dreimal täglich zwei Teelöffel einnehmen.«

Trotz meiner Erfahrungen war ich immer noch so naiv wie ein Kind, als ich vollkommen aufgelöst und nach Atem ringend in der großen Mogulen-Festung Hyderabad ankam. Als wir aus dem grässlichen Überlandbus ausstiegen, war es bereits später Nachmittag. Acht Stunden dichtester Verkehr hatten die Luft vor Dieselabgasen anthrazitgrau werden lassen. Mein Asthma war inzwischen so schlimm, dass mich jeder Atemzug anstrengte. Ich keuchte wie ein Wolf nach der Beutejagd. Ich hatte mich schon darauf gefreut, die geheimen Winkel der Stadt zu erkunden, mir Thesigers geliebtes Rock Castle Hotel anzuschauen, zum Golconda Fort zu marschieren. Doch zuerst musste ich mich um etwas wesentlich Dringenderes kümmern.
Bhalu hielt eine Motorrikscha an und befahl dem Fahrer, uns so schnell wie möglich in die Altstadt zu bringen. Auch er meinte,

dass die Wunderkur der Gowd-Brüder bei meinem sich zusehends verschlechternden Zustand meine einzige Hoffnung sein könnte. Nicht einmal hatte der Trickser ob meines Gebrechens Ungeduld gezeigt. Ihm hatte seine auf Kalkuttas Gassen verbrachte Kindheit eine eiserne Konstitution beschert. Seine Lunge war kräftig wie der Blasebalg eines Schmieds, sein Magen robust wie Granit, seine Vitalität unerschöpflich. Meine Beschwerden waren das Ergebnis des in unserer Weltgegend üblichen Komforts: Zentralheizung, sterilisierte Nahrungsmittel und regelmäßige Gaben von Antibiotika.

Ich wusste zwar, wann ungefähr die Wunderkur verabreicht wurde, und kannte den Namen derer, die ihr Geheimnis seit Generationen bewahrten, aber mehr wusste ich nicht. In jedem anderen Land wäre ein derartiger Mangel an Informationen ein Nachteil gewesen. In Indien jedoch genügt normalerweise das kleinste Bröckchen – in diesem Fall ein einziger Satz von Gokul –, um einen in Bewegung zu setzen.

Neben dem Tor des Charminar mit seinen vier eindrucksvollen Minaretten im Zentrum der Altstadt kam die Rikscha schlitternd zum Stehen. Bhalu wies den Fahrer an, uns zum Haus der Gowds zu bringen.

»Wir möchten die Asthmakur«, fügte ich erklärend hinzu.

Der *rickshawalla* nagte an seiner Unterlippe.

»Fishmedizin?«, fragte er nach.

»Nein, *Asthmakur.*«

»*Haa,* Fischmedizin Asthmakur.«

Gokul hatte kein Wort von Fisch gesagt. Meeresgetier war nie mein Fall. Offensichtlich hatte Ferozes Diener, der meine Abneigung kannte, diese Tatsache bewusst verschwiegen.

Ehe ich protestieren konnte, war die Rikscha nach rechts abgebogen, hinein in das Gassengewirr östlich des Charminar. Ein Schwarm schwarz verschleierter Frauen stritten sich an niedrigen Verkaufsständen um billige Armreifen, ein paar andere rangelten um Melonen, Guaven und Trauben, aufgehäuft wie Kriegstrophäen. Unter einem Torbogen standen etliche ältere Männer und klagten über das Eheleben. Neben ihnen sah eine Ziege, sich ihres Schicksals nicht bewusst, voller Zuneigung zu ihrem Besitzer, einem Metzger, auf. Überall rannten Kinder mit Papierdrachen, Reifen und selbst gemachtem Spielzeug an Schnüren durch den Staub. In halsbrecherischem Tempo von einer Gasse in die nächste brausend, drangen wir immer weiter in die Altstadt vor, bis wir schließlich in der Dood Bholi landeten, der Straße, in der die Gowd-Brüder wohnten.

Als wir um die Ecke bogen, trat der *rickshawalla* mit voller Kraft auf die Bremse und stieß einen schrillen Schrei aus. Ebenso Bhalu, den so schnell nichts überraschte. Ich hingegen gab keinen Ton von mir. Der Schock hatte mich stumm gemacht.

Vor uns erstreckte sich ein Meer von Menschen. Zehntausende, zusammengepresst wie die Körner in einem Sack Salz, ein Fußpaar dicht neben dem anderen. Immer wieder reckten sich Arme hilfesuchend in die Luft, wenn die Starken über die Schwachen hinwegtrampelten. Die Leute drängelten sich wie Bienen um ihre Königin. Alle schnappten in ihrer Erregung hektisch nach Luft. Alle hatten nur ein Ziel – eine abgeblätterte cloisonnéblaue Tür, die zu einem kleinen, weiß getünchten Haus in der Mitte der Gasse führte.

Das Datum schien zu stimmen … und wir waren zweifellos am richtigen Ort. Ich schickte Bhalu los, er solle ein wenig Hintergrundinformation sammeln. Was er bei seiner Rückkehr an aufgeschnapptem Tratsch zu berichten hatte, hörte sich an wie ein Bulletin aus dem Nachrichtenticker: Die Behandlung würde am nächsten Tag beginnen, sobald der Stern Margashirsa Karthe gesichtet würde. Sonderzüge, -busse und -flüge waren eingerichtet worden, um die Leute aus den entlegensten Winkeln Indiens nach Hyderabad zu befördern. Mehr als eine halbe Million Menschen waren bereits eingetroffen. Viele hatten in diese Reise die Ersparnisse ihres ganzen Lebens investiert, andere brachten zu diesem einmaligen Erlebnis ihre gesamte Familie mit. In seltener Eintracht versammelten sich Muslime, Buddhisten, Jains und Hindus aller Kasten vor dem Haus der Gowds. Die Hotels und

Pensionen der Stadt waren brechend voll. In Moscheen und Tempeln, Straßencafés, Busbahnhöfen und Bahnstationen drängten sich keuchende Asthmatiker aus nah und fern.
Ich gab dem Trickser zu verstehen, dass ein bisschen Vordrängeln durchaus angebracht wäre. Wenn man auf Erkundungsreise ist, muss man gelegentlich den direkteren Weg nehmen. Wir kletterten auf ein Dach am Ende der Gasse und krabbelten schnurstracks zum Haus der Gowds.

Harinath Gowd saß im Hof des Familienanwesens und blickte unruhig zum Eingang. Die abgeblätterte blaue Tür bog sich durch den Druck der halben Million Menschen auf der anderen Seite bedenklich nach innen. Die engen Gassen der Altstadt waren mehrere Kilometer im Umkreis von Asthmatikern blockiert. Harinath, der zweitälteste der fünf Brüder, hieß uns herzlich willkommen, ohne wissen zu wollen, warum wir vom Dach in sein Haus gesprungen kamen.
Er war noch damit beschäftigt, sich um die letzten Vorbereitungen zu kümmern. Zweihundert Kilogramm magische Paste waren nach einem geheimen ayurvedischen Rezept angerührt worden. Rund um die Uhr wurden *pujas* abgehalten, um böse Geister zu besänftigen. Die weihrauchgeschwängerte Luft machte mir das Atmen noch schwerer. Die Polizei war instruiert, falls es zu einem Aufruhr kommen sollte. Wieder und wieder hatte man die astrologischen Tabellen geprüft.
Harinath bat uns, Platz zu nehmen, und entschuldigte sich dann für einen Moment. Die schon etwas lädierte Tür musste dringend mit einer Holzplanke verstärkt werden. Als er sich wieder auf seinem *charpoy* im Hof niedergelassen hatte, begann er die wichtigsten Fakten der Kur zu erläutern.
»Jedes Jahr kommen mehr Leute«, erzählte er, sich hin und her wiegend. »Daran sehen Sie, welch großen Anklang dieses Wunder aller Wunder findet! Angefangen hat alles mit meinem Vorfahren.«
»Mit welchem?«
»Mit meinem Ururgroßvater. Er war ein sehr großzügiger

Mann, wissen Sie«, berichtete Harinath stolz. »In ganz Hyderabad kannte man ihn wegen seiner guten Taten. Während der Monsunzeit im Jahr 1845 sah er einmal einen Sadhu im strömenden Regen sitzen. Der Mann fror, er war hungrig, von aller Welt verlassen. Und so brachte mein Vorfahr – Veerana Gowd – ihn hierher, in dieses Haus. Er gab ihm zu essen und pflegte ihn wochenlang, bis er wieder gesund war. Kurz bevor der Sadhu wieder seiner Wege ging, weihte er meinen Vorfahren in das Fischwunder ein.«

»*Fisch*-Wunder?«, murmelte ich. »Was genau hat Fisch damit zu tun?«

Harinath Gowd trug seinem Sohn eine Reihe von Dingen auf, die er erledigen sollte.

»Der heilige Mann sagte«, fuhr er fort, ohne auf meine Frage zu antworten, »dass der Brunnen in unserem Hof künftig voll mit magischem Wasser sein würde. Wir sollten es für die Herstellung einer besonderen Paste verwenden. Das Wasser, die Zutaten der Paste und der richtige astrologische Zeitpunkt zusammen ergeben das magische Wunder. Der Sadhu sagte, meine Familie solle am ersten Tag des Monsuns kostenlos eine Kur gegen Asthma abgeben. Würde Geld für das Heilmittel verlangt, würde es keine Wirkung haben … die Magie wäre zerstört. Das war vor ungefähr hundertfünfzig Jahren. Meine Familie hat ihr Wort gehalten und niemals Geld dafür verlangt.«

Anfangs verbreitete sich die Neuigkeit von der Wunderkur nur langsam. In den ersten Jahren kamen lediglich Asthmatiker, die in den Gassen rund um das Haus der Gowds wohnten. Doch mit der Zeit hörten immer mehr Leute von der wundersamen Asthmakur. Und je mehr davon hörten und sie ausprobierten, umso schneller sprach es sich herum.

In jedem anderen Land würden die Behörden, wenn eine halbe Million Menschen vor jemandes Haus auftauchte und um ein Wundermittel bäte, erst einmal verlangen, dass Formulare ausgefüllt und Genehmigungen erteilt würden. In Indien jedoch, wo Wundermittel wie selbstverständlich zum Leben gehören, gehen solche Dinge wesentlich einfacher vonstatten.

Am Abend vor der großen Asthma-Show saßen die fünf Gowd-Brüder bemerkenswert entspannt vor dem Fernseher und sahen sich einen Film in Hindi an. Ob es sie nicht beunruhige, dass fünfhunderttausend Asthmatiker gegen ihre Tür hämmerten? Shivram Gowd, der älteste der Brüder, beugte sich vor, um den Fernseher lauter zu drehen und den Lärm von der Straße zu übertönen.
»Natürlich nicht«, erwiderte er. »Sie müssen bedenken: Hier geht es nicht um eine schlichte allopathische Medizin, sondern um eine Wunderkur!«
Allein die Masse der Kranken, die nach dem ungewöhnlichen Heilmittel verlangten, machte es in den vergangenen Jahren notwendig, dass die Gowds zusätzliche Mitarbeiter anheuern mussten. Über fünfhundert freiwillige Helfer sorgten dafür, dass alles glatt lief. Etliche hunderte mehr standen an verschiedenen Stellen bereit, um kostenlos Trinkwasser und gefüllte Kekse zu verteilen, die von Geschäftsleuten und Wohltätigkeitsvereinen der Stadt gespendet worden waren. Während man früher alle Kranken im Haus der Familie Gowd behandelt hatte, wurden nun in den benachbarten Straßen Stände aufgestellt, um die Arznei innerhalb von vierundzwanzig Stunden einer möglichst großen Zahl an Menschen verabreichen zu können.
Durch die Anweisungen des Sadhu war sichergestellt, dass die Gowds aus ihrer Wunderkur keinen Profit schlugen. Aber sie genossen es offensichtlich, einen Tag im Jahr im Mittelpunkt zu stehen.
»Wir sind stolz darauf, dass wir den Menschen auf diese Weise helfen können«, erklärte Shivram Gowd.
Würde er das Wundermittel nicht lieber öfter als nur einen Tag im Jahr verteilen? Shivram Gowd hielt inne und lauschte den Rufen der halben Million Kranken vor seiner Tür. Dann verdrehte er die Augen und flüsterte: »Nein, ein Tag im Jahr reicht vollkommen.«
Bhalu und ich hatten keine Chance, das von Asthmatikern belagerte Haus der Gowds zu verlassen. Die meisten würden die

Nacht, erschöpft und hyperventilierend nach der beschwerlichen Anreise, stehend in der Menschenmenge eingekeilt verbringen. An den großen Schüsseln mit der geheimnisvollen, bienenwachsfarbenen Paste, die die Konsistenz von Marzipan hatte und den Geruch von minderwertigem Fisch verströmte, wurden die ganze Nacht hindurch Mantras rezitiert. Wir legten uns auf dem Flachdach des Hauses schlafen.

Als über der alten Mogulenstadt Hyderabad der Morgen dämmerte, begann im Innenhof des Gowd'schen Anwesens ein langes Zeremoniell. Die fünf Brüder saßen, von ihren Familien umgeben, auf einer erhöhten Plattform, wie schon ihre Vorväter vor ihnen. In heilige safrangelbe Gewänder gehüllt, segneten sie die Schüsseln mit der öligen Paste. Draußen im Gewirr der Gassen drängelten die Asthmatiker mit ihren Familien unruhig und erwartungsvoll. Das Wunder war nah.

Kurz nach sieben Uhr morgens streckte ich meinen Kopf auf die Straße hinaus. Zuvorderst in der Schlange stand ein alter Bauer aus Orissa. Sein Name sei Krishna Punji, sagte er. In der Hand hielt er einen durchsichtigen Plastikbeutel. In dem Beutel befand sich ein lebendiger grauer Fisch.

»Ich bin schon seit sechs Wochen hier«, erzählte er mit matter Stimme. »Ich war mir nicht sicher, wann das Wunder stattfindet. Deshalb bin ich ein bisschen früh gekommen. Ich habe ganz schlimmes Asthma, wissen Sie.« Zur Bekräftigung seiner Worte ließ er ein lautes, pfeifendes Keuchen hören.

»Aber was haben Sie mit dem Fisch vor?«, wollte ich wissen.

Krishna Punji kratzte sich am Kopf. »Das ist eine Wunder-*Fisch*-Kur … deswegen habe ich einen Schlangenkopffisch dabei.«

Ich ließ meinen Blick über die Menschenmenge wandern. Alle hatten die gleichen Plastikbeutel in den Händen. In jedem war ein lebendiger Fisch. Sie hielten ihre Beutel hoch und gegen das Licht wie Kinder, die vom Jahrmarkt einen Goldfisch mit nach Hause gebracht haben.

Da ich von niemandem eine klare Aussage bekam, zog ich meinen

Kopf wieder zurück. Ich pirschte mich an Harinath heran, der so hilfsbereit gewesen war, und versuchte ihn zu fragen, was es mit dem Fisch auf sich habe, doch er konnte nicht antworten. Er war, ebenso wie sein Bruder Shivram, viel zu sehr damit beschäftigt, vor dem Familienschrein zu beten. Auch Bhalu war keine Hilfe. Er hatte irgendwo in der Menge ein hübsches Mädchen entdeckt und sich über die Mauer geschwungen, um sich an sie heranzumachen. Also stellte ich mich stumm neben den Schrein und wartete auf die Wunderkur, wie alle anderen.

Punkt acht Uhr gab Harinath Gowd bekannt, dass nun der Moment für die jährliche Asthma-Wunderkur gekommen sei. Die zahlreichen Mitglieder der Großfamilie umschwärmten die älteren Brüder. Shivram erklärte, es beginne immer damit, dass die Gowds die Medizin selbst nähmen. Dann durfte ich, als ihr Gast, der Erste sein. Super, dachte ich, fünfhunderttausend Leute überholt. Nicht schlecht vorgedrängt.
Das Hochgefühl war von kurzer Dauer.
Shivram jonglierte ein, zwei Augenblicke mit einem Plastikbeutel und kippte dann einen lebendigen, ungefähr sieben Zentimeter langen Schlangenkopffisch in seine Hand. Die winzigen Kiefer der Kreatur wurden aufgezwängt, ihr eine Kugel der übel riechenden gelben Paste von der Größe einer Walnuss ins Maul geschoben und etwas davon um den Kopf geschmiert. Die gesamte Familie Gowd drängte näher, um meine Freude mitzuerleben. Einer von ihnen bedeutete mir, ich solle die Zunge herausstrecken. Der Fisch und ich wechselten einen beunruhigten Blick. Er schien eine Erklärung zu fordern. Leider war ich ebenso perplex wie er. Was dann folgte, war eine neue Erfahrung für ihn wie für mich.
Mit einer einzigen geschickten Bewegung schob Shivram Gowd seine Hand in meinen Mund. Die Finger eines erwachsenen Mannes hinten im Hals zu spüren, ist äußerst unangenehm. Aber noch gar nichts im Vergleich zu dem Gefühl, wenn einem ein lebendiger und vollkommen verstörter Schlangenkopffisch samt einer widerlichen Wunderpaste die Speiseröhre hinunterschwimmt.

Während sich mein Körper zusammenkrümmte und mich das große Würgen überkam, wurde die abgeblätterte Tür des Gowd'schen Hauses geöffnet, und eine Flutwelle von Asthmatikern ergoss sich in den Hof – an ihrer Spitze Krishna Punji. Noch immer würgend, weil mein armer Schlangenkopffisch weiterhin aufwärts schwimmen wollte – wie ein Lachs, der zu seinem Laichplatz zurückkehrt –, beobachtete ich, wie der Bauer aus Orissa seinen Fisch überreichte, gehorsam den zahnlosen Mund öffnete, so weit er konnte, und schwuppdiwupp war der gesprenkelte Fisch in Richtung Magen verschwunden.
Aufgeregt äußerte ich mein Missfallen über diese Medizin, doch die Leute verhielten sich meiner Reklamation gegenüber äußerst reserviert, anstatt mich zu unterstützen. Die halbe Million Asthmatiker war keineswegs entsetzt über die unorthodoxe Behandlung, nein, sie konnte offenbar gar nicht genug davon bekommen.
Draußen auf der Straße riefen die Gassenkinder unaufhörlich *»Machhi! Machhi!«, »Fisch! Fisch!«.* Die Konkurrenz zwischen den Verkäufern hielt die Preise niedrig. Vor allem die Größe war wichtig, denn alle glaubten, je größer der Fisch sei, umso besser putze er den Hals aus, sobald man ihn verschluckt hat.
»Es ist gut, wenn der Fisch schön zappelt«, rief Harinath Gowd mir zu, dessen Hand gerade vollständig im Mund einer Frau aus Südindien verschwand. Die Patientin begann zu würgen. Ihr Fisch war gute fünfzehn Zentimeter lang – viel zu groß, als dass ihn jemand hinunterbekäme. Ein kräftiger Schlag auf ihren Rücken befreite ihn aus der Klemme. Man konnte ihn zwischen den Reihen der Zähne sehen, wie er verzweifelt rückwärts in die Freiheit zu schwimmen versuchte. Fast erdrückt von den vorwärts drängenden Asthmatikern, fuhr Harinath noch einmal in den Mund der Frau, und der Fisch verschwand kopfüber im dunklen Abgrund ihrer Speiseröhre, ohne jemals wieder aufzutauchen.
Sollte es Ihnen schon bei dem Gedanken, ein solch übergroßes Antibiotikum zu schlucken, kalt über den Rücken laufen, dann können Sie die Wunderkur der Gowds vergessen. Es ist ein trau-

matisches Erlebnis für den Patienten, und leicht zu verabreichen ist die Medizin auch nicht. Jeder einzelne Schritt der Prozedur barg seine Gefahren. Wenn der Fisch aus dem Plastikbeutel genommen wurde, zappelte er oft so heftig herum, dass er zu Boden fiel. Sich in der dicht gedrängten Menschenmenge zu bücken und zwischen den Füßen nach einem entflohenen Fisch zu suchen, war äußerst riskant. Noch schwieriger war es, ihm das Maul aufzuzwängen und die Pastekugel hineinzuschieben. War das gelungen, musste der Fisch dem Kranken noch kopfüber in den Rachen befördert werden. Diese Medizin einmal zu verabreichen wäre allein aller Anerkennung wert. Es an einem einzigen Tag eine halbe Million Mal zu bewerkstelligen, war an sich schon ein Wunder.

Jede Stadt, jedes Dorf der Subkontinents schien vor dem Haus der Gowds vertreten. Buddhistische Mönche, Stammesangehörige aus Assam, Geschäftsleute aus Bangalore, Goaner und Tamilen, Paschtunen und Sikhs – alle hatten sich in diesen Trubel gestürzt, alle in der verzweifelten Hoffnung auf das Wunder. Viele rangen mühsam nach Luft, weil die immer heftiger nachdrängenden Körper einen Asthmaanfall ausgelöst hatten. Andere schrien hysterisch, weil sie im Gewühl ihre Kinder verloren hatten. Das Durcheinander wurde von Minute zu Minute schlimmer, die Menschen wurden zusammengepresst wie Sardinen in der Büchse. Dann, plötzlich, hieß es von allen Seiten: *Die Fischvorräte gehen aus. Es gibt fast keine Wunderpaste mehr.* Panik brach aus. Babys wurden über die Köpfe gehalten, damit sie nicht zwischen den Leibern zerquetscht wurden, Kessel voller Fische hochgestemmt. Wenig später gab es außer der halben Million Schlangenkopffische noch weitere Opfer zu beklagen. Zwei alte Männer waren gestürzt und zertrampelt worden.

Seit die Wunderkur der Gowds in Indien und anderen Ländern bekannt geworden ist, versuchen auch Betrüger regelmäßig, daraus Kapital zu schlagen. In jeder großen Stadt bieten Quacksalber und Scharlatane jedes Jahr am selben Tag eine ähnliche Medi-

zin an. Die meisten behaupten, mit den Gowds verwandt zu sein. Im Gegensatz zu den fünf Brüdern in Hyderabad verlangen sie jedoch eine hübsche Summe Geld.
»Wir haben damit gerechnet, dass Schwindler auf diese Weise Geld zu machen versuchen«, sagte Harinath Gowd pragmatisch. »Von großen Pharmakonzernen sind uns auch schon Millionen Rupien für die Rezeptur angeboten worden. Aber wir haben keine Angst vor Betrügern oder Leuten, die unsere Paste analysieren und nachbauen. Sie können uns kopieren, solange sie mögen. Wir haben etwas, das sie nie haben werden – den magischen Segen des Sadhu.«
Wie nicht anders zu erwarten, amüsiert sich das ganze medizinische Establishment über die Wunderkur der Familie Gowd gegen Asthma. Einen lebendigen Fisch zu schlucken hört sich auch wirklich nach Hokuspokus an. Dennoch könnte diese ausgefallene Medizin eine wissenschaftliche Grundlage haben. Forscher des Royal Prince Alfred Institute of Respiratory Medicine in Sydney haben kürzlich ein mögliches Heilmittel gegen Asthma vorgestellt. Zufällig ist es – *sehr* frischer, fettreicher Fisch. Frischer Fisch, sagen sie, hat entzündungshemmende Eigenschaften, was sich bei Asthmatikern lindernd auf die Luftwege auswirken könnte.
Draußen vor dem Gowd'schen Anwesen hatten die Polizisten ihre Versuche, die Menschenmassen in Schach zu halten, schon fast aufgegeben. Taschendiebe aus ganz Indien nutzten die einmalige Gelegenheit. Irgendwo war, wie ich befürchtete, auch das unvergleichliche Schlitzohr Bhalu zugange.
Stunde um Stunde bekamen tausende von Asthmatikern ihre Medizin verabreicht. Den ganzen Tag, den ganzen Abend, die ganze Nacht hindurch. Um sechs Uhr am nächsten Morgen wurde die kurzfristig errichtete Zeltstadt in der Nachbarschaft des Gowd'schen Zweizimmerhauses langsam abgebaut. Die Taschendiebe bestiegen Züge zu neuen Wirkungsstätten. Die Luftballonverkäufer, die Bettler und die meisten der fünfhunderttausend Asthmatiker waren verschwunden. Um sieben Uhr mor-

gens versuchten die Fischhändler verzweifelt, ihre letzten Vorräte loszuschlagen. Wieder einmal hatte der Markt für Schlangenkopffische für ein weiteres Jahr seinen Tiefstand erreicht.

22

Elvis der Göttliche

Mein Asthma hatte sich über Nacht gebessert. Ob die überlieferte Medizin der Gowds etwas damit zu tun hatte, sei dahingestellt; es könnte auch am angenehmen Klima Hyderabads gelegen haben. Nun, da der Schlangenkopffisch in meinem Bauch herumschwamm, überlegte ich, was ich als Nächstes tun sollte. Warum nicht gleich nach Kalkutta zurückfahren? Der Meister würde inzwischen bestimmt von seiner Reise zurück sein. Ich könnte den Madras Mail nehmen und am nächsten Tag zur Schlafenszeit dort sein. Der Gedanke war verlockend. Ich hatte Feroze eine Menge zu berichten – von Trepanation und Erdessern bis zu petunienfarbenen Kontaktlinsen, gigantischen Edelsteinen und jetzt auch wunderkräftigem Schlangenkopffisch.

Doch eine quälende Ungewissheit ließ mich davon Abstand nehmen. Wenn ich in Ferozes Haus auftauchte, ohne den Subkontinent vom Golf von Bengalen bis zum Arabischen Meer durchquert zu haben, würde sich der Meister bestimmt veranlasst fühlen, mich zu demütigen. Er hatte mir zwar nicht den Auftrag erteilt, das Land zu durchqueren, aber ich hatte das Gefühl, dass er es erwartete. Da ich seine Schikanen bereits zur Genüge kannte, beschloss ich, weiter nach Westen zu fahren, nach Bombay. Vielleicht kam ich gerade rechtzeitig, um zu erleben, wie der Monsun über die Back Bay hereinzog. Vielleicht eine verrückte Idee,

überlegte ich, aber danach würde ich mit hocherhobenem Kopf nach Kalkutta zurückkehren.
Der Trickser war wie immer begeistert, dass die Reise weitergehen sollte. Zwischen uns hatte sich eine eigenartig symbiotische Beziehung entwickelt. Ich brauchte ihn als Übersetzer und Zuhörer für meine langweiligen Geschichten, und er war auf mich angewiesen, weil ich der einzige vertrauenswürdige Mensch war, der mit ihm seine Kissenbezugsäcke voller Beute durch die Gegend schleppte.
Als wir zur Nampally Railway Station gingen, wo der Zug nach Bombay abfuhr, warf ich Bhalu einen inquisitorischen Blick zu. »Gestehe endlich deine Motive«, sollte das heißen. Der Trickser rieb sich die Nase, grinste und sah weg. Er hatte seine Gründe, warum er mich begleitete – Gründe, die ich, hoffentlich, eines nicht allzu fernen Tages erfahren würde.
Kurz nach halb vier verließ der Minar Express Hyderabad in Richtung Westen, in Richtung Bombay. Zur Frühstückszeit am nächsten Morgen würden wir den Colaba Causeway entlangschlendern und die frische Luft vom Arabischen Meer atmen.
Ich schob mich auf meinem Sitz nach vorne und schaute aus dem geöffneten Fenster. Schon nach wenigen Minuten fuhr der Zug durch endlose Slumviertel. Ich sah Lumpensammler und Ziegen, die in Bergen verrottenden Mülls nach Verwert- und Fressbarem wühlten. Drei Jungen, die sich aus Plastiktüten und Schnur verkrumpelte Drachen gebastelt hatten, liefen wie triumphierende Athleten mit hocherhobenen Armen durch den Morast. Nicht weit entfernt transportierten trauernde Angehörige einen in ein Tuch gehüllten Leichnam. Das Licht verblasste zu hellem Platin, es wurde still. Das Pfeifen der Lokomotive wurde leiser, die Luft draußen langsam kühler, die Blätter eines Jamun-Baumes raschelten wie Krepppapier. Die indigoblauen Sturmwolken wurden noch ein wenig dunkler, der Wind frischte auf, das Licht bekam einen blauen Ton. Und dann stürzten die ersten berauschenden Tropfen des Monsuns herab.

Ich streckte meinen Kopf ganz weit aus dem Fenster in den strömenden Regen und johlte begeistert, als wäre ich beim Rodeo. Als ich ihn wieder zurückzog, hatte sich neben mir ein ausländisches Paar niedergelassen. Ich wusste sofort, dass sie aus Amerika waren, aus dem Tiefen Süden. Ich erkannte es an verschiedenen Dingen, noch ehe ich ihren Akzent hörte. Beide waren gleich gekleidet: adrette Regenjacken von London Fog, Laufschuhe von Reebok und wasserdichte Geldgürtel. Keine Spur von kalifornischer Aufgeputztheit, aber auch nicht die verknitterte, saloppe Garderobe, die die New Yorker bevorzugen. Die beiden, sie dürften Ende fünfzig gewesen sein, waren einfach vernünftig angezogen. Ihre kräftige Statur ließ darauf schließen, dass sie gerne und oft in Fett Gebratenes aßen. Das waren keine wählerischen Vegetarier von der Ost- oder Westküste, bei denen nur *nouvelle cuisine* auf den Teller kam. Das war ein ganz anderer Menschenschlag: Leute, die mindestens einmal täglich Wels aßen. Während meiner Zeit in Tennessee hatte ich eine ausgesprochene Schwäche für frittierten Fisch entwickelt. Und nur ein Südstaatler weiß die Qualitäten von Wels wirklich zu schätzen.

Während ich ihre Vorderfront auf verräterische Spuren von Welsfett untersuchte, lächelten mich die beiden abwechselnd an. Freundlichkeit gegenüber Mitreisenden ist ein heiliges Gebot des Südens.

»Ich bin Jake Dorfman, und das hier ist meine Frau Matilda«, stellte sich der Mann freundlich vor.

Auch ich gab meinen Namen preis. Wie immer, fiel es ungeschulten Stimmbändern schwer, ihn einwandfrei zu artikulieren. Jake und Matilda wiederholten meinen Namen etliche Male, als würden sie mit Hilfe einer Kassette eine Fremdsprache lernen.

»Gibt aber keinen Wels hier!«, platzte ich heraus in der Hoffnung, damit gleich in ein Gespräch einzusteigen.

Rückblickend muss ich zugeben, dass es keine sehr geschickte Einleitung war.

»Gott sei Dank«, erwiderte Jake lachend und rückte seine kasta-

nienbraune Stoffkappe zurecht. »Wir sind Veganer, wir verabscheuen Wels, grauenhafter Fraß.«
»Sie essen kein Fleisch?«
»Nein, wir sind dagegen, Tiere zu töten, um sie zu essen«, säuselte Matilda.
»Oh, ich liebe Fleisch«, brabbelte ich ohne nachzudenken. »Ich kann gar nicht genug davon kriegen. Und Wels, schön knusprig frittiert, ist der einzige Fisch, den ich mag. In Memphis habe ich kaum etwas anderes gegessen.«
Das Paar wechselte einen konsternierten Blick. Sie schienen bestürzt ob meines mangelnden Taktgefühls. Immer wenn ich vorher überlege, um ja das Richtige zu sagen, trete ich ins Fettnäpfchen. Irgendwie musste ich jetzt zurückrudern, um wieder auf sicheren Boden zu kommen. Ich betete im Stillen, dass mich niemand fragen würde, was mich in die Südstaaten geführt hatte. Doch mein Gebet kam offenbar zu spät.
»Was hat Sie nach Tennessee geführt, Tarhar?«
»Äh, also, hm … Ich habe über etwas dort geschrieben.«
»Ach!« Jake beugte sich erwartungsvoll zu mir herüber. »Was mag das wohl gewesen sein?«
»Äh, also, na ja … Ich habe über gesellschaftliche Fragen geschrieben …«
»Ach ja? Welche Aspekte des gesellschaftlichen Lebens?«
»Äh, nun …«
Ich starrte aus dem Fenster und hoffte inständig, der Zug möge einen Felsen hinunterstürzen oder ein riesiger Schwarm wild gewordener Heuschrecken über uns herfallen. Doch weder ein passender Felsen noch Heuschrecken ließen sich blicken. Jake und seine Frau warteten auf ihre Antwort.
»Ich habe über eine Gruppe von Leute in Pulaski geschrieben«, sagte ich schließlich.
»Ach! Wer mag das wohl gewesen sein?«, erkundigte sich das Veganerpaar wie aus einem Mund.
»Der Ku-Klux-Klan«, sagte ich.
Jake legte beruhigend den Arm um seine Frau, die schniefend ein

Taschentuch herausgeholt hatte. Ich fand ihre Reaktion etwas übertrieben. Schließlich hatte ich mir mit meinem Zeitschriftenartikel den geballten Zorn des Ku-Klux-Klan zugezogen.

»Liebling«, jammerte Matilda, »ich hab's dir gesagt – die Leute denken immer nur an den Klan, wenn sie an Tennessee denken!«

»Das stimmt nicht«, widersprach ich. »Tennessee hat viel mehr zu bieten als den Ku-Klux-Klan.«

Jake drückte seiner Frau ein Küsschen auf die Wange.

»Was?«, fragte er. »Was hat Tennessee sonst noch zu bieten?«

Eine schwierige Frage. Bhalu, der gerade zurückgekommen war, um sich wieder eine Hand voll Miniaturseifen zu schnappen, zuckte mit den Schultern. Die anderen Passagiere in unserem Abteil zweiter Klasse blickten nervös auf ihre Füße. Ihr Wissen über die amerikanischen Südstaaten war, nicht anders als bei mir, bestenfalls rudimentär.

»Nun«, erwiderte ich, »Sie haben Wels!«

»Was noch?«, bohrte Jake weiter.

Wieder überlegte ich krampfhaft. Dann fiel mir etwas ein.

»Sie haben Elvis!«, rief ich. »Na ja, Sie hatten ihn.«

Auf Jakes Gesicht erschien ein breites Grinsen. Er knuffte Matilda in die Seite, und auch sie begann wieder zu lächeln.

»Woher wissen Sie das?«, gluckten sie erfreut. »Woher wissen Sie von Elvis?«

»Äh, Elvis – den kennt doch jeder.«

»Nein, nein, woher wissen Sie von Elvis und uns?«, fragte Matilda atemlos.

»Mögen Sie ihn? Meinen Sie das?«

Man kann nie wissen. Schließlich waren die beiden Veganer. Ich hatte noch nie jemand aus Tennessee getroffen, der keinen Wels mochte. Aber Elvis ist eine andere Sache. Niemand aus dem Volunteer State würde es wagen, ein Wort gegen den King zu sagen.

»Mögen?«, knurrte Jake. »Wir lieben ihn!«

Das Südstaaten-Paar hielt sich bei den Händen und gurrte wie zwei Turteltäubchen. Dann enthüllten sie den Grund für ihren Indienbesuch. Ein Freund eines Freundes hatte ihnen einen Ausschnitt aus einer indischen Zeitung geschickt. Jake griff in seine Gesäßtasche und zog den Artikel hervor. Darin wurde über einen Mann namens V. N. Gajarajan berichtet, der in einem Dörfchen nahe Bangalore lebe und in seinem Familienschrein ein Foto von Elvis Presley verehre. Gajarajan habe kürzlich auch mit seiner Monographie »Warum meine Tochter Michael Jackson heiratete« auf sich aufmerksam gemacht.

Ich gab Jake den Artikel wieder zurück.

»Lustig, nicht?«, rief ich aus. »Das erinnert mich an den Tempel Karnidevi in der Nähe von Bikaner, wo sie Ratten anbeten. Ich habe gehört, dass es dort tausende von diesen kleinen Burschen geben soll. Aus ganz Indien pilgern die Leute zu dem Tempel. Sie bringen den Ratten große Tabletts mit eßbaren Sachen. Erst wenn die Nager satt sind, essen die Pilger auf, was sie übrig gelassen haben.«

»Ratten anbeten?«, gab der Mann zurück. »Das ist doch wohl etwas anderes, als den Vater der Weltmusik zu verehren!«

»Sie meinen …?«

Ich sah das Paar erwartungsvoll an.

»Jawohl«, erklärte Jake gewichtig. »Ich meine niemand anderen als Mister Elvis Presley.«

Jake und Matilda Dorfman hatten elf Zeitzonen hinter sich gebracht, um am Schrein von Elvis dem Göttlichen zu beten. Das war mehr als eine Pilgerreise.

Aber schön der Reihe nach. Ob sie denn eine Opfergabe mitgebracht hätten, die sie am Schrein niederlegen würden?

Jake Dorfman warf seiner Frau einen kurzen Blick zu. Sie machte eine bestätigende Geste. Erst dann holte er eine verkratzte Tabakdose aus seinem Geldgürtel.

»Dies ist unser bescheidenes Mitbringsel«, sagte er. »Nur ein kleines Zeichen unserer Wertschätzung, aber wir denken, es ist angemessen.«

Er reichte mir die Dose. Ich nahm sie ehrfürchtig in die Hände

und schob das Gummiband herunter. Dann öffnete ich sehr vorsichtig den Deckel.
Was immer ich erwartet haben mochte – es war nicht darin.
»Aber das ist Erde …«, stammelte ich verdutzt.
»Stimmt«, bestätigte Jake liebevoll. »Aber keine gewöhnliche. Es ist Erde aus Graceland!«

23

Duell der Wunder

In Gulbarga schüttelte mir das amerikanische Paar die Hand, verzog die Gesichter zu einem höflichen Lächeln und stieg aus. Eigentlich hätte ich noch fragen wollen, warum sie eine solch ungewöhnliche Route nach Bangalore nahmen, aber ich hatte schon genug Fragen gestellt.
Der Minar Express überquerte rumpelnd die Grenze nach Maharashtra, den Bundesstaat, dessen Hauptstadt Bombay ist. Während ich langsam eindöste, ließ ich vor meinem geistigen Auge Bilder der vor nicht allzu langer Zeit in »Mumbai« umbenannten Stadt vorbeiziehen – die Churchgate Station, das Hotel Chateau Windsor, das Eros Cinema und mein Lieblingsrestaurant, das Gaylord's. Als ich gerade am Einschlafen war, spürte ich, wie mich jemand am Ohr zog. Ich musste gar nicht die Augen öffnen, um zu wissen, wer es war.
»Bhalu, geh deine verdammte Seife verkaufen und lass mich in Ruhe!«
»Tut mir Leid«, sagte der Trickser, »unplanmäßiger Halt. Wir steigen an der nächsten Station aus, in Sholapur.«
»Wovon redest du? Was ist mit Bombay? Es sind nur noch zehn Stunden bis dahin. Fahren wir weiter nach Bombay!«

»Machen Sie schnell, wir sind gleich da!«
»Ich treffe dich dann in Bombay«, sagte ich. »In Sholapur habe ich nichts verloren.«
Doch der Trickser hatte bereits für uns beide entschieden. Er hievte seine schmuddeligen Kissenbezugsäcke aus der Gepäckablage und schleifte sie zur Tür. Ich folgte ihm äußerst widerstrebend, und als der Zug hielt, stiegen wir aus.
Nachdem wir für eine horrende Summe einen ganzen Taxikonvoi angeheuert hatten und mitsamt unserem umfangreichen Gepäck zum Hotel Khajuraho befördert worden waren, verschwand Bhalu und überließ es mir, die Fahrer zu bezahlen. Dass er nicht für seinen Teil aufkam, war sonst gar nicht seine Art, und noch ungewöhnlicher, dass er seine Ware nicht selbst im Auge behielt. Ich checkte ein, ohne mir über sein merkwürdiges Verhalten weiter Gedanken zu machen. Wegen der fortgeschrittenen Tageszeit berechnete man mir einen achtzigprozentigen Aufschlag.
Am nächsten Morgen hämmerte eine Faust derart heftig an die Tür meines Zimmers, dass sie sich nach innen bog. Der übereifrige Page verkündete, unten an der Rezeption warte ein Gast auf mich. Wer konnte das sein?, fragte ich mich verwundert. Bhalu, der bislang noch nicht wieder aufgetaucht war, sicher nicht – er wäre durchs Fenster gekommen.
Nach der Beförderung per Taxikonvoi und dem üppigen Preisaufschlag des Hotels dürfte es sich in Windeseile herumgesprochen haben, dass der naivste Mensch der Welt in die Stadt gekommen war. Voller Neugier auf den unerwarteten Gast begab ich mich eilig zur Rezeption.
Ehe ich dort nach dem Besucher fragen konnte, pirschte sich ein Mann an mich heran, ergriff meine Hände und schüttelte sie heftig. Er war um die Vierzig, von durchschnittlicher Größe, durchschnittlichem Körperbau und durchschnittlichem Aussehen – bis auf einen prächtigen Vandyke-Bart.
»Hallo, hallo, hallo«, trompetete er, ohne meine Hände loszulassen. »Ich bin gekommen, um mit Mister Shah zu sprechen.«
»Ich bin Mister Shah.«

Der Vandyke-Bart zuckte in hellem Entzücken.
»Können wir uns ein wenig zusammensetzen«, fragte der Mann mit gurgelnder Stimme, als hätte er Murmeln im Mund.
»Entschuldigen Sie meine Direktheit, aber kennen wir uns?«
Der Vandyke zuckte erneut.
»Ich bin Goadbaba«, sagte er.
Ich ließ mir den Namen durch den Kopf gehen. Selbst mit meinen bescheidenen Kenntnissen des Marathi – der Sprache von Maharashtra – konnte ich den Namen entschlüsseln.
»Das bedeutet Mister Sweet«, sagte ich.
»Exakt!«
Goadbaba lockte mich auf die Terrasse des Hotel Khajuraho hinaus, wo ein Trupp Gärtner mitsamt Lakaien Pflanzen goss, die Steinplatten abschrubbte und Sämlinge eintopfte. Zu Beginn der Monsunzeit gab es im Garten immer viel zu tun. Goadbaba und ich ließen uns schweigend unter einem großen Sonnenschirm nieder, um nicht in die helle Morgensonne sehen zu müssen.
Ein Kellner mit einem Teetablett in den Händen kam herangetänzelt und deponierte Teekanne, zwei Tassen, Löffel, ein Schälchen mit Zitronenscheiben und einen Krug Milch auf dem Tisch. Als er sich anschickte, die Zuckerdose dazuzustellen, winkte der Mann mit dem Vandyke-Bart ab.
»Haben Sie etwas gegen Zucker?«, fragte ich respektlos. »Ich hätte gerne ein wenig genommen.«
Goadbaba rieb sich die Hände. Ich hatte das Gefühl, dass ich gleich den Grund seines Besuches erfahren würde.
»Wie viele Löffel nehmen Sie?«, wollte er wissen.
»Zwei. In den Tee nehme ich zwei Löffel Zucker.«
Ohne zu zögern, tauchte der selbst eingeladene Gast Daumen und Zeigefinger seiner linken Hand in meinen Tee. In Asien, wo man großen Wert auf die Einhaltung der Höflichkeitsregeln legt, kann ein Gast sich wesentlich mehr erlauben als in westlichen Ländern. Doch es gibt in Asien noch eine andere allgemein gültige Regel. Jedermann wischt sich den Hintern mit der linken

Hand ab. Diese zweite Regel löste nun erhebliche Bedenken bei mir aus. Wo war Vandykes linke Hand zuvor schon gewesen?
Als er Daumen und Zeigefinger wieder aus meiner Teetasse nahm, reckte ich den Hals, um die Nägel zu inspizieren. Beide zierte ein ebenholzschwarzer Schmutzrand.
»Los, probieren Sie!«, schnaubte Goadbaba. »Probieren Sie Ihren Tee!«
Ich murmelte ein paar schwache Ausreden. Der Gast hob mir die Teetasse an die Lippen, als wäre es der Abendmahlkelch mit Wein. Ich nahm einen halben Schluck von der strohfarbenen Flüssigkeit.
»Darjeeling«, sagte ich. »Trinke ich sehr gern.«
»Und wie ist es mit dem Zucker?«, fragte der Fremde.
»Sie haben Recht – schmeckt sehr süß, vielleicht ist es eine besondere Sorte.«
»O nein, Sahib«, widersprach Goadbaba. »Keine besondere Sorte. Das ist mein Talent.«
»Welches Talent denn?«
Der Mann trocknete sich die Finger an seinem Bart ab.
»Ich mache Dinge süß!«, erklärte er.
Meine Befürchtungen waren wahr geworden. Es hatte sich herumgesprochen, dass Tahir Shah, der naivste Mensch der Welt, nach Sholapur gekommen war.
Goadbaba berührte alle Gegenstände auf dem Tisch und bat mich, sein Talent nachzuprüfen.
»Probieren Sie diesen Löffel«, drängte er, »oder das, die Tasse, oder den Tisch selbst!«
Ich leckte kurz an verschiedenen Objekten. Tatsächlich, sie schmeckten alle ungewöhnlich süß.
»Und wie haben Sie sich dieses Talent erworben?«
Goadbaba legte seine magischen Fingerspitzen aneinander und begann zu erzählen.
»Ich war Büroangestellter hier in Sholapur. Letztes Jahr, nach einem üppigen Essen, habe ich mir etwas aus den Zähnen gepult. Zu meiner Überraschung schmeckte es süß. Plötzlich bemerkte ich, dass alles, was ich berührte, süß wurde.«

»Welche anderen Dinge haben Sie denn berührt?«

»Ach, so viele«, erwiderte er unschuldig. »Eine Schüssel mit Reis, einen Laib Brot, eine Zigarette, die Schuhe eines Freundes, eine Brieftasche, ein Auto ...«

Goadbabas Liste war zweifellos recht lang.

»Und?«

»Und ... alles wurde süß, wie Zucker.«

Mitten in unserer Unterhaltung schob Mr. Sweet seine Ärmel hoch. Er wollte mir unbedingt beweisen, dass an seinen Armen keine Zuckerwürfel versteckt waren. Das beruhigte mich. Ich hatte hinter seinem Talent nichts anderes als einen Trick ähnlich wie mit den *vibhuti*-Kügelchen vermutet.

»Vielen Dank für Ihre Demonstration«, sagte ich. »Aber was wollen Sie nun eigentlich von mir?«

Als wäre er ein zweiter König Midas, durch dessen Berührung alles zu Gold wurde, streckte sich Goadbaba, um seinen Daumen an den Sonnenschirm zu pressen – und machte ihn süß.

»Ich habe gehofft, Sie würden mich nach London mitnehmen«, antwortete er optimistisch.

»Wozu, in Gottes Namen?«

»Ich möchte den Leuten vom *Guinness-Buch der Rekorde* mein Talent beweisen«, sagte Goadbaba, und ein strahlendes Lächeln breitete sich auf seinem Gesicht aus. »Ich glaube, sie werden mich sehr mögen!«

Nicht schon wieder, stöhnte ich innerlich. Warum werde ich ständig mit dieser Manie konfrontiert, ins *Guinness-Buch der Rekorde* zu kommen? Jeder Zweite, dem man in Indien begegnet, scheint irgendeine absonderliche Fähigkeit zu perfektionieren in der ernsthaften Hoffnung, seinen Namen in diesem hochgeehrten Buch verzeichnet zu sehen.

Ein Fünftel aller Post an die Mitarbeiter des Guinness-Buchs kommt aus Indien, sie werden tagtäglich mit Material vom Subkontinent überhäuft. Man kann den armen Leuten nur sein Mitgefühl aussprechen. Was ist das für ein Leben, wenn man Tag und Nacht mit Briefen von verdienstvollen Indern bombardiert wird?

Ein einziges »Gruß«-Fax, von einem Mann in Delhi an die Guinness-Zentrale geschickt, war angeblich hundert Meter lang. Das Interesse am *Guinness-Buch der Rekorde* ist derart groß, dass es in vier indischen Sprachen publiziert wird.

Während sich jedoch viele andere Nationalitäten mehr darauf konzentrieren, eher ernsthafte Rekorde zu brechen, haben sich die Inder auf ausgefallene Leistungen spezialisiert. Anreiz für diese Obsession könnten meiner Ansicht nach durchaus die Ausdauerrekorde der heiligen Männer Indiens sein.

Dutzende ganz normaler Inder sind Weltrekordhalter. Surendra Apharya zum Beispiel hält den Rekord im Beschriften eines Reiskorns. Er hat mit Hilfe eines Vergrößerungsglases 1749 Zeichen in ein einziges Reiskorn eingebrannt. Andere halten den Weltrekord im Limbo-Tanzen auf Rollschuhen (13 Zentimeter), im Kriechen (1400 Kilometer), im Milchflasche-Balancieren (über mehr als 103 Kilometer), im Dauerstehen (17 Jahre) und im Nadel-Einfädeln (11 796-mal in zwei Stunden).

Durch Indiens Kleinstädte touren Betrüger, die sich als Agenten für das geheiligte *Guinness-Buch der Rekorde* ausgeben. Sie bieten dem Anwärter gegen ein gesalzenes Honorar eine Beurteilung seines Rekords und versprechen, für den Eintrag zu sorgen.

Ich versicherte Goadbaba, dass ich Guinness von seinem außergewöhnlichen Talent berichten würde. Außer sich vor Freude, packte er meine Hand und schüttelte sie heftig auf und ab. Als er gegangen war, leckte ich über die Handfläche. Sie schmeckte sehr süß.

Kurz nach meiner Begegnung mit Goadbaba unterhielt ich mich mit einem indischen Journalisten. Als ich ihm von dieser sonderbaren Begabung berichtete, zählte er ein halbes Dutzend andere Inder auf, die dieselbe Fähigkeit zu besitzen behaupteten. Er klärte mich auf, wie der Trick funktionierte. Die meisten Goadbabas, sagte er, seien nichts weiter als Illusionisten, die andere nachahmten. Sie waschen sich die Hände in konzentrierter Saccharinlösung – Saccharin ist fünfhundertmal süßer als Zucker. Und so avancieren sie innerhalb weniger Sekunden von gewöhnlichen Menschen zu Männern mit einem süßen Händchen.

Bhalu war noch immer nicht zurückgekommen. Er verschwand oft für einen oder zwei Tage, aber dieses Mal war er viel länger fort. Sechs Tage vergingen. Ich wurde mit jedem Tag ärgerlicher, vor allem weil er mich überhaupt erst zu diesem Zwischenaufenthalt in Sholapur überredet hatte.

Am Morgen des siebten Tages stand ich früh auf, um mich in Ruhe fertig zu machen und dann mit dem Bus nach Bombay zu fahren. Als ich aus der Dusche stieg, hörte ich plötzlich ein Rascheln hinter mir und fuhr erschrocken herum. Es war Bhalu. Er kam gerade durchs Fenster geklettert.

»Los, kommen Sie, folgen Sie mir«, rief er, machte kehrt und begann gleich wieder, an der Außenseite des Hotels hinunterzuklettern.

»Bhalu, wo bist du gewesen?«

»Erzähle ich Ihnen später. Folgen Sie mir einfach.«

Äußerst widerwillig stieg ich hinter dem Trickser aus dem Fenster. Von meinem Zimmer – es lag im dritten Stock – hatte man einen wunderbaren Blick über den südlichen Teil von Sholapur. Was mich allerdings wenig interessierte, als ich herumtastete, um irgendwo Halt zu finden.

»Was zum Teufel hast du vor? Du kannst doch nicht nach einer Woche einfach auftauchen und verlangen, dass jemand ein Abflussrohr entlangrutscht und dabei Leib und Leben riskiert? Warum nehmen wir nicht die Treppe wie alle anderen Menschen?«

»Seien Sie nicht so faul«, gab er zurück und zündete sich ein *biri* an. »Ich habe etwas entdeckt, das Sie bestimmt interessieren wird.«

Bhalu lotste mich in scharfem Trab durch den Innenbezirk der Stadt, vorbei an Teebuden, mit Brettern vernagelten Läden und Menschen, die sich an einer Wasserzapfstelle der Körperpflege widmeten. Ich fragte mich, was wohl der *Trick du jour* sein würde. Es war angenehm gewesen, in meiner neuen Rolle als Komplize eines Betrügers eine Woche lang pausieren zu können. Jeden Tag drängte mich der Trickser, mich in einer weiteren, noch gesetzwidrigeren Tätigkeit zu versuchen. Derartige Kenntnisse könnten mir in Zukunft durchaus nützlich sein, behauptete er. Doch wann sollte ich jemals aus Toilettenreiniger, gebrauchten Teeblättern und von den Türangeln eines Erste-Klasse-Waggons gekratztem Schmieröl Schönheitsprodukte zusammenrühren müssen? Wann sollte mich jemand bitten, aus getrockneten Mangoschalen ein Aphrodisiakum herzustellen, aus Miniaturseifen der Marke Lux medizinische Zäpfchen zu basteln oder übel riechendes Abwasser als heiliges Gangeswasser anzupreisen?

Seine Kindheit hatte Bhalu zu einem unverbesserlichen Trickbetrüger gemacht. Ihm mochten die wichtigsten Daten der indischen Geschichte nicht geläufig sein, oder wie man mit Messer und Gabel korrekt Erbsen isst – aber für solch unrentable Informationen hatte er auch keinen Bedarf. Was ein professioneller Betrüger viel mehr braucht, ist praktischer Sachverstand. Der Trickser brachte für das Leben auf der Straße exzellente Qualifikationen mit. Er hatte das Mundwerk eines gewieften Verkäufers, die geschickten Finger eines Fälschers, die Nerven eines Spielers, das Millionen-Dollar-Lächeln eines Talkshow-Moderators und das mathematische Geschick eines Nobelpreisträgers. Er sprach fehlerlos Englisch, recht passabel Italienisch und Deutsch und konnte sich in einem Dutzend indischer Sprachen verständigen. Für sich allein hätte vielleicht keine dieser Fertigkeiten gereicht, um auf Kalkuttas Straßen zu überleben. Doch Bhalu war noch mit einer weit selteneren Gabe gesegnet – mit natürlichem Charisma.

Und so marschierte ich, wie so oft, eilig hinter ihm her und fragte mich, was Bhalu wohl dieses Mal im Schilde führte.

Zwanzig Minuten nach unserem überstürzten Abgang aus dem Hotel Khajuraho spazierten wir auf Gras dahin. Bhalu hatte mich zu einem großen Hockeyfeld außerhalb von Sholapur gebracht. Ich wollte gerade meine Missbilligung zum Ausdruck bringen, als ich vom anderen Ende des Hockeyfelds Stimmen hörte. Um genauer zu sein, es hörte sich an wie die gellenden Protestschreie

eines gewaltigen, blutrünstigen Dämons in höchster Not, dem ein anderes Ungeheuer die Kinder raubt. Bhalu meinte, ich solle keine Notiz davon nehmen, wir seien wegen einer viel wichtigeren Sache hier. Wichtiger als ein weiblicher Dämon, dem die Kinder entrissen werden? Der Trickser nickte bedeutungsvoll. Verglichen mit dem, was er arrangiert habe, sei der Dämon belanglos. Das Gekreische des Monsters hörte nicht auf; es wurde vielmehr noch lauter und durchdringender. Ich schielte in die Richtung, wo die Laute herkamen. Selbst als ich meine Augen zusammenkniff, um besser sehen zu können, konnte ich keinen Dämon ausmachen. Das flache Hockeyfeld, von einer hohen, dichten Hecke begrenzt, war leer. Ich bat Bhalu, Hilfe zu holen, falls ich angegriffen würde, und marschierte los, um der Sache nachzugehen.
Wenn es um Dinge geht, die einen aus der Fassung bringen, gelten in Indien ganz eigene Maßstäbe. Kein anderes Land der Erde kann einen Fremden derart in Verwirrung stürzen. Manchmal muss man sich als Ausländer, der den Subkontinent bereist, einfach geschlagen geben. Dies war ein solcher Fall. Ich spähte, auf alles vorbereitet, vorsichtig um die Hecke. Doch es fand sich kein weinender Dämon dahinter, sondern etwas, mit dem ich überhaupt nicht gerechnet hatte.
Zehn Männer und Frauen in Sportkleidung machten Übungen, allerdings keine normale Gymnastik. Sie lachten. Und es war kein verschämtes Gekicher, sondern eine mächtige, feindselige Art von Lachen.
»Entschuldigung«, sagte ich. »Was machen Sie hier?«
Meine Frage bewog den Leiter der Gruppe, seine Lachsalve abrupt zu unterbrechen. Er zog seine weißen Baumwollsocken hoch.
»Wir sind Mitglieder des Sholapur-Lachclubs«, erklärte er würdevoll.
»Mitglieder von was?«
»Des Lachclubs. Wir treffen uns jeden Morgen, um zu lachen.«
»Verzeihen Sie meine Unwissenheit, aber warum lachen Sie?«
Der Gruppenleiter sah mich streng an.

»Als Training, natürlich! Lachen ist der beste Weg, um Herz und Lunge fit zu halten. Ein paar kräftige Lachsalven am frühen Morgen sind genauso gut wie fünf Kilometer joggen.«
»Tatsächlich?«
»Ja, das ist es«, echoten die Clubmitglieder wie aus einem Mund.
»Und wer erzählt die Witze?«
»Wir erzählen uns keine Witze«, rief eine dürre Frau hinter den anderen hervor. »Witze sind verboten.«
»Verboten? Das scheint mir doch ein wenig hart, vor allem da Sie Lachübungen machen.«
Den Gruppenleiter drängte es sichtlich, mit den Übungen weiterzumachen.
»Früher oder später würde ein Witz jemanden kränken«, sagte er. »Deshalb haben wir sie verboten. Wir können ohnehin auf Kommando lachen.«
Er klatschte zweimal in die Hände, und in der nächsten Sekunde erklangen wieder die gellenden Laute des Dämons über das Hockeyfeld. Ich hätte mich bei den Fitnessfanatikern gerne noch bedankt, dass sie mir ihre Zeit geopfert hatten. Doch sie waren zu sehr mit Lachen beschäftigt.

Um acht Uhr erschien der erste Zuschauer.
»Findet es hier statt?«, fragte er.
Bhalu nickte knapp. Er deutete auf die Mitte des Hockeyfelds. Der Mann gab ihm zwei Rupien, dann ließ er sich dort nieder.
»Findet was statt? Warum hat der Kerl dir zwei Rupien gegeben?«
Der Trickser antwortete, ich solle still sein.
Um neun Uhr stand die Sonne schon ein gutes Stück höher. Mittlerweile waren fünfhundert Leute eingetrudelt, um das geheimnisvolle Spektakel mitzuerleben. Jeder Neuankömmling ließ zwei Rupien in eine große leere Farbdose fallen, die Bhalu in der Hand hielt. Wofür auch immer – das Publikum fand das Eintrittsgeld offenbar angemessen.
Eine Stunde später lungerten schon tausend Menschen auf dem

Hockeyfeld herum, und es kamen ständig mehr. Jeder ließ brav seine zwei Rupien in die Dose fallen. Ich hatte noch nie Inder erlebt, die so bereitwillig für etwas bezahlten.
»Bhalu!«, knurrte ich. »Was hast du vor? Du könntest damit eine Menge Probleme bekommen.«
Der Trickser bedeutete mir, aus dem Weg zu gehen. Er musste schließlich Eintritt kassieren.
Um zehn Uhr dreißig trat ein Offizieller in zerlumpter Uniform an Bhalu heran. Ein schwerer Beutel wechselte den Besitzer. Der Mann machte auf dem Absatz kehrt und verschwand eilig.
Langsam machte ich mir ernsthaft Sorgen. Mein Reisegefährte, ohnehin ständig mit einem Fuß im Gefängnis, hatte sich nun offenbar auf das bislang unerschlossene Gebiet des eindeutigen Betrugs vorgewagt. Ich warnte ihn vor den Folgen. Wieder schob er meine Einwände einfach zur Seite.
Dann, Punkt zwölf Uhr mittags, kamen ein Mann und eine Frau auf das Hockeyfeld zumarschiert, beide schwer beladen mit allen möglichen Gegenständen. Sie schienen sich bewusst zu ignorieren. Das Publikum empfing sie mit lauten Beifallsrufen.
»Du sagst mir jetzt gefälligst, was hier läuft«, brüllte ich Bhalu an, der die Ankunft des Paares sichtlich erleichtert registrierte.
»Machen Sie sich auf eine phantastische Show gefasst«, sagte er. »Ich hörte, dass zwei Gurus versuchen, einige Dörfer nahe Tirth – gleich westlich von hier – in ihre ›Gewalt‹ zu bekommen. Beide behaupten, dass sie übernatürliche Kräfte besitzen. Ihretwegen bin ich zu ihnen gegangen.«
»Warum hast du mich nicht mitgenommen?«
»Weil«, erwiderte der Trickser und fuhr genüsslich mit der Hand durch die Münzen in seiner Farbdose, »sie nicht zugestimmt hätten, wenn ein Fremder dabei ist.«
»Zugestimmt zu was?«
»Einem Duell.«
»Heißt das, sie werden sich gegenseitig umbringen?«
»Natürlich nicht!«, gab Bhalu leicht gereizt zurück. »Sie werden ein Duell der Wunder austragen.«

»Wie hast du es bloß geschafft, sie zu dem weiten Weg hierher zu überreden?«
Der Trickser streckte hochmütig die Nase in die Luft.
»Sie haben mich zum Schiedsrichter ernannt«, sagte er. »Und als Schiedsrichter habe ich gesagt, dass das Duell auf neutralem Boden stattfinden muss.«
»Und was ist mit dem Geld in deiner Dose?«
»Na, Sie werden mir doch mein Honorar nicht missgönnen, oder?«, erwiderte er spöttisch.

Langsam wurde die Menge unruhig. Die Leute konnten kaum mehr erwarten, dass das Duell endlich begann. Bhalu hatte sich mit der Werbung für diesen besonderen Wettstreit viel Mühe gegeben. Er hatte ein ganzes Heer von Straßenkindern angeheuert, die die Nachricht von dem großen Ereignis in den Dörfern rund um Sholapur verbreiteten. Die potenziellen Zuschauer ließ man wissen, dass einer der Gurus ohne Zweifel eine schreckliche Demütigung erleben würde. Es gibt nur eines, woran ein Inder vom Land mehr Spaß hat als an einem Wunder – wenn jemand öffentlich in Verlegenheit gebracht wird. Der Trickser hatte schon mit dem Eintrittsgeld eine hübsche Summe eingenommen. Doch es stand nicht zu erwarten, dass ein gewiefter Bursche aus Kalkutta sich damit zufrieden geben würde.
Für Bhalu waren die vielen Leute nicht nur zahlende Zuschauer, sondern gleichzeitig unfreiwillige Kunden. Die *avatars* waren angewiesen, sich so lange wie möglich Zeit zu lassen. Das heißt, bis der Schiedsrichter das Kommando gab. Während also das Publikum darauf wartete, dass die einzigartige Vorstellung mit Wundern und Demütigungen ihren Anfang nahm, liefen die vom Trickser engagierten Gassenjungen herum und verkauften Waren aus seinen Kissenbezugsäcken – Seifenstücke und Duschhauben, Handtücher und Briefchen mit französischem Parfum, alles zu unschlagbar günstigen Preisen.
Bhalu bemerkte, dass viele Zuschauer trotz der Ausgaben für Eintritt und ein paar günstige Toilettenartikel noch Geld in der

Tasche hatten, und verwandelte sich vom Seifengroßhändler in einen Buchmacher. Diese Fähigkeit, blitzschnell von einer Profession in die andere zu wechseln, ist eine Gabe, die kleine Unternehmer zu Milliardären macht. Bhalu besaß sie.

Ich beschloss, mir die Gurus ein wenig näher anzusehen. Beide waren fraglos etwas absonderlich.

Auf der linken Seite der provisorischen Arena hatte sich Sri Kasbekar niedergelassen. Er dürfte Mitte fünfzig gewesen sein und sah aus, als hätte man ihn gekielholt. Sein Gesicht war zerfurcht, sein Gewand unglaublich verdreckt, seine Hände waren über und über mit ominösen Symbolen tätowiert. Doch etwas anderes war noch viel auffälliger: Der Guru hatte sechs Finger an jeder Hand. Polydaktylie ist in Indien gar nicht so ungewöhnlich. Man sieht immer wieder Menschen, bei denen an einem Finger ein sechster absteht. Die beiden zusätzlichen Finger Sri Kasbekars jedoch waren perfekt ausgebildet, was wesentlich seltener ist.

Wenn man seine Finger nicht einzeln abzählte, hätte man diese Missbildung vielleicht übersehen – besser gesagt, ich hätte sie wahrscheinlich übersehen. Den zweitausend Zuschauern war sie bestimmt sofort aufgefallen. Während genetische Mutationen in westlichen Ländern argwöhnisch beäugt werden, hat eine zusätzliche Gliedmaße in Indien eine geheimnisvolle Bedeutung. Hindugötter werden häufig mit zwei zusätzlichen Armen oder Händen dargestellt. Sicher verstanden viele Menschen im Bezirk Sholapur einen perfekt geformten sechsten Finger an jeder Hand als Zeichen besonderer magischer Kräfte.

Auf der rechten Seite der Arena hockte Srimati Kulkarni. Sie war auf maskuline Weise schlank, hatte lange, rotbraune Haare, einen passablen Mund mit passablen Zähnen und verführerische mitternachtsschwarze Augen und trug einen leuchtend fuchsiafarbenen Baumwollsari. Doch was den Blick des Betrachters als Erstes auf sich zog, waren ihre Ohren. Der äußere Rand der Ohrmuscheln war mit dichtem, fein säuberlich gestutztem Haar bewachsen, in Länge und Form einer Augenbraue nicht unähnlich. Es sah aus, als würden haarige Raupen an ihren Ohren sitzen.

Nun wandte sich der Trickser an die versammelte Menge, heizte zuerst die Stimmung an und verkündete dann die Grundregeln. Jeder Guru sollte vier Wunder vorführen dürfen. Aus dem Publikum durfte niemand teilnehmen, Hilfsmittel waren jedoch erlaubt. Der Schiedsrichter durfte jeden der beiden Duellanten nach seinem Ermessen disqualifizieren. Der Guru mit den besten Wundern durfte anschließend in den Dörfern rund um Sholapur göttlichen Beistand anbieten.

Das Duell der Wunder begann.

Den Anfang machte Srimati Kulkarni. Sie stand auf, strich sich das Haar zurück und wandte sich in Marathi an das Publikum. Es liege ihr fern, erklärte sie, ihre Fähigkeiten leichtfertig einzusetzen, aber sie müsse beweisen, dass ihr Konkurrent ein Betrüger sei. Schlimmer noch – er sei Shaitan, der Teufel.

Srimati Kulkarnis Ansprache kam sehr gut an. Bhalu unterbrach seine Übersetzungsarbeit für mich, um noch schnell ein halbes Dutzend Wetten zu notieren.

Ohne sich weiter mit Reden aufzuhalten, begann Kulkarni nun ihre magischen Fähigkeiten zu demonstrieren. Sie zog einen Hundert-Rupien-Schein aus ihrem Oberteil, tauchte ihn in Wasser und hielt ihn dann über eine offene Flamme. Zum Erstaunen aller fing das Papier nicht Feuer. Das war das erste Wunder.

Feroze hatte mir verschiedene Varianten dieser Illusion gezeigt. Sie lässt sich mit den meisten Arten von Papier, Stoff und sogar Holz durchführen. In diesem Fall war das Papier vermutlich mit einer Lösung aus Schwefel- und Tetrachlorkohlenstoff behandelt worden.

Zu ihrem zweiten Wunder erklärte Srimati Kulkarni, der Shaitan habe eine unheilvolle Atmosphäre geschaffen. Wenn sie, ein göttliches Wesen, den Fluch nicht fortnehme, würde eine Plage über alle Anwesenden kommen. Solche Bemerkungen über bevorstehendes Unheil erfreuten sich beim Publikum offensichtlich großer Beliebtheit. Die Leute stießen sich gegenseitig erwartungsvoll in die Seite und schoben sich noch ein wenig näher an die Magierin heran.

Nun galt es, die bösen Geister unschädlich zu machen. Kulkarni nahm eine große braune Kokosnuss und hielt sie hoch. In klagendem Ton Beschwörungen intonierend, forderte sie die Dämonen auf, aus ihren Verstecken zu kommen und in die Kokosnuss zu fahren. Nirgendwo seien sie sicherer als in dieser Nuss, sagte sie. Dann beugte sie sich vor und klemmte die Kokosnuss zwischen ihre vom Sari bedeckten Beine. Zweitausend Augenpaare beobachteten sie scharf. Die Magierin hielt die Kokosnuss auf Armeslänge von sich, zur Menge hin. Eine Minute verging. Alle hatten den gleichen Gedanken: War das Wunder fehlgeschlagen? Das würde bedeuten, bei den Göttern in Ungnade zu fallen. Eine weitere Minute verging. Die Zuschauer hielten den Atem an. Da, plötzlich, platzte das Ende der Kokosnuss auf und eine Stichflamme schoss hervor, begleitet von öligem Rauch. Allen stand vor Erstaunen der Mund offen. Das war wirklich beeindruckend. Doch es sollte noch mehr kommen.
Srimati Kulkarni nahm die Kokosnuss in beide Hände und schmetterte sie auf ein paar Steine, die vor ihr lagen. Die Nuss brach auf. Ein Schwall von etwas, das wie Blut aussah, floss in den Boden. Sich zu voller Größe aufrichtend, rief die Magierin den Dörflern zu, sie seien nun sicher vor den bösen Kräften ihres Konkurrenten, denn das Blut sei das Blut der Dämonen gewesen.
Erst später kam ich dahinter, wie diese Illusion funktionierte. Kokosnüsse haben an einem Ende drei Augen; eines davon ist weich und lässt sich problemlos ausbohren. Der Guru durchstößt das weiche Auge und füllt die Nuss mit einer gesättigten Lösung von Kaliumpermanganat, das aus gewisser Entfernung wie Blut aussieht. Das Loch wird mit Wachs versiegelt. Um die Explosion auszulösen, stopft er ein Kügelchen Natrium durch dieses weiche Auge. Die Reaktion mit dem Wasser in der Kaliumpermanganat-Lösung bewirkt eine heftige Eruption.
Nach Kulkarnis zwei Wundern waren die Zuschauer außer sich vor Begeisterung. Eine Live-Vorführung dessen, was sie als echte Magie ansahen, war noch besser als die Spezialeffekte in einem Bollywood-Film.

Um die Spannung weiter zu steigern, ordnete Bhalu an, dass Sri Kasbekar nun zwei Wunder vollführen sollte. Die Entscheidung fand Beifall. Man führte die Magierin zur Seite, und Sri Kasbekar trat vor, um zu der versammelten Menge zu sprechen.
Er sei nicht ihr Gott, erklärte er, sondern ihr Diener. Er werde sie heilen, nicht ihnen Vorschriften machen. Wenn sie sich für seine Gegnerin entschieden, würden sie unter einem vom Bösen verdunkelten Himmel leben. Die ungefähr fünfzehn Minuten dauernde Rede hörte sich an wie das Programm einer politischen Partei.
Nach einer Verwarnung, die beiden Duellanten sollten nicht übereinander herziehen, befahl Bhalu, Sri Kasbekar solle nun mit seiner Demonstration beginnen.
Ehe er loslegte, drehte und wendete der Guru seine Hände in der Luft, damit alle seine zwölf Finger sehen konnten. Angenehm erregt wie alte Frauen beim Anblick eines nackten Mannes, schoben sich die Leute nach vorne, um die Missbildung näher zu betrachten.
Für sein erstes Wunder schleppte Sri Kasbekar einen Eimer voller halbgrüner Zitronen in die Mitte der Arena. Als Nächstes hielt er demonstrativ eine Nadel mit Faden hoch und zog sein Hemd aus. Dann griff er mit zwei Fingern in die Speckrolle an seinem Bauch, stach die Nadel hindurch und nähte eine Zitrone an. Das Publikum sah verblüfft zu, wie der Yogi eine Zitrone nach der anderen an seinen Bauch nähte – und das keineswegs mit schmerzverzerrtem Gesicht, sondern mit entrücktem Lächeln Mantras rezitierend.
»Tut ihm das nicht weh?«, fragte ich den Trickser.
»Seien Sie nicht dumm!«, erwiderte er. »Sie sehen doch, dass er seinen Speck ganz fest zwischen den Finger kneift, ehe er die Nadel durchsticht. Das tut überhaupt nicht weh, und es blutet kaum.«
Bhalu hatte Recht. Es kam kein Blut. Innerhalb von zehn Minuten hatte Sri Kasbekar ein Dutzend Zitronen an seinem Bauch hängen. Es schien ihm überhaupt nichts auszumachen. Nachdem

er noch einmal mit den Händen herumgewedelt hatte, schritt er – die Zitronen hingen noch an seinem Bauch – zu seinem zweiten Wunder.
Er holte sehr vorsichtig eine Viper von etwa einem Meter Länge aus seiner Tasche mit Requisiten. Vom Sonnenlicht geblendet, zuckte die Schlange hin und her, während ihr Besitzer den Zuschauern erklärte, dass es sich um ein äußerst giftiges Reptil handele. Die Schlange stamme aus der Wüste Thar, behauptete er, ein Tropfen ihres Giftes bringe einen qualvollen Tod.
Die Zuschauer wichen ängstlich zurück. Die Schlange zwischen seinen zwölf Fingern jonglierend, rief der Guru nun in die Menge, ein mutiger Mann solle zu ihm kommen und sein Glück mit der Schlange versuchen.
Der Schiedsrichter am Rand der Arena protestierte, dass den Regeln gemäß keine Freiwilligen einbezogen werden dürften. Durch das Publikum ging ein erleichterter Seufzer. Die Machos aller Dörfer sahen ihre Ehre durch Intervention von höherer Stelle gerettet. Bhalu hatte gut daran getan, sich diese Regel einfallen zu lassen. Wäre einer der Zuschauer von einer Rajasthani-Schlange getötet worden, hätten ihm die Leute die Hölle heiß gemacht.
Da kein Helfer erlaubt war, schlang sich Sri Kasbekar die Schlange nun selbst wie ein Lasso um den Hals. Dann stemmte er ihr Maul auf und drückte sich ihre Giftzähne fest an den Hals. Ein Schwall Blut ergoss sich aus der vorderen Drosselvene. Dann packte er die Viper, warf sie auf den Boden und zertrat ihr den Kopf. Das mochte eine extreme Maßnahme sein, aber das Reptil hätte den Guru, dem es nach dieser Begegnung keineswegs schlechter ging, töten können.
Von dort, wo ich stand, wirkte der Schlangenbiss durchaus glaubwürdig. Auch die Zuschauer zeigten sich von der Vorstellung beeindruckt. Während sie noch heftig applaudierten, fiel mir ein, was Feroze mir in Kalkutta einmal erzählt hatte. Neunzig Prozent aller indischen Schlangen seien ungiftig, hatte er mir erklärt, als er eines Morgens am Fenster seines Studierzimmers stand. Da die Leute in den Dörfern sich mit den vielen Arten von

Schlangen nicht auskennen, denken sie, dass jeder Schlangenbiss tödlich sei. Sri Kasbekar hatte für seine Illusion eine vollkommen harmlose Schlange verwendet, die überhaupt keine Giftzähne besaß. Als er ihr Maul von seinem Hals nahm, hatte er dort gleichzeitig einen mit Blut gefüllten Schwamm ausgedrückt.

Zwei Wunder pro Nase, Punktgleichstand. Damit die Spannung nicht nachließ, forderte Bhalu Srimati Kulkarni auf, erneut zur Tat zu schreiten.

Die Magierin nahm ihren Platz in der Mitte der Arena wieder ein und eröffnete dem Publikum, dass ihr zwölffingriger Rivale eine harmlose Schlangenart für seine Demonstration benützt hatte. Sie hoffte wohl, sich durch Bloßstellung des Gegners vorzeitig den Sieg zu sichern, doch die Dörfler waren viel zu schlau, als dass sie schon nach halber Strecke einen der beiden zum Gewinner erklärt hätten. Sie hatten pro Person zwei Rupien bezahlt, um das Duell mitzuerleben, und sie wollten für ihr Geld etwas sehen – und zwar das volle Programm.

Kulkarnis drittes Wunder begann damit, dass sie den Saum ihres Saris ein Stück hob, die Füße in einen Eimer Wasser steckte und schrille Laute ausstieß, während sie darin herumplanschte. Die Zuschauer zeigten sich unbeeindruckt von dem Getue der Frau. Ich spürte, wie die Stimmung sich gegen sie kehrte, vor allem wegen ihrer gegen den Konkurrenten gerichteten Ausfälle.

Nachdem sie ihre Füße drei oder vier Minuten im Wasser gelassen hatte, begann Srimati Kulkarni sich zuckend hin und her zu winden, als hätten überirdische Kräfte von ihr Besitz ergriffen. Dann stieß sie den Eimer fort und ging ruhig auf einem langen Stück staubigen gelben Stoffs entlang. Wenige Augenblicke später wurde das Wunder sichtbar. Wo sie hingetreten war, zeigten sich deutliche rostbraune Fußabdrücke. Das Stoffstück wurde hochgehoben, damit alle sie sahen. Die Reaktion der Leute war verhalten. Dem Wunder fehlte der Gruseleffekt eines Schlangenbisses, einer Nadel, die durch Haut und Fleisch sticht.

Auch mit der fehlerlosen Durchführung dieser Illusion – wie so vieler anderer, die ich auf meiner Erkundungsreise sehen konnte –, hatte mich Feroze schon in Kalkutta vertraut gemacht. Der Trick ist simpel. Die Füße werden nicht in gewöhnlichem Wasser gewaschen, sondern in einem Gemisch aus gelöschtem Kalk und Wasser. Kurz vor Verwendung wird der gelbe Stoff in einen leichten Kurkuma-Aufguss getaucht und anschließend getrocknet. Sobald die heiligen Füße der Magierin sich gegen den Stoff pressen, kommt es zu einer chemischen Reaktion. Wo Kalk und Kurkuma aufeinander treffen, bleibt ein roter Abdruck.

An Sri Kasbekars drittes Wunder werde ich mich noch lange erinnern. Nicht, dass es so überaus beeindruckend gewesen wäre; es war die Reaktion der Leute, die mich tief berührte. Der Mann mit den zwölf Fingern schritt schweigend in die Arena, wie ein Zauberkünstler alter Schule. Mittlerweile hatte er die Zitronen an seinem Bauch abgenommen und sein Hemd wieder angezogen. Tausend Menschen umringten ihn, doch keiner sagte ein Wort. Ich spürte, dass sein Anblick die Leute wirklich mit ehrfürchtiger Scheu erfüllte.

Mit einem lässigen Griff in seinen *lungi* förderte er ein längliches Ding zutage und legte es auf den Boden. Es war ein dicker schwarzer Kugelschreiber mit vier kleinen Knöpfen an der Seite. Leise kryptische Mantras murmelnd, umkreiste er den Kugelschreiber in Form einer Acht. Als er die Figur vollendet hatte, wiederholte er die Prozedur andersherum – insgesamt siebenmal. Erst dann nahm er den Kugelschreiber vom Boden auf.

Ich war darauf gefasst, dass der Stift Blut spritzen oder mit unsichtbarer Tinte schreiben würde. Was dann folgte, kam völlig unerwartet. Der Zwölf-Finger-Mann hielt den Kugelschreiber vor sich wie ein Fechter sein Florett. Dann, als der Guru die Augen schloss und sich konzentrierte, begann der Stift zu sprechen. Und es war keine beliebige Stimme, sondern die Stimme des Gurus. Sri Kasbekar sprach durch den Stift.

Das Publikum stand da wie vom Donner gerührt. Das bewies ohne jeden Zweifel, dass Sri Kasbekar ein höheres Wesen war. Selbst Bhalu erschauderte. Zufällig konnte ich das Wunder erklären. Ungefähr ein Jahr zuvor hatte ich im Flugzeug beim Durchblättern des Bordmagazins den gleichen Kugelschreiber Marke »Memo Pen« gesehen – angepriesen als Accessoire, das keinem müden Manager fehlen sollte. Im Stift ist ein Microchip eingebaut, der die eigene Stimme einige Sekunden lang aufnehmen und speichern kann. Ideal für den Geschäftsmann auf Reisen, behauptete die Anzeige, um beim Autofahren, im Lift oder abends in der Bar eine brillante Idee festzuhalten. Vermutlich hatte der amerikanische Hersteller nicht einmal im Traum daran gedacht, dass sein Spielzeug für Manager einmal zum göttlichen Objekt avancieren würde.

Die Dörfler hatten ihre Entscheidung bereits getroffen. Ihr Favorit war der Zwölf-Finger-Mann mit seinem Orakelstift. Doch jetzt forderte ein Zwischenrufer irgendwo in der Menge lautstark die letzten beiden Wunder ein.

Der Schiedsrichter klatschte in die Hände. Da er mittlerweile hoch in der Gunst des Publikums stand, durfte Sri Kasbekar als Erster beginnen.

Auf dem Hockeyfeld war eine flache Grube ausgehoben und mit rot glühenden Kohlen gefüllt worden. Ich hatte Bhalu gewarnt, dass er sich Probleme einhandeln könne, weil er öffentliches Eigentum verunstalte, doch er hatte meine Bedenken beiseite gewischt. Eine skurrile Mischung magischer Worte ausrufend, ging der Zwölf-Finger-Mann auf den Kohlenteppich zu und machte mit großer Selbstbeherrschung die ersten Schritte. Auf halbem Weg schien sein Gesicht vor Schmerz verzerrt. Doch er ging weiter, ohne dass ein Laut über seine Lippen kam.

In Asien kennt man Feuerläufe seit tausenden von Jahren, in westlichen Ländern mittlerweile auch. Müde, mit Memo-Pens ausgestattete Manager laufen nun im Sturmschritt über heiße Kohlen – oft als Höhepunkt spezieller Motivationstrainings. Entgegen landläufiger Vorstellung ist es total einfach. Die Fußsohlen ebenso wie die Asche auf den Kohlen sind beide schlechte Wärmeleiter. Jeder kann über glühende Kohlen laufen. Aber das wussten die Dörfler nicht. Der Zwölf-Finger-Mann war der Held des Tages. Ein schneller Blick auf seine Füße zeigte, dass er tatsächlich ein

Held war, jedoch aus einem anderen Grund – Sabotage. Als er nicht hinsah, hatte seine Konkurrentin heimlich Zucker auf die Kohlen gestreut. Der Zucker schmilzt und klebt an den Füßen, und dann tut es höllisch weh.

Sri Kasbekar nahm die Schmerzen auf sich, denn er war entschlossen, sich durch subversive Aktionen gleich welcher Art auf keinen Fall aus dem Feld schlagen zu lassen. Schließlich gab er sich als lebender Gott aus. Da sich immer mehr heilige Männer ihren Lebensunterhalt mit Heilen und Wundervorführungen verdienen, werden auch immer mehr Opfer nicht der Rationalisten, sondern der Sabotage aus eigenen Reihen.

Als Srimati Kulkarni mit ihrem letzten Wunder an die Reihe kam, kroch sie unter eine schwere, in der Mitte der Arena ausgebreitete Wolldecke. Ich spürte, dass die Zuschauer ihre Niederlage wollten. Ganz langsam, zentimeterweise, begann sich ihr Kopf, dann der Körper vom Grasboden zu erheben, bis er, leise bebend, in etwa einem Meter Höhe frei schwebend verharrte. Ich hatte zum ersten Mal eine richtige Levitation erlebt.

Ich wollte Bhalu gerade fragen, wie er sich diese Illusion erklärte, als etwas ziemlich Peinliches passierte – peinlich für die Magierin. Die dicke Wolldecke, die sie verborgen hatte, kam ins Rutschen und fiel zu Boden. Im nächsten Moment war das Geheimnis der Levitation im wahrsten Sinn des Wortes enthüllt. Das Geheimnis war, dass es gar keine Levitation gab. Srimati Kulkarni hatte mit erhobenen Armen unter der Decke gestanden und zwei alte Hockeyschläger so gehalten, dass das gebogene untere Teil nach oben zeigte, was den Eindruck vermittelte, es seien ihre Füße.

Mit einem Gesicht rot wie eine Tomate behauptete sie, Sri Kasbekar – der Teufel – habe sie verhext. Doch keiner hörte ihr zu. Die Zuschauer waren viel zu sehr von etwas anderem in Anspruch genommen, als dass sie für eine betrügerische Göttin interessiert hätten. Berauscht von den Wundern des Zwölf-Finger-Manns, lechzten sie nach weiteren Offenbarungen seines allergrößten Wunders – des heiligen Orakelstifts.

24

Jimmy, der Teilzeitgott

Hinter den Glasfronten der Bücherschränke standen, in unterschiedlichen Stadien des Zerfalls begriffen, voluminöse Bände, mit gelben Schildchen versehen und fein säuberlich aufgereiht. Die meisten der von der feuchten Luft fleckigen Bücher hatte wohl seit Jahrzehnten niemand mehr in die Hand genommen. Die Tische und Stühle, die Wandtäfelung, der Fußboden und selbst die Lesepulte waren vor Generationen einmal reichlich mit Möbelpolitur getränkt worden. Verstaubte Marmorbüsten blickten von ihren Sockeln wie die Standbilder römischer Kaiser, ein freistehender Ventilator aus Messing rührte die schwüle Monsunluft um, und ein Regulator an der gegenüberliegenden Wand mit stark verzogenen Intarsien aus Walnussholz maß den Gang der Zeit. Nichts hatte sich hier, im Lesesaal der Native General Library in Bombay, in den letzten Jahren geändert.

Besonders beliebt bei der schwindenden Gemeinde der Parsen in Bombay, ist die Bibliothek ein geheimnisvoller Zufluchtsort, an dem die alten Männer ihre Nachmittage wie in einem Herrenclub verbringen. Sie sprechen über die gute alte Zeit, als das Fortbestehen ihrer Gemeinschaft noch nicht bedroht war; von ihrem gewaltigen Erbe, ihrem Glauben an Zarathustra und wie sie vor vielen, vielen Jahren von Persien nach Indien kamen.

Als das Duell der Gurus beendet war, hatte Bhalu seine beträchtlichen Einnahmen an sich gerafft und mich zum Netravati-Express nach Bombay begleitet. Den größten Teil der Zugfahrt verbrachte er damit, sein frisch erworbenes Vermögen zu zählen, das ausschließlich aus kleinen Münzen bestand.

In eine Stadt zurückzukehren, die man kennt und liebt, erfüllt einen mit einem köstlichen, warmen Gefühl. Es war meine maßlose Geldgier, die mich vor einiger Zeit nach Bombay geführt hatte. Ebenso wie der Trickser hatte ich gehofft, aus der Naivität anderer Kapital zu schlagen. Im Gegensatz zu ihm hatte ich jedoch ein entscheidendes Handicap. Ich war nicht in den Straßen von Kalkutta aufgewachsen. Meine hinterhältige Idee – in Bombays berüchtigtem Chor Bazaar, dem Markt der Diebe, europäische Antiquitäten zu erstehen und in England wiederzuverkaufen – war ein Schlag ins Wasser gewesen. In die Stadt zurückgekehrt, die ich einmal im Sturm zu erobern gehofft hatte, ging ich hart mit mir ins Gericht. Wie hatte ich bloß so dumm sein können? Wie war ich nur darauf verfallen, ich könnte Bombays ausgebufften Antiquitätenhändlern für billiges Geld ihre Ware abschwatzen?

Während Bhalu sich nach einem alten Kumpel aus Kalkutta auf die Suche machte, setzte ich mich in den Lesesaal der Parsen, um auf D. Blake zu warten.

Mein Freund, Vertrauter und Mentor Blake war ein amerikanischer Musiker, der sich in Bombay niedergelassen hatte. In die Stadt geführt hatte ihn die Suche nach einem Lehrer für indische Musik. Die in Bombay verbrachten Jahre hatten Blake viele Dinge gelehrt, so dass er inzwischen über einen unerschöpflichen Schatz an den obskursten Informationen verfügte. Ich war sicher, dass er mir den Weg zu ungewöhnlichen Dingen würde weisen können.

Leider hatte sich Blake bis zur Unkenntlichkeit an die hiesige Kultur angepasst. Verräterische Zeichen dieser Veränderung zeigten sich in vielerlei Form, und deren auffallendstes war, dass er zu Verabredungen immer viel zu spät kam.

Als der Regulator drei Uhr schlug, ließ sich in dem abgeschabten Sessel neben mir ein weißhaariger, sehr korrekt gekleideter Parse nieder. Er dürfte schon über neunzig gewesen sein. Ich wünschte ihm einen guten Tag und meinte, es würde wohl bald regnen. Der Mann holte lang und tief Luft, dann hustete er heftig. Woran auch immer er leiden mochte, seine Krankheit schien recht weit fortgeschritten.

»Sie haben Asthma, nicht wahr?«, flötete ich. »Ich kann Ihnen eine wunderbare Kur in Hyderabad empfehlen. Die Behandlung war etwas gewöhnungsbedürftig, aber mir hat sie geholfen.«
Der alte Herr klopfte mit der Faust an die Brust.
»Ich habe kein Asthma«, brummte er.
»Das freut mich zu hören. Dann sind Sie wahrscheinlich bestens in Form.«
Nachdem er dünnen Schleim in ein Taschentuch gehustet hatte, führte der alte Parse unsere geistlose Konversation weiter.
Er sei Mr. Sodawaterwala, stellte er sich vor. Ein merkwürdiger Name, aber die Parsen nahmen während der britischen Kolonialherrschaft häufig ihre Berufsbezeichnung als Familiennamen an, und manche besonders ausgefallene haben bis heute überdauert.
»Soll ich Ihnen etwas erzählen?«, fragte er.
»Gerne, was denn?«
»Kurz nach meiner Geburt«, sagte der runzlige Mund, »konsultierten meine Eltern einen Astrologen wegen meines Horoskops. Seine Vorhersage zu meiner Zukunft war sehr präzise. Er sagte, ich würde Industrieller werden, und das bin ich. Und er sagte, ich würde drei Söhne haben, und die habe ich. Doch er prophezeite auch, dass ich durch Ertrinken sterben würde.«
»Oje, ich hoffe, Sie können schwimmen!«
»Nein«, erwiderte Mr. Sodawaterwala. »Meinen Eltern machte die Weissagung so viel Angst, dass sie es mich nie lernen ließen. Sie dachten, wenn ich schwimmen könnte, würde es mich in die Nähe von Wasser ziehen – und wahr werden, was der Astrologe prophezeit hatte. Deshalb«, fuhr der alte Herr fort, »habe ich Wasser mein ganzes Leben gemieden. Ich habe niemals in einem Fluss geplanscht, im Meer gebadet, mich in einem Swimmingpool erfrischt. Nicht einmal in die Badewanne bin ich gegangen. Da sehen Sie, welch ein Fluch die Prophezeiung des Astrologen in all diesen Jahren für mich gewesen ist!«
»Aber das Wasser derart strikt zu meiden scheint mir in Ihrem Fall sehr vernünftig.«

Mr. Sodawaterwala warf mir einen kurzen Blick zu.
»Vielleicht doch nicht«, antwortete er. »Wissen Sie, ich komme gerade von meinem Arzt. Ich habe ein Herzleiden. Das heißt, mein Herz funktioniert nicht so gut, wie es sollte. Es *sollte* stark genug pumpen, damit die Flüssigkeit aus meiner Lunge geht. Tut es aber nicht. Die Folge ist, dass meine Lunge sich mit Wasser füllt. Kurz gesagt – ich ertrinke.«

Als D. Blake mit drei Stunden Verspätung schließlich auftauchte, erzählte ich ihm von Mr. Sodawaterwala, der inzwischen nach Hause gegangen war.
»Findest du es nicht auch wunderbar hier?«, sagte er. »Das ist der beste Treffpunkt in der Stadt, besser als jede Kneipe. Wenn Parsen da sind, ist es keine Minute langweilig.«
Blake hatte sich seit meinem letzten Aufenthalt in Bombay kaum verändert. Er sah immer noch aus wie ein kubanischer Revolutionär: schwarzes Barett, dunkle Brille und ein wirrer Bart. Seine Sprache war immer noch eine deftige Mischung aus boshaften Kommentaren und geistreichen Bemerkungen.
»Also, was hat es mit diesem Studium der Magie auf sich?«, wollte er wissen, als wir genug Höflichkeiten ausgetauscht hatten.
»Weißt du, mich haben Magie und Zauberei schon immer fasziniert. Immer – seit der Wächter von Jan Fishans Grab mich als kleinen Jungen damit bekannt gemacht hat.«
Blake nahm seine dunkle Brille ab und wedelte damit herum, während er sprach. Seine smaragdgrünen Augen blitzten herausfordernd.
»Ach ja?«, entgegnete er. »Dann zieh doch ein Kaninchen aus meiner Mütze!«
»Ich bin nicht hergekommen, um Illusionen vorzuführen«, entgegnete ich. »Ich bin hier, um zu beobachten. Weißt du, ich bin auf Erkundungsreise.«
Blake rückte sein Barett zurecht und schien kurz nachzudenken.
»Und wer hat dir gesagt, dass du diese Reise machen sollst, Mann?«

»Feroze natürlich.«
»Feroze?«
»Ja, Feroze, er ist mein Lehrer.«
D. Blake, sichtlich betroffen, machte ein langes Gesicht. Früher einmal war er selbst mein Mentor gewesen.
»Feroze ist Illusionist«, sagte ich. »Er unterrichtet mich in der Kunst des Zauberns.«
»Keiner mag mich«, jaulte Blake. »Am besten verschwinde ich gleich wieder auf mein Dach.«
»Hör zu, Blake! Ich brauche Hilfe. Was tut sich so in der Stadt? Du weißt schon – irgendwas Besonderes.«
Blakes Miene hellte sich wieder ein wenig auf. Er hatte eine Schwäche für das Bizarre, genau wie ich.
»An komischen Käuzen mangelt's hier nicht«, erwiderte er. »Wie wär's mit dem Kerl, der aus Spinnweben Seide für kugelsichere Jacken macht? Dann gibt es die Straßenkinder, die gekidnappt und in die Golfstaaten verfrachtet werden, wo sie als Kameljockeys arbeiten müssen. Und einen Burschen, der Käse aus Delfinmilch verkauft. Oder wie wär's«, rief Blake und fuchtelte wild herum, »mit Jimmy, dem Teilzeitgott?«

Soviel er wisse, halte Jimmy jeden zweiten Dienstag ein *darshan* ab, eine Audienz, informierte mich D. Blake. Tausende von Anhängern aus der ganzen Stadt würden zu den Versammlungen im Norden Bombays strömen. Als ich Blake nach der Motivation des Teilzeitgottes fragte, antwortete er, solche Dinge müsse ich selbst herausfinden.
Ein muskulöser Masseur im geheimen irakischen *hammaam* hinter der Mohammed Ali Road klärte mich auf, dass eine Kobra Jimmys Zeichen sei und er mindestens ein *lakh,* hunderttausend, Anhänger habe. Der Masseur schickte mich zu einem Arbeiter im nahe gelegenen Kampfdrachen-Basar. Während er eine Paste aus Leim und zerstoßenen Glühbirnen zusammenrührte, mit der die Leinen der Kampfdrachen bestrichen wurden, erzählte mir der Mann, dass Jimmy immer von seiner Adoptivmutter begleitet

werde, einer älteren heiligen Frau namens Gururani. Und dass Jimmy einmal in einer Bank gearbeitet habe, bis die Situation untragbar wurde. Der Bankmanager, selbst ein Anhänger Jimmys, fühlte sich verpflichtet, auf allen vieren an seinem Untergebenen vorbeizukriechen, wenn sie sich begegneten. Als er aus der Bank ausgeschieden war, hatte Jimmy ein eigenes Geschäft mit Räucherwerk »Marke Jimmy« aufgemacht. Diese Informationen hörten sich sehr nach Erfindung an. Nur eine persönliche Begegnung mit der Gottheit würde mich, dessen war ich sicher, der Wahrheit näher bringen.

Danach ging ich zum Chor Bazaar, um einen alten Geschäftspartner zu besuchen. Er hatte einen Laden mit europäischen Antiquitäten und hieß Anwar Sadat.

Jedermann in Bombay, der einen rostigen Zahnbohrer aus dem Ersten Weltkrieg benötigt, ein Grammophon von »His Master's Voice«, einen Satz alter Golfschläger oder eine Tuba aus Berlin, weiß, dass er nur bei Anwar vorbeizuschauen braucht. Seine Familie handelt seit zweihundert Jahren mit Antiquitäten aus Europa. Inzwischen fast zeitlos, wirken seine Waren wie auf einem Dachboden gelagerte Souvenirs aus Bombays Vergangenheit. Ich liebte es, mich in dem voll gestopften Laden umzuschauen und mir auszumalen, was Anwars Krimskrams alles erlebt hatte. Jeder Gegenstand, mit einer Schicht aus Öl und Staub überzogen, hat eine Geschichte zu erzählen – die Stethoskope und das Spielzeug aus Blech, die Sextanten und Barometer, die Kronleuchter aus belgischem Kristall, die Plattenkameras und verzogenen Bratschen, das maßstabgetreue Modell einer Viermastbark, der Satz silberner Fischmesser, die Figurine aus Meißner Porzellan, das Puppenhaus mit dem beschädigten Dach.

Es waren Jahre vergangen, seit ich das letzte Mal mit Anwar Sadat zusammengesessen und geplaudert hatte. Er war ein freundlicher, zuvorkommender Mensch, ein richtiges Juwel in einer Branche, in der sich in Bombay sonst eher Leute tummeln, die es mit der Wahrheit nicht so genau nehmen. Aber andererseits, sagte ich mir immer wieder, war das schließlich der Basar der Diebe.

Nachdem wir zwei Kannen süßen heißen Tee geleert hatten, rief Anwar seinem Sohn in der Dachkammer über dem Laden zu, er solle herunterkommen. Ich hörte trappelnde Kinderfüße auf der steilen Treppe. Im nächsten Augenblick drückte eine Jungenhand kräftig die meine, und ich wunderte mich, wie ich ihn hatte vergessen können. Denn sein Name war Saddam Hussein.

Anwar hörte sich mein Anliegen aufmerksam an. Als ich geendet hatte, starrte er auf den gefliesten Boden seines Ladens und überlegte. Wenn jemand wusste, wo Jimmy seine Versammlungen abhielt, dann ganz sicher Anwar Sadat.
Eine dritte Kanne Tee wurde geleert. Rustam, die Ziege des Hauses, kam auf der Suche nach Futter hereingesprungen. Anwar rieb sich das stoppelige Kinn, furchte die Stirn und grübelte über das Rätsel Jimmy, den Teilzeitgott, nach. Als frommer Muslim hätte er sich über die Vorstellung, ein höchstes Wesen könne nur zu bestimmten Stunden verfügbar sein, durchaus lustig machen können. Er hätte auch die Vorstellung von einem Gott in Menschengestalt entschieden von sich weisen können. Doch obwohl er den heiligen Mann nicht akzeptierte, war er bereit, mir bei der Suche nach ihm zu helfen.
»Ich weiß nicht, wohin das noch führen soll«, murmelte er dann. »Es geschehen die merkwürdigsten Dinge. Sieh mal ...«
Anwar hielt mir die Zeitung von diesem Morgen hin und deutete auf einen Bericht über die Arbeit eines Arztes im Westen, der Menschen Schweineherzen implantierte. Möglicherweise eine lebensrettende Operation, doch für einen Muslim ist allein schon die Vorstellung ungeheuerlich.
»Erst Schweineherzen und dann ein Gott namens Jimmy«, seufzte Anwar Sadat. »Ich weiß wirklich nicht, wohin das noch führen soll. Aber andererseits«, sagte er und kniff seinen Sohn in die Wange, wie Hafiz Jan es einst bei mir gemacht hatte, »sind wir nur Gäste auf dieser Welt, nicht wahr?«
Anwar verscheuchte die Ziege Rustam, die gerade an Band neun einer stockfleckigen *Encyclopaedia Britannica* herumknabberte.

Er kritzelte etwas in eine Ecke seiner Zeitung, riss sie ab und reichte mir den Papierfetzen.
»Geh zu diesem Mann«, sagte er. »Er ist im Frachtgeschäft, aber ich habe das Gefühl, dass er deinen Gott kennt.«
Die Adresse, die Anwar mir aufgeschrieben hatte, führte mich zu einem Gebäude im Norden Bombays in der Nähe des Inlandflughafens in Santa Cruz. Erst dachte ich, ich hätte mich vertan, denn es war keine Fracht- oder Transportfirma, sondern ein Bestattungsunternehmen. Zu beiden Seiten des Eingangs waren Särge gestapelt wie Container an einem Hafen. Am anderen Ende des Raums hockten etliche Sargschreiner gesetzteren Alters und rauchten *biris.* Ich reichte das Zeitungsfragment einem akkurat gekleideten Mann im Büro. Auf seinem Schreibtisch standen sieben Telefone, jedes von einer anderen Farbe. Er schüttelte mir die Hand.
»Sind Sie ein Freund von Anwar Sadat?«, fragte ich.
»Ah, Anwar«, sagte er erfreut. »Ich habe ihn schon ewig nicht mehr besucht. Und wie geht's dem kleinen Saddam Hussein?«
»Sehr gut. Anwar sagte mir, dass Sie im Frachtgeschäft tätig sind. Deshalb verwirrt es mich ein wenig, dass hier so viele Särge herumstehen.«
»Aber ich *bin* im Frachtgeschäft«, sagte der Mann und ließ den Blick über seine Telefone wandern. »Ich mache Leichentransport in alle indischen Bundesstaaten, auch ins Ausland.«
Damit waren genug Höflichkeiten ausgetauscht. Ich fragte den Bestattungsunternehmer, was er über Jimmy wisse.
»Sri Jimmy Nagputhra und Gururani Nagkanya, natürlich kenne ich sie!«, rief er aus. »Ein paar von meinen Leuten gehen zu ihnen.«
Zwei Arbeiter aus der Werkstatt wurden herbeizitiert. Beide trugen einen Button mit einer vielköpfigen Kobra am Hemd. Der ältere der beiden lud mich zum *darshan* am Dienstagabend ein, in zwei Tagen. Alle seien willkommen, Sri Jimmy zu lauschen. Die Versammlung würde um acht Uhr abends beginnen und bis tief in die Nacht dauern.
Der Leichenspediteur schnippte mit den Fingern, und seine Ar-

beiter verschwanden wieder in der Werkstatt. In meiner Begeisterung fing ich an laut nachzudenken.
»Das ist ja toll!«, trompetete ich. »Ein Teilzeitgott namens Jimmy, dessen Symbol die Kobra ist und der mehr als hunderttausend Anhänger hat!«
Der Leichenspediteur rückte die Telefone auf seinem Schreibtisch gerade. Dann bewegte er den Kopf sehr langsam von rechts nach links.
»Warum vergeuden Sie Ihre Zeit mit diesen windigen Göttern?«, bemerkte er säuerlich.

Endlich kam der Dienstagabend. Als die Dunkelheit hereinbrach, konnte ich es kaum mehr erwarten. Nach einem ausgezeichneten Essen im Gaylord's – die meiste Zeit war ich damit beschäftigt, Bhalu zum Mitkommen zu überreden – nahmen wir ein Taxi nach Lalbag im Norden Bombays. Ich hätte nie gedacht, dass ich den Trickser einmal geradezu anflehen würde, mit mir zu kommen.
Während unser Taxi im ständig dichter werdenden Verkehr immer wieder anhalten musste, ehe es weiterging, sah ich zu den apokalyptischen Wolken hinauf. Der Monsun hatte mit aller Macht eingesetzt. Jede Nacht hatte der heftige Regen die Straßen der Stadt überflutet. Alle Faktoren stimmten: ein Tipp von Blake, ein geheimer Ort, eine beträchtliche Anhängerschaft und, das Allerbeste, ein Teilzeitgott.
Etwas nach neun Uhr abends kamen wir bei der Samaj Mandir Hall an. Dies war zweifellos der Ort, an dem das *darshan* stattfinden würde. Ungefähr viertausend Menschen – quer durch alle Schichten der Bevölkerung – hatten sich eingefunden. Alle Frauen trugen Schals um den Kopf, die Männer hatten sich schlichte weiße Taschentücher übergebunden. Bhalu und ich taten es ihnen gleich, um nicht unangenehm aufzufallen. Die Gottheiten waren offenbar noch nicht eingetroffen, denn ihre Anhänger schienen noch unter erwartungsvoller Spannung zu stehen. Manche plauderten miteinander, andere blätterten Broschüren

mit einer Kobra auf dem Titelblatt durch. Die meisten standen still meditierend herum.

Kurz nach zehn brach Panik aus.

Ein betagter Straßenkreuzer aus indischer Fabrikation rollte heran. Das Gefährt – es war üppig mit Ringelblumen geschmückt – hatte die Aura eines herausgeputzten Streitwagens. Einige Jünger bedeckten mit den Händen die Augen, andere warfen sich zu Boden, als der Wagen vor dem roten Teppich anhielt. Dann öffneten sich sehr langsam die Türen, und die Götter stiegen aus.

Als Erste erschien Gururani. Sie sah ziemlich normal aus. Ich schätzte ihr Alter auf irgendwo zwischen sechzig und fünfundsiebzig. Sie wirkte unbeteiligt, wie ein Rockstar, der die ewigen Auftritte satt hat. Um den dünnen Hals hingen zahlreiche Blumengirlanden, an ihrem Handgelenk baumelte eine praktische Handtasche. Sie war in einen himbeerfarbenen Umhang aus glänzendem Stoff gehüllt.

Nach ihr setzte Jimmy seinen Fuß auf den roten Teppich. Bhalu zog mich nach vorne, damit ich einen guten Blick hatte. Er war groß, kräftig, nicht älter als ungefähr vierzig und hatte ein breites Gesicht, das zum größten Teil ein Bart verdeckte. Auch Jimmy trug ein auffallendes, in seinem Fall silbrig-blaues Gewand und, ebenso wie seine Adoptivmutter Gururani, eine filigrane goldene Krone auf dem Kopf.

Die Gottheiten stolzierten auf Plateauschuhen schwankend in die Halle. Ich holte tief Luft. Diesen denkwürdigen Moment galt es auszukosten. Eine Reihe von Leuten mit Körben in den Händen streuten Rosenblätter. Etliche Jünger warfen sich verehrungsvoll zu Boden, als die beiden an ihnen vorbeischritten. Kaum waren die Gottheiten in der geräumigen Halle verschwunden, drängten ihre Anhänger barfüßig hinterher.

In der Halle bestiegen die höchsten Wesen ein Podium, ihre Anhänger ließen sich auf dem Boden nieder – auf der linken Seite des Raumes die Männer, rechts die Frauen. Nur fünfhundert der engsten Gefolgsleute wurden hineingelassen. Die restlichen, es

mussten inzwischen mehr als achttausend sein, lagerten draußen auf einem Fußballfeld.
Der Trickser und ich setzten uns zu den Männern. Ich überlegte, ob ich wohl Gelegenheit haben würde, mich mit Jimmy zu unterhalten. Als hätte er meine Gedanken gelesen, klopfte mir ein alter Parse hinter mir auf den Rücken.
»Die Lichter des Himmels sind die reinsten aller göttlichen Wesen«, sagte er. »Natürlich darf niemand mit ihnen direkt sprechen, nur diejenigen, die gereinigt worden sind.«
»Stimmt das wirklich?«
Der Parse nickte.
»Könnte ich mich nicht auch reinigen lassen?«, fragte ich hoffnungsvoll.
Der alte Herr musterte mich von oben bis unten und verzog das Gesicht.
»Gewiss nicht!«, erwiderte er barsch. »Aber du kannst deine Gedanken reinigen. Die Lichter des Himmels können jeden deiner Gedanken lesen.«
»Die Lichter des Himmels?«
»Ihre Heiligkeiten«, sagte er. »Sie haben große Macht. Ihre Energie kann einen Mann in Ketten befreien, sie kann die Seele aus ihrer Unwissenheit erlösen.«
Hörte sich nach starkem Tobak an.
Jimmy und Gururani waren allein auf dem Podium. Hinter ihnen ragte eine ungewöhnliche Szenerie auf mit Eisbergen, Wäldern, mythischen Wesen und zehnköpfigen Kobras. Es hätte die Kulisse eines Fantasyfilms aus Hollywood – oder eher Bollywood – sein können. Direkt über den Gottheiten drehte sich ein überdimensionaler Sonnenschirm, auf dem die Namen »Jimmy« und »Gururani« prangten. Hinter den bekrönten Köpfen des Paares waren, um ihre Göttlichkeit zu unterstreichen, riesige goldene, mit Glitzerstaub überzogene Heiligenscheine angebracht, die mit ihren dreieckigen scharfen Zähnen wie große Kreissägen aussahen und ebenfalls rotierten.
Dass ich nicht direkt mit Jimmy sprechen, ihn nicht einmal grü-

ßen durfte, machte das Interview schwierig. Zum Glück gaben seine Jünger umso bereitwilliger Bruchstücke aus der Biographie ihres Gottes preis.

Jimmy war erst sieben Jahre alt gewesen, als Gururani ein göttliches Licht von ihm hatte ausgehen sehen. Sie adoptierte den Jungen und zog ihn als Gottheit auf. Jimmy war Parse, ebenso wie Gururani. Doch das Paar stand offenbar allen Glaubensrichtungen neutral gegenüber. Einer ihrer Anhänger erklärte es damit, dass sie über der Religion stünden. Ein anderer vertraute mir an, dass sie, als Gottheiten, niemals dasselbe Gewand zweimal trugen. Das sei unter ihrer Würde. Ein Filmproduzent, den ich später traf, meinte, das Duo besorge sich seine Glitzergarderobe von einem Kostümverleih in Bollywood. Er schwor, er habe genau diese Gewänder schon in der beliebten Seifenoper-Version des *Ramayana* im Fernsehen gesehen.

Während die Jünger sich noch einen Platz suchten, widmeten sich die Gottheiten auf ihren Thronen der eher profanen Aufgabe, sich auf die Show vorzubereiten. Unaufhörlich traten Helfer und devote Schmeichler ans Podium, um sie zu begrüßen. Einige schienen ihnen Briefe entgegenzuhalten, die beantwortet werden mussten; andere wollten vielleicht einen Großauftrag für Jimmys spezielles Räucherwerk erteilen.

Göttin Gururani öffnete ihre praktische Handtasche und zückte einen knallroten Lippenstift. Nachdem sie ihre Lippen angemessen verschönt hatte, begannen die Feierlichkeiten.

Ein Akkordeonspieler ließ seine manikürten Fingernägel über die Tasten seines Instruments gleiten. Die Halle füllte sich mit den sanften Klängen von Hindi-Musik. Ein primitives System aus Drähten und Lautsprechern übertrug die Musik zu den vielen Anhängern, die draußen bleiben mussten. Jimmy und Gururani saßen unbeweglich auf ihren Thronen, hinter sich die elektrisch betriebenen Heiligenscheine, und hielten die rechte Hand erhoben wie Indianerhäuptlinge, die jemandem ihren Gruß entbieten. Dann taten sie, was sie am besten konnten – still dasitzen, während sich ihre Jünger vor ihnen zu Boden warfen.

Das nächtliche Ritual war lang und umfangreich. Als die Musiker warm geworden waren, nahm Gururani ein Mikrofon in die rechte Hand, schritt zur Mitte der Bühne und begann zu singen. Ein arabischer Freund von mir sagt, dass italienische Oper sich für sein ungeschultes Ohr anhört wie die Klageschreie eines weiblichen Kamels. Ähnlich erging es nun mir; auch meine Ohren wussten die Sangeskünste der Göttin nicht recht zu würdigen.

Fast eine Stunde musste ich im unbequemen Schneidersitz ausharren. Als Gururani zu ihrem Thron zurückgekehrt und ihr Heiligenschein wieder aktiviert war, griff Jimmy zum Mikrofon. Aus seinem Mund strömte eine tiefe Stimme, die rhythmischen Worte schallten aus Lautsprechern an allen Wänden.

Draußen hatte es zu regnen begonnen – kein leichter Aprilschauer, sondern ein ausgewachsener Monsunregen, ein Wolkenbruch. Ich spähte hinaus. Die achttausend Jünger saßen gehorsam und mit untergeschlagenen Beinen da und ließen sich durchweichen. Sie hätten gehen können, aber Jimmys kraftvolle Stimme hüllte sie ein und linderte ihr Ungemach.

Die glänzenden blauen Gewänder und die Musik – einer frühen Elvis-Ballade nicht unähnlich – hätten den Dorfmans bestimmt sehr gefallen. Jimmy hatte den Rhythmus drauf, kein Zweifel. Ich verstand kein Gujarati, aber ich war von der bloßen Kraft seiner Stimme wie hypnotisiert. Für einen kurzen Moment spielte ich mit dem Gedanken, Sri Jimmy einen Plattenvertrag zu verschaffen. Seine exzentrische Kleidung, seine Abgeklärtheit und sein Know-how in Sachen Räucherwerk wären bei jeder Plattenfirma in Los Angeles gut angekommen. Das einzige Problem war die Kommunikation. Welcher Plattenproduzent würde einen Mann unter Vertrag nehmen, der zu rein war, um mit ihm zu sprechen?

Es folgte eine Soloballade auf die andere. Nach der Musik entzündete jeder Jünger ein kleines *ghee*-Lämpchen, die von Lakaien eingesammelt und auf silbernen Tabletts zum Podium hinaufgetragen wurden. Sobald die Gottheiten die Tabletts gesegnet hatten, wurden die Lämpchen wieder verteilt. Erst dann nahm auch das Publikum an der Veranstaltung teil. Das offene Licht auf dem Schoß balancierend, wiegten sich die Jünger ekstatisch vor und zurück. Immer wieder sprang ein Mitglied der Gemeinde auf und lief, vom göttlichen Licht ergriffen, kreuz und quer durch die Halle. In dem Durcheinander fing der Sari einer Frau Feuer, und sie begann mit den Armen wild um sich zu schlagen. Endlich bemerkten die Leute um sie herum, dass sie gleich lichterloh brennen würde, und die Flammen wurden ohne großes Aufsehen erstickt.

Draußen vor der Halle mühten sich die achttausend bis auf die Haut durchnässten Jünger noch ab, mit feuchten Streichhölzern ihre *ghee*-Lämpchen anzuzünden. Regen und Wind machten es ihnen nicht gerade einfacher.

Als alle Lämpchen gesegnet waren, gab es wieder Musik. Ich genoss die Show ganz entspannt. Die folkloristische Musik, die bunten Schals auf den Köpfen, die leuchtenden Farben der Gewänder, die flackernden Lichter, die malerische Kulisse – all das erinnerte an ein Zigeunerlager. Ich knuffte Bhalu in die Seite und fragte ihn, was er von meiner Analogie hielt. Er war noch nie in einem Zigeunerlager gewesen und enthielt sich deshalb jeglichen Kommentars. Der bärtige Mann neben mir jedoch wollte mich gerne seine Meinung wissen lassen. Wenn ich Sri Jimmy weiter verunglimpfe, erklärte er, werde er mich nach draußen schleifen und mir Bescheid stoßen.

Den Teilzeitgott zu kritisieren war das Letzte, was ich wollte. Es wäre falsch, Jimmy und seine Gruppe zu verleumden. Sicher, internationale Sekten mit einem Umsatz von x Millionen Dollar mögen zu Recht verfolgt werden. Doch hier war ein Mann, der nichts von seinen Jüngern nahm. Nicht einmal Pseudowunder führte er vor. Seine Anhänger schienen mit einer Auswahl an Zigeunerliedern vollkommen zufrieden. Zugegeben, sie sorgten dafür, dass er sich in prächtige Gewänder hüllen konnte, doch es gab keinerlei Anzeichen dafür, dass man hier ein großes Geschäft machte. Die Halle wurde nur für die jeweilige Veranstaltung gemietet, die Garderobe – angeblich – bei Bedarf ausgeliehen. Ich sah auch niemanden zwecks Spendenabbuchung mit seiner Kreditkarte wedeln, noch hörte ich das nervöse Lachen ausländischer Förderer.

An einem Stand draußen vor dem Saal wurde Jimmys Räucherwerk angeboten. Mit einem Preis von zehn Rupien pro Schachtel war es billiger als Konkurrenzprodukte, ebenso die Schlüsselanhänger und die Buttons mit der furchteinflößenden fünfköpfigen Kobra.

Um drei Uhr morgens war Jimmys Show auf einmal zu Ende. Als Bhalu und ich den Saal verließen, fühlte ich mich ganz leer. Erst wunderte ich mich, woher dieser plötzliche Stimmungsumschwung kam. Lag es daran, dass mich die Aussicht auf interessante Illusionen gelockt hatte und mir keine geboten worden waren? Oder hatte sich mein verkorkstes Alter Ego danach gesehnt, sich über die Gottheiten lustig zu machen? Vielleicht ein bisschen von beidem. Als ich ein wenig nachgedacht hatte, musste ich zugeben: Jimmy, der Teilzeitgott, mochte ein versierter Showman sein – aber eine Lachfigur war er nicht.

Auf seinem Hocker im Eingang zu Jan Fishans Grabmal sitzend, hatte Hafiz Jan alles erzählt, was er über die afghanisch-britischen Kriege wusste, und mir von den blutigen Gemetzeln berichtet. Und darüber nachgesonnen, wie man die Briten dreimal von afghanischer Erde vertrieben hatte.

In England sind die drei Kriege, die man in Afghanistan geführt hat, vielleicht längst vergessen. In einer abgelegenen Ecke von Bombay jedoch existiert noch eine Erinnerung an die blutigen Auseinandersetzungen. Es war Hafiz Jan gewesen, der die afghanische Kirche an der Südspitze von Colaba zum ersten Mal erwähnt hatte. Ich kann mich noch gut an unser Gespräch erinnern. Eine afghanische Kirche sei ein Widerspruch in sich, hatte ich eingewandt, schließlich seien fast alle Afghanen Muslime. Der Wächter von Jan Fishans Grab hatte sich über meinen Einwand köstlich amüsiert. Die afghanische Kirche, hatte er erwidert, sei ein Spitzname. Dort, mit Blick auf das Arabische Meer, würden die toten britischen Soldaten der Kriege in Afghanistan geehrt. Vor meiner triumphalen Rückkehr nach Kalkutta hatte ich noch einen ganzen Nachmittag Zeit. Bei einem zweiten Treffen mit Blake war mir wieder die Kirche eingefallen, von der mir Hafiz Jan erzählt hatte. Bhalu zeigte kein Interesse dafür, die in Bodenplatten gemeißelten Namen einstiger Kolonialherren zu besichtigen. Also zog ich allein los.

Colaba gehört zwar zu Bombays quirliger Innenstadt, aber korrekt gekleidete Büroangestellte oder abgerissene Rucksacktouristen verirren sich in den südlichen Teil, Richtung Cuffe Parade, nur selten. Ich schlenderte den Colaba Causeway entlang. Es war noch früh. Die Straßenverkäufer bauten gerade ihre Stände auf. Die Besucher aus den Golfstaaten, die gerne in den Hotels am Strand logieren, schliefen noch. An der Strand Road legte ein Kugelschreiberverkäufer seine neue Kollektion japanischer Schreibgeräte aus und demonstrierte mir sogleich das unaufdringliche Klicken ihres Drehmechanismus. Als ich dankend ablehnte, bewarf der Händler einen dreibeinigen Straßenköter mit Steinen. Ein niederträchtiger Racheakt. Er wusste ebenso gut wie jeder andere, dass Leute aus dem Westen einen Hund nicht leiden sehen können. Ich kaufte ihm einen Kugelschreiber ab und schlenderte weiter.

Ich kam an den Sassoon Docks vorbei, wo feingliedrige Koli-Fischerinnen mit Körben voller Butterfisch auf dem Kopf im Frühmorgenlicht geschäftig hin und her liefen. Fisch ist knapp in der Monsunzeit. Die stärkeren Strömungen und der heftige Regen sind der Fluch aller Fischer in Asien.

Bald schon führte die asphaltierte Straße durch Palmenhaine und üppige Vegetation. Man konnte sich kaum vorstellen, dass die Innenstadt mit ihrem Verkehrsgewühl nur einen guten Kilometer weiter nördlich lag. Ich bog um eine Ecke und stand vor der so genannten afghanischen Kirche.

Auffallend an dem neugotischen Bau, offiziell St. John genannt, ist der beeindruckende Kirchturm, der über sechzig Meter hoch in den Himmel ragt. Die schlichte Verkleidung aus braungelbem Basalt ist hervorragend erhalten, wenn man bedenkt, dass sie schon über hundertdreißig Jahre alt ist.

Als ich das Tor zum Kirchhof aufstieß, fielen ein paar vereinzelte große Regentropfen, eine Vorwarnung, dass bald ein schwerer Wolkenbruch folgen würde. Ich hastete zur Eingangstür, drehte den eisernen Knauf. Und fand mich von einer Sekunde auf die andere in die Vergangenheit zurückversetzt.

Das Innere der Kirche war schmucklos, es herrschte vollkommene Stille. Jeder Stein schien den furchtbaren Geruch jener Zeit zu verströmen, als der Subkontinent unter britischer Herrschaft stand. Nach ein paar Schritten auf den kühlen Steinplatten des Längsschiffs konnte ich fast körperlich spüren, wie die Überlebenden der afghanisch-britischen Kriege dort gebetet hatten. Es roch muffig und feucht. Durch die Buntglasfriese im Altarraum drang trübes Monsunlicht herein. Die Kirche war wie eine entlegene Insel, vollkommen abgeschnitten vom lärmigen Treiben des modernen Bombay. Es kam mir vor, als würden die Seelen der Toten noch an diesem Ort herumspuken, als seien sie nicht bereit, sich von ihm zu lösen.

Kleine, belanglose Erinnerungen an ihre Anwesenheit fanden sich überall. Spuren eines genagelten Stiefels an der Fußleiste einer Bank, die in einen lackierten Bilderrahmen geritzten Initialen eines Infanteristen und, besonders ergreifend, die originalen britischen Kriegsfahnen aus dem ersten afghanisch-britischen Krieg, aufbewahrt hinter altem Glas wie anatomische Präparate und dennoch in Auflösung begriffen. Durchscheinend zart wie Libellenflügel, hingen sie schlaff herab wie Wimpel an der Lanze eines mittelalterlichen Ritters. War mein eigener Vorfahr – Jan Fishan Khan – während der Kämpfe im Jahr 1842 auch gegen diese Fahnen geritten?

Draußen entlud sich inzwischen der erste Wolkenbruch des Tages. An zahlreichen Stellen im Dach drang Regen durch, die Tropfen platschten auf die granitenen Bodenplatten. Ich fuhr mit der Hand die hinterste lackierte Sitzbank entlang. Jeder Platz hatte eine Aussparung für das Gewehr eines Soldaten – eine Art Versicherung gegen böse Überraschungen, eingeführt nach dem Aufstand von 1857. Als meine Finger über das glänzende Holz glitten, lief mir plötzlich ein Schauer über den Rücken.

In der vordersten Reihe saß ein Mann.

Von dort, wo ich stand, konnte ich nur den Hinterkopf sehen. Sein Haar war taubengrau und glatt zurückgekämmt. Zuerst dachte ich, es sei vielleicht ein Geist. Der Geist eines Soldaten. War er von Jan Fishan getötet worden und nun, als er erkannte, wer ich war, gekommen, um Rache zu nehmen? Mein Vorfahr hätte gewollt, dessen war ich mir sicher, dass ich mich gleich welchem Geist mutig stelle. Und so marschierte ich das Kirchenschiff nach vorne, um dem Geist, wer er auch sein mochte, die Stirn zu bieten.

Fünf Reihen vor dem Altar krampfte sich plötzlich mein Magen schmerzhaft zusammen. War das eine Warnung, dass ich lieber Fersengeld geben sollte? Drei Reihen weiter meldete meine Nase alarmiert einen wohl bekannten Duft. Noch ein Schritt, und ich war nur noch Zentimeter von dem Mann entfernt. Ich wollte ihm gerade auf die Schulter tippen, als er sich abrupt umdrehte.

Kein Gesicht – lebendig oder tot – hätte mich mehr aus der Fassung bringen können als dieses.

Es war Feroze.

Sichtlich entzückt, dass ich vollkommen verdattert auf die Bank hinter ihm gesunken war, erhob sich der Meister.

»Überrascht, mich zu sehen?«, bemerkte er spöttisch.

»Na ja, äh …«

Feroze zeichnete mit seiner Reitgerte, dem unverwüstlichen Ochsenziemer, zischend ein »F« in die Luft. Er triumphierte innerlich, das war unübersehbar.

»Wir haben keine Zeit zum Herumtrödeln«, sagte er. »Habe seit einer Ewigkeit nichts von dir gehört. Dachte, ich sollte lieber herkommen und nachsehen, ob du nicht ausgebüxt bist.«

Ich wischte mir den Schweiß von der Oberlippe.
»Woher wussten Sie, dass ich hier bin? Moment – woher wussten Sie überhaupt, dass ich in Bombay bin, geschweige denn hier?«
Der Magier bog den Kopf leicht zurück und strich sich über den Adamsapfel. Er genoss die Situation über alle Maßen.
»Du unterschätzt mich«, erwiderte er.
»Das käme mir nie in den Sinn«, entgegnete ich. »Aber Sie gerade hier zu treffen, das hätte ich wirklich nicht erwartet ...«
»Warum hast du in den letzten zwei Wochen keine Berichte mehr geschickt?«
»Ich hab's aufgegeben. Ich hatte bei Ihnen angerufen ... Gokul sagte, Sie seien unterwegs. Für längere Zeit, sagte er.«
»Ja, ich habe selbst eine Reise gemacht«, sagte der Magier gedankenverloren.
»Wirklich? Welche Art von Reise?«
Der Meister klappte die Hacken zusammen wie ein Feldwebel auf dem Exerzierplatz, wobei er mir sein Profil zuwandte.
»Ich war auf einer Erkundungsreise«, antwortete er.
Der Ausdruck kam mir bekannt vor.
»Was wollen Sie damit sagen?«
»Das will ich eigentlich von dir hören – mit einem Auge das Detail prüfen, mit dem anderen das gesamte Bild beobachten.«
Ich dachte scharf nach, und während ich nachdachte, lief mir ein zweites Mal ein eiskalter Schauer über den Rücken.
»Ihre Reise ...«, sagte ich, »hatte sie zufällig etwas mit meiner Reise zu tun?«
Feroze leckte sich mit verstohlener Vorfreude die Lippen.
»Hast du dir kürzlich die Zukunft aus den Augen lesen lassen?«, fragte er wie beiläufig und beugte sich vor, um einen Schuh zuzubinden.
»Die Zukunft, aus den Augen? Ja, weil ...«
Ich blickte auf den Meister, der sich mit gekreuzten Armen wie ein Henker vor mir aufgebaut hatte. Sein brillantineglattes Haar war wundersamerweise unter einem riesigen, grauweißen Turban verschwunden. Über seinem rechten Auge trug er eine motten-

zerfressene schwarze Klappe. Er fischte einen Teelöffel aus der kleinen Tasche seiner Weste und leckte daran.
»Der Augenleser in Ongole … das waren Sie!«
Ironisch lächelnd wippte der Meister auf den Fußballen hin und her. Er wartete schweigend ab, dass ich die Wahrheit selbst herausfand. Feroze hatte schon immer eine Abneigung dagegen, anderen Leuten das Denken abzunehmen.
Da saß ich nun in der zugigen Kirche, und allmählich dämmerte es mir.
»Diese Reise, *meine* Reise, war eigentlich *Ihre* Erkundungsreise, nicht wahr? Sie wollten erkunden, was ich unternehme.«
Hakim Feroze nahm seine Verkleidung ab und steckte den Löffel ein.
»War eine gelungene Reise für dich, nicht wahr? Du hast so viele interessante Menschen kennen gelernt«, sagte er, ohne auf meine Frage zu antworten.
»Wie meinen Sie das?«
»Sag du es mir …«
Ich ließ mir seine Bemerkung durch den Kopf gehen. Er hatte Recht. Selbst für Indien, wo einem ständig ungewöhnliche Gestalten über den Weg laufen, waren mir extrem viele Weise, Swamis und Exzentriker begegnet.
Ich dachte zurück an die vielen unglaublichen Erlebnisse.
»Sri Gobind in Madras … Hat er mich deshalb so gastfreundlich empfangen? Und das Duell in Sholapur?«
Feroze kniff die Augen zusammen und lächelte.
Ich drehte den Film gewissermaßen zurück, und dann fielen mir all die anderen exotischen Typen wieder ein.
»Mister Jafar und sein lausiges, viel zu teures Kräuterbenzin – hatten Sie etwas mit ihm zu tun? Und was ist mit dem heiligen Mann in Nandul … und der Hexe, und mit Goadbaba?«
Der Meister stieg zum Altar hinauf, rieb sich, als er oben stand, vergnügt die Hände und brach in Gelächter aus.
»Jeder braucht dann und wann ein wenig Hilfe«, sagte er.
»Hilfe?«

Feroze klatschte fünfmal hintereinander langsam in die Hände, bis das Kirchenschiff widerhallte wie eine Glockenstube um Mitternacht. Draußen fiel immer noch prasselnd der Regen. Es kam mir vor, als würde die Kirchentür auf- und zuschlagen. Wahrscheinlich der Wind, dachte ich.

»Was soll das mit der Hilfe?«

Der Meister hörte mir nicht zu, wie immer. Sein Blick war auf etwas hinter mir gerichtet. Ich drehte mich um – und zum zweiten Mal an diesem Morgen blieb mir vor Staunen der Mund offen stehen.

Vor mir stand, als würde er auf einen Befehl warten, mein Reisegefährte Bhalu.

Er ging schweigend auf Feroze zu und begrüßte ihn. Dann drehte er sich zu mir um und kratzte sich am Ohr.

»Was hätten Sie ohne mich gemacht?«, meinte er lachend.

Feroze aalte sich in seiner Befriedigung über die Entwicklung der Dinge wie ein Großmeister, der seinen Gegner in vier Zügen schachmatt gesetzt hatte.

»Ich glaub es nicht«, stammelte ich. »Das ist unmöglich!«

»Unmöglich wie deine zufällige Begegnung mit Guptaji in Jamshedpur?«

»Wovon reden Sie? Das war Venkys Idee!«, entgegnete ich und biss mir im selben Moment auf die Lippen, weil ich meine Geheimwaffe offenbart hatte.

»Ach ja, Venkatraman, der *rickshawalla*«, knurrte Feroze. »Netter Bursche, nicht wahr?«

»Sie kennen ihn? Sie kennen Venky?«

Der Magier zog eine Augenbraue hoch.

»Als Nächstes werden Sie mir erzählen«, sagte ich, »dass auch Vatson und der Aghori-Sadhu in Varanasi auf Ihr Konto gehen.«

Feroze machte ein zerknirschtes Gesicht. Er kam vom Altar herunter und setzte sich neben mich auf die Kirchenbank.

»Sie wussten also schon im Voraus, dass ich nach Kalkutta kommen würde? Jene zufällige Begegnung im Albert Hall … das war gar kein Zufall, oder?«

Der Magier schwieg. Anstatt zu antworten, holte er tief Luft und stoppte mit seiner altgedienten Taschenuhr die Zeit.
»Ich nehme an«, fuhr ich bitter fort, »Sie haben es auch arrangiert, dass ich im Farakka-Express ausgeraubt wurde.«
Bei diesen Worten sprang Feroze auf.
»Mein lieber Freund«, erwiderte er, »schieb mir nicht die Schuld zu für deine Nachlässigkeit!«
»Und was soll ich jetzt tun?«, fragte ich in der Hoffnung, die unangenehme Stille nach dem Ausbruch des Meisters zu unterbrechen. »Wie sieht der nächste Teil des Kurses aus?«
Feroze Hakim schleuderte seine geliebte Reitgerte wutentbrannt, wie ich ihn noch nie erlebt hatte, auf den Boden und brüllte:
»Der Kurs ist vorbei!«
»Vorbei? So plötzlich? Das soll alles gewesen sein?«
»Bin ich verpflichtet, dich vorab über meine Entscheidungen zu informieren?«
»Habe ich bestanden?
»Bestanden, durchgefallen! Wie kannst du es wagen, diese Arbeit auf derart simple Begriffe zu reduzieren?«, fuhr mich der Magier in seinem charakteristischen eiskalten Ton an. »Man beschäftigt sich nicht mit der Kunst der Illusion, um ein Diplom mit Auszeichnung zu bekommen oder einen Abschluss in der Tasche zu haben. Es gibt kein richtig oder falsch, kein Bestehen oder Durchfallen. Ich habe dir die Grundprinzipien offenbart und dir gezeigt, worauf du achten musst. Alles weitere ist deine Sache.«
Der Meister wurde von einem Klopfen an der Kirchentür unterbrochen. Eine Sekunde später klopfte es noch einmal, lauter als zuvor. Seltsam, dachte ich, denn als Bhalu hereingekommen war, war die Tür nicht verschlossen gewesen. Ich fragte Feroze, wer das sein könnte. Eine Faust schlug ein drittes Mal an die Tür.
»Das möchtest du gerne wissen, nicht wahr?«, sagte er. »Geh und schau nach.«
Ich stand auf und ging wie ein Schlafwandler auf die Tür zu. Natürlich war ich neugierig. Allerdings konnte mich nach den Er-

lebnissen in dieser Kirche kaum noch etwas überraschen. Ich drehte den Knauf im Uhrzeigersinn und zog das schwere Eichenportal auf.

Draußen war niemand. Ich schlug die Tür zu und marschierte den Mittelgang entlang wieder vor zum Altar.

Doch Feroze und Bhalu waren verschwunden.

Ich rief ihre Namen. Es kam keine Antwort.

Glossar

Afghanisch-britische Kriege: drei auf afghanischem Boden ausgetragene Kriege zwischen Briten und Afghanen – im Zeitraum von 1839 bis 1919 –, in denen die Briten jedes Mal vernichtend geschlagen wurden.

Aga: Herr; respektvolle Anrede; Lehnwort aus dem Persischen und Türkischen.

Aghori: ein bestimmter Typus von Sadhu, früher angeblich Kannibalen. In ihren Glaubensvorstellungen traditionellen Schamanen nahe stehend, sollen sie Macht über Geister haben.

Ashpaz, Khalifa: Meisterkoch des Hindukusch, berühmt für seine kolossalen Festmahle; kochte für Jan Fishan Khan.

Ashram: Zentrum für spirituelles Lernen.

Aufstand von 1857: Revolte von Hindu- und Muslimregimentern innerhalb der britischen Armee; in England »Meuterei der Sepoys«, in Indien »Aufstand von 1857« genannt.

Avatar: Inkarnation eines Hindu-Gottes, meistens Vishnu; ein heiliger Mann.

Ayurveda: altindische Heilkunst, basierend auf Kräutern, Massage und Meditation.

Bandikutratte: *Bandicota indica,* in Indien sehr häufig; eine der größten und gefräßigsten Ratten der Welt.

Barafwalla: Verkäufer oder Transporteur von Eis; in indischen Städten, wo Lebensmittel noch immer mit Eisblöcken gekühlt werden, häufig zu sehen.

Betelnuss: Samen der Betelnusspalme (auf Hindi *sopaari);* Grundzutat für *paan.*

Bezoar: rötlicher Stein, der sich im Magen von Tieren bildet; Konkrement ähnlich einem Nierenstein. Findet sich angeblich auch bei alten Kröten im Kopf. Kraftvolles Amulett oder Talisman, insbesondere gegen Gift.

Bhang: *Cannabis indica;* Zubereitung aus zerstoßenem Marihuana, wird als Opfergabe in Tempeln verwendet, z.B. dem Kali-Tempel in Kalkutta.

Bharh: winziges Teeschälchen aus gebranntem Ton, in Bengalen und anderen Regionen verwendet; wird als wertlos betrachtet und nach einmaligem Gebrauch weggeworfen.

Bhishtiwalla: verkauft Trinkwasser aus einem Ziegenbalg; in Kalkutta häufig anzutreffen.

Bihari: Einwohner des nordindischen Bundesstaates Bihar. In Kalkutta werden viele niedrige Tätigkeiten von verarmten Biharis ausgeführt.

Bindi: Punkt, gewöhnlich rot, den Hindufrauen auf der Stirn tragen. Siehe auch *tikka.*

Biri: kleine, handgerollte Zigarette, sehr beliebt in Indien. Häufig von Fronarbeitern in Tamil Nadu gefertigt.

Bollywood: Indiens berühmteste Filmstudios, in denen jedes Jahr hunderte von dreistündigen Filmepen hergestellt werden.

Brahmanen: höchste indische Kaste.

Butterfisch: Plattfisch aus der Familie der Stromateidae; reiches Vorkommen im Arabischen Meer; besonders in Bombay häufig gegessen.

Cagliostro, Alessandro: berühmter italienischer Hochstapler, Magier und Illusionist des 18. Jahrhunderts.

Cannabis indica: in Indien verbreitete Hanfpflanze, aus der Haschisch, oder *bhang,* gewonnen wird.

Chai-i-sabs: grüner Tee; beliebtes Getränk in Afghanistan, Pakistan und Nordindien.

Chaitan: »Teufelsbaum«; die zerstoßene Rinde wird von Magiern verbrannt, um das Publikum benommen zu machen.

Chakotra: Grapefruit; beliebte Zitrusfrucht in Indien.

Champa: *Michelia champaca;* den Hindus heiliger, niedrig wachsender Baum mit duftenden cremeweißen Blüten.

Chandni: Silber.

Chapati: ungesäuertes Weißbrot.

Chappal: Slipper; meistens für »Sandalen« gebraucht.

Charpoy: wörtlich »vier Beine«; einfache Pritsche ohne Matratze, wie man sie in Indiens Städten und Dörfern häufig sieht.

Chennai: ursprünglicher – und nun wieder amtlicher – Name für Madras.

Chilam: rituelle Tonpfeife, von Sadhus zum Rauchen von Haschisch verwendet.

Choolah: kleiner Ofen.

Chor Bazaar: Markt der Diebe; Bezirk in Bombay, wo europäische und indische Antiquitäten verkauft werden.

Chowk: Platz, Marktbereich.

Chowkidar: Wächter.

Chullu: schwarz gebrannter Schnaps, meistens aus Getreide.

Coco de Mer: geheimnisumwobene Frucht der Seychellennusspalme; erst nach sieben Jahren reif; wächst nur auf der Seychelleninsel Praslin; in Ostafrika, dem Nahen Osten und Indien werden den Nüssen mystische und medizinische Eigenschaften zugeschrieben.

Daal: in ganz Indien beliebtes Linsengericht.

Dada: wörtlich »Großer Bruder«; Bezeichnung für Gangsterbosse und Mitglieder der Mafia im kriminellen Milieu von Kalkutta und anderen indischen Städten.

Darshan: Audienz bei einer heiligen Person.

Das: zehn.

Dhobi: Wäsche; auch derjenige, der sie wäscht, meistens mit der Hand.

Dhyaan: wörtlich »Konzentration«; Trancezustand indischer Mystiker.

Dom: niedere Kaste in Indien, für die Leichenverbrennung zuständig; aus ihr rekrutieren sich auch die Leichendiebe. Siehe auch *konkalwalla.*

Ek: eins.

Ek-bahu: rituelle Buße oder Entsagung, die ein Sadhu auf sich nimmt; z. B. mehrere Jahre lang auf einem Bein stehen oder einen Arm hochhalten.

Englezabad: Stadt an der Grenze zu Bangladesch, von den Briten Ende des 17. Jahrhunderts als Handelsposten gegründet. Auch als English (oder »Ingraz«) Bazaar bekannt.

Erukkam: Pflanze, mit deren giftigem Blütensaft unerwünschte (weibliche) neugeborene Babys getötet werden.

Fatimas Hand: stilisierte Hand, in der ganzen islamischen Welt zu finden, assoziiert mit Fatima, Tochter des Propheten Mohammed; symbolisiert seine Familie und die Pflichten jedes Muslims.

Fenny: hochprozentiges Getränk aus Cashew- oder Kokosnüssen, besonders beliebt in Goa.

Ganesha: Hindu-Gottheit, besonders in Maharashtra sehr verehrt, dargestellt mit Elefantenkopf auf einem dicklichen menschlichen Körper.

Ganga: der Fluss Ganges; heiliges Wasser aus diesem Fluss.

Ghamela: schwere Eisenpfanne, von den *ghamelawallas* verwendet.

Ghamelawalla: Mann, der Kehricht von Goldschmiedewerkstätten kauft, um winzige Restmengen Gold daraus zu extrahieren.

Ghanti: wörtlich »Glocke«; insbesondere die kleine Klingel, die alle *rickshawallas* in Kalkutta haben, um ihr Kommen anzukündigen und sich freie Bahn zu verschaffen.

Ghat: Steintreppe an einem Fluss oder Seeufer, insbesondere in der heiligen Stadt Varanasi, über die Hindus zum Ganges hinuntergehen. Hier findet die Leichenverbrennung statt.

Ghee: geklärte Butter; in der indischen Küche häufig verwendet.

Goadbaba: wörtlich »Mr. Sweet«; Mensch, der behauptet, alles durch bloßes Berühren süß machen zu können.

Guru: Lehrer oder Mentor; wörtlich »der die Dunkelheit vertreibt«; auch Guruji – die Nachsilbe -ji steht für besonderen Respekt.

Haa: ja.

Hilsa: mittelgroßer Salzwasserfisch, der in Süßwasser laicht.

Hindi: eine der meistgesprochenen indischen Sprachen, insbesondere im Norden des Landes.

Hindustan: Indien; wörtlich »Land der Hindus«.

Hobson-Jobson: Glossar der anglo-indischen Umgangssprache und Phrasen, erstmalig erschienen 1886; berühmt für seine detailreiche Information.

Houdini, Harry: legendärer amerikanischer Illusionist und Entfesselungskünstler (1874-1926); ihm werden hunderte von Illusionen zugeschrieben; entlarvte immer wieder Medien und andere als Schwindler (seiner Aussage nach).

Idli: gedämpfter Reiskuchen, beliebt in Südindien.

Ikat: spezielle, in Indien perfektionierte Webtechnik; Kett- oder Schussfäden oder beide werden vor dem Weben gebunden und in Farbe getaucht; ergibt sehr feine Muster im Stoff.

Indische Buche: *Pongamia pinnata;* häufiger Alleebaum, auch an Flussufern in ganz Indien zu finden, mit heller Rinde und ausladenden Ästen.

Jabba: *Hibiscus rosa-sinensis,* Chinesischer Roseneibisch; seine großen roten Blüten werden häufig als Tempelschmuck verwendet.

Jadoo: Magie.

Jadoowalla: Magier; Mensch, dem Wunderkräfte zugeschrieben werden.

Jain: religiöse Gruppe in Indien, deren Gründer Mahavira sich im 6. Jahrhundert v. Chr. vom Hinduismus abspaltete.

Jalasayin: Ghat am Ufer des Ganges in Varanasi, wo die Toten auf großen Scheiterhaufen verbrannt werden; auch »Verbrennungsghat« genannt.

Jaldi: Beeil dich, schnell!

Jalebi: frittierter zuckersüßer Teigsnack, gelb-orange in der Farbe, beliebt in ganz Indien.

Jami'a Masjid: große Moschee nahe dem Roten Fort in der Altstadt von Delhi; größte Moschee in Indien.

Jamun: *Syzygium cumini*, Jambulbaum; wächst in ganz Indien, vor allem im Süden. Raue Rinde, ovale, ledrige Blätter und weiße Blüten.

Jan-Guru: Hexenjäger und Exorzist, der mit seinen Prüfungen angeblich »echte« Hexen überführt (insbesondere in entlegenen indischen Dörfern).

Jinn: Geist, vor allem ein freundlicher oder Schabernack treibender.

Kaaba: würfelförmiges Bauwerk im Hof der Hauptmoschee in der heiligen Stadt Mekka, an der Südostecke ein heiliger schwarzer Stein; Ziel aller muslimischen Pilger.

Kabuli: aus Kabul, der Hauptstadt Afghanistans.

Kali: bedeutet »schwarz« in Sanskrit; alles verschlingende, zerstörerische Göttin, dargestellt als schreckenerregende, blutbesudelte Frau mit heraushängender Zunge. An einer um ihre Hüften geschlungenen Kordel hängen (männliche) Totenköpfe.

Kalighat: von diesem Namen ist »Kalkutta« abgeleitet.

Kamandal: rituelles Wassergefäß eines Sadhu.

Kanji: stärkehaltiges Wasser, in dem Reis gewaschen wurde.

Kashi: Name für Varanasi, die heilige Stadt der Hindus am Ganges.

Kellar, Harry: amerikanischer Illusionist und Zauberkünstler, Zeitgenosse und enger Freund von Harry Houdini.

Khol: Antimon; sprödes, silberweißes Metall; in Pulverform als Eyeliner verwendet.

Kishmish: Mischung aus Nüssen und Trockenobst, beliebt in Afghanistan, Pakistan und Nordindien.

Kiswah: schwarzer Stoffbehang der Kaaba in Mekka, in Kalligrafie mit Koransuren und Ornamenten aus Goldfäden bestickt; wird jedes Jahr neu angefertigt.

Koli: traditionelle Fischer in Bombay.

Konkalwalla: wörtlich »Skelett-Mann«, d. h. jemand, der (insbesondere in Kalkutta) im Geschäft mit menschlichen Skeletten tätig ist. Siehe auch *dom.*

Kundalini: Vorstellung aus dem Yoga, wonach eine göttliche Energie wie eine Schlange an der Wurzel der Wirbelsäule zusammengerollt ist und durch Übungen aktiviert wird.

Lakh: hunderttausend.

Lungi: Lendentuch, in Indien und benachbarten Ländern getragen; Lehnwort aus dem Persischen, wo es korrekt »Turbantuch« bedeutet.

Machhi: Fisch.

Mahabharata: altes Sanskrit-Epos mit über 220 000 Verszeilen, in dem vom Krieg zwischen den Pandavas und den Kauravas erzählt wird.

Mahout: Mensch, der Elefanten ausbildet, hält oder führt.

Maidan: freier Platz, insbesondere mit Rasen, in einer Stadt.

Mandir: Tempel.

Marathi: indoarische Sprache des indischen Bundesstaates Maharashtra.

Margashirsa Karthe: Stern im hinduistischen Sonnensystem, dessen Erscheinen den Beginn der Gowd'schen Asthma-Wunderkur in Hyderabad markiert.

Masjid: Moschee.

Mattar-Paneer: gewürztes Gericht aus Erbsen und Weißkäse.

Mehendi: rötlich orangefarbenes Pulver aus den Blättern des Hennastrauchs *(Lawsonia inermis),* mit dem Haare und Hände gefärbt werden, besonders zur Hochzeit.

Mogra: *Jasminum sambac;* duftende, cremeweiße Blüten des Arabischen Jasmins, von Frauen in Girlandenform als Haarschmuck verwendet.

Mogulen: mongolische Dynastie aus der Linie Dschingis Khans; eroberten und beherrschten Indien bis unmittelbar zur Ankunft der Briten.

Moksha: Erlösung, spirituelle Befreiung, wenn die Seele ins Paradies emporsteigt.

Mumbai: ursprünglicher – und nun wieder amtlicher – indischer Name für Bombay.

Murgh Mussallam: gewürztes Gericht mit Huhn, besonders beliebt in Nordindien.

Naan: Hefebrot; beliebt in Nordindien, in Pakistan und Afghanistan.

Naga: kriegerische Volksstämme im Nordosten Indiens, bekannt für ihre Tradition der Kopfjagd.

Namaskar: Hindu-Gruß, bei dem der Kopf geneigt und die Handflächen aneinander gelegt werden.

Namaste: gebräuchlicher Gruß auf Hindi (wörtlich »ich grüße alle göttlichen Eigenschaften in dir«); häufig von *namaskar* begleitet.

Naswar: grüner Kautabak, beliebt bei den Völkern des Himalaya.

Nawab: Großgrundbesitzer und lokaler Herrscher; mit »Prinz« verwandter Titel.

Neem: *Azadirachta indica;* großer, immergrüner Baum, in ganz Indien zu finden; Verwendung für medizinische Präparate, Zweige zur Zahnreinigung.

Oriya: indoarische Sprache des Bundesstaates Orissa in Ostindien.

Paan: adstringierende Mischung aus Betelnuss, Kalk, Tabak etc., in ein Betelblatt gewickelt und gekaut; sehr beliebt in Indien. Reste werden nach dem Kauen ausgespuckt und geben rote Flecken auf dem Boden.

Pabda: kleiner Salzwasserfisch, beliebt in Westbengalen.

Paisa: hundertster Teil einer Rupie; auch allgemein für »Geld« verwendet.

Panch: fünf.

Panchganga: einer der Ghats in Varanasi.

Pandit: religiöser Gelehrter, der die alten Sanskrittexte kennt, die religiösen Zeremonien und Rituale überwacht.

Parsen: Anhänger Zarathustras aus Persien, ließen sich 1670 auf Einladung der Briten in Bombay nieder. Flohen im 7. Jahrhundert n. Chr. aus Persien und siedelten im heutigen indischen Bundesstaat Gujarat.

Paschtu: Sprache der Paschtunen (fälschlicherweise »Pathanen« genannt); meist gesprochene Sprache im Osten Afghanistans.

Paschtunen: rund 12 Millionen Menschen zählendes Bergvolk, überwiegend im Osten Afghanistans und im Nordwesten Pakistans ansässig; berühmt für seine Tapferkeit.

Phansigar: eine der geheimen Thug-Bruderschaften, die Reisende zu Ehren Kalis erdrosselten; auch »Leute mit der Schlinge« genannt. Siehe auch Thugs.

Pilau: korrekter »palao«; gewürztes Reisgericht aus Zentralasien, beliebt in Nordindien, Pakistan und Afghanistan.

Pipal: *Ficus religiosa;* großer, langlebiger, in Indien verbreiteter Feigenbaum; der Baum, unter dem Buddha saß, als er Erleuchtung erlangte.

Puchkawalla: Verkäufer von Snacks an Straßenständen.

Puja: religiöser Ritus zur Verehrung von Hindu-Gottheiten.

Pujari: Hindu-Priester, der die religiösen Riten durchführt.

Punkhawalla: Mann, der anderen Luft zufächelte, ehe es elektrische Ventilatoren und Klimaanlagen gab.

Puri: kleines, frittiertes Fladenbrot aus Weizen.

Raj: Herrschaft; besonders die Zeit der britischen Kolonialherrschaft in Indien.

Rajputen: Fürsten, deren Dynastien einen Großteil des nordwestlichen Indien, insbesondere Rajastan, beherrschten.

Rama: siebte Inkarnation des Vishnu, heroischer Sohn des Königs Dasaratha von Ayodhya, geboren, um die Welt von Übeltätern zu befreien. Siehe auch Ramayana.

Ramasi: Geheimsprache der Thugs.

Ramayana: altes Sanskrit-Epos über die Heldentaten des Rama, der siebten Inkarnation des Vishnu; auf dem alten Text basiert auch eine populäre indische Seifenoper, die berühmt ist für ihre prächtigen Kostüme und aufwendig gestalteten Darstellungen der Gottheiten.

Rationalisten: landesweite Bewegung in Indien, die betrügerische Machenschaften von heiligen Männern zu unterbinden versucht.

Rikscha: korrekt »jinrickisha«; zweirädriges Gefährt zum Personentransport, von einem Menschen gezogen, in den 1880ern von den Chinesen nach Indien gebracht; in dieser Form heute nur noch in Kalkutta zu finden. Die motorisierte Version, die so genannte Motorrikscha oder schlicht »Rikscha« ist in ganz Indien, eigentlich in ganz Asien populär.

Robert-Houdin, Jean-Eugène: französischer Zauberkünstler (1805–1871); wird als Vater der modernen Bühnenmagie angesehen. Nach ihm wählte Harry Houdini seinen Künstlernamen; später jedoch versuchte er immer wieder, sein früheres Idol in Misskredit zu bringen.

Ruddiwalla: »Lumpensammler«; Mensch, der gebrauchte Kleidung und andere Altwaren zur Wiederverwertung sammelt.

Rumaal: kleines Tuch, insbesondere ein geknotetes, wie es die Thugs zum Strangulieren ihrer Opfer verwenden.

Rupie: indische Währungseinheit.

Sadhu: heiliger Mann, Weiser.

Sahib: höfliche indische Anrede, »Herr«; arabisches Lehnwort, das je nach Zusammenhang »Freund«, »Besitzer« oder »Herr« bedeuten kann.

Sal: *Shorea robusta,* Salbaum; immergrüner Baum, sehr geschätzt wegen seines harten Holzes; in seiner Bedeutung als Nutzholz nur von Teak übertroffen.

Salwaar Kameez: locker fallendes, langes Hemd und weite Hose; gängige Kleidung in Nordindien, Pakistan und Afghanistan.

Samadhi: Zustand tiefer Meditation.

Sati: eine Hindu-Witwe, die auf dem Scheiterhaufen ihres verstorbenen Mannes ihr Leben opfert, angeblich in Nachahmung von Shivas Gattin; wörtlich »eine tugendhafte Frau«.

Sayed: Ehrentitel von Nachkommen des Propheten Mohammed.

Schwarzes Loch von Kalkutta: Gefängniszelle, in der 146 britische Gefangene am Abend des 20. Juni 1756 vom Nawab von

Bengalen eingekerkert wurden; nur 23 überlebten die Nacht, alle anderen erstickten.

Shah: Titel (wörtlich »König«), den Nachkommen des Propheten Mohammed tragen, die ihre Herkunft auch auf die Sassaniden-Herrscher zurückführen. In Indien auch Familienname von Hindus, besonders im Gujarat, obwohl sie nicht von der Familie des Propheten abstammen.

Shah-Saz: »Königsmacher«; Beiname von Nawab Jan Fishan Khan.

Shaitan: der Teufel; Hindi-Lehnwort aus dem Arabischen; abgeleitet von *shatn,* »Gegnerschaft«.

Sitar: indisches, lautenähnliches Saiteninstrument mit langem Hals.

Sopaari: siehe Betelnuss.

Sukto: bengalisches Gericht mit gebratenem, in Würfel geschnittenem Gemüse.

Swami: hinduistischer religiöser Lehrer.

Taklu: »Glatzkopf«; abfällige umgangssprachliche Bezeichnung (Hindi) für einen kahl werdenden Mann.

Talwaar: langer indischer Säbel.

Tandoori: im *tandoor,* einem fassförmigen Lehmofen, zubereitetes Essen, insbesondere Brot und Fleisch, mariniert in Joghurt und Gewürzen, auf Spießen.

Tantra: religiöse Schriften, in denen der Weg zur Erleuchtung dargelegt ist.

Tantrik: Praktizierender des *tantra;* heiliger Mann.

Tapasya: von einem heiligen Mann (Hindu) selbst gewählte Entsagung oder Buße.

Teilung: Trennung des hinduistischen und muslimischen Indien im Jahr 1947 in das heutige Pakistan, Bangladesch (damals Ostpakistan) und Indien.

Telugu: drawidische Sprache, gesprochen im Bundesstaat Andhra Pradesh im Südosten Indiens.

Thali: Metalltablett, auf dem verschiedene vegetarische Gerichte, Reis und Brot serviert werden; ursprünglich nur in Südindien verbreitet, inzwischen im ganzen Land.

Thugs: Sekte von rituellen Mördern, Anhänger der Göttin Kali, die bis zu ihrer Verfolgung Mitte des 19. Jahrhunderts zehntausende Reisende erdrosselten. Siehe auch Phansigar.

Tikka: roter Punkt, der Hindus während religiösen Ritualen als göttliches Symbol auf die Stirn geschmiert wird; von Frauen inzwischen als dekoratives Accessoire getragen; auch *tilak* genannt.

Vedisch: sich auf die Veden, die alten heiligen Schriften der Hindus, beziehend.

Vibhuti: graue Asche, häufig von heiligen Männern aus dem Nichts materialisiert und den Gläubigen in die Hände gestreut.

Vyasa: »der Kompilator«; Dichter des großen Sanskrit-Epos Mahabharata.

Yakshi: Göttin, die die Kräfte der Natur repräsentiert, insbesondere Bäume. Das Fällen eines Baums erregt den Zorn der Gottheit.

Yogi: Mensch auf einem mystischen Weg; einer, der Yoga praktiziert.

Zarathustra: auch »Zoroaster«; von den Parsen als Gottheit verehrt; lebte im 6. Jahrhundert v. Chr. als Weiser in Persien.